# 敌后战场的战略基地

## ——中国共产党领导的抗日民主根据地纪事

史鉴◎主编

中共党史出版社

**图书在版编目(CIP)数据**

敌后战场的战略基地:中国共产党领导的抗日民主根据地纪事/史鉴编.—北京:中共党史出版社,2015.12

ISBN 978-7-5098-3186-1

Ⅰ.①敌… Ⅱ.①史… Ⅲ.①农村革命根据地—史料—中国
Ⅳ.①K269.506

中国版本图书馆 CIP 数据核字(2015)第 273303 号

**出版发行:**中共党史出版社
**责任编辑:**王世英
**复　　审:**潘　鹏
**终　　审:**汪晓军
**责任校对:**龚秀华
**责任印制:**谷智宇
**责任监制:**贺冬英
**社　　址:**北京市海淀区芙蓉里南街6号院1号楼
**邮　　编:**100080
**网　　址:**www.dscbs.com
**经　　销:**新华书店
**印　　刷:**北京盛通印刷股份有限公司
**开　　本:**170mm×240mm　1/16
**字　　数:**327 千字
**印　　张:**25
**印　　数:**1—4075 册
**版　　次:**2015 年 12 月第 1 版
**印　　次:**2015 年 12 月第 1 次印刷

ISBN 978-7-5098-3186-1
**定　　价:**42.00 元

此书如有印制质量问题,请与中共党史出版社出版业务部联系
电话:010—82517197

# 前　言

在抗日战争全面爆发不到一年，1938年5月，毛泽东在《抗日游击战争的战略问题》中就明确指出："游击战争的根据地是什么呢？它是游击战争赖以执行自己的战略任务，达到保存和发展自己，消灭和驱逐敌人之目的的战略基地。"抗日战争的发展进程，给毛泽东的这个论断做了最好的脚注。

日本侵略者悍然发动侵华战争，基于长期以来蓄谋已久的扩张政策，中国政府软弱妥协的态度，以及先进的武器装备和训练有素的军队，于1931年发动了九一八事变，侵占中国东北三省，进而于1937年7月7日向卢沟桥中国守军进攻，侵华战争全面爆发。小而强的日本向大而弱的中国进攻，在这样的情况下，侵华日军在短时间内就侵占了中国的大片领土，但国小兵力不足，在占领区留下了很多空虚的地方。所以，中国抗日战争除了正面战场外，在敌后开展游击战争就不是小规模的，而是大规模的，不仅仅是战术问题，而是战略问题。抗日战争的长期性、残酷性，决定了中共在敌后开展游击战争，必须建立抗日根据地，这是完成战略任务，保存和发展自己，消灭和驱逐敌人的战略基地。1937年，八路军、新四军根据中共中央和毛泽东的战略部署，分兵发动群众，开展独立自主的敌后游击战争，收复被国民党军丢失的大片国土，整顿社会秩序，恢复和发展党的组织，建立抗日民主政权，开辟了许多大块抗日根据地。除了陕甘宁边区，在华北、华中、华南先后开辟了晋察冀抗日根据地、晋绥抗日根据地、晋冀豫抗日根据地、太岳抗日根据地、山东抗日根据地、冀鲁豫抗日根据地、冀热辽抗日根据地、河南抗日根据地、淮南抗日根据地、淮北抗日根据地、皖江抗日根据地、苏南抗日根据地、苏中抗日根据地、苏北抗日根据地、鄂豫边区抗日根据地、浙东抗日根据地、浙西抗日根据地、东江抗日根据地、琼崖抗日根据地。

抗日根据地的建立，为敌后战场的游击战争奠定了牢固的基石。一是收复被日军侵占的广大国土，解放被日本侵略者残酷统治的劳苦民众，建立抗日民主政府，放手发动群众，废除苛捐杂税，减租减息，扩大军队，有了同日本侵略者长期作战的立足之地；二是敌后战场的战略展开，在战略防御阶段、战略相持阶段、战略反攻阶段，都对正面战场给与了战略配合，尤其从1941年起，敌后战场上升为主战场，侵华日军以主要兵力“扫荡”敌后抗日根据地，巩固其占领区。从此，中国抗日战争的重担几乎完全落在共产党领导的敌后战场上；三是抗日根据地在反“扫荡”的残酷斗争中顽强坚持，1939年日军对敌后解放区作战使用的兵力达54万人，占其侵华（不含东北）总兵力的62%；伪军14.5万人，总兵力的全部。1940年日军对敌后抗日根据地作战使用的兵力47万人，占全部侵华日军的58%。1941年至1942年使用的侵华兵力占70%左右，40余万人。1943年冬美英军在太平洋战场上对日军转入战略反攻时，中国敌后战场还抗击着58%的侵华日军，约35万人，伪军的90%，约73.5万人。在反“扫荡”、反“蚕食”、反“清乡”艰苦卓绝的残酷作战中，抗日根据地几经缩小，几经扩大；粉碎了侵华日军企图彻底毁灭敌后抗日根据地的目的，不仅没有被摧毁，反而逐步发展壮大；四是在整个抗日斗争中，中国共产党领导的八路军、新四军等抗日武装共作战12.5万次，歼敌171.4万人（其中日军52.7万人），缴获长短枪682831

支，轻重机枪1.1万多挺、各种火炮1852门，收复国土104.8万平方公里，解放人口1.255亿。与此同时，人民军队在抗战中也获得了巨大发展，正规军由出师抗日时的4.6万多人发展到抗战胜利时的1318294人，民兵达2687698人。

在全面抗战八年中，抗日根据地的军民也付出了重大牺牲。据不完全统计，根据地平民伤亡890余万人，八路军、新四军和华南抗日游击队共伤亡584267人，为中华民族的独立和解放做出了不可磨灭的历史贡献。

事实雄辩地证明，中国共产党领导的各抗日民主根据地，始终坚持全面抗战路线，坚持抗日民族统一战线，动员最广泛的人民大众，形成人民战争的海洋，共产党领导的敌后战场逐步成为中国抗日战争的主战场，中国共产党领导的军队成为最终战胜日本侵略者的重要力量，中国共产党不愧为抗日战争的中流砥柱。

# 目　录

★陕甘宁边区抗日民主根据地——中共中央所在地

# 陕甘宁边区抗日民主根据地

陕甘宁边区地处祖国的西北黄土高原，山峦连绵，沟壑纵横，雨量稀少，灾荒频仍，交通不便，地瘠民贫，经济文化十分落后。在旧社会，由于军阀野蛮掠夺，官府衙吏横征暴敛，地主豪绅残酷剥削，民生凋敝，人民陷于水深火热之中。大革命时期，中国共产党领导人民群众进行了轰轰烈烈的反对帝国主义、反对军阀、反对地主豪绅的斗争。大革命失败后，中国共产党的工作重点逐渐转入农村，开展武装斗争。陕北、陕甘的党的组织经过长期艰苦曲折的斗争。组织起红二十六军、红二十七军两支红军，创立了陕北、陕甘边两块革命根据地。1935年2月，中共西北工作委员会和西北军事委员会建立，实现了两个苏区党组织和两支红军的统一领导，粉碎了敌人六个师对西北苏区的第二次"围剿"，解放了安定（现子长）、延长、延川、安塞、保安（现志丹）、靖边六个县的县城，两个苏区连成一片，面积达三万平方公里，人口90万，发展和巩固了20多个县级苏维埃政权，红军和西北革命根据地的过程中，刘志丹、谢子长是两位杰出的领导人。

1935年9月，红二十六军、红二十七军与由陕南转战到达陕北的红二十五军会合，编为红十五军团，徐海东任军团长，程子华任政治委员，刘志丹任副军团长兼参谋长。在崂山战役和榆林桥战役中，红十五军团歼灭国民党东北军两个师的大部。正当第三次反"围剿"斗争的紧要关头，苏区内发生了严重的错误肃反，刘志丹等一批创建西北红军和西北根据地的老干部被捕。革命形势出现严重危机。

1935年10月，中共中央率领红一方面军到达陕甘边的吴起镇。中央到达陕北后，立即下令纠正苏区内正在进行的错误肃反。11月，在毛泽东、周恩来、彭德怀的指挥下，一方面军和红十五军团联合作战，取得直罗镇战役的重大胜利，使西北根据地转危为安，“给党中央把全国革命大本营放在西北的任务，举行了一个奠基礼”。

1936年2月，红军渡黄河东征。5月，红军东征回师之后又挥戈西进，解放了甘肃、宁夏边境的部分地区，形成了陕甘宁边区的区域范围。

1937年3月，苏区改为特区，不久，改名为陕甘宁边区。9月，经蒋介石指定和国民政府行政院第333次会议通过，将延安、延川、延长、绥德、米脂、葭县（现佳县）、清涧、吴堡、神木、府谷、安定、安塞、靖边、定边、保安、甘泉、鄜县（现富县）、淳化、正宁、宁县、庆阳、合水、镇原、环县、栒邑（现旬邑）、盐池等26县，划为八路军募补区，归陕甘宁边区政府辖治。

1939年冬至1940年春，国民党军队先后夺去镇原、宁县、正宁、栒邑、淳化五座县城、六个区、43个乡。边区政府随即新建了新宁、新正、淳耀、赤水、固临等五县。1944年底，陕甘宁边区的区域面积为98960平方公里，人口约150万。共辖有一市、30县，划分为五个分区。

即：延属分区，辖：延安、甘泉、鄜县、志丹、安塞、子长、延川、延长、固临等九县和延安市，人口约40万。

绥德分区，辖：绥德、米脂、清涧、吴堡、葭县、子洲、神府七县，人口约56.2万。

关中分区，辖：淳耀、赤水、新正、新宁四县，人口约12.1万。

陇东分区，辖：庆阳、合水、环县、镇原、曲子、华池六县，人口约26.2万。

三边分区，辖：定边、盐池、靖边、吴旗四县，人口约15.5万。

# 陕甘宁边区的根本特点和历史地位

陕甘宁边区是中共中央到达陕北后，在西北革命根据地的基础上，扩大、巩固和建设起来的，是中国工农红军长征胜利的落足点，是伟大的全民族抗日战争的出发点。

陕甘宁边区从1935年10月到1948年3月的13年中，是中国共产党中央的所在地，全国革命的指挥中心，是抗日战争中八路军、新四军和解放战争中人民解放军的总后方，是中国人民革命斗争胜利的摇篮，在中国革命历史上占有特殊重要的地位。

以毛泽东为首的中共中央在延安和陕甘宁边区召开了一系列重要的会议。如1935年12月在瓦窑堡召开的中央政治局会议；1937年5月在延安召开的全国党代表会议；同年8月在洛川召开的中央政治局扩大会议；1938年9月底到11月初在延安召开的扩大的六届六中全会；1945年4月在延安举行的六届七中全会、第七次全国代表大会；1947年12月在米脂杨家沟召开的中央扩大会议，等等。中共中央在陕甘宁边区制定了决定中国命运的政治路线、组织路线和一系列方针政策，指引中国革命克服重要艰难险阻，胜利地实现了国共第二次合作和抗击日本侵略者的历史转折，胜利地完成了抗日战争和解放战争的伟大历史任务。

马克思主义的理论与中国革命实践相结合的毛泽东思想，是在延安时期全面形成的。正如邓小平所说："延安时期那一段，可以说是毛泽东思想比较完整地形成起来的一段。毛泽东思想中关于新民主主义革命的理论，包括党的建设的理论和处理党内关系的原则，在延安整风前后，都比较完整地形成了。"毛泽东思想是中国共产党人集体智慧的结晶，它体现在这一时期中共中央的重要决议文件、毛泽东和党中央其他领导人发表的大量关于政治、军事、经济、哲学、党的建设、文化教育等方面的著作、讲话中，它哺育了全党，教育了广大干部和群众。

中国共产党领导的工农革命武装力量——红军，改编为国民革命军第八路军，是从陕甘宁边区出发到敌后抗日战场的。八路军和新四军在中共中央正确领导下，浴血奋战，打击、歼灭敌军，不断壮大自己，在抗日战争期间，抗击了64%的日军和95%的伪军，开辟了18块敌后根据地，最终取得抗日战争的胜利。

陕甘宁边区是培养革命干部的重要阵地，延安被誉为革命圣地，革命的大熔炉。抗日战争时期，成千上万的进步人士、革命青年和爱国侨胞，不畏艰难险阻，不远千里万里从四面八方来到延安寻求真理，献身民族解放事业。为了适应抗战需要，中共中央在延安创办了各类干部学校20多所，培养干部四万多人。他们学习了马列主义、毛泽东思想和党的路线、方针、政策，学习了革命战争的战略和党的优良作风，提高了觉悟，改造了思想，精神面貌焕然一新，成为各条战线上的生力军和骨干力量，在抗日战争、解放战争以及以后的社会主义革命和建设中，做出了重要贡献。

延安是马克思列宁主义的传播中心。在中共中央的指导下，曾经出版过相当数量和有很大影响的书刊、报纸。据不完全统计，抗日时期在延安出版马列著作50多种，报刊30多种，对传播马列主义、毛泽东思想和宣传中国共产党的路线、方针、政策，教育人民、团结人民，鼓舞人民，坚持抗战，赢得最后胜利，起了重要的作用。

伟大的整风运动和大生产运动，是中共中央从延安首先发起，总结了成功经验，然后在各抗日根据地推行的。前者是解决马克思主义和非马克思主义思想之间的矛盾，后者是解决抗战物质需要和财政经济困难之间的矛盾。毛泽东指出："一九四二和一九四三两年先后开始的带普遍性的整风运动和生产运动，曾经分别地在精神生活方面和物质生活方面起了和正在起着决定性的作用。这两个环子，如果不在适当的时机抓住它们，我们就无法抓住整个的革命链条，而我们的斗争也就不能继续前进。""让我们进一步地、普遍地去推广这两大运动，以为其他各项战斗任务的基础。果能如此，那末，中国人民的彻底解放，就有把握了。"历史的实践完全证明了毛泽东的这个正确论断。

在中共中央的直接领导下，陕甘宁边区党政组织和全体军民，尽了最大的努力，把陕甘宁边区建设成为全国的模范抗日根据地，新民主主义建设的示范区。中共中央通过在陕甘宁边区的实践，及时总结经验，指导全党工作和敌后各抗日根据地的工作。陕甘宁边区的一切重大活动牵动着全国的神经，代表着中国的方向，全国进步人士无不对陕甘宁边区寄以厚望。陕甘宁边区不仅在国内，而且在国际上也产生了重大影响。1936年，美国记者埃德加·斯诺到陕北苏区和红军战地考察采访，写出著名的《西行漫记》一书，向全世界人民如实地报道了中国共产党领导的中国革命根据地的真相，展示了中国的光明未来和希望的所在。抗日战争时期，艾格尼丝·史沫特莱、贝特兰、哈里森·福尔曼、伊斯雷尔·爱泼斯坦等一批批外国记者先后到陕甘宁边区访问，他们回国后大都对陕甘宁边区作了客观、友好的报道。加拿大医生白求恩、印度医生柯棣华等率领的援华医疗队，先后不远千万里来到延安，并奔赴抗日前线工作。他们不仅对中国的抗日战争做出了贡献，也扩大和增进了世界反法西斯人民之间的战斗友谊。在延安成立了东方各民族反法西斯大同盟、在华日人反战同盟延安支部和华北联合会、日本工农学校、朝鲜革命军政学校，越共领袖阮爱国（胡志明）、日共领袖冈野进（野坂参三），国际学联代表柯尔曼、雅德、傅洛德、雷克难等，到延安切磋国际反法西斯的问题，都是具有国际影响和意义的。南洋华侨领袖陈嘉庚等亲赴延安参观访问，对边区和八路军在精神上和物质上都给予了很大的鼓励和支援，在国际上、特别是在国外侨胞中影响很大。1944年，美军派出观察组驻延安，实地观察了中国共产党领导八路军、新四军和人民群众抗日斗争的情况，对美国当时对华政策有一定的影响。

## 陕甘宁边区的政权由苏维埃制到民主共和制

1931年，日本帝国主义发动了九一八事变，1935年又发动了华北事变，妄图吞并全中国。由此引起中国国内外矛盾的重大变化，中日矛盾成为主要矛盾，国内矛盾降到次要和服从的地位。

1935年12月17日至25日，中共中央在瓦窑堡召开了政治局会议，分析了当时的形势，通过了《中共中央关于目前政治形势与党的任务决议》，确定了抗日民族统一战线的策略路线。会后，毛泽东在党的活动分子会上作了《论反对日本帝国主义的策略》的报告，明确提出，党的基本任务就是建立广泛的抗日民族统一战线。为了贯彻执行会议的决议，中共中央采取了一系列重大的政策措施，开展了广泛的政治活动。包括：第一，调整阶级关系，实行政策转变。如1935年12月6日发布了《中央关于改变对富农政策的决定》，1936年7月22日发出关于《土地政策新的改变》，调整对地主、富农的政策。1937年3月以后，停止没收地主的土地，恢复资本家、富农、地主的公民权。第二，争取东北军、西北军首先停止内战，联合抗日。1936年1月25日，毛泽东、周恩来、彭德怀等红军领导人联名发出《致东北军全体将士书》，呼吁停止内战，联合抗日。2月，中共中央派李克农先后同东北军67军军长王以哲和张学良会谈。4月9日，中共中央派周恩来在延安与张学良会谈，达成了联合抗日的协议。9月22日，毛泽东与张学良签署《抗日救国协定》。1935年12月，汪锋持毛泽东、彭德怀致杨虎城的信和毛泽东分别致杜斌丞、邓宝珊的信，赴西安与杨、杜会晤，同时南汉宸介绍王世英赴西安与杨虎城、杜斌丞会晤。1936年8月26日，张文彬持毛泽东分别写给杨虎城和杜斌丞的信抵达西安，9月6日与杨虎城达成抗日合作口头协定。至此，抗日民族统一战线实际上首先在西北实现。第三，改“抗日反蒋”为“逼蒋抗日”。中共中央1936年9月1日向全党发出《关于逼蒋抗日问题的指示》，指出逼蒋介石抗日是我们的总方针。

1936年12月12日西安事变发生后，中共中央决定和平解决西安事变的方针，并派周恩来、秦邦宪（博古）、叶剑英到西安与各方商谈，终于迫使蒋介石接受了停止内战，联共抗日等条件，为国共两党重新合作建立了一个必要的前提。1937年2月10日，中共中央电告国民党五届三中全会，提出停止内战，一致对外等五项要求和停止武力推翻国民党政府的方针等四项保证，促使国民党于2月21日通过停止“剿共”内战决议。7月17日，中国共产党代表周恩来、秦邦宪、林伯渠同国民党代表蒋介石、邵力子、张冲在庐山进行谈判，最后达成协议：红军改编为国民革命军第八路军，陕甘宁边区作为国民政府行政院的一个直辖行政区域。9月22日国民党中央通讯社发表了《中共中央为公布国共合作宣言》，次日蒋介石发表了“团结御侮”

的谈话，实际上承认了中国共产党和陕甘宁边区的合法地位。至此，第二次国共合作正式实现，抗日民族统一战线在全国形成。

随着形势任务的变化，陕甘宁边区的政权由苏维埃制转变为民主共和制。中共中央到达陕北后，于1935年11月中旬成立了中华苏维埃共和国临时中央政府西北办事处。1937年2月24日，中共中央政治局常委决定由林伯渠主持西北办事处的工作，开始筹建陕甘宁边区政府，进行“更名”“改制”。所谓“更名”，就是将西北办事处改为陕甘宁边区政府；所谓“改制”，就是将工农民主制即苏维埃制，改为普选的不分阶级的民主共和制。5月，《陕甘宁边区选举条例》和《陕甘宁边区议会及行政组织纲要》公布，从7月开始，举行了乡、县选举，改选了乡、县两级政府，至12月全边区选举产生边区议会议员500多名，但由于战争环境及其他原因未能及时举行边区议会的会议。

1937年9月6日，陕甘宁边区政府宣告成立。林伯渠、张国焘、秦邦宪、董必武、徐特立、谢觉哉、郭洪涛、马明方、高岗九人为边区政府主席团委员，林伯渠为主席，张国焘为副主席。从此，陕甘宁边区的革命斗争进入一个新的历史时期。

## 中国共产党在陕甘宁边区领导机构的变革和党的建设

中共中央初到陕北时，撤销了中共陕甘晋省委，成立了中共陕北省委和陕甘省委，在关中、三边、神府成立了三个特委，在伊克昭盟成立了工委。1936年5月，中央又成立了中共陕甘宁省委。1937年2月，中共中央决定设立陕甘宁边区委员会。5月，中共陕甘宁边区第一次代表大会选举高岗、林伯渠、吴亮平、马明方、李富春、周兴、李建贞、郭洪涛、王达成、习仲勋、白治民、刘长胜、崔田民、张秀山、刘景范、崔田夫、李维汉为边区党委执委，罗梓铭、蔡畅、马锡五、王世泰、张邦英、马丕勋为候补执行，第一次执委会议选举郭洪涛为书记。在边区党委成立前后，中共中央撤销了中共陕甘宁、陕北、陕甘省委，边区各地的党组织统一由边区党委领导。1938年4月，中共中央决定高岗接替郭洪涛任中共陕甘宁边区委员会书记。1939年12月，中共陕甘宁边区第二次代表大会选举产生了新的边区党委，书记高岗，副书记王观澜。1940年9月，中共中央决定将边区党委改为边区中央局，书记高岗，副书记谢觉哉。1941年5月，中共中央决定将西北工作委员会与边区中央局合并，成立中共西北中央局，书记高岗，委员林伯渠、谢觉哉、萧劲光、陈正人、王世泰、张邦英，候补委员贾拓夫、李卓然。1943年1月，中共中央批准高岗、林伯渠、贺龙、陈正人、贾拓夫为西北中央局常委。1944年3月，中共中央政治局决定陈云任西北中央局委员。1945年10月以后，高岗调往东北，习仲勋任西北中央局书记。陕甘宁边区党委及以后的边区中央局、西北中央局，在中共中央的直接领导下，贯彻执行了党的路线、方针和政策，加强了党的建设，有力地推动了边区各项工作的不断发展。

1937年和1939年的两次边区党代表大会和1942年开始的整风运动，对于加强边区党的建设具有重大意义和深远影响。

1937年5月2日至14日，有苏区、白区和红军代表参加的中国共产党全国代表会议在延安召开。张闻天作了题为《中国共产党苏区代表会议的任务》的开幕词，指出“巩固我们的党现在成为一切工作的核心”。毛泽东作了《中国共产党在抗日时期的任务》的政治报告和《为争取千百万群众进入抗日民族统一战线而斗争》的结论。毛泽东在结论中论述了党的建设的三个重要问题，即干部问题、党内民主问题和全党团结问题，指出：“指导伟大的革命，要有伟大的党，要有许多最好的干部。”“这些干部和领袖懂得马克思列宁主义，有政治远见，有工作能力，富于牺牲精神，能独立解决问题，在困难中不动摇，忠心耿耿地为民族、为阶级、为党而工作。”“要党有力量，依靠实行党的民主集中制去发动全党的积极性。”“团结全党像钢铁一样。”“这种团结是当前民族和民主革命的最重要的基础。”秦邦宪作了《关于苏区党的组织问题》的报告，指出：为了适应新形势新任务的需要，党必须提高政治工作和组织工作的水平，改革工作方法和组织形式。这次大会，指明了党的政治路线、组织路线和政治工作、组织工作的方针任务。5月15日，出席全国代表会议的苏区代表，举行了中共陕甘宁边区第一次代表大会。

这次代表大会召开时，边区已有党员32418名。在会后的两年内，根据《中共中央关于发展党员的决议》，全边区的党员发展到46227名（军队中的党员未计在内），比1937年增长40%。党的基层组织普遍建立和健全起来，加强了对党员的政治教育、文化教育特别是党的纪律教育，强调个人服从组织，少数服从多数，下级服从上级，全党服从中央的准则。同时，中共中央制定了各级组织的工作法规，以统一各级领导机关的行动。

1939年11月13日至12月17日，中共陕甘宁边区第二次代表大会在安塞县徐家沟举行。出席这次大会的代表有170名。毛泽东向大会作了政治报告，分析了当前国内外形势，向边区党组织提出了“提高自己，帮助全国”的任务，号召把陕甘宁边区建设成为全国的抗日民主模范区。高岗作了《关于抗战新阶段中陕甘宁边区的任务》的报告。陈云作了《关于干部队伍建设的几个问题》的报告。大会的决议特别强调指出，提高党员尤其是干部的马列主义水平，是提高党的战斗力和巩固党的关键，并规定了党内政治思想教育和文化教育的具体要求和方法，号召全党开展一个学习竞赛。大会还发出《告边区全体党员书》和《告全边区民众书》，号召全边区的共产党员团结广大群众，以充分的毅力和信心贯彻执行大会的各项决议。

这次大会之前，1939年8月25日，中共中央政治局作出《关于巩固党的决定》。这次大会之后的两年内，主要进行党员的审查和教育工作。党员的文化水平、政治理论水平，得到了提高，成长了一批老干部，提拔了一批新干部，增强了党的队伍的素质。党的组织也更加纯洁，更加巩固了。

1942年开始的整风运动是一次普遍的马克思主义教育运动，是党的建设上的一个伟大的创举。1942年4月3日，中共中央宣传部发布了《关于在延安讨论中央决定及毛泽东同志整顿三风报告的决定》。在中共中央总学习委员会领导下，成立了边区一级总学习委员会，下设党、政、军三个分学习委员会，统一领导边区的整风运动。4月14日，中共西北中央局对整风学习作出具体部署。4月21日，任弼时在边区级机关干部大会上作了关于整风学习问题的报告。会后，全边区从上而下陆续掀起整风学习的热潮，边区系统的12000多名各级干部和各类干部学校师生参加了整风学习。大家认真学习整风文件，对照检查自己的思想、工作和历史，开展互相帮助和互相批评，提高了觉悟，增强了党性。通过这次整风学习，较好地解决了各级领导机关、广大干部和党员进一步掌握马克思主义的理论与中国革命的实践统一这个基本方向问题。彻底清算了王明右倾错误，发展了理论联系实际，密切联系群众和自我批评的三大作风，确立了“惩前毖后、治病救人”，“既要弄清思想，又要团结同志”的正确处理党内关系的原则。收获是极大的。

1942年10月19日至1943年1月14日，中共西北中央局召开了边区高级干部会议，党、政、军、民各方面的重要负责干部266人参加会议。这是在中共中央直接领导下进行的一次整风会议，毛泽东在会上作了《经济问题与财政问题》的报告。会议集中讨论了三个问题：第一，是中央到陕北前，边区党的历史经验教训问题。经过热烈的讨论，严肃的批评和自我批评，提高了觉悟，清算了“左”倾错误路线对西北革命造成的危害。第二，是检查了抗战以来边区党内在思想上、组织上以及实际工作中的某些偏向，特别是某些干部闹独立性，地方工作中某些干部的官僚主义和军队中某些干部的军阀主义等不良倾向，从组织上、思想上、政策上，加强了党的统一领导。第三，是边区的任务问题。会议检查和纠正了某些干部在建设边区工作中的“百端并举”、“样样是中心”等不切实际、不正确的思想，确定生产和教育是边区建设的两大任务，而以生产为第一。这次大会有力地推动了边区整风运动的深入发展，对于边区工作起了巨大的促进作用。

1943年4月3日，中共中央作出《关于继续开展整风运动的决定》。决定提出，在整风学习后期进行审干运动和群众性的反特斗争。康生利用整风审干之机，发起“抢救失足者”运动。7月15日，康生作了《抢救失足者》的报告，强调“清除内奸，这是我们目前急不可缓的任务”。报告前后，边区各机关各地区掀起了“抢救失足者运动”，大搞逼、供、信的过火斗争，混淆敌我界限，造成许多冤假错案，伤害了不少干部。毛泽东发现这一错误后，立即指示停止“抢救失足者运动”，随后对受害人员进行甄别平反，赔礼道歉，使整风运动得以继续健康发展。1944年中共中央组织高级干部学习《两条路线》和《六大以来》两个文献集，进一步总结了党的历史上的经验教训。1945年4月20日举行的中共中央六届七中全会讨论通过了《关于若干历史问题的决议》，为党的第七次全国代表大会的胜利召开和取得抗日战争、解放战争的伟大胜利，奠定了思想政治基础。

## 坚持抗战，剿匪除奸，保卫边区，巩固边区

组织和加强抗战武装力量。国共合作实现以后，陕宁甘边区一度处于和平环境。但随着时局的发展，形势不断发生变化。太原失守后，日军逼近黄河东岸，威胁边区安全；国民党反动派不断制造磨擦事件，边区境内和边界土匪猖獗，骚乱社会秩序，破坏团结抗日。为了坚持抗战，保卫边区，中共中央加强了边区的武装力量。将留驻边区的部分八路军主力，组成留守兵团，由萧劲光任司令员，曹里怀任参谋长，莫文骅任政治部主任；并设立绥德米脂葭县吴堡清涧警备区司令部、延川延长河防司令部。将地方兵团，组成保安司令部，由高岗任司令员，周兴为副司令员，谭希林为参谋长。加强民兵建设，组织边区人民抗日自卫军。这三部分武装力量，形成边区军民三结合的武装体系，担负着保卫河防、肃清匪患，制止反共磨擦、保卫边区的重要任务。

进行抗战动员，保卫河防。全民族抗日战争爆发后，中共中央号召动员一切力量，为争取抗战胜利而斗争。1937年11月15日，中共陕甘宁边区委员会给各级党委发出指示信，提出要把边区变成抗战运动的模范，要求党的一切支部成为抗战动员的核心，要求各个群众组织把抗战动员作为自己的中心工作。1938年3月3日，边区党委和边区政府联合发出《告民众书》，提出：全边区人民应该武装起来，开展广泛的民众游击战争：努力帮助政府军队做好各项后勤工作；一切群众团体都要组织自己的力量，保证抗战工作之顺利进行。边区人民热烈响应党和政府的号召，积极参加抗战动员工作。1937年、1938年、1940年三年内，边区动员13000多名青壮年参军，加上抗战前夕参军的人数，总计达三万余人。1937年、1938年组织22万人参加自卫军（三万多人是基干民兵），28000多名少年参加少年先锋队配合

部队保卫边区。1937年11月晋南吃紧，边区沿河各县在七天内动员一万多头牲口组成运输队到山西帮助军队运输物资，支援战争。边区人民为前线募送毛袜、手套十万双。1938年3月至1939年底，日军向边区河防发动23次进攻，规模最大的一次是在1939年5月，敌以15000人的兵力，先后占领军渡、孟津、碛口一带，炮击沿河的宋家川、枣林坪，并用飞机轰炸延安及沿河各县，边区河防部队坚守阵地，在宋家川方向，与日军昼夜隔河激战；边区动员各地自卫军整营出动，在隆冬寒月里，协助部队修好千里河堤工事，配合部队阻击敌人。在此期间，边区河防部队与日军大小战斗78次，在晋西北人民和军队的配合下，终于打退了日军的进攻，使敌人未能跨我河防一步。

抗日战争期间，边区安置了11500多名伤病退伍军人，优待军烈属十万人，其中，为之代耕的达17000多人，代耕土地15万亩。抗日战争时期边区脱产人员较多，最多时达十万人。仅粮食一项，每年就需要十多万石。1937年至1945年八年中，边区人民缴纳救国公粮98.3万石。在地瘠民贫、只有150万人口陕甘宁边区，供给这样多的粮食，是很不容易的。边区人民积极生产，节衣缩食，尽最大的努力，保证了抗战的需要。

剿匪锄奸。1937年八路军主力开赴前线后，边区境内外的40多股土匪（4000多人），乘机在边区境内进行破坏活动。他们抢劫人民和合作社的财物，杀害抗属和伤残人员，破坏交通要道。掠夺军用车辆，甚至袭击基层党政机关，妄图破坏边区民主政权。边区军队在民兵配合下，采取以武力进剿为主，政治瓦解为辅的方针，彻底歼灭了股匪。同时，边区群众组织了9000多个锄奸小组，十万人参加，两年内破获敌特汉奸案100多起、土匪案150多起，消除了隐患。边区社会秩序安定，人民安居乐业。

制止反共磨擦。从抗战开始到武汉失守之前，国民党抗战比较积极，国共两党的合作关系也较正常。抗战进入相持阶段，国民党顽固派消极抗战，积极反共、反人民。他们散发反共文件，制造反共事件，破坏团结抗日。1939年5月以后，国民党在边区周围修筑了五道封锁线，包围边区的部队多达20多万人。1940年春，国民党军队袭击占领了边区的镇原等五座县城及一些区乡，先后在边区周围制造了124起反共磨擦事件，包括63次武装进攻。同时，国民党反动派还在边区境内大肆进行破坏活动。国民党政府委派"反共专家"何绍南为绥德行政区督察专员，并在绥德、米脂、葭县、吴堡、清涧等13个县继续委派县长。这些地方大都是原来的苏区，在内战期间县城被国民党军队占领，但是农村大都仍属边区。为组织人民一致抗日，边区政府理所当然的在上述13县内也建立了县、区、乡抗日民主政权。而何绍南等人却不顾团结抗日大局，公然进行反对边区政府的活动，诬蔑、攻击驻防的八路军，指使反动地主豪绅进行反攻倒算，有的国民党县长甚至绑架民主政权县长，枪杀民主政权的干部和伤残退伍军人。针对这种情况，1938年5月15日，毛泽东亲自起草了《陕甘宁边区政府、第八路军后方留守处布告》，严正指出："当此抗战紧张期间，凡在边区境内从事阴谋破坏，或肆意捣乱。或勾引煽惑，或暗探军情的分子，准许人民告发。证据确实者，准许就地逮捕。一经讯实，一律严惩不贷。"1939年7月7日，中共中央发表《为抗战两周年纪念对时局宣言》，提出"坚持抗战，反对投降；坚持团结，反对分裂；坚持进步，反对倒退"的口号。1940年3月11日，毛泽东在延安党的高级干部会议上作了《目前抗日统一战线中的策略问题》的报告，提出"发展进步势力，争取中间势力，孤立顽固势力"的策略方针，并提出同顽固派进行斗争的三条原则。第一，自卫原则，人不犯我，我不犯人，人若犯我，我必犯人；第二，胜利原则，不斗则已，斗则必胜；第三，休战原则，斗争到一定阶段，适可而止。这三条原则，总起来一句话，就是有理、有利、有节。边区的党、政、军、民坚持执行了这些原则，对敢于进犯破坏边区的顽固派，坚决予以还击。1940年2月中旬，边区政府主席林伯渠、八路军后方留守处主任萧劲光联名致电国民党最高当局，要求惩办贪赃枉法、破坏团结、撤离职守、贻误河防的"犯官"何绍南，并报请委任王震为绥德行政区督察专员；3月19日，又致电国民党天水行营主任，要求撤走国民党在边区境内13个县的县长。指出国共两党合作已三年之久，一县之内竟有"双县长"政令不一，滋事扰民，古今中外，无此怪事。国民党政府在强大舆论的压力下，被迫将委任的县长先后撤走。边区政府立即在上述13个县建立了普选的民主政权。至此，结束了边区境内双重政权并存的局面。边区得到统一和巩固。

1943年7月，国民党反动派撤退河防大军准备分九路闪击陕甘宁边区，夺取延安。朱德当即致电蒋介石、胡宗南呼吁团结抗日，避免内战。7月9日，延安召开了三万人参加的紧急动员大会，号召边区人民紧急动员起来，制止内战，保卫边区。各抗日根据地也纷纷集会，通电全国，反对内战，保卫边区。由于中共中央的坚强领导，边区人民的充分准备，各抗日根据地的有力声援和全国人民反对破坏团结抗日的强烈呼声，迫使蒋介石进攻边区的计划未能得逞。

从1945年7月15日开始至8月8日，国民党军队向边区的关中分区爷台山地区多次发起进攻并一度占领爷台山。边区军民奋起反击，于8月11日将进犯的国民党军队全部赶出边区，取得爷台山保卫战的胜利。

## 陕甘宁边区的新民主主义建设

陕甘宁边区在坚持抗战的同时，大力进行了新民主主义建设。

1940年1月，毛泽东发表了著名的《新民主主义论》，系统完整地阐明了新民主主义革命的基本理论和基本纲领及新民主主义的政治、经济、文化的基本内容。在这个理论的指引下，在中共中央的直接领导下，陕甘宁边区的新民主主义建设走上胜利发展的道路，取得了巨大的成就和有益的经验。

政权建设

毛泽东说："判断一个地方的社会性质是不是新民主主义的，主要地是以那里的政权是否有人民大众的代表参加以及是否有共产党的领导为原则。因此，共产党领导的统一战线政权，便有新民主主义社会的主要标志。"陕甘宁边区的政权完全体现了这一原则。具体组织形式是"三三制"政权。即在人员分配上，规定共产党员占1/3，非党的左派进步分子占1/3，不左不右的中间派占1/3。

陕甘宁边区的政权结构是：（一）参议会，实质上属人民代表大会性质，是最高权力机关。分边区、县、乡三级，参议员由人民直接选举。

（二）政府机关，设边区、县、乡三级，主要领导人由同级参议会选举产生。专员公署和区公署，分别为边区政府和县政府的派出机关。（三）司法机关，边区设高等法院，专区设高等法院的分院，县设县法院。边区和县的法院院长，由边区和县参议会选举产生。陕甘宁边区在1937年、1941年、1945年进行了三次不分阶级、不分党派、不分宗教信仰、男女平等、民族平等的普遍、直接、自由的选举。

1939年1月，在延安召开了边区第一届参议会，到会参议员145名。林伯渠作了政府工作报告。大会通过了《陕甘宁边区抗战时期施政纲领》，作为“边区一切工作之准绳”。这个纲领是中国共产党为之奋斗的革命的民主主义即新民主主义在陕甘宁边区的具体实施。会议选举高岗为边区参议会议长、张邦英为副议长，林伯渠为边区政府主席、高自力为副主席，雷经天为边区高等法院院长。这次参议会开得很成功，奠定了边区民主政治基础。这次参议会还没有实行“三三制”，边区政府聘请了12名开明绅士为特邀参议员。

1941年11月，在延安召开了边区第二届参议会第一次会议。这次会议的显著特点是实行了中共中央提出的抗日民主政权的“三三制”原则。毛泽东在会上发表了演说，指出：“国事是国家的公事，不是一党一派的私事。因此，共产党员只有对党外人士实行民主合作的义务，而无排斥别人、垄断一切的权力。”林伯渠作了政府工作报告。大会接受并通过了中共边区中央局1941年5月1日公布、经过全边区人民广泛讨论的《陕甘宁边区施政纲领》，责成边区政府领导各级政府和全区人民群众切实执行。这个施政纲领更完整地规定了政治、经济、文化方面的21项内容，是新民主主义纲领在陕甘宁边区的进一步具体化。大会选举高岗为边区参议会议长，谢觉哉、安文钦（开明绅士）为副议长，林伯渠为边区政府主席、李鼎铭（开明绅士）为副主席，雷经天为边区高等法院院长。在选举的18位政府委员中，共产党员七名，超过1/3，徐特立即申请退出由非党人士白文焕递补。这次参议会审议通过了非党人士李鼎铭等提出的“精兵简政”的重要议案，大会决议“交政府速办”。1941年至1943年，边区政府连续进行三次精简，初步达到了精简、统一、效能、节约和反对官僚主义五项目的。这是政权建设中的一项重大改革。1944年12月，边区第二届参议会举行了第二次会议。林伯渠作了题为《边区民主政治的新阶段》的政府工作报告。毛泽东发表了题为《一九四五年的任务》的演说，指出1945年的唯一任务是打倒日本侵略者。

在新民主主义的政权建设中，最重要的是要让非共产党人士有职有权有责，不如此，就失去了“三三制”的意义。边区的各级党组织和政府在这方面做了卓有成效的工作，如召开民主人士座谈会广泛征求意见，要求共产党员领导干部和民主人士领导干部之间保持个人之间的联系，促膝谈心交换意见，要求共产党员和干部尊重民主人士的领导等。这样就充分发挥了李鼎铭等民主人士的积极作用。

陕甘宁边区在新民主主义政权建设中，一贯重视实行民族平等政策。在边区的三届参议会参议员选举中，少数民族的参议员名额按人口的比例高于汉族。边区参议会的议员中，少数民族议员六名。中共中央设立中共西北工作委员会负责西北地区的少数民族工作，西北工委于1940年拟定《关于回回民族问题的提纲》和《关于抗战中蒙古民族问题提纲》，并派出考察团到少数民族地区进行考察。西北工委与陕甘宁边区中央局合并成立西北中央局后，西北局成立了少数民族工作委员会，边区政府成立了民族事务委员会，负责回族和蒙族区域自治工作，帮助少数民族发展民族经济和文化，教育干部和群众尊重宗教信仰和少数民族的风俗习惯。边区政府还成立了民族学院，培养少数民族干部。

经济建设

陕甘宁边区是分散的农村环境，经济建设以农业第一，工业第二，商业第三。抗战以来，边区的经济建设经过三个阶段。1937年9月至1939年为休养民力阶段。在这个阶段由于有国民党政府发给军饷和外来援助，边区政府取之于民是很少的，1937年和1938年两年共征收公粮29000余石，1939年也只征收50000余石。大大休养了民力，农业生产迅速得到恢复和发展，人民生活得到初步改善。1940年至1942年是边区战胜严重困难的阶段。1940年11月后，国民党政府不仅停发了军饷，而且对边区实行经济封锁，断绝了外援，一切军需民用都要自给自足。从1941年到1942年，人民负担大大加重了。边区经济处于极端困难的境地。毛泽东说：“我们曾经弄到几乎没有衣穿，没有油吃，没有纸，没有菜，战士没有鞋袜，工作人员在冬天没有被盖。”“我们的困难真是大极了。”面对这种情况，中共中央和毛泽东发出“自力更生”的伟大号召，要求全体军民“自己动手，克服困难，渡过难关，支持战争”，要求边区军队和机关、学校一律参加生产，并迅速建起自给性的公营经济。1940年到1942年三年中，军队和机关、学校靠自己动手获得的收入占了经费支出的部分或大部分，有的还做到自给有余，上缴公粮。终于度过了最困难的时期。1942年12月，毛泽东在边区高级干部会议上作了《经济问题与财政问题的报告》，总结了几年来生产运动的成就和经验，批判了那种离开发展经济而单纯在财政收支问题上打圈子的错误思想，和那种不注意动员人民帮助人民发展生产而只注意向人民要粮要钱的错误作风，提出“发展经济，保障供给”的财政经济工作总方针和一系列重大政策。1943年1月，中共中央和毛泽东又提出为争取“丰衣足食”而斗争的号召。在整风运动取得巨大成绩的思想基础上，边区经济建设进入以争取丰衣足食为目标的新阶段。全边区广大人民群众和部队、机关、学校一切男女劳动力，组成浩浩荡荡的劳动大军，展开轰轰烈烈的大生产运动，取得了巨大成绩。截至1944年底，农业方面，军民开垦荒地200万亩，耕地面积增加到1443万亩，粮食总产比1937年增长70%，棉花种植面积由1937年的3.9万亩，增加到31万亩，增长近七倍，总产量300多万斤，自给率达到15%以上。工业方面：由无到有，由少到多，先后建立起纺织、被服、陶瓷、玻璃、肥皂、火柴、造纸、印刷、煤矿、石油、化工、炼铸、盐业、机器制造和兵工等大小工厂120多个，职工达12000人，私营工业也有很大发展，各种工厂、作坊多达1400多家，职工4500多人。棉布自给率达到73%，其他日用品工业也实现了自给或半自给。随着工农业生产的发展，公私营商业也繁荣起来。延安市的私营商业，各类合作社也有很大发展。

边区的部队基本上实现了生产自给。创造了“当兵不脱产，经费靠自给”的中外奇迹。边区的机关、学校从1943年起，经费自给部分占全年财政总支出的64%，这也是历史上从来没有的。公粮也逐年减少，1941年征收公粮20万石，1942年降至16万石，1943年为18.4万石，1944年为16万石，1945年为12.4万石。农村阶级关系也发生了重大变化。从前，贫农、雇农是农村主要群众，这时大多已上升为中农。手工业工人的实际工资比战前提高一至三倍，公营企业的工人工资提高60%—80%，机关、部队、学校的供给标准也有了提高。陕甘宁边区初步实现了丰衣足食，形成以农业为主体的私有经济（包括私营工商业）、公营经济、合作社经济三种经济成分共同发展的新民主主义经济体系。

陕甘宁边区的新民主主义经济建设之所以能够取得如此巨大的成绩，主要是在中共中央直接领导下，边区各级党政机关和各级干部，贯彻执行了中共中央关于发展财政经济的总方针和西北局关于生产第一的建设方针以及一系列配套的政策措施，充分发动群众，依靠群众，组织群众，发扬群众的首创精神，团结一致，艰苦奋斗的结果。这个时期所采取和实施的主要措施是：

（一）加强对生产运动的组织领导。边区政府成立了财政经济处，各专区、县成立了生产委员会，实行了首长负责、自己动手、领导骨干和广大群众相结合，一般号召和个别指导相结合的领导方法。组织机关、学校、部队一切人员参加生产。毛泽东、朱德、周恩来等中共中央领导人都亲自种地、种菜、养猪、纺线，为全党树立了榜样。干部参加生产，不仅减轻了人民负担，而且提高了思想，锻炼了本领，带动了群众，密切了同人民群众的联系。意义是很大的。

（二）开垦荒田。陕甘宁边区除绥德分区各县和陇东分区庆阳等县人多地少以外，其余各县大都人少地多，有许多荒地可供开垦。边区政府除动员当地农民增开荒地外，还安置移民、难民十万余人开垦荒地。1941年至1945年五年来，老户、新户共开垦荒地300多万亩（不包括机关、部队开荒数），成为边区增产粮的重要措施之一。

（三）军队屯田。1941年，三五九旅开进南泥湾垦区。他们是战斗队，也是生产队。他们提出的口号是："一把镢头一支枪，努力生产，保卫党中央。"从旅长王震到每一个战士，都无一例外地投入紧张的生产运动中。三年开垦荒地4.7万亩。不但做到粮食自给，还上缴公粮一万石。广大指战员以辛勤的劳动，把南泥湾创造成为“陕北江南”，1943年边区部队生产的粮食达七万石（折细粮），占当年边区增产粮的1/3。

（四）组织起来。全边区共有农业劳动力63万多个，其中，全劳动力33万个。劳动互助组织有效地调剂了劳力、畜力，显著地提高了劳动生产率。1943年，全边区有15万妇女参加了纺织组，纺纱160多万斤；五万多妇女参加了织布组，织土布11.45万多疋。有一部分妇女打破了“好女不下地”的旧习，参加了农业生产。米脂县的妇女农业劳动模范郭凤英，成为全边区妇女参加农业生产的标兵。

（五）奖励劳动模范，开展劳动竞赛。在农业战线上，开展了学习吴满有运动。在工业战线上，开展学习赵占魁运动。后来向吴满有看齐、向赵占魁学习，成为农业、工业战线上的群众性运动。全边区在农业、工业和其他战线上涌现出成千上万的劳动模范，他们在生产上和工作上起了很重要的带头作用、骨干作用和桥梁作用，成为推动大生产的核心力量。1943年，劳动英雄杨朝臣、吴满有提出劳动竞赛的倡议，朱德、贺龙立即指示在部队推广，西北中央局也发出通知要求各地认真推广。从而掀起了个人与个人，村与村以至乡与乡之间的竞赛热潮。1943年11月26日至12月16日，在延安同时举行了劳动英雄大会和农业展览会。1944年12月22日至1945年1月14日，延安又举行了劳动英雄和模范工作者大会和边区全面建设展览会。通过这几次盛会，检阅了大生产运动的成果，交流的经验，奖励了劳模，有力地推动了全边区生产运动向纵深发展。

（六）改造二流子。所谓“二流子”，指的是那种抽大烟、赌博、游手好闲、不务正业的人。全边区有二流子6500多人。他们人数虽然不多，却是社会上和生产中的一个消极因素。在大生产运动中，各地通过教育和强制生产等办法，使绝大多数二流子成为自食其力的劳动者，有的还成长为劳动模范。改造二流子对于改良社会风气，安定社会秩序，提高群众的思想觉悟，促进生产的发展，都起了积极的作用。

（七）发展合作社经济。合作社是由群众集股金办起来的集体经济。它对沟通城乡物资交流、支援工农业生产、方便群众购销。活跃市场、稳定物价起了重要的作用。边区政府对发展合作社给予大力支援、帮助和指导。1943年全边区有各类合作社（消费、信用、运输、手工业、综合等）260个，股金1500万元（边区货币），1944年增加到634个，股金达7300万元。延安南区刘建章办的综合性合作社办得最好，深受群众的欢迎，成为全边区合作社的旗帜。

（八）发展公有经济，主要是发展公营工业。1938年以前，边区日用工业品几乎统靠外间输入，1938年开始注重建设公营自给工业。1943年至1944年两年，公营企业有了突飞猛进的发展。1944年全边区公营工业发展到123个，成为边区经济建设的一个重要的组成部分，对于解决军需民用，推动和刺激边区国民经济的发展起了重要的作用。

（九）加强财政贸易金融工作。边区财政贸易金融工作的主要任务是保证抗战需要，促进生产的发展，平衡财政收支，稳定市场。1941年边区政府授权财政厅发布了一系列条例和章程，保证边区货币的顺利流通。1941年3月，边区政府确定新民主主义的税收原则，即在照顾人民生活的前提下，适当增加税收，保证抗战需要。人民的纳税负担，既要普遍，又要合理。从1943年起，改征收公粮为征收农业税，并实行统一累进税制。由于人民生产收入增加，农业税的负担面达到总农户的70%—80%。1943年前后，边区政府发放了农贷3000多万元，帮助缺乏资金的农户发展生产。同时对私营工业也予以资金帮助（或用贷款，或用投资），促其发展。边区的贸易工作以出口食盐、皮毛、药材为主，换回必需的物资，并将公营商业的商业网与民众的消费合作社密切联系起来，形成边区内外的流通网络。

（十）彻底实行减租减息。边区半数人口以上的地区，在抗战以前，已经实行了土地改革。未经土地改革的地区则实行减租减息。1942年以前减租减息停留在一般宣传上面。1942年10月，中共西北中央局发出《关于彻底实行减租的指示》。从1942年冬开始，未经土地改革的地区，广泛发动群众，实行了彻底的减租减息，减轻了封建剥削，提高了农民的政治觉悟，调动了农民的生产积极性。

在进行上述工作中，也曾出现过某些形式主义和命令主义的偏向。但一经发现，即坚决纠正，所以整个生产运动的发展是健康的。在大生产运动中，广大群众意气风发，斗志昂扬，涌现出不少新鲜事物，谱写出许多壮丽的篇章。在改造自然、增加物质财富的同时，还深刻地改变了人们的精神面貌。尤为重要的是，在毛泽东倡导下，形成了以“自力更生，艰苦奋斗”为主要内容的延安精神，对中国革命和建设产生了巨大而深远的影响。

文教建设

在国民党统治时期，陕甘宁边区的文化教育事业十分落后，文盲高达90%以上。除城镇外，农村连小学都很少，农民子弟入学无门。文化设施和卫生条件很差，缺医少药，疫病流行，人民群众生活十分困苦。

陕甘宁边区政府非常重视文化教育事业，特别是在1942年的中共西北中央局召开的边区高干会议上，决定把生产与教育列为边区的两大任务后，边区的文化建设事业更加蓬勃地发展起来。

（一）大办干部学校。抗战以来，中共中央把创办干部学校当作教育工作的头等大事来抓。1939年6月10日，毛泽东在延安高级干部会议的讲话中谈到干部教育问题时说：两年来，在党中央直接领导下，建立了抗日军政大学、陕北公学、党校、马列学院、鲁迅艺术学院、青训班、女子大学、工人学校、卫生学校、通讯学校、组织干部训练班、行政人员训练班、鲁迅师范等17所干部学校，这是一个很大的成绩，今后仍应继续这个方针。后来，延安又成立了医科大学、自然科学院、民族学院、行政学院等。1941年9月，陕北公学、女子大学、泽东青年干部学校合并成立延安大学，1943年4月，鲁迅文艺学院、自然科学院、新文字干部学校、民族学院并入延大，1944年4月，行政学院并入延大，直属边区政府领导。此外，中共陕甘宁边北委员会及后来的边区中央局、西北中央局均办有党校，分期分批培训边区的县、区干部。党校以马列主义和党的路线方针政策为主要内容，以学用一致、言行一致为教学方针，先后培训干部3700多名。大大提高了边区干部的文化政治素质。1942年以后，又在边区师范、三边师范、绥德师范附设行政人员训练班（地干班），培训行政干部400多名。1943年开始，每年冬季各县举办区、乡干部培训班，主要是学习党的政策，总结交流工作经验，每年参加训练的2000人左右，有效地提高了干部的素质和理论政策水平。

（二）加强在职干部教育。1940年1月3日，中共中央发出《关于干部学习的指示》，规定“全党干部都应当学习和研究马列主义的理论及其在中国的具体运用”。1942年2月28日，中共中央发出《关于在职干部教育的决定》，特别强调指出：“在目前条件下，干部教育工作，在全部教育工作中的比重，应该是第一位的，而在职干部教育工作在全部干部教育工作中的比重，又应该是第一位的。”

陕甘宁边区各级党组织和各级政府贯彻执行了中共中央的指示，在干部中进行了广泛的动员和具体的部署。边区一级机关，按干部文化程度，分甲、乙、丙三类组织学习组，分别规定学习的课程，包括文化、马列主义、党的建设等内容，并规定每天上午七时至九时半为学习时间。各分区、各县也按自己的实际情况，有领导有计划地组织在职干部学习，并且从上到下形成制度，坚持在职干部的学习制度对于提高干部文化、理论水平起了重要作用，并带动边区各项文化教育事业的发展。

（三）办好中学、小学校和冬学、夜校、识字班，提高群众的文化水平。毛泽东在《新民主主义论》中指出：“民族的科学的大众的文化，就是人民大众反帝反封建的文化，就是新民主主义的文化，就是中华民族的新文化。”边区党和政府，按照这个方针，进行了大量的工作。

小学教育。1940年同1937年相比较，全边区初小增长七倍半，五年制小学增长三倍，在校学生增长六倍，多达4.1万人。以后逐年增加，1944年以后还办起民办小学500余所。中等学校从无到有，到1942年边区已有中等学校十所，其中普通中学二所、师范学校五所、中等专业学校三所，在校学生2000多人。冬校、夜校、读书班、读报组等的主要对象是成年农民，以扫盲为目的。1944年办起3470所冬学，入学农民达五万人，各类读报组、识字班几乎村村都有，最高时达五六万人。不论中小学教育和成年教育，教学内容都与抗战、生产紧密结合，将提高文化和政治教育融为一体。

（四）新闻出版工作。抗战期间，延安和边区各地出版马列著作50多种，报刊30多种。《解放日报》《边区群众报》是中共中央和西北中央局的机关报，各分区也都出版发行报纸，有的县也办了报纸。边区级报刊的工农通讯员达1100多人。群众还自办大众黑板报，广泛宣传党的政策和新人新事。

（五）卫生工作。延安建立了四所医院，各分区、县也办有卫生院、卫生社、医药社等医疗机构。提倡中西医结合，中西药并用。宣传普及科学知识，培训接生员，推广新法接生，动员群众同封建迷信和不讲卫生的习惯做斗争，增强人民体质。

（六）文艺工作。抗战期间，边区集结了来自五湖四海的大批文化人，形成了一支相当大的文艺队伍。文艺社团和文艺期刊，像雨后春笋应运而生。影响较大的有抗战剧团、西北战地服务团、民众剧团、西北文工团、鲁艺实验剧团、延安电影团、青年艺术剧院、延安平剧研究院以及鲁艺、边艺、部艺出版的《文艺突击》《文艺战线》《文艺月报》《大众文艺》《部队文艺》《新诗歌》等刊物。1942年5月，毛泽东在延安文艺座谈会上的讲话，详细阐述了文艺为什么人服务和如何服务的问题，指明了文艺工作的方向。5月30日，毛泽东在鲁迅艺术学院检查整风学习并作了重要讲话。他号召大家走出“小鲁艺”，到“大鲁艺”中去，长期地无条件地全心全意地到工农兵群众中去，到火热的群众斗争中去。此后，广大文艺工作者、文化工作者纷纷走向农村，走向工厂，奔赴前线部队，思想创作获得双丰收。他们向工农兵学习，为工农兵群众演唱，创造新文艺，改造旧文艺，教育和鼓舞广大人民更加积极地为抗战和建设事业的胜利而斗争，文艺工作者自身也得到了改造和提高。延安和边区其他各地的文艺工作者演出大量群众喜闻乐见的戏剧、诗歌、音乐，如《兄妹开荒》《十二把镰刀》《血泪仇》《白毛女》《小二黑结婚》《南泥湾》《三打祝家庄》《黄河大合唱》等风靡全边区，迅速传播到其他抗日根据地，有些歌曲、戏剧如《兄妹开荒》《黄河大合唱》等在全国也有很大的影响。尤其是新秧歌变成了群众性的文艺活动，对全国包括国民党统治区新文化运动的发展，也有所促进。

在边区的新民主主义文教建设中涌现出一大批先进教师、医生、通讯员、文艺工作者。为了表彰先进，总结经验，进一步推动工作，中共西北中央局和边区政府会同边区文联于1944年10月11日至11月16日联合召开了陕甘宁边区文教大会。毛泽东作了《文化工作中的统一战线》的讲话，他说："我们的任务是联合一切可用的旧知识分子、旧艺人、旧医生，而帮助、感化和改造他们。为了改造，先要团结。"这是边区群众文教运动的政策总结，为进一步建设民族的科学的大众的新民主主义文化，指出了前进的途径。

上述边区的新民主主义的政权建设，经济建设、文教建设综合起来，就构成了陕甘宁边区新民主主义建设的宏图，为新中国的建设安放了第一块基石。

1945年4月23日至6月11日，中国共产党第七次全国代表大会在延安举行。毛泽东向大会致开幕词和闭幕词，作了《论联合政府》的政治报告。他在闭幕词中指出，这次大会决定了党的路线，这就是"放手发动群众，壮大人民力量，在我党的领导下，打败日本侵略者，解放全国人民，建立一个新民主主义的中国"。1945年8月15日，日本天皇宣布无条件投降。中国人民的抗日战争取得了最后胜利。

毛泽东在1949年10月26日致延安和陕甘宁边区人民的复电中说："延安和陕甘宁边区，从一九三六年到一九四八年，曾经是中共中央的所在地，曾经是中国人民解放斗争的总后方。延安和陕甘宁边区的人民对于全国人民是有伟大贡献的。我庆祝延安和陕甘宁边区的人民继续团结一致，迅速恢复战争的创伤，发展经济建设和文化建设。我并且希望，全国一切革命工作人员永远保持过去十余年间在延安和陕甘宁边区的工作人员中所具有的艰苦奋斗的作风。"陕甘宁边区广大军民在抗日战争时期，艰苦奋斗，不怕苦难，不怕牺牲，全力投入抗日战争，为中华民族的独立和中国人民的解放事业，做出伟大的贡献，在中国革命史上谱写出光辉的篇章。

（《陕甘宁边区抗日民主根据地》编辑组）

★百团大战中晋察冀八路军攻克涞源东团堡

# 晋察冀抗日民主根据地

晋察冀边区，是抗日战争时期中国共产党在敌后创建的第一个抗日民主根据地。它位于华北北部，北与绥远省①东部、察哈尔省②北部、热河省③北部和辽宁省西部相连，东、西、南三面以津浦、同蒲、正太、石德铁路为界，分别与山东、晋绥和晋冀鲁豫抗日根据地接壤④，包含以山西、察哈尔、河北三省交界地为中心的晋、察、冀、热、辽诸省的广大地区，战略位置极为重要。抗战时期，它在对敌斗争和建党、建军、建政、群众工作以及经济、文教工作等方面，创造了极为丰富、宝贵的经验，被中共中央誉为“敌后模范的抗日根据地及统一战线的模范区”。

## 抗日战争全面爆发后晋察冀地区的重要地位和中共中央关于在此创建根据地的决策

抗日战争全面爆发后，1937年7月底日军占领北平、天津，8月末攻陷南口、张家口，9月占领大同、保定、沧

① 绥远省、察哈尔省和热河省均为当年的建制省，后来分别进入内蒙古自治区、河北省和辽宁省。

② 绥远省、察哈尔省和热河省均为当年的建制省，后来分别进入内蒙古自治区、河北省和辽宁省。

③ 绥远省、察哈尔省和热河省均为当年的建制省，后来分别进入内蒙古自治区、河北省和辽宁省。

④ 以上是1945年8月大反攻前夕晋察冀抗日根据地的区域界限。

州，10月攻占石家庄、娘子关、德州，11月8日又攻陷太原。至此，整个华北几乎完全沦陷，日军锋芒直逼黄河北岸。

在此形势下，坚持华北敌后抗战的任务历史地落在中国共产党及其领导的人民军队身上。而在华北敌后抗战的全局中，晋察冀地区又占有极其重要的地位。

晋察冀地区处于华北抗战的最前沿，在这里建立抗日根据地，可以北越长城，直捣伪满洲国，扼住日军出入华北的咽喉要道山海关；可以控制平汉、津浦、同蒲、正太、平绥、北宁等铁路干线，卡住日军运输的大动脉；还可以紧紧包围日本华北方面军大本营及华北伪政权①的驻地北平、天津、张家口等战略要点，在华北地区敌人的心脏上插入一把尖刀。总之，这既可以直接袭扰敌人的后方，牵制敌人的大量兵力，达到配合国民党军正面战场作战的目的，将来又还可以成为全国大反攻、解放东北的重要前进阵地。

晋察冀地区，早在卢沟桥事变前，在中国共产党的影响、推动或组织下，就多次爆发过英勇的抗日斗争，如二十九军等部的长城抗战，孙永勤部的热南抗战和冯玉祥、方振武、吉鸿昌领导的察哈尔抗日同盟军的斗争等，特别是1935年北平爆发的一二·九抗日救亡爱国学生运动，有力地推动了全国人民抗日救亡的热潮，也直接激发了本地区人民坚决抗战，誓死不当亡国奴的斗争。全国抗战爆发后，晋察冀地区又当先遭到日军铁蹄的践踏和蹂躏，人民强烈要求保家卫国、武装抗日。一经启发和组织，就会立即燃起抗日游击战争的燎原烈火。

1936年中共中央派刘少奇主持北方局工作以后，晋察冀地区的党组织广泛团结各阶层人民，深入开展抗日救亡运动，工作成效十分显著。在平津地区，党领导创建的有广大抗日爱国青年参加的"中华民族解放先锋队"（简称"民先队"）得到了迅猛的发展。在山西，根据中共中央北方局指示，以薄一波为首的党的公开工作委员会与阎锡山谈判合作抗日，接办

① 1937年底，华北伪政权"中华民国临时政府"在北平成立，1940年3月30日改称"华北政务委员会"。1940年11月，伪"蒙疆联合委员会"在张家口成立，后改称"蒙疆联合自治政府"，"管辖"范围是察哈尔、绥远两省和山西北部地区。

了山西省“牺牲救国同盟会”（简称“牺盟会”），在各县迅速发展了有数十万群众参加的抗日救亡组织，开办了培训各类抗日救亡军政干部的训练班。这些工作，为党在晋察冀地区发动抗日游击战争，建立敌后抗日根据地，准备了干部和群众条件。

晋察冀地区西有北岳恒山、五台山、太行山雄峙，北有燕山山脉绵延，冀东和冀中平原沃野千里，与山地相连，互为支援依托，境内盛产粮、棉、海盐，煤、铁矿藏丰富，工商业和文化较为发达，为开展抗日游击战争、创建敌后根据地提供了很有利的自然地理条件。

晋察冀地区当时虽已沦陷敌手，但日军兵力不足，又处在战略进攻态势中，急于南进，无暇后顾，仅占领了这一地区的铁路干线和重要城镇，对广大农村无法长期实行武装占领，伪政权亦未普遍建立起来，这种状况，对敌后抗日活动的开展及抗日政权的建立极为有利。

1937年8月，在洛川会议上，党中央决定：八路军开赴华北抗日前线，在敌后放手发动独立自主的游击战争，担负配合正面战场、开辟敌后战场、建立敌后抗日根据地的战略任务。会上，毛泽东还以战略家的眼光敏锐地指出：八路军可出一部于敌后的冀东，以雾龙山为根据地进行游击战争。

9月，八路军总部根据华北战局的急剧变化和中共中央的部署发布命令：一二〇师进入晋西北管涔山等地区，一二九师进入晋东南太行山地区，一一五师进入晋东南五台山地区。

9月24日，毛泽东在给中共中央军委华北军分会并转北方局的指示中明确指出：“山西地方党目前应以全力布置恒山、五台、管涔三大山脉之游击战争，而重点于五台山脉。……该处应设置军政委员会一类的领导机关，应选择能独立领导党政军各方面之干部，应立即开始普遍的组织地方支队及群众组织。”

9月25日，毛泽东在《关于整个华北工作应以游击战争为唯一方向的指示》中再次指出：河北的党组织也应注全力于游击战争；借着八路军抗战的声威，还要发动全华北的党组织普遍地但有计划地组织游击队，以便在敌整个占领华北后，能坚持广泛有力的游击战争。

9—11月，周恩来代表中共中央赴山西与阎锡山接洽协同作战时，创造性地执行党的决策，与阎锡山达成协议，在山西北部和察哈尔省沦陷区普遍建立起了中共领导下的抗日统一战线的半政权性组织“战地动员委员会”（简称“动委会”），大张旗鼓地发动群众，建立抗日游击武装和民主政权。

10月25日，中共中央军委华北军分会在《关于晋察晋绥军事部署的报告》中具体提出：“平绥以南、同蒲以东、正太以北、平汉以西为晋察冀军区，以聂荣臻为军区司令员兼政委。”

同月，刘少奇为首的中共中央北方局对建立晋察冀抗日根据地、筹建边区政府的具体工作，也进行了安排和部署。

中共中央的正确判断、决策和部署，是晋察冀边区抗日根据地得以成功创建的根本前提。

## 晋察冀抗日根据地的创立

根据中共中央的部署和决策，1937年8月下旬，八路军一一五师、一二〇师、一二九师先后开赴华北前线对日作战。9月25日，一一五师在晋东北平型关伏击敌板垣师团所属部队，歼敌1000余人。这是中国抗日战争开始以来的第一个大胜利。平型关大捷及以后一二〇师在雁门关地区阻断敌交通补给线、一二九师夜袭阳明堡机场等一系列胜利，使共产党、八路军在华北地区声威大震，为开辟华北敌后战场，创建晋察冀抗日根据地拉开了序幕。

平型关大捷后，10月23日，根据中共中央指示，一一五师主力随八路军总部南下驰援娘子关，一一五师副师长兼政委聂荣臻奉命留守五台地区，率领师独立团、骑兵营、教导队、总部特务团两个连和三四三旅及一二〇师三五九旅工作团部分同志共2000余人，着手创建敌后第一个抗日根据地。在此之前，中共中央北方局已派王平、李葆华、刘秀峰组成晋察冀临时省委，配合八路军部队在三省边界地区发动群众，组织抗日武装。

聂荣臻部乘敌后空虚的有利时机分兵挺进，大刀阔斧地开辟工作。在一个多月时间内，杨成武为首的独立团向平绥路和平汉路北段挺进，克复了涞源、广灵、灵丘、蔚县、阳原、浑源、易县，打开了晋察冀边区北部的局面；赵尔陆为首的军政工作团和少数部队，在晋东北地区发动群众，组织抗日武装，建立抗日政权，打开了晋察冀边区西部地区的局面；王平为首的地方党工作团和刘云彪的骑兵营，以阜平为中心，在冀西的曲阳、行唐、完县、唐县等地广泛发动群众，组织起若干路抗日义勇军和游击队，使晋察冀边区的腹地逐步形成；周建屏、刘道生率领的工作团和小部队活跃在正太路以北山区，在地方党组织的支持下，在平山组建了以平山子弟为主的“平山团”，并在井陉、获鹿、正定、平定等县农村组织起若干游击队，打开了晋察冀边区南部的局面。

11月7日，即太原失守的前一天，根据中共中央军委和八路军总部的命令，晋察冀军区在五台宣告成立，聂荣臻为军区司令员兼政委，唐延杰为参谋长，舒同为政治部主任。军区成立不久，中共晋察冀省委也在阜平正式成立，黄敬任省委书记。至此，在平绥、正太、同蒲、平汉四条铁路干线中间的晋察冀边区中心根据地初步形成。11月18日，晋察冀军区机关从五台移驻阜平。11月24日至12月22日，晋察冀军区部队打退了日军2万余人对边区的八路围攻，歼敌1000余人，使根据地在敌后站住了脚。

与此同时，冀中平原根据地也开辟起来。七七事变后，驻石家庄的中共平汉线省委决定党员一律坚持地方斗争，组织武装，开展游击战争。石家庄失陷后，平汉线省委西迁阳泉与一二九师会合，下属保东、保南两特委合并为中共保属省委，继续组织抗日武装。这时，红军团长孟庆山受党中央派遣到达冀中，任保属省委军事委员，在高阳、蠡县、任丘、安新一带组建抗日游击队。10月中旬，当国民党军队从河北平原仓皇败退之际，中共地下党员吕正操率领东北军第53军691团回师北上抗日。14日，该部在晋县小樵镇改编为“人民自卫军”，吕正操任司令员，李晓初任政训处处长。10月底至12月初，人民自卫军在中共地方组织配合下，先后摧毁深泽、安国、安平等县的伪组织，建立抗日的县政权，并攻占了高阳城，与保属省委及其领导的人民武装会合，迅速打开了冀中平原的局面，掀起了群众参军抗日的高潮。12月，吕正操奉命率领人民自卫军开赴平汉路西晋察冀军区整训。同时，冀中新组建的抗日游击武装统编为“河北游击军”，孟庆山任司令员。

人民自卫军在路西整训期间，晋察冀省委和军区根据中共中央和毛泽东关于在平汉、津浦两条铁路干线之间的平原地区创建抗日根据地的指示，划出了冀中工作范围，制定了相应的工作方针。1938年1月，中共保属省委改名为冀中省委，北方局派鲁贲任书记，随人民自卫军回到冀中。2—3月，人民自卫军与河北游击军迅速收编和解决了多股游杂武装和汉奸土匪武装，并派部队进军大清河以北开辟平、津、保三角地带；4月，又粉碎了日军对冀中的第一次春季“扫荡”。至此，冀中平原抗日根据地在西迄平汉，东至津浦，北抵平津，南达沧石路的广大区域内开辟和建立起来。

为了统一全边区的军事、政治领导，建立抗日民族统一战线的民主政权，以巩固和发展根据地，更好地支持敌后持久抗战，1938年1月10日，晋察冀边区军政民代表大会在阜平隆重召开。出席大会的代表149人，分别代表了边区内共产党、国民党、其他党派及无党派人士，八路军正规部队和游击队、义勇军，各县政府和“动委会”及有120万群众参加的124个民众团体，汉、满、蒙、回、藏各民族和宗教界人士等各方面力量。大会根据抗日民族统一战线方针和《抗日救国十大纲领》，通过了政治、军事、财政、文教、司法、民运等决议案，作为边区政府的施政准绳；民主选举产生了边区临时行政委员会（即边区政府），以聂荣臻、宋劭文、胡仁奎、张苏、刘奠基、吕正操、孙志远、娄凝先、李杰庸九人为委员。会后，经第二战区司令长官阎锡山转呈，国民政府行政院于同月31日承认和批准了晋察冀边区行政委员会，正式委任宋劭文为主任委员，胡仁奎为副主任委员。边区政府成立后，即在冀西和晋东北分设两个政治主任公署（晋东北政治主任公署不久改为专署），由张苏、宋劭文分兼主任。4月1日，又设立了冀中政治主任公署（后改行署），主任吕正操，副主任李耕涛（后为徐达本）。同时，重新委任了边区各县县长。从此，边区政权走上了统一领导、健康发展的轨道。

1938年4月，中共晋察冀省委召开了边区第一次党代表大会。大会在彭真、聂荣臻主持下，制定了边区党的工作方针，即巩固与扩大边区，在军事上、政治上给平、津、保等大城市及平汉、津浦两条铁路干线之敌以威胁和打击，以支持华北抗战，牵制敌人兵力，配合国民党军在徐州的会战。

4月21日至5月1日，冀中区召开了第一次党代表大会，决定统一冀中区党组织、政权和军队的领导。会后，冀中省委改为冀中区党委，黄敬任书记；人民自卫军与河北游击军合编为八路军第三纵队，并成立冀中军区，吕正操为第三纵队和冀中军区司令员，孟庆山为副司令员，孙志远为政治部主任，下设第一至第四军分区（不久又增设第五军分区）。

3—6月，边区一级的农、工、妇、青各界救国会也相继成立起来，拥有会员100余万人。

同时，根据毛泽东的指示，为创造冀热察边区抗日根据地，1938年3月，晋察冀军区派邓华支队进入平西，在地方党的配合下，先后开辟了房山、涿县、涞水、良乡、昌平、宛平等地的工作，建立了四个抗日联合县政府与党的工作委员会，使平西抗日根据地初具规模，为挺进冀东和平北建立了前进基地。1938年5月，遵照中共中央、八路军总部命令，活动在晋西北的宋时轮支队和平西的邓华支队组成八路军第四纵队，宋时轮任司令员，邓华任政委，并于6月8日挺进冀东。与此相配合，在中共冀热边特委的领导下，冀东人民抗日大起义于7月6日举行。起义很快由丰润、滦县、迁安、遵化、昌黎、乐亭等七个县扩展到17个县，并组织起十万余人的抗日联军。8月，冀东抗日联军与八路军第四纵队在遵化铁厂镇会师，中共中央和北方局发来贺电，并派马辉之、姚依林连同河北省委领导机关一起到冀东，加强对起义的领导。这次大起义，先后克复了卢龙、玉田、迁安、蓟县、平谷、乐亭等县的县城和几乎所有重要的集镇，摧毁了冀东广大农村的敌伪政权，还一度切断了北宁路，使冀东敌伪统治遭受了沉重打击。但是10月以后，日军调集重兵“围剿”，我主要领导人对形势估计过于严重，决定除留三个小支队在冀东坚持外，第四纵队和抗日联军全部向平西撤退，致使大起义的成果未能巩固下来，军队和人民群众蒙受了重大损失。后来李运昌等又率抗日联军一部返回冀东，与三个游击支队会合，在极其艰苦条件下继续坚持了冀东地区的抗日游击战争。

晋察冀抗日根据地创立以来，为配合徐州、武汉会战，曾多次袭击平汉、津浦、平绥、正太等铁路，炸火车、毁桥梁、掀铁轨、攻车站，甚至袭入北平、保定等大城市打击敌人。这一系列行动，加上冀东人民抗日大起义爆发，使华北日军感受到了严重的威胁。1938年9月，日军在实施“中攻武汉、南取广州”计划的同时，决定“北围五台”，调集了五万兵力，分25路向晋察冀边区腹地五台、阜平、涞源等地大举进攻，妄图摧毁晋察冀抗日根据地。晋察冀边区军民在一二〇师三五九旅和其他兄弟部队的配合下，经过48天激战，毙敌少将旅团长常冈宽治以下官兵5300余人，粉碎了敌之围攻，保卫了根据地。

为了坚持冀中平原的游击战争，从1938年春开始，冀中区党委即动员全冀中军民进行拆城、破路、挖道沟、改造平原地形的伟大工程。到当年日军第五次围攻前，冀中地区内24座县城的城墙已全部拆毁，公路全部破坏，贯通冀中各村的大道也都挖成了深四五尺，宽五六尺，只能通大车，不能走汽车、坦克的道沟，造成了不利敌机械化部队行动而利于我军作战和转移的有利地形。

到1938年10月，晋察冀抗日根据地已发展到拥有两个政治主任公署、三个专署、72个抗日县政府和1200余万人口的宏大规模。10月5日，中共中央扩大的六届六中全会主席团在致晋察冀边区电中，高度评价了晋察冀抗日根据地创立阶段的工作，誉之为“敌后模范的抗日根据地及统一战线的模范区”。

## 晋察冀抗日根据地的巩固阶段

1938年10月日军攻占武汉后，由于兵力不足，经济窘迫，加之敌后抗日游击战争的广泛发展已成为其心腹大患，于是不得不停止了战略进攻，转而主要致力于确保占领区，加强对占领区的统治掠夺。抗日战争开始进入战略相持阶段。这时，日军一改战争初期奉行的重视国民党、轻视共产党，对国民党“军事进攻为主、政治诱降为辅”的方针，开始实行重视共产党、轻视国民党，对国民党“政治诱降为主、军事进攻为辅”的新方针。1939年初，日本侵略者为了确保其主要占领区华北，除令参加武汉、徐州会战的日军第五、十、二十七师团回师华北外，又新编成八个混成旅团，扩充华北方面军的力量，使日军在华北的常驻兵力增至30万人左右。在这种背景下，从1938年冬至1940年春，日军对华北敌后各抗日根据地连续发动了三期“治安肃正”“讨伐”作战。地处华北抗日前哨的晋察冀根据地首当其冲，成为日军进攻的重点地区：1938年11月至1939年4月，日军对冀中平原根据地连续发动了五次大围攻；1939年5月至6月，日军先后对五台、涞（源）、易（县）地区和平西地区进行了“肃正作战”；1939年10月至12月，日军又以两万余兵力对晋察冀边区的中心区发动了大规模冬季“扫荡”。

与此同时，国民党顽固派在日本诱降、英美劝降、汪精卫投降的形势下，也开始执行消极抗战、积极反共的方针。1938年6月，国民党政府派鹿钟麟任河北省政府主席兼冀察战区总司令，张荫梧任省政府委员、民政厅长兼河北保安司令、民军总指挥，鹿钟麟、张荫梧等公然宣称不承认冀中政治主任公署和冀南主任公署，从此，河北地区磨擦事端不断发生。1938年12月，张荫梧亲率“民军”三个团从冀南闯入深泽、博野，在“消灭八路军”“收复失地”的口号下，向冀中八路军第三纵队二分区司令部发起大规模武装冲突，并在安平县崔安铺村杀害中共冀中第二特委宣传部长宋振恒、深泽县委书记何昆山等重要干部四人，制造了“博野事件”。1939年2月，张荫梧策动冀中军区独立第二支队司令员柴恩波叛变投敌，并美其名曰“施行曲线救国”。6月，张荫梧又率“民军”突袭冀中军区驻深县的后方机关，残杀八路军将士400余人，制造了“深县惨案”。与此同时，阎锡山也出尔反尔，扬言要取消晋察冀边区行政委员会，并于1939年秋日军围攻晋察冀边区之际，派白志沂带一个师到雁北地区捕杀抗日干部和群众，制造了“灵丘”“广灵”等事件，叫嚷要“赶走八路军，收复雁北13县”，此外，阎锡山还指使杨澄源、金宪章的新编第二师在晋东北制造了磨擦事端。

在日伪军频频发起进攻，国民党顽固派一再制造磨擦事件的复杂形势下，为了进一步加强党对晋察冀边区抗日根据地的领导，根据中共中央决定，1939年1月中共中央北方分局宣告成立，彭真任书记。分局下辖三个区党委，即晋察冀区党委（领导晋察冀三省交界的中心区，书记刘澜涛）、冀中区党委和冀热察区党委（领导平西、平北、冀东地区，书记马辉之）。北方分局很快召开了边区第二次党代表大会。会议根据中共中央六届六中全会精神制定了边区党组织在新形势下的工作方针，指出：在抗日战争相持阶段已经到来的形势下，边区党组织的任务是巩固根据地，粉碎敌人的进攻；为此，要深入巩固边区党的组织，加强部队政治军事整训，巩固边区抗日统一战线，深入开展根据地的民主政治建设和财政经济建设。

为了巩固冀中平原抗日根据地和帮助年轻的八路军第三纵队，1938年12月，八路军总部根据党中央的指示，命令贺龙、关向应亲率一二〇师部分主力部队，从晋西北挺进冀中。1939年1月，该部与冀中区党政军领导机关会合，组成了以贺龙为书记的冀中区军政委员会和以贺龙、吕正操为正副指挥的冀中区作战指挥部。与此同时，中共中央派程子华任冀中军区和八路军第三纵队政委。

一二〇师开入冀中后，先后在曹家庄、大曹庄等战斗中，给敌人以很大杀伤。1939年4月23日，一二〇师部队在冀中军民配合下，由贺龙师长亲自指挥，又在河间县齐会村将敌二十七师团第三联队吉田大队800余人包围，激战三昼夜，毙敌渡边佳行联队长以下700余人，创造了平原歼灭战的光辉战例。这些胜利，极大地鼓舞了抗日军民的士气，稳定了冀中战局。

平汉以西的晋察冀军区各部队经过整训，政治、军事素质也大为提高，在1939年5月至9月的反“扫荡”中，与一二〇师三五九旅、三五八旅协同作战，先后取得了上下细腰涧、大龙华和陈庄等“模范的歼灭战”的重大胜利，共歼敌2000余人。10月至12月，在粉碎敌冬季“扫荡”的作战中，晋察冀军区一分区部队和一二〇师特务团等在雁宿崖、黄土岭又歼敌1500余人，击毙号称“名将之花”的敌冬季“扫荡”总指挥官、第二混成旅团长阿部规秀中将，创中国战场毙敌中将军官之首例。这一连串的重大胜利，粉碎了日军的“扫荡”进攻，巩固了根据地，鼓舞了边区和全国人民坚持团结抗战的信心，受到中共中央和国民政府军事委员会的通电嘉奖，也为晋察冀抗日根据地赢得了一个相对稳定的建设、发展环境。

在反“扫荡”的同时，晋察冀边区军民对国民党顽固派的磨擦挑衅，也按照党中央“有理、有利、有节”的原则，予以坚决的斗争和有力的回击。1939年6月22日，一二〇师独立二团、七一五团和冀中军区赵承金部，在深县张骞寺村打垮了专事磨擦的张荫梧部。10月，又将阎锡山派来捣乱的白志沂、杨澄源、金宪章等部赶出了边区。1940年初，为打退国民党顽固派掀起的第一次反共高潮，晋察冀军区“南下支队”和冀中部队配合一二九师和冀南部队，对进攻八路军总部的朱怀冰、石友三等部以有力打击，取得了反磨擦斗争的重大胜利，使根据地军民得以集中精力对日军作战。

1939年，根据中共北方分局青山组织会议的决定，晋察冀边区深入进行了巩固党的工作，着力抓了边区党支部的思想建设和组织建设。同时，自下而上地进行了村、区、县各级政府的民主改造，建立、健全了各级政府的行政工作系统，使边区的政权建设得到了加强。在连续两年行政村选举的基础上，1940年7月至10月，晋察冀边区根据中共中央关于实施“新民主主义宪政”和建立“三三制”抗日民主政权的指示，在各战略区发起了空前热烈的民主大选举运动。边区人民民主选举了区代表会代表和区长、县议会成员和县长、边区参议员及准备出席国民大会的代表，逐步健全了各级民意机关和行政机关。边区抗日民族统一战线的新民主主义政权体系和一整套民主制度也确立起来。在这次民主大选中，边区各地参加选举的选民，平均占选民总数的81.9%，游击区也达70%以上。妇女参选者达83.6%。这在战事频繁、碉堡林立的华北敌后，是一个了不起的壮举。当时华北日军的反动刊物《剿匪指针》曾惊呼：晋察冀边区的民主大选“浓厚地表现了新民主主义宪政之实施”，“人民认识到与政权有了关系，这可以说是中国有史以来未曾有的现象”。

在民主大选中，1940年8月，中共北方分局颁布了经中共中央批准的

《关于晋察冀边区目前施政纲领》，即著名的“双十纲领”。这个纲领，是根据中共中央提出的抗日民族统一战线方针和抗日救国十大纲领，结合边区实际情况制定的。它适时总结了我们党创建抗日民主根据地的经验，颁布了建设边区的各项政策，为边区的发展指引了正确的方向，具有十分重要的意义。

随着“双十纲领”的颁布，晋察冀边区党和政府放手发动人民群众，大力进行了根据地的财政经济建设和文化建设，实行减租减息，整顿税收，统筹统支，赈济灾民，奖励生产、开荒、治滩、兴修水利和合作运销等事业，使边区经济得以复苏和发展。边区政府成立之初，还建立了边区银行，发行了“边币”。随着边区财政经济的发展，“边币”逐步排斥了境内各种杂钞和日伪“联银券”而独占边区市场。

边区新民主主义经济的建设和发展，粉碎了日本侵略者“以战养战”的阴谋，改善了民生，保障了军需，也使边区文化教育事业呈现出初步繁荣的景象。据统计，抗战期间全边区共有四所大学和专科学校（华北联大、抗大二分校、抗战建国学校、白求恩卫生学校）、11所中学、六所师范学校和一所农中，小学一万所以上，学龄儿童入学率平均达65%；有各类重要报刊20余种，如《抗敌报》（后改《晋察冀日报》）《抗敌三日刊》（后改《子弟兵》）《新长城》《边政导报》《抗敌画报》《冀中导报》、平西《挺进报》、冀东《救国报》等，有些发行量多达一万份以上；还有从延安来的西北战地服务团、抗敌剧社、大众剧社、联大文工团、冀中火线剧社等十余个职业文艺团体。在如此众多的学校、报刊、职业文艺团体之外，还有数不清的民间夜校、冬学、村剧团、歌咏队，等等。它们汇成了边区新民主主义文化的洪流，大大提高了边区人民的政治觉悟和文化水平，有力地抵制了敌伪反动腐朽文化的侵袭。

在这一阶段，晋察冀抗日根据地的区域得到了进一步的发展和扩大。

1939年初，在成立冀热察区党委的同时，在平西建立了以萧克为司令员的冀热察挺进军。2月至6月，挺进军粉碎了日军对平西的两次围攻。3月，边区行政委员会在平西设立第四专署，杜伯华任专员（后改第六专署，专员为朱其文）。到1940年初，平西区已发展为有30万人口的巩固的根据地，东北至平绥路，北至张家口，南至紫荆关，与晋察冀区连成一片。

1939年6月以后，冀东党组织和部队坚决执行中共北方分局军城会议确定的“由小股的多股的游击队，发展成为大的游击队，由多块小块的游击根据地发展成为大块游击根据地”的方针，蓬勃展开了冀东游击战争。1940年7月，边区行政委员会在冀东设立第十三专署，以焦若愚为专员；并以冀东第十三支队为基础建立了冀东军分区，李运昌任司令员，李楚离任政委，包森任副司令员。到1941年初，冀东区已逐步发展为大块游击根据地，人口达100余万。

1938年10月和1939年夏，宋时轮、邓华的第四纵队和冀热察挺进军曾先后两次派部队开辟平北地区。1940年初，冀热察区党委和挺进军军部又派苏梅、钟辉琨带一个主力连偕平北游击支队开赴平北，白乙化率第十团随后跟进，在“巩固向前发展”的方针指引下，很快建立了数块游击根据地。7月，边区行政委员会在平北设立第十四专署，张季樵（又名张致祥）任专员。至1941年初，平北区已发展成东至潮河，西临宣化，南迄平绥路和十三陵，北抵白马关、汤河口和云州堡，拥有五个抗日联合县政权和40万人口的大块游击根据地。

到1940年底，整个晋察冀抗日根据地已发展到相当规模，拥有晋察冀（后改称北岳）、冀中、冀热察三个战略区，一个行署（冀中），一个办事处（冀北），13个专署，90余个县政府和1500余万人口。

1940年8月至12月，为配合全国正面战场的作战，打破敌人的“囚笼政策”，振奋民心，晋察冀边区部队46个团积极参加了闻名全国的百团大战，担任破击正太路平定至石家庄段和平绥、平汉、北宁各线及拔除深入边区的敌主要据点的任务。数十万群众和民兵协同部队行动。边区部队与晋绥、晋冀鲁豫区兄弟部队一起，共进行大小战斗1800余次，毙伤俘日伪军4.3万余人，拔除敌大小据点2900多个，破坏铁路900余华里、公路3000余华里和桥梁、车站、隧道260余处，还一度攻占了天险娘子关，使正太路中断一个月之久，予华北敌人以沉重打击，给全国人民以巨大鼓舞，有力地遏止了国民党内的妥协、投降暗流，配合了正面战场的作战。

## 晋察冀抗日根据地的艰苦斗争和恢复

1940年9月，日本帝国主义与德、意法西斯签订军事同盟条约后，决意把侵略矛头再指向东南亚和太平洋广大区域。为此，日本当局急于解决中国战事，一面对国民党政府施以军事压力和外交劝诱，一面以60%以上的日军和95%以上的伪军对敌后各抗日根据地进行疯狂的“扫荡”进攻。1941年，华北日军增至32.5万余人，伪军增至10余万人，华北方面军司令官也换成了阴险毒辣的冈村宁次。他们吸取以往“肃正作战”的教训，研究了中国内战时期国民党“剿共”的经验，开始变单纯的军事进攻为“三分军事，七分政治”，即政治、军事、经济、文化几位一体的“总力战”；变短期的“鲸吞式扫荡”为“堡垒主义”、步步为营，有计划的“吞食”和连续围攻、反复“清剿”；变一般的烧杀抢掠为惨无人道的“三光”政策（杀光、烧光、抢光）。随着形势的变化，华北敌后各抗日根据地面临着严峻考验，处于敌心脏地区的冀察根据地进入了艰难发展时期。

1941年初至1942年底，日伪在华北连续进行了五次“治安强化”运动。1941年5月至6月第一次“治强”运动期间，日军分别集中了四万和两万余兵力，对冀东和冀中十分区大举围攻。同年8月第二次“治强”运动期间，日军集中其在华北地区的全部机动兵力七万余人，由冈村宁次直接指挥，对北岳区①和平西区进行了“铁壁合围”大“扫荡”。太平洋战争爆发后，日军为把华北变为“大东亚战争的兵站基地”，对晋察冀抗日根据地进行了更为残酷的“扫荡”和摧残。1942年第四次、第五次“治强”运动期间，日军先以四万余兵力对冀东根据地连续进行了三期大规模“肃正作战”从5月1日起，又集中五万余兵力、800辆汽车，配以飞机、坦克、骑兵，对冀中平原根据地进行了为期两月之久的空前残酷的“拉网扫荡”。为避敌锋

① 1941年1月1日，晋察冀抗日根据地的晋察冀区党委改称北岳区党委，它原先领导的晋东北、冀西等五个地委范围的行政区域——“晋察冀区”，也称改“北岳区”。

芒，冀东和冀中的八路军主力分别转移至长城以外和平汉路西，边区的大部分平原根据地暂时被敌占领。日军在“扫荡”中，对根据地实行野蛮的烧杀，在丰润县潘家峪、遵化县鲁家峪、平山县驴山和定县北町村等地制造了一系列骇人听闻的大惨案，抓捕、屠杀抗日干部、群众十万余人。日军还进一步推行“囚笼政策”，在根据地内外增修铁路、公路一万余公里，封锁沟墙6200余公里，据点碉堡4200余个，将冀东游击根据地切割为20余块，将冀中平原切割为2670小块，同时，还在长城两侧、热南山区和晋东北实行野蛮的“集家并村”政策，制造了惨无人道的“无人区”。日军妄图凭借密如蛛网的点碉、公路、封锁沟墙和大片“无人区”，割断山地与平原、根据地与游击区、八路军与群众的联系。在此期间，晋察冀根据地的巩固区逐步缩小，大部分变成了游击区，部队和地方干部牺牲很大，财政经济也遇到了空前的困难，斗争形势十分严峻。

为了保卫根据地，坚持华北敌后抗战，晋察冀边区军民与敌展开了英勇顽强的斗争。1941年秋，北岳和平西区军民在冀中区和晋绥、晋冀鲁豫根据地兄弟部队的配合下，经过两个月奋战，毙伤敌5500余人，粉碎了敌人的“铁壁合围”大“扫荡”。在易水河畔的狼牙山战斗中，日军2500余人分数路向我围攻，晋察冀军区一分区一团七连六班五名战士，为掩护主力转移，顽强奋战，打退了敌人多次猛烈进攻，承受了数千发炮弹的轰击，杀伤敌近100人。最后，在子弹打光，退路被切断的情况下，班长马宝玉（共产党员）、战士葛振林（共产党员）、胡德林、胡福才、宋学义，砸毁武器，壮烈跳崖，表现了中华儿女宁死不屈的英雄气概。1942年冀中军民在“五一”反“扫荡”战役中，歼敌1.1万余人。在赵户村、白庄、北侯村等地，冀中主力部队与地方武装和民兵相结合，利用地道和地雷爆炸运动，坚持地方斗争一月之久。在著名的宋庄战斗中，冀中军区两个连与地方武装协同作战，击退敌2500余人的多次冲锋，毙敌“冀渤特区”司令官坂本旅团长以下官兵400余人，我方伤亡仅73人。同年6月4日，在冀中区党政领导机关随主力部队暂时转移后，经北方分局决定，成立了以程子华为首的冀中临时区党委，在极端困难的环境下领导冀中军民继续坚持平原游击战争。在冀东，八路军于1941年冬至1942年2月发起了打伪治安军战役，三个月内毙伤俘日伪军官兵5000余人，攻克、逼退敌据点20余个，粉碎了日军企图依靠伪治安军统治冀东的阴谋。随后，在日军进行增援，基本区暂时被敌人占领后，冀东主力部队又转入长城外的热南山区，把抗日的火焰燃到了伪满洲国境内，同时还开辟了滦河以东和北宁路以南的新游击区。

为了粉碎日军的"蚕食"进攻和封锁，根本扭转根据地缩小的被动局面，1942年9月，在平山县寨北村召开了晋察冀边区党政军高干会议。会议根据中共中央和北方局、八路军总部的指示，制定了"敌进我进"，"向敌后之敌后伸展"的反"蚕食"斗争的正确方针，决定将敌后活动与正面斗争相配合，平原与山地斗争相配合，地方军与主力部队相配合，变游击区为根据地，变敌占区为游击区。并决定主力部队的1/3至1/2分散活动和深入敌后，协助地方大力发展群众游击战争，广泛开展地道战和地雷爆炸运动。会后，部队与地方党组织联合派出了数十支一元化的武装工作队，深入敌后之敌后，在有关县委的领导下，负责恢复与重建游击区党政军民各系统的工作，在敌后开展形式多样的斗争。武工队的深入敌后和主力部队的分散活动，使群众性的游击战争得到了蓬勃发展，地道战、地雷战、"麻雀战"及"雁翎队"式的水上游击战等空前活跃，发挥了巨大的威力，此外，游击区抗日两面政策的正确运用，亦使各种隐蔽的抗日村政权在广大游击区迅速恢复和建立，从而，边区军民逐渐打破了日军对根据地的"蚕食"和封锁，扭转了敌进我退的被动局面，使根据地重新恢复发展起来。

自1942年起，根据中共中央的指示，晋察冀抗日根据地开展了党内整风运动，加强了各级党组织的一元化领导，使边区的党在思想上、政治上、组织上达到了空前的团结和统一，成为克服困难、战胜敌人的保证。同时，边区的农、工、妇、青以及"文救""学联""抗敌后援会"等群众组织也统一改组为边区"各界抗日救国联合会"。

1943年1月，边区召开了第一届参议会，到会代表288人，其中党外人士接近半数。会议总结了边区政府五年来的工作成就和经验；提出了克服困难、准备反攻的方针和任务；通过了"确定中共北方局关于晋察冀边区目前施政纲领为边区政府的施政纲领"的决议及纲领的实施重点，通过了边区选举法和边区各级政权组织法等法规；按照“三三制”原则民主选举产生了边区参议会正副议长（议长成仿吾、副议长于力）、驻会参议员和新的边区行政委员会委员及高等法院院长。这次会议的召开，使边区新民主主义政治制度臻于完善，使边区抗日民族统一战线得到了进一步的巩固和加强。

结合整风运动的进行，边区党政军民各机关实行了“精兵简政”。1942年初，取消了冀热察挺进军番号，萧克调任晋察冀军区副司令员。原挺进军下属的平西、平北、冀东部队改编为第十一、十二、十三军分区，归晋察冀军区直辖。同时撤销了冀热察区党委，平西地委划归北岳区党委领导，列为第十一地委，平北、冀东地委则由北方分局直辖。1943年8月，又撤销冀中区党委、行署和军区的建制及北岳区党委的建制，设立了冀中和北岳区工作委员会，作为晋察冀分局（即以前北方分局）的办事机构，负责处理该区日常工作。同时，程子华、刘澜涛调任晋察冀分局副书记和军政委。在“精兵”过程中，军区还抽调了12个团，并配以炮兵营、工兵连等，支援晋绥、陕甘宁边区，保卫党中央。通过“精兵简政”，部队缩编，各级党政群机关脱产人员精减一半以上，减轻了边区人民的负担，休养了民力，也使机关工作效率和部队素质得到了提高。

边区还深入实行了统一战线的财政经济政策。从1941年起，实施了对免征点和最高累进率有合理规定的统一累进税，修订了减租减息条例，进一步调整了边区各阶级间的经济利益。同时，整顿了合作事业，使之真正成为具有广泛群众基础的民众互助经济组织，在互助救灾、发展生产、繁荣贸易、平抑物价、打击奸商等方面和对敌经济斗争中发挥了很大作用。统一累进税的实施和合作事业的发展，不仅活跃了边区经济，而且使边区在最困难的时期取得了与敌伪争夺粮食等重要物资的斗争的重大胜利，粉碎了敌伪的经济封锁，挫败其以华北为“兵站基地”的阴谋，为根据地渡过难关提供了物质基础。

1943年9月至12月，边区军民粉碎了日军以四万余人的兵力对北岳区发起的为时最长、最野蛮、也是最后的一次“毁灭扫荡”。日军在这次“扫荡”中，对根据地进行了疯狂的破坏，在井陉县的老虎窝、黑水坪，易县的寨头村，平山县的岗南和阜平县的平阳等地制造了一系列的大惨案，用毒气熏、刺刀戳、铡刀铡、军犬咬、剖腹、挖心、火烧、活埋、轮奸等种种惨无人道的手段。残杀我根据地群众6000余人，并烧毁房屋13万余间，掠走衣物45万余件，牲畜、家畜八万余头……对中国人民欠下了新的血债。但日军想摧毁我边区的企图却未能得逞。在三个月的反“扫荡”战斗中，边区主力部队与民兵游击队紧密配合，予敌以沉重打击，共毙伤日伪军9400余人。边区民兵单独与敌作战2192次，爆炸地雷4400余个，毙伤敌伪军5600余人，占歼敌总数的一半以上。主力部队作战2083次，攻克据点204处，还先后袭入保定市和易县、望都等12个县城，与武工队紧密配合，在敌后展开政治攻势，瓦解伪军，收复和新解放了1074个村庄。边区军民这次反“扫荡”的胜利，宣告了日军“蚕食”“扫荡”政策的彻底失败。

到1943年底，北岳区被敌“蚕食”的地区已基本恢复，还新增了盂寿、蔚阳宣、怀涿、定易涞、龙崇宣五个抗日联合县。冀中区的军民攻克、逼退了日伪军据点、碉堡1000余个，恢复和新建了3000多个抗日村政权，各种公开的和隐蔽的抗日游击根据地已在冀中平原广大地区重新建立起来。冀东八路军主力亦于1943年春、夏返回关内，开展了恢复基本区的战役，到8月末，攻克敌据点、碉堡39个，歼敌2300余人，在游击队和广大群众的配合下，摧毁了敌人大批沟壕堡垒，解放了长城沿线的“无人区”，除蓟县部分地区外，基本区的抗日政权都得到了恢复，还新增加了八个县的区域。由于冀东游击根据地的恢复和扩大，当年7月，晋察冀边区政府在冀东设立了冀热边行署（第十三专署同时撤销），李运昌兼行署主任，朱其文为副主任，下辖五个专署、18个联合县政府。冀东地委也改为冀热边特委。

晋察冀抗日根据地各战略区的恢复和发展，为迎接对日局部反攻、全面反攻和根据地大发展的新时期的到来创造了条件。

## 晋察冀抗日根据地的局部反攻、全面反攻和大发展

1944年，国际形势发生了有利于中国抗战事业的巨大变化。在欧洲，

苏联红军将德军驱逐出苏联国境后，发动了全面进攻，直捣德国法西斯的巢穴；英、美军队也于6月在法国北部诺曼底登陆，开辟了欧洲第二战场。在太平洋战场，美国接连在马绍尔、加罗林、马里亚纳和菲律宾群岛登陆，展开了对日军的攻势。日本军国主义已面临穷途末路，首尾难以相顾。为了挽救颓势，支持太平洋战争，日军急于打通由中国大陆到南亚的交通线。为此，从1944年4月到12月，侵华日军集中兵力沿平汉、粤汉和湘桂线发动了豫湘桂战役。这时，华北日军频繁南调，兵力空虚，开始部分收缩据点，给华北敌后抗日根据地造成了局部反攻和向外发展的有利时机。

1944年，根据中共中央指示，晋察冀边区军民热烈开展了减租减息和全民大生产运动。边区的减租减息运动以前开展过两次，这一次，是按照“二五减息”、“分半减息”、“地租不超过租地正产物收获总额千分之三百七十五”、“活租”改“死租”、“租种年限一定三至五年”等规定，进行了普遍的“查租、减租、增资”运动，使减租减息政策在根据地的基本区和广大游击区得到了深入的贯彻，从而使根据地的广大贫苦农民特别是佃农、雇工的生活得到了普遍改善，促进了根据地生产事业和对敌斗争的蓬勃开展。在全民大生产运动中，1944年，边区政府共发放贷款2000万元，并贷粮1.8万石，帮助群众恢复和发展生产。在边区政府的帮助下，当年仅冀西、晋东北26个县即组织了“拨工组”3.85万个，参加的群众达32.72万余人。冀中组织了三万余个劳动互助组，劳动生产率平均提高30%。全边区共扩大耕地面积53万亩，旱地改水田11万亩，施肥量比1943年增加30%—50%，增产粮食3400万斤，增添牲畜2.2万头。部队机关也参加了大生产运动，做到了自给一个半到两个月的口粮和全部菜金。边区的副业、运销、生产合作社，也由1943年的2000余个增加到3800多个，社员由29万余人增加到68.8万余人，股金由200余万元猛增到2700余万元。边区经济开始振兴和繁荣起来，为根据地进行反攻准备了必要的物质力量。

1944年至1945年初，边区开展了热烈的“拥政爱民”“拥军优抗”和大练兵运动，密切了军政、军民团结，大大提高了部队和民兵的军事政治素质。

1944年，北岳和冀中区开始了局部反攻。北岳区军民全年作战1384

次，歼敌7267人，攻克敌据点、碉堡441座，收复村庄1600多个，解放国土一万余平方公里、人口80余万，打开了察南、雁北地区的新局面。冀中区军民举行了“拔碉战役”，全年作战1854次，毙伤俘日伪军21340余人，攻克、逼退敌据点、碉堡815座，解放村镇5000余个、人口500余万，不仅恢复了冀中全盛时期的局面，而且开辟了津南地区。冀热区也新开辟了通县以南地区，打通了与冀中的联系。随着边区地域的扩大，为适应反攻的需要，根据中共中央1944年7月28日的指示，中共晋察冀分局重新设立了四个区党委：原北岳区党委划分为冀晋区党委和冀察区党委，恢复冀中区党委，冀热边特委改为冀热辽区党委。同时，在晋察冀军区和边区政府之下，分别设立了与上述区党委辖区相同的四个二级军区和四个区行署。

中共晋察冀分局根据中共中央指示，在1944年还领导边区各级党委大力开展了敌占城市和交通要道工作，特别是东北地区的工作，扩大了对敌占城市及交通要道中数百万工人、贫民及其他阶层人民和数十万伪军、伪警的宣传和争取工作，以迎接全面反攻的到来。

1945年上半年，根据毛泽东关于“消灭敌伪，扩大解放区，缩小沦陷区”的指示，晋察冀抗日根据地各战略区向敌伪军发动了更加猛烈的春夏季攻势。至7月，冀晋、冀察部队已攻克、逼退敌据点、碉堡233个，收复了灵丘、涞源、怀安三座县城，解放了察南、雁北大部地区，使冀晋、冀察两区连成了一片，为向察北、热西挺进，解放张家口奠定了基础。冀中区军民胜利地进行了任（丘）河（间）、文（安）新（镇）、安（平）饶（阳）、子牙河东和大清河北诸战役，攻克、逼退敌据点、碉堡300多个，收复了任丘、河间、饶阳、安平、武强、文安、新镇、深泽、新安、交河等12座县城，除赵县、高阳、雄县等部分县城外，已控制了整个冀中平原，并且向津南、北平近郊迅速发展，使冀中区与渤海、冀热辽区连成一片为围困平、津打下了基础。冀热辽区军民在2月至5月间打退了日伪军七万余人的大“扫荡”，毙伤俘敌军5000余人，巩固了基本区；6月，又组织了三个挺北支队深入锦承路北围场、赤峰、朝阳、锦州一带进行热辽战役，收复了热中和辽西部分地区，为挺进东北开辟了战略通道。

1945年8月10日和11日，延安八路军总部连续发布了七道大反攻令。抗日战争进入了最后阶段。根据延安总部的命令，晋察冀军区冀晋、冀察部队迅速向察绥挺进，于8月16日与苏蒙联军在张北胜利会师。23日，冀察部队攻占伪蒙疆联合自治政府驻地张家口市，接着解放了察哈尔全省和绥东地区。冀热辽军区于12日成立了以李运昌为首的“东进工作委员会”和“东进纵队”。19日，军区主力及朝鲜义勇军一万余人和四个地委书记、2500余名地方干部，分三路向热河、辽宁挺进。西路克复围场、隆化、滦平等县城，与苏军会师承德。中路北出长城喜峰口，经凌源，抵平泉、赤峰、建平、新惠、乌丹等地区，与苏军会师，解放了热中、热北广大地区。东路从抚宁县出发向东北挺进，30日，与苏军协同攻克山海关，9月5日，与苏军胜利会师沈阳。冀中军区东线第八、九、十分区的主力部队向天津市郊和北宁、津浦路沿线发起进攻，在北起北宁路、南至津浦路唐官屯的150里长的战线上，展开了以攻打天津为重点的全线大出击，一度占领杨柳青并攻入天津西站；南线第六分区向石德线出击，解放了束鹿县城，切断石德线敌之交通，先头部队直逼石家庄；西线第七分区主力部队向平汉线保定至正定段展开进攻，攻克了保定外围众多敌据点，并一度攻入保定机场。

由于国民党政府命令日伪军“切实负责维持地方治安”，阻止其向八路军缴械投降，我军的进攻普遍遇到了日伪军的顽抗。因此，在8月22日中共中央军委发出有关指示后，晋察冀军区改变了以主力部队夺取大城市的作战部署，除继续围困大城市外，转而采取夺取中小城市和广大乡村，扩大解放区，歼灭日伪有生力量，获取敌军装备的作战方针。

1945年9月2日，日本侵略者在无条件投降书上签字，中国人民坚持14年之久的抗日战争终于赢得了最后胜利！晋察冀军区所属部队在大反攻作战中，共歼灭日伪军七万多人，收复了张家口、宣化、山海关等70多座城市，解放了热河、察哈尔两省的全部和河北省的大部，山西、绥远、辽宁省的一部，从而使晋察冀边区与晋绥、晋冀鲁豫、山东根据地和东北解放区连成了一片。至此，晋察冀边区的正规部队由初创时的2000余人发展到32万余人，民兵从无到有发展到90余万人，党员发展到22万余人，群众团体拥有会员300余万人，边区的区域，也从初创时期只有40余个不完整的县发展到拥有160余县和3000余万人口的广大地区。

晋察冀边区作为中国共产党创建的第一个敌后抗日根据地，以自己的实践证明了中国共产党在洛川会议上制定的在敌后放手发动独立自主的抗日游击战争、建立敌后根据地、开辟敌后战场的理论和决策的英明正确。它的创立和发展，“在华北抗战史上打开了新的一页”，为中国共产党建立其他敌后抗日根据地提供了宝贵的经验。晋察冀边区在抗战中“已经和将要尽其极重大的战略作用”，其经验“将成为全党全国在抗战中最有价值的指南”。

晋察冀抗日根据地牵制和抗击了敌人大量兵力，对于坚持华北敌后抗战和全国持久抗战做出了重大贡献，发挥了重大作用。抗战八年中，晋察冀边区牵制和抗击了1/3至1/2的华北日军和1/2以上的华北伪军及部分关东军、伪满军。据不完全统计：边区1938年抗击日军7.6万余人，1940年抗击日伪军11万余人，1942年抗击日伪军18.2万余人，1943年以后，抗击日伪军的总数在20万人以上，边区军民八年中共与敌作战3.2万余次，歼灭日伪军35.1万余人，收复国土30余万平方公里，解放人口3000余万。边区还在军事上、战略上与晋绥、晋冀鲁豫、山东等抗日根据地相互支持，紧密配合，在抗日战争的战略防御和战略相持阶段，以英勇的斗争直接威胁敌人的战略后方，使日军深陷于敌后游击战争的泥潭，拖住了其西进、南进、北进的步伐，不仅有力地配合了国民党正面战场的作战，也支持了欧洲和太平洋战场的反法西斯斗争。晋察冀根据地堪称“华北抗战的堡垒”。

八年抗战中，晋察冀抗日根据地敌我斗争的残酷和剧烈程度是罕见的，广大党员、干部和群众付出了巨大的牺牲。据不完全统计，八年中，边区子弟兵伤亡11.6万余人，干部、群众被敌杀害70余万人，群众被敌抓劳工50.5万余人。但是，残酷的斗争也锻炼了边区军民，他们当中涌现出了许多可歌可泣的英雄人物和动人事迹，如著名的“狼牙山五壮士”，回族人民的英雄儿子马本斋和他的母亲马老太太，青年英雄金方昌，少年英雄王璞，战争英雄邓世军，爆炸英雄李勇，“子弟兵母亲”戎冠秀，伟大的国际主义战士、加拿大和印度人民的好儿子白求恩和柯棣华，以及周建屏、刘云彪、李光汉、白乙化、王仲华（董毓华）、王平陆、包森、周文彬、鲁贲、常德善、翟晋阶、袁心纯、王先臣、刘萍等难以数计的英雄、烈士。他们是边区军民的杰出代表。在他们身上集中体现出来的伟大的爱国主义和国际主义精神，压倒一切敌人的英雄气概，大义凛然的民族气节，是中华民族宝贵的精神财富。

晋察冀抗日根据地的创建和发展，是中国共产党在抗日战争时期制定和实行的一系列正确政策的胜利，是中共中央关于建立抗日民族统一战线的思想，独立自主放手发动敌后游击战争、建立敌后根据地和进行持久战的思想，以及逐步建设新民主主义的政治、经济、文化等光辉思想的具体实践和体现，同时，也是晋察冀敌后广大军民英勇斗争、流血牺牲的成果，是人民战争的光辉胜利。晋察冀抗日根据地的光辉业绩，作为伟大的中国人民抗日战争的重要组成部分，将永远载入中华民族解放的光荣史册。

（《晋察冀抗日根据地》史料丛书编审委员会）

★1944年9月，晋绥军民向战略要地汾阳发动进攻

# 晋绥抗日民主根据地

晋绥抗日民主根据地包括晋西北、晋西南和绥远大青山（今属内蒙古自治区）三个地区。1937年七七事变后，八路军开赴山西抗日前线，与中共地方组织、山西新军部队和统一战线组织“战动总会”“牺盟会”以及抗日群众团体一起，分别创建了晋西北、晋西南抗日根据地，又从晋西北分兵挺进绥远，同中共绥远地方组织、当地抗日革命武装会合，在当地蒙、汉抗日群众大力支持下，开辟了大青山抗日游击根据地。晋绥抗日根据地是中国共产党在华北敌后领导创建的以山西为战略支点的三大抗日根据地之一。

晋绥抗日根据地西临黄河，与陕甘宁边区隔河相望；东至同蒲铁路，与晋察冀抗日根据地、晋冀鲁豫抗日根据地相接；南达山西最南端的风陵渡；北迄祖国北疆的百灵庙、乌兰花一带，与蒙古人民共和国接壤。晋绥抗日根据地的战略地位十分重要。它是全国抗日根据地中的一个大的战略区，是阻击日军西进，保卫陕甘宁边区、保卫中共中央的坚固屏障，是八路军向华北敌后发展的前进基地，是坚持华北敌后抗战的坚强堡垒，是中共中央联系华北、华中、华南各敌后抗日根据地的交通要道，又是延安与莫斯科联系的国际交通线的必经地带。为支援陕甘宁边区，保卫中共中央，晋绥边区抗日军民尽最大努力，提供人力、物力、财力上的支持和帮助。晋绥抗日根据地人民的斗争历史，在中国共产党的历史和中国革命史上写下了光辉的篇章。

## 晋西北抗日根据地的开创

八路军第一二〇师，师长贺龙，副师长萧克，政治委员关向应。师部下辖第三五八旅和第三五九旅。连同师部直属部队，全师共1.4万人。第一二〇师军政委员会由贺龙、关向应、萧克、甘泗淇、王震组成，贺龙为书记。第一二〇师留第三五九旅第七一八团和师四个直属营在陕甘宁边区，保卫中共中央。贺龙、萧克、关向应率第一二〇师主力8200人于1937年9月初东渡黄河，开赴山西抗日前线。

1937年9月19日，第一二〇师到达晋北忻县。遵照八路军总部命令，师部率第三五八旅开赴晋西北管涔山一带，第三五九旅到五台、平山、井陉等地，开展游击战争。晋西北地处黄土高原，境内多山，地理条件宜于八路军开展山地游击战。

一二〇师师部率第三五八旅于9月28日进抵神池地区，首战侧击向轩岗进犯之日军，迫使日军退回宁武城。第三五八旅第七一五团于10月8日歼日军一部，攻入宁武县城。第三五八旅第七一六团团长宋时轮奉师部命令，率该团第二营组成雁北支队（又称宋支队），星夜赶赴西雁北敌后作战。该部连战皆捷，军威大振。

忻口战役中，第一二〇师有力地配合和支持了国民党军队在忻口地区打击进犯日军的会战。第一二〇师和第一一五师分别从忻口阵地左右两侧给进犯日军以沉重打击，使进攻忻口之日军补给濒于断绝。

1938年3月，日军对晋西北实施“五路围攻”，晋西北宁武、神池、五寨、岢岚、河曲、保德、偏关七县城被日军侵占。面对日军的大举进犯，遵照毛泽东电示，贺龙、萧克、关向应商定，第一二〇师采取避其锋芒，待敌分兵后，各个击破的方针，抗击日军的进攻。八路军第一二〇师在当地抗日军民大力支援下，一举收复晋西北七县城，为创建晋西北抗日根据地举行了奠基礼。

第一二〇师在转战晋西北进行山地游击战争的同时，亦分兵深入各地，放手发动群众，开始了创建抗日根据地的工作。

1937年10月1日，第一二〇师政治部大部和教导团全体共700余人组成地方工作团，在关向应率领下深入基层发动群众。第一二〇师地方工作团联合“战动总会”“牺盟会”在晋西北的地方组织，运用合法的形式，大刀阔斧地开展群众工作。群众武装获得了迅速发展。在晋西北很快组织起游击队和不脱产的自卫队1.1万余人。

第一二〇师地方工作团大力进行扩军工作。到1938年2月，第一二〇师已由东渡黄河时的8200余人，扩充为2.5万余人。

1937年11月，中共中央北方局委派到晋西北担任临时省委书记的赵林抵达岢岚，中共晋西北临时省委正式成立。1938年后半年，又改称中共晋西北区委。中共晋西北临时省委（区党委），先后设立了直属各中心县委（后改称地委、特委）。

晋西北抗日根据地创建初期，共产党组织处于秘密状态。晋西北各级党的组织，多数隐蔽在“战动总会”“牺盟会”的各级组织中。到1938年春，晋西北各县均建立了共产党的县委。

共产党领导的抗日民族统一战线组织“战动总会”主要活跃在晋西北地区。晋西北很多县的“动委会”，是在八路军第一二〇师帮助下组建的。

1937年11月初太原失陷前夕，“战动总会”移驻晋西北。“战动总会”与八路军和中共地方组织相结合，推动了晋西北抗日根据地的建立与巩固，开创了“战动总会”工作的新局面。

在“战动总会”主任委员续范亭和被派到“战动总会”工作的共产党人程子华、南汉宸等的共同努力下，“战动总会”保持了统一战线组织的形式，在晋西北地区坚持敌后抗战。

为了发动和领导广大妇女投入抗战，“战动总会”设立了妇运科，各县“动委会”设妇运干事。牺盟岢岚中心区也增设了妇女干事。

1938年6月，成立了晋西北青年工作委员会。1939年2月，正式成立了晋西北青年抗日救国联合会。晋西北青联的成立，有力推动晋西北青年抗日救国运动的发展。

山西新军的建立，是贯彻执行中国共产党抗日民族统一战线政策策略的又一巨大胜利。在中共山西公开工作委员会书记薄一波领导下，1937年8月1日“山西青年抗敌决死总队”成立。到1939年夏，山西新军已有四个决死纵队，一个工卫旅，三个政治保卫旅和暂编第一师，总计50个团约五万余人。

八路军第一二〇师在收复晋西北七县城后，根据中共中央军委指示，决定：第三五九旅全部开赴恒山山脉的浑源、广灵地区，配合晋察冀边区军民创建恒山地区抗日根据地。

1938年9月下旬，八路军第一二〇师主力密切配合晋察冀军民进行反“围攻”作战。从10月初到11月初，共歼灭日伪军3000余人。

在半年多时间内，八路军第一二〇师主力深入敌后广大地区开展游击战争，沉重地打击了日伪军，缩小了敌占区，扩大了解放区，为巩固和发展晋西北抗日根据地打下了良好的基础。

晋西北抗日根据地的在民主政治建设中，一是秘密的中共党员担任牺盟县长，掌握了部分县的政权；二是各县“动委会”在实际工作中代行县政府权力，进而掌握区村两级政权。

充分发挥军政民联席会议的决策、协调、监督作用，是晋西北根据地抗日民主政治建设的一个创举。

为了动员广大群众武装起来保卫家乡，各地在发展农救会员时，即将规定年龄内的青壮年编成自卫队。不少县还从自卫队员中选拔优秀分子，集中进行训练，以培养人民武装骨干力量。半年内，晋西北十几个县共发展自卫队员65478人。

共产党、八路军在晋西北坚持贯彻实施“合理负担”和减租减息政策，致力于发展生产，改善人民生活。

安排好群众生产，是开创晋西北抗日根据地在经济工作方面的重要任务。各地农救会在生产运动中发挥了主导作用。为了促进生产、发展商业以及满足信贷的需要，晋西北各地先后组织了生产、消费与信用合作社。

在思想、文化工作方面，共产党领导的各抗日救国群众组织进行了许多有益的工作。各抗日团体广泛采取集训、普训的方式，对干部和群众进行教育。各地对广大工救、农救、妇救、青救会员进行普训的方式，多为冬学、夜校、例会以及识字班等。

为了宣传群众，第一二〇师战斗剧社、“战动总会”的战动剧团和青年剧团、“牺盟会”的流动宣传团等宣传单位经常深入基层演出抗战剧目。

在新闻宣传方面，晋西北几大机关联合出版的《西北战线报》于1938年12月停止出版后，又以“牺盟会”的名义出版《新西北报》。晋西北出版的主要抗日报刊还有：《战动周刊》《西北战场》《太原战旗》《抗战生活》等。

1938年10月，日军侵占武汉、广州后，即改变战略方针，将重兵转向共产党开辟的敌后战场。1938年11月上旬结束的中共中央六届六中全会，针对上述形势，确定了“巩固华北、发展华中”的战略方针。

根据中共六届六中全会精神，中共中央军委决定，八路军第一二〇师主力挺进冀中，执行巩固冀中抗日根据地、帮助冀中八路军第三纵队以及壮大自己力量三项任务。1938年12月23日，贺龙、关向应率部开赴冀中。大青山支队的第七一五团，留一个营配合地方武装继续坚持大青山地区的游击战争，另两个营由团长王尚荣率领也开赴冀中。

第一二〇师副师长萧克与贺龙、关向应同时离开晋西北赴平西地区，任冀热察挺进军司令员。第一二〇师主力东进后，中共晋西北区委、新三五八旅、当地新军和“战动总会”“牺盟会”紧密配合，担负起保卫与坚持晋西北抗日根据地斗争的艰巨任务。

## 晋西南抗日根据地的开创

毛泽东于1937年9月下旬指出：在山西，应分为晋西北、晋东北、晋东南、晋西南四区，开展游击战争。遵照中共中央军委和八路军总部的统一部署，1937年10月，八路军总政治部副主任邓小平、总政民运部部长傅钟率领总政民运部、教导大队（随营学校），到达晋西南之汾阳、孝义一带，开展晋西南地区的抗战工作。总政民运部、随营学校抽调大批干部，组成八路军地方工作团，深入各地发动群众。

八路军第一一五师在忻口战役后，10月下旬由晋北向正太路南移，留一部在晋察冀边区创建抗日根据地。第一一五师第三四四旅由八路军总部直接指挥，第三四三旅则随师部挺进晋西南吕梁山脉地区。

林彪、罗荣桓率第一一五师抵达晋西南后，着手在吕梁山一带创建晋西南抗日根据地。

吕梁山纵贯晋西南地区，介于黄河、汾河之间，居于陕甘宁边区的东线。为据守这一地区，1938年间，第一一五师主力配合国民党军队先后进行了多次殊死战斗。第一次大的战斗是午城、井沟战斗。历经五昼夜激烈搏杀，共毙伤日军1000余人。第二次大的战斗是吕梁三捷。在薛公岭、油房坪、王家池等地设伏，全歼东撤日军1000余人，俘虏日军16人，有力地配合陕甘宁边区部队保卫了黄河河防。

遵照中共中央的指示和中共中央北方局的部署，第一一五师抽调大批干部组成地方工作团，深入汾阳、孝义一带，宣传群众、组织群众、武装群众，创建抗日根据地。

为了扩大抗日战线，遵照中共中央军委和八路军总部的部署，第一一五师主力先后分三批进军山东。第三四三旅补充团与晋西南游击队合编为第一一五师独立第一支队，又称第一一五师晋西支队，依托吕梁山脉，继续坚持敌后游击战。

建立中国共产党的地方各级组织，是创建抗日根据地的中心环节。1938年2月临汾失守后，中共中央北方局、中共山西省委均转移到晋西南地区。中共晋西南区委成立后，开办了党员训练班。1938年秋又在党员训练班的基础上创办了党校。创办了《五日时事》报。至1940年终刊时，《五日时事》共出了150余期。

日军入侵山西后，阎锡山的各县县长大多数呈请辞职。借此机会，中共组织通过“牺盟总会”挑选了40名牺盟特派员，派赴各地担任县长。在这批牺盟县长中，有相当一部分是秘密的中共党员。

晋西南各县在组织农救会，开展反恶霸、反贪官的同时，还普遍进行了减租减息工作，推行了“合理负担”政策。组织起来的广大妇女，也在晋西南抗日工作中发挥了重要作用。

在人民抗日武装建设方面，晋西南各县从1937年12月开始组建人民武装自卫队，取得显著成效。人民武装自卫队大部分先后编入新军和八路军。

两年多时间内，在中共晋西南区委的领导下，党的建设、武装斗争、群众运动和统一战线工作都取得了显著成绩。

在晋西南地区活动的新军部队，有决死第二纵队和由政治保卫队、政卫第一、第二、第三支队改编的第二〇九旅、第二一二旅、第二一三旅。

## 大青山抗日游击根据地的创建

1937年9月，日军攻陷丰镇、集宁、凉城，归绥、萨拉齐、包头也于10月沦于日本侵略者之手。

为了广泛发动群众，巩固与扩大敌后根据地，坚持长期抗战，中共中央决定由第一二〇师派部队开辟绥远大青山抗日游击根据地。

大青山地区是中国北疆的少数民族聚居地区。它位于阴山山脉中段，面积9.3万多平方公里，人口140多万，杂居着蒙、汉、回、满等各民族。这个地区，是通往中国大西北的咽喉，是陕甘宁边区的北方门户，是晋西北抗日根据地的外翼，又是在延安的中共中央通往蒙古和苏联的国际交通线的一条要道。

1938年5月14日，毛泽东致电朱德、彭德怀、贺龙、萧克、关向应，明确指示：“在平绥路以北沿大青山山脉建立游击根据地甚关重要，请你们迅即考虑此事。”

遵照中共中央、中央军委和毛泽东关于建立大青山抗日游击根据地的指示，1938年6月下旬，第一二〇师决定以第三五八旅第七一五团、师直骑兵营一个连，组成大青山支队（对外称李支队），挺进绥远敌占区，开辟大青山抗日游击根据地。大青山支队由第三五八旅政治委员李井泉任司令员兼政委，第三五八旅参谋长姚喆任参谋长，彭德大任政治部主任。

为了配合李井泉支队开创大青山抗日游击根据地，“战动总会”于7月在岢岚组建了晋察绥边区工作委员会，随李井泉支队挺进绥蒙敌占区组建各级“动委会”。

“战动总会”将所属由原太原成成中学师生抗日游击队整编成的抗日游击第四支队改编为“战动总会”晋察绥边区工作委员会抗日游击第四支队，在军事上受大青山支队的统一指挥。八路军大青山支队、第四支队和“战动总会”工作队，共2300余人，奉命向绥蒙大青山区进军。

八路军大青山支队挺进到大青山地区后，深入地发动群众，放手开展游击战争，根据中共中央军委的指示精神，大青山支队首先挺进并开辟绥中地区。支队主力部队在9月1日进驻武川县大滩后，3日即发起对陶林县城的袭击。因日军援军赶到，撤出战斗。此后，大青山支队挥师西向，攻打绥中北部四子王旗境内的商贸集镇乌兰花，一举将伪蒙军和保安队180余人全部俘虏。为了狠狠地打击日伪军，八路军大青山支队又在归（绥）武（川）公路的蜈蚣坝伏击日军，全歼日军80多人（内有少佐军官一人），后又击退前来增援的日军汽车队。

大青山支队挺进绥中后，在不到一个月的时间里，对日伪军进行的三次攻击战，声震塞外，极大地鼓舞了蒙汉各族人民。游击第四支队进驻武川县开展群众工作和进行部队整训。经过一段深入的工作，发动了群众，密切了八路军同蒙汉人民的关系。

正当八路军在绥西开辟工作时，日军黑石旅团从归绥、包头、固阳等地调集2000余兵力、汽车37辆，分数路进山“扫荡”，突袭大青山支队指挥机关所在地。在李井泉、王尚荣指挥下，经一整天激战，击退日军数次进攻，毙日伪军200余人。

八路军大青山支队大力开展群众工作，发动群众支援抗战。在此基础上，建立了绥西“动委会”及区、乡、村“动委会”。

大青山支队经过几个月的艰苦奋战，到1938年12月，胜利地开辟了以大青山为依托的绥中、绥西、绥南三块抗日游击根据地，并逐步同晋西北根据地连成一片。

1938年12月，日军在集中兵力“扫荡”华北抗日根据地的同时，也调集日伪军六七千人，从大同、集宁、丰镇、归绥、包头出动，分三路向绥南、绥中、绥西游击区进行“扫荡”。大青山支队英勇作战，胜利地粉碎了日伪军对大青山抗日游击根据地发动的第一次大“扫荡”。至此，八路军大青山支队完成了创建大青山抗日游击根据地的光荣任务，根据地进入了巩固和发展的新时期。

为了加强大青山地区党的领导，中共中央决定成立中共绥远省委。绥远省委受中共中央北方局领导，以大青山支队的活动为中心，领导绥远敌占区及河套一带的工作。以骑兵团的活动为中心，在伊克昭盟设立盟工委，受陕甘宁边区党委领导，同时与绥远省委发生亲密的关系。

在中共中央指示和中共绥远省委（区党委）直接领导下，加强党的建设，建立地委四个，县委八个，工委三个，区委25个。

同时加强政权建设。1939年12月，在绥西先后成立了武归、萨固（后改为固阳县）、萨托县政府。在绥中成立了归武、陶林县政府。在绥南成立了归凉县政府。在此基础上，1940年反顽斗争胜利后，先后建立了绥西、绥中和绥东专员公署（实际是绥南）。

为了适应大青山地区的地理条件大青山支队必须改建和装备为骑兵支队。经八路军总部批准，大青山支队改为第一二〇师骑兵支队，姚喆任司令员，所属部队整编为三个骑兵营。1940年冬，大青山骑兵支队各骑兵营的建制改为团的番号。

在共产党、八路军、绥蒙抗日军民的艰苦努力下，大青山抗日游击根据地逐步开辟发展起来。八路军大青山支队在同日伪军作战的同时，曾于1938年底至1939年初，相机对为害根据地人民和抗日游击战争的众多股大小土匪进行了剿匪作战。

## 反顽斗争的胜利与根据地抗日民主政权的建立

在中国共产党的领导下，山西新军和八路军协同对日伪军作战，共建抗日民主政权，迅速发展壮大，获得人民拥护。这便引起了阎锡山顽固派的极度不安和仇视，转而对山西新军严加限制，直至发展到进行公开的军事进攻。

阎锡山以解散“战动总会”、改编新军制造磨擦，在新军中制造混乱，限制共产党、八路军和抗日群众的活动。

针对阎锡山顽固派破坏抗战、反共倒退的种种罪行，中共中央、北方局、山西省委（晋西南区党委）先后发出指示，提出了相应的对策。

1939年12月1日，阎锡山下令要决死第二纵队于5日向同蒲线之灵石、霍县段大举破击，实行所谓“冬季攻势”，旧军居后“策应”。其目的是妄图造成日、阎军前后夹击决死第二纵队之势。12月3日，阎锡山第19军在永和县袭击了新军决死第二纵队第一九六旅旅部，永和、蒲县、石楼县政府、县“牺盟会”相继遭到旧军袭击。晋西事变爆发。

八路军第一一五师晋西支队一团和决死第二纵队、二〇九旅等部新军在晋西南地区苦战兼旬，击溃旧军两个旅后，遂奉命转移到晋西北休整补充。

为了坚持晋西南区的工作和群众斗争，决死第二纵队游击三团与游击四大队，留在汾（阳）孝（义）地区坚持游击战争，并掩护隐蔽在群众中的干部。游击三大队和灵石大队，坚持洪（洞）赵（城）地区的游击战争。

12月31日阎军包围新军二一三旅。1940年1月1日，二一三旅突出包围圈后转移到太岳区。

晋西南新军和八路军第一一五师晋西支队转移到晋西北时，晋西北的新、旧军之间也已呈剑拔弩张之势。

“晋西事变”发生之前，晋西北各地早已磨擦迭起。在中共晋西北区委的领导下，各级中共组织、八路军、新军和各抗日群众团体，进行了坚决的反磨擦斗争。旧军在晋西南向新军发动进攻后，中共晋西北区委即领导新军肃清了内部的顽固旧军官，巩固了新军部队。

1939年12月15日、16日，阎锡山授意赵承绶在兴县召开师、旅级以上干部秘密军事会议。传达了阎锡山监视晋西北新军和八路军动态的命令，密谋进攻决死第四纵队和新三五八旅。抗日爱国将领、国民党元老、暂一师师长、秘密共产党员续范亭参加了这次会议。当获悉阎方的部署后，续范亭带领两名警卫员，分骑三匹马昼夜兼程，于18日赶到岚县史家庄新三五八旅旅部告警。

1939年12月28日，晋西南新军与晋西支队进抵晋西北后，中共中央军委除令晋西北各部接应决死第二纵队等部继续北上外，还令贺龙、关向应率领第一二〇师主力星夜返回晋西北。针对晋西北旧军的动向，新三五八旅军政委员会和中共晋西北区委根据中共中央指示，在岚县史家庄召开紧急会议，决定成立“晋西北抗日拥阎讨逆总指挥部”，续范亭任总指挥，雷任民任副总指挥。1940年1月2日，晋西北新军和八路军开始对赵承绶骑一军和郭载阳33军实施反击。

1940年1月8日，中共中央军委参谋长滕代远抵达晋西北，统一指挥晋西北地区的反顽作战。八路军第一二〇师主力于1月底、2月初陆续返回晋西北。经激战，赵承绶率残部南逃。晋西北地区的阎锡山顽军全部被肃清，旧政权同时被全部摧毁。

为了继续在山西实行团结抗战，共产党领导人反复调停新、旧军冲突。在中国共产党的多方努力之下，“晋西事变”得以和平解决，山西抗日民族统一战线得以维护。

“牺盟会”、新军在中共中央指示下始终坚持“拥阎”口号，为“晋西事变”的和平解决创造了有利条件。

晋西北反共顽固势力被肃清后，为了迅速稳定局势，建设巩固的抗日根据地，在中国共产党领导下，立即着手建立健全新的党、政、军领导机构以及统一的群众组织机构。

1940年1月15日，在临县召开的庆祝反顽斗争胜利大会上，新的第二游击区行署宣告成立。1月26日，晋西北军政民高级干部会议在岚县史家庄召开。会议着重讨论了即将召开的晋西北行政会议的准备工作和施政纲领的制定等事项。2月1日至3日，新的山西省第二游击区行署在兴县召开第一次行政会议，推举产生了领导机构，由续范亭任行署主任，牛荫冠任副主任。同时讨论通过了《晋西北抗日拥阎讨逆行政实施大纲》。

新的行署成立后，即任命了各专署专员，旧的编村改名为行政村，废除邻长制，实行公民小组制。晋西北政权从此得以新生。

1940年2月7日，遵照中共中央指示，中共晋西南、晋西北两区区委合并，组成中共晋西区委，领导晋西南、晋西北两个地区的党的工作。中共晋西区委下辖晋西北的五个地委和晋西南的三个特委。

1940年2月24日，经中共中央批准，晋西北军政委员会成立，由贺龙任书记、关向应任副书记。晋西北军政委员会统一领导晋西北党、政、军各项工作。

为了便于进行公开活动，在晋西北军政委员会成立的同时，根据中共中央指示，还成立了由各界代表组成的晋西北军政民联合委员会，由贺龙任主任委员，常务委员有关向应、甘泗淇、林枫、续范亭、牛荫冠、罗贵波等。

1940年1月，晋西北新军总指挥部成立，统一指挥决死第二、第四纵队、工卫旅和暂一师。总指挥续范亭，副总指挥雷任民、张文昂，政治委员兼政治部主任罗贵波。

1940年上半年，晋西总工会、晋西农救会、晋西妇救会、晋西文化界抗日救国联合会、晋西青年联合会、晋西抗日救国联合会、晋西北抗日武装自卫队总部先后成立。

1940年11月7日，晋西北军区在兴县李家湾举行成立大会。八路军第一二〇师领导机关兼晋西北军区领导机关。贺龙任司令员，关向应任政治委员，续范亭任副司令员。第一二〇师在晋西北的部队有三个旅、三个支队。

大青山地区反顽斗争胜利后，于1940年8月，成立晋西北行政公署驻绥察办事处，行使政权职能。由姚喆任办事处主任，杨植霖任副主任。

1940年，日军一面陆续向敌后战场增加兵力，加紧对各敌后抗日根据地进行分割、封锁、“扫荡”，一面继续对国民党实行诱降。

八路军第一二〇师、第一一五师晋西支队、晋西北新军和河防部队在反“扫荡”中，收复了方山、临县、岚县。至4月1日，打退了日伪军的进攻。此后不久，八路军晋西支队开赴山东，归还第一一五师建制。

1940年4月25日，日军集中数千人，向雁北抗日根据地进行第九次“扫荡”。行署委员、晋绥边第十一专署秘书主任李林，为掩护机关人员和群众向南突围，率骑兵一部向东冲杀，被日军包围在小郭家窑村后阴凉山顶上，身负重伤后仍英勇战斗，不幸壮烈殉国，当时年仅24岁。

春季的试探性进攻之后，日军又做了一系列战役准备，于6月对晋西北抗日根据地进行了规模空前的夏季大“扫荡”。晋西北抗日军民奋起反击。

至7月6日，夏季反“扫荡”作战胜利结束。共进行大小战斗251次，毙伤日伪军4490人，俘日军11人、伪军42人。

1940年下半年，八路军前总在华北发动一次大规模的交通破击战，即百团大战。截至9月5日百团大战第一阶段结束时，第一二〇师和晋西北新军各部共进行大小战斗162次，毙伤日伪军2700余名，俘日军25名、伪军142名，破铁路25公里、公路235公里，破桥梁40座，破电话线290公里，切断了北同蒲路。

为了缩小敌占区，扩大根据地，使晋西北、晋察冀、晋冀豫抗日根据地连成一片，八路军总部部署了自9月20日开始的百团大战第二阶段的战役行动。

晋西北在百团大战第二阶段中的战绩：共进行战斗55次，毙伤日伪军1700余名，破坏铁路30余公里、公路50余公里，毁桥梁12座，缴获大批军用物资。

晋西北新的抗日民主政权建立之初，财政状况十分困难。抗战以来根据地备受战争创伤，人力、物力、财力都遭到很大损失。根据晋西北军政委员会的建议，行署决定以两个月的时间进行扩兵、做军鞋、献金、献粮“四大动员”。全晋西北地区四项任务完成数目分别为：集粮90426石，献金1810625元，扩兵15885名，做军鞋118441双。除集粮数目略低于原定数目外，其他三项均大大超过了行署原定动员数。

为了应对根据地内生产力严重破坏和货币金融十分混乱的状况，扭转根据地财经困难局面，稳定货币金融，晋西北行署决定建立晋西北农民银行。1940年5月10日，以兴县农民银行为基础，以“四大动员”献金的40%为基金，西北农民银行正式开业。西北农币发行办法规定：农币以法币为本位币，价格与法币相同，发行后与法币一样流通使用。同时规定，为防止法币外流，使用法币时，应尽量向银行兑换成农币。

为了加强生产建设，克服经济困难，1940年10月，行署先后公布了《兴办水利暂行条例》和《减租减息单行条例》。

《减租减息单行条例》规定：出租人之土地收入不论租田伴种，一律照原租额原伴种分配法减收25%。债权人的利息收入，年利率不得超过10%（一分利息）。

1940年12月，中共晋西区委召开地委书记联席会议，对晋西北的经济建设政策、方针作出了相应的决定。其中特别指出：发展农业生产为经济建设的中心一环。

晋西北地区的工业基础薄弱，多以小手工业为主，生产落后。而日军的大规模的“扫荡”，更予工矿生产以严重的破坏。行署制定发布了《合作社暂行条例》《晋西北矿厂劳动暂行条例》《优待专门技术干部办法》等。这些举措，促进了生产发展和技术进步。

在各级中共组织和抗日民主政府领导下，晋西北的文化教育事业也取得了一定成绩。兴办冬学，是晋西北各地开展文化宣传教育工作常用的一种有效形式。1940年，中共晋西区委在宣传方面所进行的一项重要工作是筹备、创办了区党委机关报《抗战日报》。

晋西北反顽斗争取得胜利和抗日民主新政权成立后，根据地的地方武装建设进入整顿组织、统一编制、扩大数量、提高质量时期。1941年，晋西北的人民武装有了长足的发展。到6月止，自卫队员的数量扩大到14.9万人，编为61个大队、178个中队。游击区和敌占区的游击小组扩大到824个，3600余人。

1939年底至1940年初，中共晋西南区委、八路军第一一五师晋西支队以及决死第二纵队等部转移到晋西北后，王达成、龚子荣、解学恭、甘一飞等领导留在晋西南地区的共产党员、干部和抗日游击队，在日、阎军驻有大量部队极其困难的条件下，继续坚持抗日反顽斗争。

1940年2月14日，以洪（洞）赵（城）三大队和汾（阳）孝（义）四大队为主干合编为八路军洪（洞）赵（城）总队，由解学恭任总队长，龚子荣任政治委员。4月，龚子荣调晋西北工作后，解学恭改任政治委员，晏显升任总队长。全总队共有10个步兵连，1000余人，活动在孝义、汾阳、离石、中阳、灵石等地。5月，总队和区县游击队发展到3000余人。

1940年3月，王达成率领一批干部转移到晋西北。

## 坚持和巩固根据地的严酷斗争

1941年，日本侵略军为了维持其占领区的稳固，抽调大量兵力对共产党、八路军及其领导的敌后抗日根据地实施了大规模的连续的“扫荡”。敌后抗日根据地进入了严重的困难时期。

1941年3月开始，日军对敌后抗日根据地实施了军事、政治、经济、文化相结合的“总力战”，实施所谓“治安强化”运动，妄图以此达到其几年来以单纯军事进攻所不能达到的目的。

日军从1941年3月至1942年4月，连续对晋西北抗日根据地发动了四次“治安强化”运动。其“蚕食”进攻由局部推进到整个晋绥抗日根据地。晋绥抗日根据地各分区的地域均严重缩小。

1942年5月，中央军委华北军分会发布了《关于反对敌人蚕食政策的指示》，号召华北各敌后根据地的党、政、军、民一致动员起来，把反“蚕食”斗争当作最紧急的政治任务。据此，中共晋西区委和晋西北军区确定以反“蚕食”斗争作为全区军民的中心任务之一，号召全体军民动员起来，党、政、军、民联合组织武装工作队，深入日军占领的和正在“蚕食”的地区进行斗争。为了与日军进行针锋相对的斗争，晋西北军区和各军分区分别组织了包括党、政、军、民各系统人员的武装工作队15个。

经过四个月的反“蚕食”斗争，晋西北军民取得了初步的胜利。期间，一共收复了218个自然村，恢复了抗日民主政权，而且在敌占区和日军的“蚕食”区内开展了抗日工作。

1942年5月，晋西北抗日军民在兴县田家会痛歼日军。田家会战斗，八路军以75人的伤亡代价歼日伪军500余人。

大青山抗日游击根据地也是日军大“扫荡”的主要目标之一。在1941年、1942年两年中，日军对大青山抗日游击根据地进行了多次大规模的“扫荡”“施政跃进”和经济封锁。

八路军针锋相对地展开了反“扫荡”、反“施政跃进”的斗争。八路军经常人不离枪，马不卸鞍，顽强地坚持着大青山抗日游击根据地的抗日战争。

1942年7月25日，日军对大青山抗日游击根据地绥中地区发动了空前残酷的秋季大“扫荡”，从大同至包头之间各城镇、各据点突然全线出击，并用飞机、大炮、坦克等相配合，对绥中游击区进行“铁壁合围”。

大青山军、政领导机关和骑兵主力越过平绥铁路转移至绥南后，日军驻绥南、雁北的部队展开疯狂的围追堵截。八路军大青山骑兵主力面对数倍于己的日军奋起反击，终于突破重围，转移到晋西北根据地。大青山骑兵支队司令员姚喆、中共绥察区党委组织部长白成铭等，带领部队在绥西坚持斗争。

晋绥边区的共产党组织和军队，根据中共中央和毛泽东的指示，把发展地方武装和人民武装作为根据地建设的重要环节来抓。1940年10月15日，中共晋西区委成立了晋西北人民武装抗日自卫队总部。各村、区也建立了自卫队中队部、大队部，在部分县和专署设立了自卫队领导机构。自卫队站岗放哨、侦察敌情、送信带路，还参加了反“扫荡”作战和反“蚕食”斗争。至1941年6月，全区自卫队员扩大到14.9万余人。游击区和敌占区的秘密游击小组也扩大到824个，成员增加至3674人。

1941年7月，中共晋西区委和晋西北军区决定建立自成系统的边区、专区、县、区、村各级人民武装抗日自卫委员会（简称武委会）。

1941年7月至1942年间，晋西北人民武装共参战638次，参战人数5364人，共毙伤日伪军230人。参战中，民兵单独行动343次，参战民兵2115人。

大青山抗日游击根据地的地方武装和人民武装的发展，大体与晋西北抗日根据地相同。

为了加强晋绥边区党的一元化领导，中共中央决定撤销原晋西北军政委员会和中共晋西区委，在晋西北成立中共中央晋绥分局。由晋绥分局代表中央，统一领导晋西北、晋西南、绥远三个地区的党、政、军、民工作。

中共中央晋绥分局于1942年8月正式成立，机关驻兴县蔡家崖村。关向应为书记，林枫为副书记。晋西北军区亦改称为晋绥军区。1942年10月19日，中共晋绥分局正式通过《对于巩固与建设晋西北的施政纲领》和关于施政纲领的决定。《施政纲领》基本精神为：团结各抗日党派、各社会阶层人士与日军斗争到底；反对日军的“蚕食”，实施精兵简政，以准备反攻；彻底贯彻“三三制”，并保障抗日人民之人权、财权、地权及言论、出版、信仰、居住之自由权；照顾工人、农民和地主、资本家双方的利益，保证减租减息和交租交息；改进司法机构，实行陪审制度；实行合理的财政税收制度；推行国民教育，尊重知识分子；从政治、经济、文化上提高妇女地位；团结少数民族，尊重宗教信仰与生活习惯等。

为了加强基层抗日民主政权建设，晋西北开展了普遍、深入性的村选运动。通过村选活动，晋西北各地村政权的面貌为之一新。

晋西北临参会是全区最高权力机关。1941年8月，晋西北临时参议会筹委会成立后，立即着手进行工作。经过一年多的努力，晋西北（晋绥边区）临参会于1942年10月24日在神府县胡家庄隆重召开。在临参会的选举运动中，严格实行了“三三制”政策。

会上接受中共晋绥分局的提议，通过了《关于政府工作报告》，通过了《巩固和建设晋西北的施政纲领》。会议还通过了晋西北临参会，晋西北行署，晋西北县、区、村各级政府组织条例及《晋西北保障人权条例》《减租交租条例》等一系列条例、法令。选举产生林枫为边区参议会议长，副议长刘少白、牛荫冠。选举续范亭、武新宇为行署正、副主任，贺龙、刘佑卿、张文昂等19人为行政委员。

大青山区的政权建设也在不断发展。1941年4月15日，由杨植霖、苏谦益分别任正、副主任的绥察行政公署正式成立；开始以公开的抗日民主政权机构进行全面的行政领导工作。

抗日战争时期敌后抗日根据地实行的减租减息政策，是中国共产党的抗日民族统一战线总政策的一个组成部分。晋绥抗日根据地认真贯彻减租减息政策，充分调动了各阶层人民抗日斗争的积极性，为巩固和扩大抗日民族统一战线，为抗日战争的坚持、发展和胜利，发挥了重要的作用。据统计，从1943年冬到1945年秋，晋绥边区减租农民达56175户，每一个佃户从减租和退租中平均得粮一石，雇工的平均工资增加了40%左右。参加减租减息运动的十万户农民买进和赎回的土地达140万亩。

晋绥边区的减租减息运动大大削弱了封建剥削制度，提高了农民的经济地位和政治地位，鼓舞了农民生产和抗日的积极性，推动了人民抗战事业的发展。

1941年，为了克服极端的经济困难，晋西北抗日军民深入开展了生产运动。

由于减租减息运动的广泛开展及各项发展农业的方针、政策、措施的落实，晋绥抗日根据地广大农民群众的生产积极性被大大调动起来，使边区的农业生产得到一定的恢复。1942年14个县开荒223546亩，超过计划105%。14个县拥有水地72798亩，超过了战前的数量。公营工业、军事工业也在逐渐壮大。

晋西北军区各部队也展开了大规模的生产运动。1941年，晋西北军区部队总共开荒9.2万亩，种菜1300余亩，养猪4000头、牛羊2000头、鸡1500只。除农业生产外，还开煤、铁矿，建了铁工厂、造纸厂、军械厂、修械厂等。为了改善部队的生活，全军区共开设了30个油坊，35个粉坊，五个磨坊，19个豆腐坊，35个盐厂。在发展生产的同时，晋西北军区各部队还开展了节约运动。

在精兵简政中，至1942年3月底，全军区主力部队由39000余人减至35000余人，旅、纵队以上机关人数同团以下连队人数的比例由1∶1.7变为1∶2，并对编余的4000余人作了适当的安置。晋西北行署也对各机关超编干部作出了简政安排。

1942年春，根据中共中央的决定和中共北方局的指示，晋绥边区全党开始整风学习。各机关分别召开座谈会进行整风学习。根据中共中央部署，晋绥边区开展了在整风中配合审查干部的工作。

晋绥边区整风运动的开展，对于克服主观主义、教条主义、宗派主义和党八股起了重要作用，对于增强党性，增强党内团结，提高党的战斗力，都具有重要的意义。审干过程中“抢救失足者”所发生的严重错误，使不少干部政治上遭受错误的打击。1944年，晋绥边区党、政、军、民各部门根据中共中央有关指示，对“抢救运动”中造成的冤假错案进行了甄别平反。

## 根据地军民在“挤敌人”中战胜严重困难

中共晋绥分局根据毛泽东关于“把敌人挤出去”的指示，在全边区抗日军民中部署“挤敌人”斗争。分局确定“挤敌人”的主要方法是，组织大批短小精干、文武兼备的武装工作队，挺进到敌后之敌后去开展工作。各地武工队纷纷组建起来，并立即投入对敌斗争。

为了加快“挤敌人”的速度，中共晋绥分局决定再分别从主力部队和地方武装中抽出1/3和1/2的兵力扩大武工队。同时，还从部队和地方抽调320名有斗争经验的干部加强武工队。武工队由最初的15个发展到37个，后来又增至45个。另外，还派出39个主力连、49个游击中队，配合武工队进行对敌斗争。晋绥边区的“挤敌人”斗争以第八分区为重点全面展开。

为解决民兵战斗与生产的矛盾，晋绥边区提出了“劳武结合”的口号。晋绥边区的劳力与武力结合运动，是由宁武县新屯堡农会秘书兼民兵分队长张初元首创的。张初元为适应敌后根据地游击区的环境和需要，领导、组织全村群众变工互助，集体劳动，民兵们一手拿枪，一手拿镐，成为敌后劳力、武力、群众运动结合起来的光辉榜样。

晋绥边区军民“挤敌人”的斗争，沉重地打击了日军的“蚕食”政策。日军遂于1943年9月初，对根据地实行了分区域的连续“扫荡”，企图对八路军进行“反挤”。这是自1942年5月田家会战斗以后日军最大的一次“扫荡”。在八路军及民兵的积极打击下，经马寨、小神头、仓儿会、窑儿上、米峪镇等20余次大小战斗，沉重打击了日军的进攻。著名的兴县甄家庄战斗中，共歼灭日军700余人、伪军100余人。

1943年，晋绥边区抗日军民“挤敌人”斗争取得了伟大胜利。全年共

"挤"掉日军据点70个，收复了1000多个村庄，粉碎了日军大小"扫荡"13次。根据地的困难局面得到改变。

正当晋西北抗日根据地贯彻"挤敌人"的方针，形势逐步好转的时候，大青山抗日游击根据地仍然处在极端困难的阶段。中共塞北区工委依据晋绥分局的指示，从两方面着手工作：一方面采取轮训干部的方式，陆续把各地区党、政、军干部抽调到偏关进行整风学习；另一方面运用晋西北"挤敌人"的斗争经验，逐渐派遣许多小部队、武工队、工作组进入大青山地区展开工作。经过半年多的艰苦斗争，打开了平绥路南北旗下营至归绥一带的斗争局面，使绥中与绥西的工作相互沟通。1943年底，绝大多数据点的伪军都与武工队建立了内线关系。大青山军民经过将近两年的艰苦斗争，到1944年8月，游击根据地的三块战略区域基本上恢复到1942年7月日军大"扫荡"之前的局面。

1944年，日军老兵减少，新兵增多，战斗力大不如前。晋绥军区要求各部队，乘日军换防之际，向五寨的三岔堡、梁家坪、风子头，宁武的细腰村、咀子上、石家庄，阳曲的古交，忻县的蒲阁寨等日军的突出据点，加紧围困，迫使日军撤退。

蒲阁寨位于忻县西北30公里处，据点内有日军30余人、伪军50余人。为了挤退蒲阁寨的日伪军，六分区部队截断日伪军的交通运输线，围困据点，不时打冷枪。民兵、武工队和正规军密切配合，实行联防围困。据点内日伪军的活动日益困难。1944年4月12日，在三交据点之日伪军接应下，蒲阁寨据点的日伪军狼狈逃窜，途中被歼20余人。

晋绥军区号召各分区学习六分区挤退蒲阁寨日伪军据点的经验，并发出了加紧围挤敌人据点的指示。联防围困成为进行长期围困斗争的主要方式。

在围困日军之突出据点的同时，深入到敌占区活动的敌后武工队也逐渐活跃起来。1944年1月至8月，晋绥抗日根据地军民共挤掉日伪军据点58个，根据地得到了迅速的恢复与发展。

1943年10月1日，中共中央政治局发出《关于减租、生产、拥政爱民及宣传十大政策的指示》。指示中指出："我党在各根据地所实行的各项政策中，举其现实最切要的，共有十项。这十项政策就是：第一，对敌斗争；第二，精兵简政；第三，统一领导；第四，拥政爱民；第五，发展生产；第六，整顿三风；第七，审查干部；第八，时事教育；第九，三三制；第十，减租减息。这十大政策是互相联系不可分割的。”晋绥边区认真贯彻十大政策，极大地推进了边区各项事业的发展。

在晋绥边区有一支由被俘虏的日本军人组成的抗日力量，人数虽不多，但起的作用很大。1942年10月，在华日人反战同盟华北联合会和日本工表学校派出小林武夫率领的反战工作团，到晋西北进行反战活动。在八路军第一二〇师，建立了“在华日人反战同盟晋西北支部”。小林武夫任支部长。“在华日人反战同盟晋西北支部”针对日本士兵的反战活动，加剧了日本士兵的反战情绪，有力地帮助了晋西北军民的抗日斗争。

1944年9月，晋绥军区成立了工业部，调整扩建了旧厂，建立了新厂。四个兵工厂的广大兵工战士在极其艰苦的战争环境中，在各种原料、材料严重短缺的情况下，发扬自力更生、艰苦奋斗精神，土洋结合，因地制宜，因陋就简，奇迹般地制造出了许多性能良好的武器弹药。

在文艺方面，为了加强边区文艺团体的战斗力，1944年3月，中共晋绥分局决定将整风期间编成的文艺界整风大队近300人合编为“七月剧社”，归中共晋绥分局直接领导。演出山西梆子、眉户剧、秧歌、新歌剧、话剧、道情等。七月剧社丰富多彩的演出，给晋绥边区人民留下了深刻的印象。

晋绥边区在军事、政治、经济、文化等各方面取得辉煌成就的同时，教育事业也得到很大发展。为了使更多的贫苦子弟得到在学校受教育的机会，晋西北不论民办或公办学校，一律不收学费。学校的办公费全部由政府补贴，课本由教育行政部门印发。有些地方还为劳苦大众子弟开办了夜校，放牛娃白天把书本带到地里抽时间学习，晚上上夜校听课。处在战争年代的晋绥边区，各地学生都取得了较好的成绩。

为了确保中共中央与敌后各抗日根据地的联络畅通，根据党内交通工作的实际要求，晋绥边区在崇山峻岭之中，在广阔平原之上，在“抬头见岗楼，迈步登公路”的敌占地区，建立了北线、中线、南线三条交通要道。

三条交通要道交会于兴县，由兴县过黄河到延安。在抗日战争时期，晋绥边区军民突破日军的分割、封锁、包围，接送了数以万计的干部安全到达目的地。晋绥八分区接送了刘少奇、朱德、邓小平、彭德怀、刘伯承、陈毅、罗荣桓、徐向前、杨尚昆、薄一波、陆定一、陈赓、蔡畅、徐特立等许多中央领导人和党的重要干部，还接送了各抗日团体人员、朝鲜独立同盟人员、美军联络人员、日本工农学校学员、国际友人、民主人士等，共达2852人。晋绥三分区和六分区接送了聂荣臻、彭真、罗瑞卿、程子华和联大、抗大以及部队、机关人员、国际友人等，共一万余人。还接送了延安和各根据地之间往返的许多重要文件、书籍、枪支、弹药、药品、医疗器械、通讯器材、布匹、棉花等军需物资1000余吨。1942年到延安参加整风的各根据地干部和1945年到延安出席七大的各根据地代表，也都是由晋绥边区军民安全接送过境的。

## 晋绥抗日根据地军民由局部反攻到全面反攻

从1943年春到1944年8月，晋绥边区军民共挤退日伪军据点128个，收复村庄2685个，解放人口36万余人。形势最严重的大青山地区，也在经过20个月的艰苦斗争后，基本上恢复了绥西、绥中、绥南三块抗日游击根据地。此后，晋绥边区抗日军民迎来了对日伪军局部攻势作战的新局面。

为了进一步打击日本侵略者，发展晋绥边区的对敌斗争形势，晋绥军区决定从1944年8月起发动秋季攻势作战。

1944年8月28日，第八军分区部队袭击忻静公路之丰润日军据点，俘日军六名。8月29日，第二军分区第三十六团袭击五寨风子头日军据点。第三十六团和第九团各一部，在阎家洼至界牌间伏击五寨出扰之日伪军150余人，歼日伪军90余人。9月14日、15日，第八军分区部队连续两次袭击汾阳城之日伪军，歼日伪军一部，破坏了日军哨楼及一些重要设施。9月16日夜，第八军分区部队奇袭汾阳协和堡日军据点。9月20日，第二分区收复了宁武西南的坝上、李家山、榆树坪三个日军据点，消灭日伪军60余名。9月

23日，第八军分区向静乐以南的娄烦镇发动进攻。日军无路可逃，遂将碉堡炸毁，集体自杀。娄烦以北的东六度、下静游两据点的日伪军因惧歼而逃回静乐城。

从袭击汾阳城关战斗后的半个月中，晋绥军区各部队和民兵、游击队都主动袭击敌占据点，打击出扰之日伪军。三次袭入方山、峪口，两次袭入协和堡，先后击退汾阳、赵庄、罗城、仁岩、交城、文水、古交、屹洞等地出扰之日伪军，并取得了伏击战的多次胜利。

在一个多月的秋季攻势作战中，晋绥边区军民共进行大小战斗297次，攻克和挤掉敌占据点48处，毙伤日伪军900余名，俘日军20名、伪军1000余名，解放群众五万余人。

在第八军分区部队袭击汾阳、协和堡时，中外记者西北参观团正在第八军分区实地参观当地抗日军民的对日军作战情况。第八分区军民以实际行动揭穿了国民党顽固派诬蔑八路军在敌后"游而不击"的谎言。毛泽东在得知晋绥八分区战况后，曾号召抗日根据地军民像晋绥八分区那样"打出威风来"。

参观八分区后，记者团又到第三分区三交据点附近，参观民兵英雄郭秉旺对敌爆破情况，并赴各地参观群众在对敌斗争中的其他创造与设施。

根据毛泽东1944年12月25日发出的"扩大解放区，缩小沦陷区"的号召，中共晋绥分局于1945年1月发出《一九四五年对敌斗争工作指示》，提出要进一步发动群众，巩固与扩大抗日民族统一战线，以最大的力量开展敌后之敌后的工作，收复所有突出的敌占点线。

1945年春，各部队根据军区部署继续向日军据点发动进攻。到4月上旬，晋绥第一、第三、第八分区完全连成了一片。晋绥边区军民的春季攻势作战自2月17日至4月25日，历时68天，作战537次，毙伤日伪军1590人，俘虏和瓦解伪军810人，收复据点54处，其中包括方山、岚县、五寨三座县城，扩大根据地面积3840平方公里，解放村庄724个、人口9.4万余人。

在晋绥军区统一部署下，塞北军分区也进行了春季攻势作战。1945年4月间，中共中央军委从延安派骑兵旅奔赴大青山。此前，晋绥军区把偏(关)清(水河)支队划归塞北军分区指挥。经过70余天的春季攻势作战,大青山区绥中、绥西、绥南三块抗日游击根据地完全打通。

在晋绥抗日根据地实施局部反攻作战时,1945年4月23日,中国共产党第七次全国代表大会在延安开幕。出席中共七大的晋绥代表团,代表39人,候补代表13人,共52人。

中共七大期间,晋绥边区对日本侵略军的反攻形势在稳步发展。在晋绥抗日军民的攻势作战由农村向城市节节推进时,为了配合反攻作战,迫切需要加强敌占大城市的地下派遣工作。

根据中共中央指示,中共晋绥分局于1944年10月设立了城市工作部。分局城工部成立后,各地委城工部也随之成立。

为了加强对太原市的秘密组织工作、派遣工作和情报工作的管理,在中共晋绥分局城工部之下设立了太原市工作委员会。后该委员会并入中共晋绥第八地委城工部,以随时联络,就近管理。中共晋绥分局城工系统曾派出一些干部打入太原市,有的打入日伪机关,以公开职业为掩护开展情报工作。

1945年8月2日,阎锡山派出代表到太原与日本山西派遣军代表在伪山西新民总会进行谈判,并达成日阎合流反共《协定》。谈判中,由中共晋绥八地委城工部秘密派入日伪山西新民总会工作的张正中任记录。张正中将情报传回晋绥军区转中共中央。

中共晋绥分局还曾派出干部到北平等大城市开展地下工作,收集日伪各方面的情报。

1945年8月8日,苏联红军对日宣战。9日,毛泽东发表《对日寇的最后一战》的声明,号召中国人民的一切抗日武装力量举行全国规模的大反攻,猛烈地扩大解放区,缩小沦陷区。10日,蒙古人民共和国也对日宣战。苏、蒙军队开进中国境内对日军作战。日本政府被迫发出乞降照会。

1945年8月10日和11日,朱德总司令连续发布关于八路军对日作战的七道命令,其中两道命令是给贺龙的。11日上午9时的第三号命令称:为配合蒙古人民共和国军队进入内蒙及绥察热等地作战,并准备接受日军和伪蒙军投降，贺龙所部由绥远现地向北行动。11日上午10时半的第四号命令称：为实现肃清同蒲路沿线及汾河流域之敌伪军，并准备接受敌伪军投降与进入太原之任务，所有山西我军统归贺龙指挥，统一行动。应克服一切困难，击破前进路上一切敌伪之阻碍，如遇抗拒，应坚决消灭之。

根据中共中央指示和八路军总部命令，晋绥军区向山西、绥远境内的日伪军发出最后通牒，令其立即停止作战行动，限期全部投降。晋绥军区所属部队在南、北两线发动攻势，直指太原、归绥。

中共晋绥分局和晋绥军区为了便于领导南、北两线作战，成立了在贺龙、李井泉统一领导与指挥下的三个指挥部：南线指挥部，由张宗逊、罗贵波、解学恭负责指挥第三、第四、第七、第八分区；北线指挥部，由吕正操、高克林、许光达、孙志远负责指挥绥蒙军区及第二、第五、第十一分区；晋绥军区司令部指挥第一分区，并负责反攻作战的后方勤务及地方武装的建设等工作；第六分区部队机动使用。在黄河以西执行保卫陕甘宁边区任务的第一二〇师主力独立第一旅、第三五八旅，也先后向晋绥解放区反攻前线开进。

晋绥解放区的反攻大进军于8月11日从南、北两线同时开始行动，投入对日军的全面反攻作战。

八路军经过十天的反攻作战，迫使日军不得不放弃外围据点，而开始向城市集中。北线日军向大同一带集中，南线日军则向太原、汾阳、平遥等地集中，以逃避被歼之命运。

晋绥部队的反攻大进军，大大鼓舞了全边区人民的斗争热情和胜利信心，度过了八年艰苦岁月的边区群众无不欢喜若狂。反攻部队所到之处，群众积极拥军劳军。在“一切为了前线，一切为了反攻胜利”的口号下，参军参战运动掀起了高潮。

1945年8月21日，中共中央军委决定，晋绥军区由陕甘宁晋绥联防军划出，直属中共中央军委领导，任命陕甘宁晋绥联防军司令员贺龙兼任晋绥野战军司令员，统一指挥晋绥军区部队和晋绥野战军。

1945年8月22日，中共中央发出指示：在蒋介石垄断受降权利、日军拒绝向我投降的情况下，我军应改变作战方针，除个别地点仍可占领外，一般应以相当兵力威胁大城市要道，使敌伪向大城市要道集中，而以必要兵力着重夺取中、小城市及广大乡村，扩大并巩固解放区，发动群众斗争，注意组训部队，准备应付新局面，作持久打算。

八路军第一二〇师及晋绥军区部队坚决执行了中共中央8月22日的指示，在反攻作战中取得了新的更大的胜利。仅用半个月时间，各部队即在北迄绥南之凉城，南至晋中平川的300余公里的战线上收复左云、和林格尔、新堂、神池、文水、离石、静乐等县城七座及大小据点30余处，歼伪军5000余人。除绥南之托克托，雁北之朔县，晋北之宁武，晋中之汾阳、交城、清源等县仍为日伪军孤守外，已将日伪兵力压缩在平遥至大同之同蒲路及大同至归绥之平绥路一线上。

1945年9月2日，日本政府正式在无条件投降书上签字，抗日战争以中国人民的胜利而告结束。

八年全国抗战，晋绥根据地军民艰苦奋斗取得了巨大战果。第一二〇师和晋绥军区部队共作战10114次，毙伤日伪军100740人，俘虏日伪军18389人。晋绥根据地民兵配合主力或单独作战18718次，毙伤日伪军7733人。晋绥八路军指战员付出了重大牺牲，共牺牲13700余人，伤3万余人。

日本侵略者对晋绥根据地实行了疯狂的烧杀抢掠，仅在晋西北24县，共杀害民众达127428人，造成伤病残废82813人，被俘或失踪91656人，大件农具损失1375577件，抢劫粮食30575000石，牲畜损失1049940头（只），烧毁房屋1019890间。不少人家被杀绝，许多村庄被烧光。

八年间，晋绥人民把自己的十万余名子弟输送到八路军主力部队。抗日战争结束时，晋绥八路军主力部队已发展到6.9万余人。据不完全统计，从1940年到1945年，全边区人民共缴纳公粮1124230大石，晋绥人民在自身十分困难的条件下仍承担了沉重的公粮任务。晋绥根据地抗日民主政权建立后，中央财政的很大一部分要依靠晋绥来支援。支援中央财政的部分一般要占到晋绥边区财政总收入的50%—60%，甚至高达80%以上。在党政军民的共同努力下，晋绥抗日根据地屹立在黄河以东，屏障了陕甘宁边区，并保障了延安与敌后各抗日根据地的交通联络。

八年全国抗战的艰苦岁月，战争教育了人民，人民赢得了战争。晋绥抗日根据地的人民革命力量经受了严峻的考验和锻炼，得到了空前的发展壮大。晋绥边区军民在抗日战争中的实践，为夺取新民主主义革命的胜利奠定了坚实的基础。

（赵晋执笔）

★八路军第一二九师开赴晋东南

# 太行（晋冀豫）抗日民主根据地

太行抗日民主根据地位于山西、河北、河南三省交界处，依托天下之脊的太行山脉，由八路军和地方党委相配合，在艰苦的抗日战争中开辟创建起来，是华北抗战的战略要地。抗日战争时期，八路军前方总部，中共中央北方局驻扎在太行抗日根据地领导和指挥华北抗战，使这里成为华北抗战的中枢。八路军一二九师、一一五师三四四旅进入太行区后，以山西省的晋东南地区为立脚点和出发地，实施战略展开，东出冀鲁平原，南下豫北地区，开创了华北最大的敌后抗日根据地晋冀鲁豫边区。领导边区的中共太行分局、晋冀鲁豫边区政府驻扎在太行根据地，在这里坚持抗战，并在边区内建立起新民主主义社会的雏形，使之成为夺取抗战最后胜利的战略基地之一。

## 根据地的开辟和创建

太行抗日民主根据地是从1937年11月8日太原失守前后开始创建的。

早在1936年2月红军东征时，毛泽东就曾计划红军进入山西后，首先在晋西站住脚跟，然后以红军主力向东进入太行山中，创建太行根据地。由于红军占领晋西战略要地后决定回师陕北，撤出山西，因此在太行山中建立根据地的战略未来得及实施。

抗日战争全面爆发后，以国共合作为基础的抗日民族统一战线正式形成。在陕北的红军改编为国民革命军第八路军，整编为三大主力师，向山西抗日前线开进。1937年10月，中共中央、中央军委决定，三大主力师之一的一二九师在师长刘伯承、副师长徐向前和政训处主任张浩率领下，到正太路以南的晋东南地区，依托太行山脉，在敌人尚未到达的山西、河北、河南交界处，分兵发动群众，建立抗日武装，与刚刚成立的中共冀豫晋省委一起，恢复和发展共产党组织，开创创建晋冀豫抗日根据地。当时设想的晋冀豫抗日根据地北起正太路，南达黄河边，西至南同蒲路，东到平汉路。太原失守后，中央军委和八路军总部决定一一五师的三四四旅也留在太行山中，与一二九师一起担负创建根据地的任务。

1937年11月13日，刘伯承在太行山中的和顺县石拐镇主持召开一二九师干部会议，进行坚持华北抗战的动员，传达贯彻中央军委和八路军总部关于创建以太行、太岳山脉为依托的晋冀豫抗日根据地的指示，确定全师主力在太行山、太岳山中实施第一次战略展开，部署独立自主的山地游击战的各项工作任务。会后，师部于11月15日移驻太行山深处的辽县（今左权县）西头村，与中共冀豫晋省委一起开办游击训练班，抽调部队中的部分骨干组成工作团与步兵分队，迅速在晋东南地区的太行、太岳山中与当地共产党组织紧密结合，大刀阔斧地放手发动和组织群众，建立各种抗日组织和抗日自卫队，建立抗日政权，扩大部队，占领战略要地，把抗日游击战的种子广泛播撒在晋东南各地。与此同时，派出挺进支队越过平汉路到冀南地区发展，派出骑兵营到冀西地区开辟工作。

为了配合八路军在晋东南地区实施战略展开，创建抗日根据地的工作，八路军总部和北方局指示在山西牺牲救国同盟会（简称牺盟会）和山西青年抗敌决死队中的共产党员积极配合工作。当时，晋东南各县牺盟会的领导权大部分掌握在共产党员手中。在晋东南的决死队第一纵队政治委员薄一波、第三纵队政治委员戎伍胜两个共产党员都掌握着军队，使这两支部队实际上成为共产党领导的抗日部队，他们在创建根据地中发挥了重要的作用。

一二九师进入太行山区后，首先在正太路南侧的晋中地区接连取得了七亘村、黄崖底、广阳、户封等战斗的胜利，并在中共晋中特委、中共正太特委、中共正太铁委等地方党组织的配合下，组建起一二九师在太行山中的第一支游击支队秦（基伟）赖（际发）支队和多支地方游击队，打开了晋中的局面。进入山西的日军占领太原后，发现八路军已在晋中地区站住了脚跟，形成对太原和正太路的威胁，于是调集了5000余兵力，在12月22日分六路向正太路南侧的一二九师主力部队实行围攻。刘伯承指挥所部在内外线展开反围攻作战，仅用了五天时间，就歼敌700余人，粉碎了日军的六路围攻，打下了创建太行抗日根据地的第一块基石。

1938年1月18日，邓小平接替张浩出任一二九师政委，李雪峰接替李菁玉任中共冀豫晋省委书记。2月，一二九师和省委分别召开会议，总结太原失守以来的工作，进一步部署实施战略展开，建立发展共产党组织和抗日政权，开辟创建根据地和发展游击战争的工作。会后，创建根据地的工作全面展开。一二九师有计划、有步骤地将全师兵力的2/3分遣到晋冀豫广大区域，开展游击活动，协同地方党组织发动群众，组织抗日武装，建立抗日政权。省委在晋冀豫区内建立起晋中特委、冀晋特委、冀豫特委、晋东南特委、晋豫特委和省委驻沁县办事处，并在57个县建立起中共县委或县工委。3月中旬，在邓小平指导下，省委召开了建立太行山根据地会议，研究创建根据地的问题，并将会议研究的问题整理成《建立太行山根据地会议报告》，发到全区区以上党委，指导建立根据地的工作。与此同时，一二九师分遣到各地的工作团队和地方党委组建起多支游击支队和小股游击队、自卫队，组织起工人、农民、青年、妇女和儿童等抗日救国群众团体。牺盟会和新军也得到了发展。

在根据地创建过程中，一二九师、一一五师三四四旅相机集中了部分主力兵团，于1938年2月至3月先后在邯长大道等地组织发动了长生口、神头岭、柏木井、响堂铺等伏击战，歼敌2000余人，击毁敌汽车近200辆，缴获大批军用物资，沉重地打击了敌人，破坏了敌人的运输线，有力地钳制了敌人向晋南、晋西正面战场国民党军队的进攻，配合了正面战场在黄河西岸和南岸的防御。

晋冀豫抗日根据地的创建和抗日游击战争的迅猛发展，特别是八路军在邯长大道上连战连捷，使华北日军深感“该地的共军，扰乱我占领地区，其威势已不容轻视”，决定在晋东南发动一次大围攻，以驱逐与消灭八路军的主力。八路军总部获悉情报后，于3月24日至28日在沁县小东岭召开第二战区东路军将领会议，研究反围攻作战的问题。出席会议的有一二九师、一一五师三四四旅将领和决死一、三纵队将领、国民党在晋东南部队的将领。会议决定以八路军一部兵力在地方部队、游击队的配合下，会同国民党军队钳制进犯的各路敌军，集中八路军主力寻机歼灭敌人的主力，以粉碎围攻。会后，一二九师师部和中共冀豫晋省委在辽县西河头村召开联席会议，决定全区党军政民总动员，全力配合主力部队作战，以粉碎围攻，保卫初创的根据地。

4月4日，三万余日军分九路从东、西、北三面向晋东南地区发起围攻。10日前后日军进入根据地，遭到八路军、决死队、国民党军和各地游击队的打击。根据地内组织起多支运输队、担架队，协助军队作战和运送军需物资，在敌人到达的村镇普遍实行了空舍清野。各游击队、自卫队为军队传送情报、当向导，破坏敌军必经的道路，捕捉汉奸敌探。日军由于情报不灵，地形不熟，处处被动挨打。4月16日，刘伯承、邓小平指挥一二九师主力在武乡县浊漳河北岸的长乐村围歼日军一部主力，歼敌2200余人，毙战马500余匹，缴获大批军用物资。其他各地进犯日军遭到有力的抵抗和不断的袭击，到4月29日，日军被迫从晋东南根据地撤退。至此，日军对晋东南抗日根据地的九路围攻被彻底粉碎。在反围攻中，日军4000余人被歼，抗日军民收复了18座县城，从此奠定了以太行山为依托的晋冀豫抗日根据地的基础。

## 根据地的发展和巩固

1938年5月以后，日军为组织徐州会战，从华北抽调大批兵力到徐州战场，使华北兵力减少，留下部分兵力维护交通线，巩固点线，这为八路军在华北广泛发展游击战争，扩大和巩固抗日根据地提供了良好的时机。5月4

日，中共中央发出《关于粉碎敌人九路进攻后晋东南工作问题的指示》，提出“晋东南目前的中心工作，应是从事于抗日根据地的建设”。一二九师师部和中共冀豫晋省委根据中央指示，加速了根据地建设的步伐。

首先在根据地内建立了军区、军分区。敌后抗日根据地是抗日游击战争赖以执行自己的战略任务，达到保存和发展自己、消灭和驱逐敌人之目的战略基地。一二九师实施第一次战略展开时，刘伯承就开始考虑建立军区和军分区的工作，并制订了实施方案。因此，一二九师分遣部队到各地发展游击队，组建游击支队时，实际上就已开始了建立军分区的工作。分遣出的支队很快发展成有一两千人的基干支队，省委在这些基干支队活动的区域组建起特委和工委。4月下旬，经八路军总部批准，并报中央军委同意，在辽县正式建立了晋冀豫军区，对外称“一二九师后方司令部”，由师参谋长倪志亮兼司令员，黄镇任政委，下辖五个军分区。第一军分区在晋中地区，秦赖支队为分区基干支队，司令员秦基伟、政委赖际发；第二军分区在冀晋地区，八路军游击支队为分区基干支队，司令员桂干生、政委张贻祥；第三军分区在晋冀地区，先遣支队为分区基干支队，司令员张贤约、政委张南生；第四军分区在漳河流域地区，谢张大队为分区基干支队，司令员张国传、政委谢家庆；第五军分区在太南地区，赵涂支队为分区基干支队，司令员赵基梅、政委涂锡道。为加强对地方武装的领导，省委和各特委成立了军事部，军分区兼特委军事部的工作，各军分区活动范围就是各特委的工作范围。军区、军分区建立后，到1938年10月，晋冀豫区内的基干武装很快由原来的几千人发展到近三万人。与此同时，一二九师主力也由出征时的三个步兵团和教导团发展到13个团。

同时全面展开党的工作。反九路围攻后，由于刘伯承、邓小平率一二九师师部东出冀南平原，实施向平原发展的战略，中共冀豫晋省委根据北方局指示，南下到沁县，与在沁县的八路军总部和薄一波领导的山西第三行政主任公署靠拢。5月下旬，省委到达沁县，驻扎在南底水村。6月，省委召开工作会议，作出了《新形势下省委工作的新任务》的决定，提出“更高实现创造冀豫晋边为坚持巩固的根据地”的任务。会后，创办了省委机关报《中国人报》。8月19日，省委改名为“中国共产党晋冀豫区委员会”，简称中共晋冀豫区委，对各特委进行了调整，在第一军分区建立中共晋中特委，书记陶希晋；在第二军分区建立中共冀晋特委，书记彭涛；在第三军分区建立中共冀豫特委，书记张玺；在第四军分区建立中共晋豫特委，书记裴梦飞；在第五军分区建立中共太南特委，书记聂真。将原中共太岳工委改为中共太岳特委，书记安子文，领导决死一纵队活动区域内的党的工作。这一时期党的组织发展很快，从省委在2月召开党的活动分子会议时的千余人，发展到一万余人。与此同时，各群众团体也有了快速的发展，农会会员有六万多人，工会会员七千多人，自卫队员五万多人。

建立敌后抗日民主政权，是建立根据地的根本问题和重要标志。1938年4月5日中共中央向八路军总部和省委发出《关于建立晋冀豫边区抗日根据地问题的指示》，要求加强对政权建设工作的领导。当时晋冀豫区内各地的政权并不统一：在晋东南，政权属阎锡山的山西省政府第三、第五行政区领导。薄一波任第三行政区主任（专员）、戎伍胜任第五行政区主任（专员）。各县县长大多由共产党员和抗日进步人士担任；在冀西，政权属共产党领导的冀南行政公署冀西专署领导，各县的县长大多为共产党员。在豫北，八路军、共产党控制的县（如涉县、武安）由共产党员担任县长。从根据地创建时期起到1940年7月前，这种分散的政权格局变化不大，还没有统一起来。

1938年9月29日至11月6日，中共扩大的六届六中全会召开。会后，北方局移驻晋东南，和八路军总部驻扎在一起，领导华北党的工作。北方局由杨尚昆任书记，直接领导中共晋冀豫区党委的工作。12月3日至25日，在北方局的指导下，召开了中共晋冀豫区党委扩大会议，杨尚昆到会传达了六中全会精神提出了“保卫与建立模范的抗日根据地”的任务。这时，晋冀豫抗日根据地已发展到70余县，东西宽约300公里、南北长三四百公里，幅员10余万平方公里。这里是天然的、便于建立根据地的地区，全区内东障太行、西峙太岳，山脉连绵，在战略上十分有利于发展抗日游击战争。八路军总部、北方局驻扎在这里，使晋冀豫区成为指挥华北抗战的战略中枢，为巩固发展根据地提供了极为有利的条件。

1938年10月武汉、广州失陷后，中国的抗日战争进入战略相持阶段。

日本侵略军确定把华北的八路军作为打击重点，增兵华北，并决定先控制平原，后进攻山地，从11月开始，发动以冀南平原为重点的进攻。为保卫和巩固冀南抗日根据地，刘伯承、邓小平率一二九师主力从太行到冀南。乘着日军进攻平原之际，中共晋冀豫区党委根据六届六中全会精神，召开扩大会议，提出了目前的任务：加紧紧急动员工作，在准备与迎接战争的情况下，加速全区民运组织的统一领导，增加大批民运干部，充实与改善政权工作及战时经济、教育、文化等的建设工作，放手发动群众，组织人民抗日武装，推动根据地各项工作的全面发展。会后，于1939年元旦在沁县召开了“晋冀豫各界拥护蒋委员长抗战到底”大会，声讨汪精卫卖国罪行，提出全区军政民亲密团结，统一行动，迎接敌人的新进攻。同时成立了全区统一的工救、农救、青救和各界救国联合会，统一了全区对群众抗日救亡运动的领导。元旦，北方局机关报《新华日报》华北版创刊，并发表了北方局驻中共晋冀豫区党委代表朱瑞的文章《论建立晋冀豫抗日根据地》，提出：“创造巩固发展与扩大本区为持久的抗日根据地，是本区1200万军民至高至上至为迫切的当前任务。”

正当晋冀豫抗日根据地军民巩固发展根据地时，日军在对平原进行大“扫荡”后，回师太行山，于7月初集中了五万余重兵对晋冀豫抗日根据地发动了大“扫荡”，即第二次九路围攻。这时，刘伯承、邓小平已率一二九师主力回到太行山区，与区党委、军区一起，组织军民开展了反围攻作战。反围攻作战从7月3日开始到8月下旬结束，一二九师和晋冀豫军民进行大小战斗70余次，歼敌2000余人，收复了四座县城，粉碎了敌人以重兵聚歼八路军主力的企图。在这次围攻中，日军以重兵占据了白晋路和邯长路，将晋冀豫区分割为太北、太南、太岳区。为加强对各区的领导，北方局、八路军总部决定在太北区成立太北军政委员会，书记邓小平；在太南区成立太南军政委员会，书记黄克诚；在太岳区成立晋东南（太岳）军政委员会，书记薄一波。为了总结抗战以来共产党领导晋冀豫区军民开展抗日斗争和创建根据地的工作，选举出席党的七大的代表，中共晋冀豫区党委于9月10日至28日在武乡县东堡村召开了晋冀豫区第一次党员代表大会。此时，全区已有30150名党员。大会选出了出席七大的代表和新的区党委，李雪峰当选为区党委书记。大会通过了《告全区同胞、各抗日部队、各抗日党派及全区党员同志书》，提出全区的新任务是巩固抗日根据地，粉碎敌人围攻，准备反攻力量。

1939年，晋冀豫军民在巩固发展根据地，开展对敌斗争中，被迫开展了反对国民党反共顽固派的反顽斗争。1月国民党五届五中全会确定了“溶共、防共、限共、反共”的方针后，晋冀豫区内的国民党反共顽固派由过去对抗日军民偷偷摸摸的政治军事进攻，变为明目张胆地制造军事磨擦，公然向根据地的抗日武装、抗日民主政权和抗日群众团体发动军事进攻，向共产党、八路军“收复失地”。为了团结抗日，朱德、彭德怀、刘伯承、邓小平等多次与国民党在晋冀豫区内的将领会见，劝其不要倒行逆施，团结抗日。反共顽固派把共产党、八路军一再忍让看作软弱可欺，终于在1939年12月掀起了第一次反共高潮，首先在山西向八路军、新军发动进攻，并在河北向八路军、抗日政府发动进攻，惨杀共产党人、抗日军民，摧毁抗日政府和抗日群众团体。在忍无可忍之下，根据中共中央有理、有利、有节的反顽斗争方针，一二九师和晋冀豫军民于1940年1月在晋东南发动了反顽斗争，制止了阎锡山旧军和国民党军对新军的进攻，保卫了太岳、太南根据地。紧接着又在平汉路东发动了卫东战役，在平汉路西发动了磁武涉林战役，有力地打击了顽军石友三部和朱怀冰部。为争取反共顽固派继续抗日，根据中共中央指示，朱德与国民党第一战区司令长官卫立煌于3月会谈，双方达成休战和共同抗日协议，以临（汾）屯（留）公路和长治、平顺、磁县一线为界，该线以南为国民党军驻防区，以北为八路军驻防区，八路军主动退出太南地区。此后，山西新军脱离了阎锡山的领导，归入八路军编制，薄一波领导的决死一纵队驻扎在太岳区，戎伍胜领导的决死三纵队驻扎在太行区。随着形势的变化，中共晋冀豫区党委一分为四，在太南建立了中共太南区党委，书记张玺；在太岳建立了中共太岳区党委，书记安子文；在晋豫建立了中共晋豫区党委，书记聂真。3月，太南、晋豫两区合并为晋豫区后，两个区党委合并为中共晋豫区党委，书记聂真。中共晋冀豫区党委领导太北地区的共产党组织。

1940年4月，北方局在黎城召开高级干部会议（即黎城会议），决定将太北军政委员会改名为太行军政委员会（同时撤销了太南、晋东南军政委员会），统一领导太行、太岳、冀南三个区的工作，由邓小平任书记。会上提出了巩固根据地的建党、建军、建政三大建设任务。建党工作以开展整党为中心，经过组织整顿，增强了党的战斗力。建军工作以政治整军为中心，加强了军队政治工作，对一二九师进行了整编，新编了六个旅，成立了太行、太岳军区。太行军区由师部兼。建政工作以统一政权为中心，于8月1日成立了太行、太岳、冀南行政联合办事处（简称冀太联办），由杨秀峰任主任，薄一波、戎伍胜任副主任，下辖太行、太岳、冀南三个行政区、15个专区、115个县。太行区为冀太联办直辖区，分五个专区，辖36个县。

黎城会议后，太行军区针对日军实行的分割、封锁根据地的“囚笼政策”，于5月发起以破击白晋路为主的白晋战役。从5月5日起到7日，仅两天多时间，就将敌控制的100多华里的白晋铁路彻底破坏。战后，八路军总部总结了白晋破击战的经验，提出在华北发动一次规模更大的交通破击战。经中央军委同意，从8月20日起，八路军总部指挥八路军各部发起百团大战。百团大战第一期的主战场在正太路。太行军民在刘伯承、邓小平的指挥下，到9月10日，将蜿蜒数百里的敌“钢铁封锁线”正太路彻底破毁，使其全线瘫痪一个月之久。太行区部队在第一期作战中毙伤日伪军2258名，破毁铁路117.5公里、公路275.5公里。在第二期的攻坚战中，太行军民又毙伤日伪军2564名，破坏铁路77.5公里、公路169公里，毁碉堡20余座。从10月起，敌人对太行区发动了报复“扫荡”。太行军民在两个月的反“扫荡”作战中，与日伪军展开了惨烈的战斗。面对敌人在根据地的大烧、大杀、大抢的“毁灭扫荡”，军民团结一致，保卫了根据地，歼灭了2685名日伪军。在“扫荡”中，太行区的人力、物力受到严重损失，仅黎城县就有三万余人被杀被捕，1/3的房屋被烧毁，被抢走300多万斤粮食。在整个百团大战中，太行民兵参战人数近六万人，参战538次，对百团大战的胜利做出了巨大贡献。

## 根据地在严重困难中坚持

1941年，日本侵略军开始在华北实施“治安强化运动”的方针，集中兵力进攻共产党领导的八路军、抗日根据地，实行惨无人道的“三光政策”，根据地开始进入困难时期。从1941年3月到1942年秋，日军对根据地实行了五次“治安强化运动”，发动了连续的“扫荡”，在根据地周围大量修筑公路网、碉堡群、封锁沟墙。在太行区，1941年时敌人的据点有263个，到1942年猛增到410个，根据地面积比1940年减少了22800平方公里，最困难的太行二专区根据地缩小到纵横仅25公里。1941—1942年，日伪军在太行区杀害、捕捉抗日民众达35万多人。国民党反共顽固派乘势在根据地制造事端，国民党政府又停止了对八路军的供给，并实行经济封锁。从1942年起太行区遭遇到百年不遇的严重自然灾害。人祸天灾，太行区处在严重困难时期。

面对根据地日渐困难的局面，太行军政委员会书记邓小平于1941年4月28日发表了《反对麻木，打开太行区的严重局面》，号召全区军民“用一切努力来克服目前的严重局面”。邓小平提出，当前最中心的是组织武装斗争，展开全面的对敌斗争，团结一切可能团结的人共同对敌，同人民建立血肉不分的联系，在党的正确政策之下，以坚强的意志，奋勇的精神，不疲倦的工作，克服当前的严重局面。邓小平、刘伯承亲自领导了太行区的对敌斗争，建立起由主力部队（一二九师部队）、地方部队（军区和军分区、县区游击队）和人民武装（民兵和自卫队）三结合的抗日武装体系，组成若干游击集团，贯彻“敌进我进”对敌斗争方针，以人民战争坚持抗战，保卫和发展抗日根据地。经过一年的发展，太行区的民兵发展到56500多人，配合八路军主力作战881次，歼敌1670余名，解放民夫2800余人，摧毁“维持会”112个，破坏敌铁路12公里、公路894公里、封锁沟221公里，击毁火车八列、汽车三辆，使民兵成长发展为具有相当战斗力的人民武装。

为了更好地开展根据地建设，邓小平在1941年3月代表北方局向冀太联办提出了成立晋冀豫边区临时参议会、正式成立边区政府的建议。为此，邓小平于5月发表了《党与抗日民主政权》，阐述了共产党关于建设民主政权的主张，论述了“三三制”政权的实质是团结一切抗日力量，实施民主政治，说明共产党对政权的指导和监督作用。此后，各地开展了民主选举边区参议员的工作。7月7日，各地民主选举出的133名参议员齐集辽县桐峪镇，参加晋冀鲁豫边区临时参议会第一次会议。会上选举产生了边区参议会正副参议长、边区政府正副主席和边区高等法院院长。八路军参议员申伯纯当选为议长，国民党员参议员宋维周、邢肇棠当选为副议长；杨秀峰当选为主席，薄一波、戎伍胜当选为副主席；蒲化人当选为高等法院院长。晋冀鲁豫边区划分为四个行政区，21个专区。太行区为边区政府直辖区，分为六个专区，共有39个县，面积35583平方公里。边区政府成立后，加强了对农村政权建设的领导，普遍进行了村选，建立起“三三制”的村政权。从1942年起，在根据地农村开展了大规模的减租减息运动，使广大农民在经济上得到了实惠。“三三制”政策从政治上调整了各阶级的关系，减租减息政策从经济上调整了各阶级的关系，从而巩固和扩大了抗日民族统一战线，为根据地战胜严重困难，坚持持久抗战提供了保证。

1942年、1943年，太行区的自然灾害和敌人残酷的“扫荡”使根据地出现了前所未有的困难。1941年太行区秋冬季雨雪稀少，使许多地区的冬小麦未能及时下种。1942年春季又发生了干旱，秋季旱灾继续蔓延，一直到1943年8月全区才下了透雨。1942年全区粮食大幅度减产，粮食供应发生困难，灾民达到36万。1943年旱灾加上蝗虫灾害，部分地区秋季又发生洪涝灾害，疾病在许多村庄发展为大面积人群的传染病。1943年，太行区秋收仅三成，灾民占到全区人口的50%，军需民食濒临枯竭，加上敌人频繁不断的“扫荡”，生产力受到严重破坏，人口减少，军民生活极度恶化。

面对如此严重的困难，太行军民在共产党、抗日政府的领导下，开展了群众性的抗灾救灾运动。1942年灾荒出现后，边区政府于8月成立了太行救灾委员会，提出了“不饿死一个人”的口号，采取了减免灾区负担、开展对敌经济斗争、安置灾民组织移垦，以工代赈、开展社会救济等有效措施，缓解了灾情带来的困难。全区部队、机关、学校一边开荒种地，一边精兵简政，尽力减轻人民负担。同时开展了节约运动。1942年度，太行区节约1261700多斤小米，用于救济灾民。1943年，太行区进一步开展了生产度荒运动，将救灾和生产结合起来，提出以生产为中心，克服灾荒、战胜灾荒、渡过难关的口号。部队、机关、学校开展了大生产运动，并进一步实行精兵简政。为支援生产度荒运动，边区政府在太行区发放了1900万元贷款，组织了6000万元赈灾款，减免了六万石公粮。在精兵简政中，太行区党政民各级干部减少了11000人，军区合并减少了118个伙食单位，使太行人民负担的抗日部队和地方党政民工作人员控制到4.5万人以内。其中仅在太行区的晋冀鲁豫边区政府机关就由548人减少到100人。1942年9月7日毛泽东为《解放日报》写的社论《一个极其重要的政策》中表扬了太行区的精兵简政工作；1944年9月25日《解放日报》发表了《太行剿蝗经验》，介绍了太行区与灾害做斗争的经验。

1941年开始，敌人对太行区的“扫荡”越来越频繁，规模越来越大。面对敌人连续不断的进攻，根据地军民针锋相对，展开了艰苦顽强的对敌军事斗争，大力加强了地方武装力量，健全、强化了游击集团，在1月至6月的反“扫荡”战斗中，太行军民多次打退了日伪军对晋中、冀西地区的“扫荡”。7月，冈村宁次接任日军华北派遣军总司令后，确定了对八路军总部、一二九师师部所在的太行区发动重点进攻的方针，并亲自指挥了向总部和师部所在的武乡、黎城、涉县一带围攻的秋季“扫荡”。敌人采用“捕捉奇袭”“反转电击”的战术，企图捕捉首脑机关，摧毁军工设施。从10月31日到11月20日的“扫荡”中，敌人出动了7000余人，进入到涉县赤岸师部驻地、黎城西井总部驻地和黎城黄崖洞总部军工厂所在地。早已做好迎敌准备的根据地军民以游击战、麻雀战、地雷战与敌展开战斗，歼敌1384名后粉碎了敌人的秋季“扫荡”。

1942年春季开始，敌人仍以寻找、捕捉八路军总部，一二九师师部首脑机关为重点，连续向太行区发动了更大规模的“扫荡”。春季“扫荡”中敌人使用兵力达1.2万人。从2月3日开始到3月3日的一个月中，敌人以“辗转清剿”“铁壁合围”的战术，向八路军总部驻地辽县麻田发动了进攻。在伤亡2000余人后，敌人未能达到目的，被迫停止了“扫荡”。之后，敌人改换战术，先以大批特务混入根据地侦察破坏，并派出化装成八路军的“挺身队”益子中队和六川中队奔袭八路军的首脑机关，尔后集中2.5万余兵力向太行腹地预定目标合击，采取“集中兵力辗转扫荡”的办法，企图聚歼八路军主力，摧毁总部和师部机关。5月19日，敌人开始出动，到24日夜间形成了对八路军总部机关所在地辽县、偏城地区的南艾铺、十字岭、姚门口、青塔等地的合围圈。这时，刘伯承、邓小平率一二九师师部及师主力部队跳出合围圈向南转移；彭德怀、左权、罗瑞卿率领的八路军总部、北方局机关及部分掩护部队被围在南艾铺、十字岭一线。25日拂晓，一万多敌人在六架飞机掩护下发起攻击。八路军掩护部队据险抗击，机关人员在彭德怀、左权、罗瑞卿指挥下分西、北、南三面突围。激战终日，到黄昏时彭德怀、罗瑞卿率总部直属队和北方局机关冲出合围圈，左权在十字岭指挥后勤人员突围时不幸被炮弹击中，光荣牺牲。5月反“扫荡”结束后，北方局、八路军野战政治部作出《关于追悼左权同志的决定》，7月7日召开了追悼大会，9月18日晋冀鲁豫边区政府决定将辽县改为左权县，以永久纪念这位为国捐躯的八路军将领。

在华北各敌后抗日根据地处于空前困难的时期，为加强党对根据地和对敌斗争的领导，中共中央于1942年9月1日发出《关于统一抗日根据地党的领导及调整各组织间关系的决定》，同时决定成立中共中央北方局太行分局（简称太行分局），邓小平任书记，李大章任副书记，统一领导太行、太岳、冀南、晋豫（中条）四个区党委。太行分局成立后，邓小平于1943年1月25日至2月20日在涉县温村主持召开高级干部会议（通称温村会议），总结抗战以来的工作，制定新形势下根据地工作的方针，提出战胜困难，争取抗战胜利的具体任务和完成任务的措施。会议确定太行根据地今后的任务是：加强党的一元化领导，深入开展整风运动。在根据地内巩固抗日民族统一战线，加强各阶层的团结，认真地彻底地实行减租减息、合理负担等法令，改善人民生活，以进一步发挥人民的抗日积极性。在深入发动群众的基础上，加强抗日武装建设，开展普遍的群众性游击战争，坚决打击敌人的“扫荡”，根本制止敌人的“蚕食”进攻，巩固和扩大抗日根据地；加强根据地经济建设，发展生产，战胜灾荒，保证军需民食，打下自给自足的基础；加强在敌占区广大人民和伪军伪组织中的工作，坚持“敌进我进”的方针，发展游击战争，建立小型的、隐蔽的游击根据地，积蓄力量，准备反攻。

1943年春，日本侵略军在太行区南部以军事进攻和政治拉拢的手段，向驻扎在该地的国民党军孙殿英部、庞炳勋部发起进攻。为支援国民党军作战，中共晋冀豫区党委和太行军区组成“豫北指挥部”协助国民党军作战。但是，孙殿英率领的国民党新五军和庞炳勋率领的国民党第二十四集团军却在敌人的进攻和利诱下，公开投敌，联合日伪军进攻八路军，更增加了太行区的困难。5月，日伪军1.5万余人向太行区北部根据地腹心区发动毁灭性的大“扫荡”。八路军总部和一二九师师部在得到情报后，立即在根据地内进行了大动员，组织起各级游击集团，普遍建立起情报网，动员民众进行空室清野，提出“村自为战、人自为战”的口号，决心以群众性的游击战争粉碎敌人的“扫荡”。5月5日，敌人开始发动进攻，8日形成对八路军总部驻地左权县麻田和一二九师师部驻地涉县赤岸、王堡地区的合围圈。这时，总部机关已西移到太岳区，师部机关西进到黎城下黄堂一带，均跳出合围圈。敌人一进入根据地，就遭到各游击集团以麻雀战、地雷战为主的袭扰打击，使敌人处处被动挨打，东撞西窜，无法组织预定的战斗。经过17天的反“扫荡”作战，到5月22日，太行军民在歼敌2500余人后取得了胜利。在此次“扫荡”中，敌人烧杀抢劫极为残暴，仅在涉县索堡一村就有260人被杀，黎城县被杀、被抓群众多达700余人，仅在城关的水井内就打捞出173具尸体。广大民众在残暴的敌人面前没有屈服，全区没有一村“维持”敌人。

太行区北部反“扫荡”结束后，八路军总部决定组织太行、冀南两个军区的部队和冀中警备旅一起，发动以歼灭平汉路西太行南部投敌当了伪军的庞炳勋、孙殿英主力为目标的林南战役。战役从8月18日开始，到26日结束，歼日伪军7000余人，解放人口40余万，开辟了太南、豫北广大新区。9月，在这一地区新建立了太行第七、第八专区及第七、第八军分区，中共第七、第八地委，使这里成为太行抗日根据地的一部分。到1944年3月，这两个新区根据地的面积已达到3.3万平方公里，人口近100万。太南、豫北新区的开辟及根据地5月反“扫荡”的重大胜利，标志着太行抗日根据地已经度过了困难时期，走上了新的发展时期。

## 根据地的再发展和夺取抗战胜利

1943年10月6日，根据中共中央、中央军委的决定，太行分局和北方局合并，撤销太行分局；一二九师与八路军总部合并，保留一二九师番号；邓小平任北方局代理书记，主持北方局、八路军前方总部、一二九师师部的工作。这时，彭德怀、刘伯承已奉命回延安参加整风运动，邓小平成为华北地区的主要领导，全面主持党政军工作。同时一二九师与太行军区分开，李达任司令员，王树声任副司令员，李雪峰任政委，黄镇任副政委；中共晋冀豫区党委改名为中共太行区党委，书记李雪峰，组织部长赖若愚、宣传部长张磐石。《新华日报》华北版改为《新华日报》太行版，成立了新华通讯社太行分社。太行区这时分为八个专区、八个军分区和八个地委：一专区专员杨维，军分区司令员秦基伟、政委郭峰，地委书记郭峰；二专区专员杜者蘅，军分区司令员曾绍山、政委赖际发，地委书记赖际发；三专区专员武光汤，军分区司令员鲁端林、政委彭涛、地委书记彭涛；四专区专员张维翰，军分区司令员石志本、政委于一川，地委书记于一川；五专区专员顾卓新，军分区司令员韦杰、政委徐子荣，地委书记徐子荣；六专区专员杜润生，军分区司令员宗凤洲、政委谢富治，地委书记谢富治；七专区专员艾秀峰，军分区司令员皮定均、政委高扬，地委书记高扬；八专区专员杜毓云，军分区司令员黄新友、政委江明，地委书记江明。这时太行区仍为边区政府直辖区，全区共有46个县。

1944年春，世界反法西斯战争的形势发生了急剧的变化，欧洲战场上已进入战略反攻阶段，苏联军队节节胜利，英美军队在诺曼底登陆开辟了第二战场。日本侵略军在太平洋战场上处于颓势，在印度、缅甸战场上受到中英军队的强势攻击，在中国战场上被迫抽调华北、华中兵力到平汉、粤汉铁路沿线，妄图打通“大陆交通线”以挽救被动局面。在这种形势下，太行区周围的日军驻军减少，新调防的部队战斗力下降，伪军伪组织内人心浮动。太行抗日根据地在1943年的斗争中得到了巩固和发展，军民斗志高昂，各项建设又进入了新的发展时期。国内外形势的变化，更加鼓舞了太行军民抗日的热情和开展根据地建设的信心。从1944年春节后起，太行军民相配合，变被动应付敌人的“扫荡”为主动发动攻势作战，开始了局部反攻。

1944年2月前半月，太行一分区首先发动进攻，收复了28个敌据点，摧毁敌人的第三道封锁线，首战告捷。2月下旬和3月下旬，三分区部队发起两次攻势作战，相继逼退了蟠（龙）武（乡）和榆（社）武（乡）两线上的敌人，收复了榆社城和被围困八个月之久的蟠龙镇。七分区部队在2月下旬收复了临淇、四寨、十八盘等据点，逼近辉县城。4月初，太行军区组织五、七两分区部队发起对林县的攻击，4月11日解放了林县城。夏季，太行军民发动保卫麦收的攻势作战，拔除了一批敌据点，摧毁了敌人在平汉路西的封锁线。秋季，太行军民打退了日伪军发动的“十九秋太行肃正村伐作战”，并派出豫西抗日游击支队南下开辟豫西根据地，到年底在豫西建立了十多个县的抗日民主政权。在1944年一年中，太行军民进行大小战斗4048次，攻克据点105个，收复国土170933平方里，解放民众55.7万多人。

在攻势作战紧张进行中，太行根据地内的各项建设事业也蓬勃地展开。温村会议后，在太行分局的直接领导下，太行区根据中共中央北方局的指示，深入开展了整风运动和进行了审干工作。1942年全党开始整风后，太行区各级党组织从4月起，进行了整风学习并联系实际进行了学风、党风、文风“三风”的初步检查。由于这一年中敌人频繁的“扫荡”和繁重的抗灾救灾工作，未能使整风运动深入下去。1943年春，根据太行分局的统一安排，太行区党政军群各级党员负责人轮流到各级党校参加整风，重点从干部的思想实际和历史实际出发，对照文件精神，实事求是地解决个人的思想问题。太行分局撤销后，中共太行区党委继续领导整风运动，采取“机关整风学校化，学校整风机关化”的方法，区党委党校开办县级干部整风班，各地委党校开办区级干部整风班，各县委举办村支部书记和区委干部整风班，部队干部除参加区党委党校学习班外，多数参加太行军区司令部、政治部的整风学习班。区党委党校整风班从1943年11月到1946年3月，先后办了三期，此外还分别办了报社、文联、干部学校、联中、工会、边区政府、工商局、交通局等整风班。经过前后历时三年的整风学习，提高了党员和干部的马列主义觉悟，对主观主义、宗派主义、党八股的危害有了深刻的认识，马列主义普遍真理与中国革命具体实践相结合的毛泽东思想深入人心，对党的政治路线和军事路线有了较深刻的认识，阶级观点、群众观点更为增强，党政军民之间、党内和军内的关系大大改善，全区工作生气勃勃，面貌一新。在整风的基础上，太行区各级党委普遍进行了审干工作，两者有区别又有联系。经过审干，对干部有了全面的了解，为使用和培养干部创造了更好的条件。

根据地走出困难阶段后，太行区从1943年秋到1944年掀起了以农业生产为中心的大生产运动。1943年7月2日，邓小平发表了《太行区的经济建设》一文，总结了抗战以来太行抗日根据地进行经济建设的经验和教训，明确提出发展生产是经济建设的基础，发展农业和手工业，特别是粮食生产，是生产的重心。9月，边区政府和一二九师师部联合召开生产会议，部署边区军民的大生产运动。此后，根据地内更大规模的军民大生产运动蓬蓬勃勃地展开。到1944年底，太行区部队和群众开荒33万亩，增加细粮2400万石。全区在生产中推广先进经验和科学方法，大力发展水利，组织互助组，使1944年夏秋两季获得大丰收，粮食产量达到12.3亿石，是全国抗战以来最大的丰收年。互助组发展到2.3万个，有21.9万个劳力参加到互助组中，占全区总劳力的20%，缓解了由于战争带来的农村劳动力普遍不足造成的困难。太行区部队、机关的大生产运动在1944年又取得了好成绩。特别是八路军前方总部滕代远参谋长、杨立三副参谋长于1944年4月1日颁布了《总部伙食单位生产节约方案》（简称“滕杨方案”），提倡劳动，奖励劳动；提倡节约，奖励节约；提倡通过劳动私人积蓄后，进一步推动了部队、机关的生产积极性。1944年，太行区党政民机关种地10332亩，生产细粮21万斤，蔬菜150万斤，每人平均自给两个月的粮食，蔬菜全年自给。太行区许多部队生产不仅达到基本自给，而且使许多人有了积蓄。据统计，到1944年底，太行区的八路军中有9411人有个人积蓄，总数达

1673480元。由于部队和个人有了积蓄，不仅解决了部队的困难，而且有不少人能对家庭有所帮助，更加巩固了部队。与此同时，太行区的军工生产有了大的发展，全区建起六座大型武器制造厂和一座化学厂、一座钢厂、一座子弹厂、一个实验所和制药厂。

在整风运动和大生产运动的推动下，太行区的减租减息运动在1944年更加深入地展开。1942年大规模的减租减息后，太行区农村的基本群众比较充分地发动起来，推动了根据地各项工作的展开。1943年根据地在对敌斗争、生产度荒和整风运动中，减租减息未能继续深入。1944年根据地从困难中恢复后，中共太行区党委进一步研究了全区减租减息的状况，于11月17日发出《关于贯彻减租运动的指示》，强调充分运用整风运动的经验，在减租减息运动中要注意从思想上发动群众，启发群众的阶级觉悟，引导群众自己解放自己。12月，区党委总结了平顺县路家口村启发农民自觉地起来减租减息的经验，向全区推广。路家口经验的核心是先打通村干部的思想，再依靠干部打通群众的思想，通过算账、回忆、对比，使农民明白不是农民靠地主，而是地主靠剥削农民发财，只有彻底减租减息，农民才能日子好过。各地推广路家口经验后，广大农民从算账、回忆、对比中提高了阶级觉悟，自觉地投入到减租减息运动中。经过1944年冬到1945年春的减租减息运动，太行抗日根据地新老解放区的农村社会阶级关系发生了重大变化，封建土地制度受到削弱。据1945年5月统计，减租减息前后，太行区地主占有土地由23.4%降为3.64%；富农占有土地变化不大；中农占有土地由37.02%增到60.85%；许多贫雇农上升为中农，中农户数增加了17.4%。整个根据地中，中农化的趋势极为明显，表明了土地大部分转到自耕农手中。全区的地租普遍降低了1/3到1/2。

经过七年半的对敌斗争和根据地建设，太行根据地的社会性质已经从半殖民地半封建社会，进步演变到新民主主义社会。为了检阅全面抗战以来对敌斗争和根据地建设的成就，鼓舞全区军民最后夺取抗战胜利，中共太行区党委、太行军区于1944年11月21日至12月7日，在黎城县南委泉村召开了太行区第一届杀敌英雄大会和太行区第一届劳动英雄大会，同时举办了战绩展览和生产展览。这两个会议和两个展览习惯上通称太行区第一届群英会。出席群英会的代表有300多名，经过大会评选，选出一等和二等杀敌英雄31名、劳动英雄39名。其中有名扬太行的杀敌英雄李仕亮、王凤才、靳小瑞、马振歧、董富培、胡胜才、范治平、赵亨德、暴文升、何绍堂、李德合、王志栋、任毛小、宁文小、宋二夫、刘玉珍、李旦孩、徐顺孩、张小保、陈炳昌、关二如、朱银马等；有为根据地建设做出突出贡献的劳动英雄李马保、郝二蛮（女）、张喜贵、郭凡子（女）、李顺达、庞如林、王典、郎凤标、郭恒的（女）、孟祥英（女）、甄荣典、柴栋梁、曹三禄、郭瑾、李青山等。会上，邓小平、李雪峰、李达、戎伍胜等到会并作了报告。邓小平在会上指出：英雄要把大会精神带回去好好宣传贯彻。要向英雄学习，发扬英雄主义，学习好的，帮助差的；学习民主精神，眼睛向下，帮助群众解决困难；学会从群众中来到群众中去的领导方法。大会结束时，通过了《太行区第一届杀敌英雄大会宣言》《太行区第一届劳动英雄大会宣言》。1945年4月，中共太行区党委又召开了太行区模范文教工作者会议（通过太行区第一届文教群英会），并举办了太行区文教展览，总结了全国抗战以来文教工作的经验，强调文教工作要结合实际运动，学校服务战争、生产，冬学要坚持走群众路线，报纸要大力发展通讯工作，卫生要贯彻“救命第一”的方针，保证人财两旺。大会号召文教工作者要加强基本修养，培养、树立革命观念和群众观念，勇敢大胆地反对旧思想，争当文教战线上的先锋。

抗战后期，太行根据地进一步实施民主政治。1944年冬，根据晋冀鲁豫边区临时参议会的部署，太行区开展了普选县参议员和边区参议员。当时，正值评选出席太行区第一届群英会的代表，各地把民主选举英雄模范和民主选举、参议员同时进行。对于每一个英雄模范、每一个参议员候选人，都进行了广泛深入地讨论。参议员选举充分体现贯彻“三三制”原则，候选人详细介绍本人情况，提出竞选纲领，采取差额选举办法，使选民能选出真正代表民众利益的人。经过选举，民众公认的优秀领导人和开明士绅、英雄模范当选为县和边区的参议员。第一届边区参议会分区召开。1945年3月2日，146名边区参议员（其中53名为共产党员）代表450万居民在涉县温村参加晋冀鲁豫边区第一届参议会太行会议。敌占区的60多名士绅组成参观团列席。大会听取了边区临参会议长申伯纯的临参会工作报告、边区政府副主席戎伍胜的边区政府工作报告、中共太行区党委书记李雪峰的政治报告和太行军区司令员李达的军事报告。会议选举申伯纯、刑肇棠为边区参议会正副议长，杨秀峰和薄一波、戎伍胜为边区政府正副主席。

1945年初，世界反法西斯战争已处在最后胜利的前夜。同盟军在欧洲战场上已逼近德国本土；日本侵略军在太平洋战场连续受到重创，在中国战场上消耗了大量兵力，特别在共产党领导的解放区战场上受到局部反攻的打击，其占领区日益缩小。1944年12月15日，毛泽东发表了《一九四五年的任务》，提出“扩大解放区，缩小沦陷区”的任务要求。太行军民从1945年1月开始，向日伪军及其占领的点线连续发起局部反攻。反攻首先从太行南部道清线开始。1月下旬，太行军区集中七、八分区主力和冀鲁豫区党委党校警备团发起连续两个月的攻击，歼敌2500余人，收复2000余平方公里国土，解放了75万人，建立起四个抗日民主县政府。与此同时，三分区部队2月20日攻入襄垣城；三分区部队3月5日拔除了和顺马坊据点；三、五分区部队向安阳以西敌据点发起攻击，攻克六个据点；二、三分区主力部队和八路军总部警卫团向祁县、太谷、平遥之敌发起进攻，攻克十多个据点，袭入祁县城；4月7日，七分区部队收复陵川城；二分区部队和八路军总部警卫团于4月26日、28日攻占左权、和顺两个县城；一、二分区部队在6月初发起元（氏）获（鹿）战役，解放了元氏、获鹿、赞皇的大部地区。

正当太行军民在局部反攻中节节取得胜利时，党的七大胜利召开的消息传到太行，极大地鼓舞了军民的斗志。七大刚刚结束，太行部队就发动了以安阳战役为主的全区夏季攻势。这是太行军民抗战中发动的最大规模的进攻战。在太行军区司令员李达、政委李雪峰的统一指挥下，集中了十个团的主力部队，在三万多民兵的配合下和广大民众的支援下，从6月30日开始，到7月7日向安阳之敌发起强大攻势，歼敌6200余人，解放2000多平方公里，解放人口40万。战后，李达在接受《新华日报》太行版记者访问时指出：

“这样大规模有组织的配合出击，在太行区还是头一次，锻炼了我们的实行一元化领导的能力，锻炼了地方工作与军事工作的配合，后勤工作与前方作战的协同动作，这使我军从游击战、麻雀战的阶段，开始进入野战阶段。”

1945年8月，中国人民迎来了对日本侵略军的大反攻。8月8日，苏联政府对日宣战。同一天，毛泽东代表中共中央发表《对日寇的最后一战》的声明，要求人民军队向一切不愿投降的侵略者及其走狗实行广泛的进攻。10日至11日，朱德总司令发布受降和配合苏军作战等七道命令，向日伪军的全面反攻迅速展开。根据上述命令，李达、李雪峰于8月11日发布第一号命令，命令太行军区全体指战员、民兵、自卫队员“迅速全力出动，向当面敌伪发出最后通牒，限期使敌军交出全部武装，使伪军伪组织投诚反正，否则坚决消灭之。我民兵及自卫队尤应紧急动员，积极参加此最后胜利的行动，保卫与扩大解放区，收复沦陷区。”

大反攻开始后，中共中央于8月20日决定撤销北方局，成立中共晋冀鲁豫中央局，邓小平任书记、薄一波任副书记，领导太行、太岳、冀南、冀鲁豫四个区党委；撤销一二九师成立晋冀鲁豫军区，刘伯承任司令员、邓小平任政委，李达任参谋长。秦基伟任太行军区司令员。太行区的野战部队编为第三纵队，司令员陈锡联、政委彭涛。8月25日，在延安的刘伯承、邓小平、薄一波、陈赓、陈锡联等回到太行区，指挥晋冀鲁豫全区部队发起大反攻。

8月11日，太行区的八路军主力和十多万民兵向日伪军发起大反攻。与此同时，全区掀起空前规模的参加胜利军的运动，仅半个月时间就有三万多青年参军奔赴大反攻前线。太行区的大反攻作战一直延续到9月20日。在大反攻中，太行军民解放县城19座，击毙日军105名、伪军355名，俘日军47名、伪军735名，缴获大批武器弹药。太行民众在大反攻中表现出极大的热情，做出了巨大的贡献。全区随军参战者达455124人次，支前民工出工9102480个，每个劳动力平均出工十天以上。

抗日战争是中国历史上抵御外国侵略军时间最长、斗争最残酷的一次民族解放战争。在长达八年之久的战争中，太行区军民前仆后继，艰苦奋斗，付出了重大牺牲，做出了伟大贡献。全国抗战之初，八路军一二九师

9000余人进入太行山中，与当地共产党组织相配合担负起开辟、创建太行根据地的重任，到抗战胜利后，一二九师主力部队发展到30万人，其中主要来自太行根据地及相邻的太岳、冀南、冀鲁豫各根据地。一二九师主力部队从1937年10月到1944年10月对日伪军作战19977次，毙伤日伪军120241人，俘日军248人、伪军46778名。在一二九师主力部队的带领、帮助下，太行民兵、自卫队在抗战中作战33716次，毙伤俘日伪军11409名。

在残酷的战争中，太行军民付出了巨大牺牲：一二九师有13503人牺牲，32345人受伤，2459人中毒；太行民兵、自卫队有3842人牺牲，4836人负伤；太行民众有170043人被日伪军打死打伤，其中有1434名区级以上干部为国捐躯。日伪军在太行区烧毁2262688间房屋，抢劫粮食12056100石、衣物30275140件、牲畜279774头。

英雄的太行军民，经过八年抗战，经受了严峻的考验和锻炼，得到了空前的发展和壮大，为抗战胜利后保卫抗战胜利果实，解放全区和支援全国的人民解放战争，为夺取新民主主义革命在全国的胜利，奠定了坚实的基础。

（田酉如执笔）

★太岳抗日民主根据地召开群英大会

# 太岳抗日民主根据地

太岳抗日民主根据地是中国共产党从全民族抗日战争开始，依托纵贯山西中南部的太岳山脉建立的一个战略立脚点，属于晋冀鲁豫边区的一部分。它于1937年10月创建，1949年8月结束，经历了抗日战争和解放战争两个历史时期。抗日战争时期一般地称为太岳根据地；解放战争时期一般地称为太岳解放区。

## 开创太岳抗日民主根据地

太岳抗日民主根据地初创时，全国的抗日战争刚刚爆发三个多月，日本帝国主义正在猖狂进攻，国民党正面战场还在节节败退。日本侵略者凭借其强大的军事和经济实力，妄图迅速灭亡中国。根据中日双方的主要特点，中共中央和毛泽东提出了独立自主地开展山地游击战的原则，在制定八路军华北战略部署时，多次提出要八路军展开于太岳山脉，建立抗日根据地。

太岳山脉东连太行山，西望吕梁山，南接中条、王屋山，山峦起伏，沟壑纵横，森林茂密，物产丰富，具有优越的自然条件和重要的战略地位。在这里建立抗日根据地，一可以开展真正的独立自主的山地游击战，作为坚持山西以至于华北抗战的一个战略支点；二可以和展开于太行山、吕梁山的八路军部队相互策应，保持在战略上的主动地位；三可以随时出击同蒲路和白晋路，牵制日军进攻太原和继续南下。但是，日军的进攻，分割了山西原有行政区划，以原有的行政区域统一进行抗日动员已经不可能。于是，中国共产党通过地方党组织，领导太岳山区人民，在国民党军队放弃的、日军未曾占领的广大农村和山地，建立小块根据地，以积蓄消灭日本侵略者的力量。太岳根据地就是在这种形势下开辟出来的。

1937年10月底，由中共山西公开工委组建和领导的山西新军决死第一总队，开赴太岳山脉北部的沁县、沁源地区，在八路军总部的指挥下和第一二九师的支持下，有八路军工作团参加，和中共山西省委领导的地方党组织紧密配合，分兵发动群众，进行战争动员，打击贪官污吏，实行合理负担，建立群众武装，创建抗日根据地，很快在同蒲路以东、白晋路以西、临屯公路以北的岳北地区打开了局面，初步奠定了太岳抗日民主根据地的基础。到1940年初，辖县13个，拥有1.05万平方公里的土地和80余万人口。

与此同时，中共山西工委建立的长治特委和中共河南工委建立的豫北特委在晋豫边地区，中共山西工委建立的河东特委、曲沃特委在中条山地区，依靠八路军第一一五师第三四四旅、晋豫边游击支队和山西新军决死第三纵队的坚决支持和密切配合，分别开辟了太岳山脉南端的晋豫边区和中条山地区；中共山西工委建立的洪赵特委依靠八路军第一一五师和山西新军决死第二纵队的坚决支持和密切配合，开辟了太岳山脉西部同蒲路沿线灵石、霍县、赵城、洪洞、临汾等县汾河以东地区。从此，在太岳山的北部、南部和西部，开辟了多块根据地。

1939年底至1940年初，国民党发动第一次反共高潮后，根据中共中央的指示和朱德与卫立煌谈判划界驻防的协议，八路军和山西新军主动撤出了太岳山脉南部的晋豫边地区和中条山地区，这两个地区由国民党中央军驻防。1941年中条山战役后，国民党军大溃退，上述地区为日伪军所占领。太岳军区组织南进支队，于1941年秋和1942年春，先后重新开辟了岳南地区和晋豫地区，进行了晋豫边抗日根据地的建设工作。1942年底至1943年初，晋豫区和太岳区合并，使太岳抗日根据地向南大大扩展。

太岳根据地是一片一片、一块一块地由北向南逐步开辟和发展起来的。在敌强我弱、敌占大城市和交通要道、我占山区和农村的形势下，一片一片、一块一块地开辟根据地，积蓄抗日力量，逐步改变了敌我力量优劣对比的形势，建立了一个争取胜利的立脚点和出发地。

太岳根据地的创建和发展，是在中共中央抗日民族统一战线策略方针的指引下，充分发挥山西特殊形式统一战线的作用和运用合法地位进行斗争的结果。

全民族抗日战争爆发前，中共中央北方局执行中共中央关于建立抗日民族统一战线的策略方针，派遣薄一波等共产党人到山西，以抗日活动家的身份协助山西地方实力派阎锡山进行抗战准备，与阎锡山建立了特殊形式的统一战线关系，接办了牺牲救国同盟会，把它改组为在共产党领导下的抗日群众团体。全民族抗日战争爆发后，中共山西公开工委又组建了山西新军决死队。

牺盟会和决死队，是山西特殊形式统一战线的产物，这种特殊形式的统一战线，从领导抗日团体牺盟会、抗日武装决死队，逐步发展到建立部分抗日政权，取得各种合法地位；而中共山西工委领导的地方党组织，也在其掩护下，秘密发展党员，建立党的组织，开展党的工作，为建立根据地而工作。太岳根据地在开辟的过程中，就是充分利用了这种合法形式。

1937年八九月间，八路军开赴山西后，原计划在太岳山脉建立一块根据地，后来根据朱德总司令的指示，由山西新军决死第一纵队开进了这个地区。

10月，当薄一波率领决死第一总队开赴五台地区开辟抗日根据地时，在盂县遇到了八路军总司令朱德。朱德向薄一波指出：晋东北已有第一一五师，建议决死第一总队取得阎锡山的同意，开赴晋东南，占据那个战略要地。根据朱德总司令的指示，薄一波一面命令部队向晋东南上党地区转移，一面经请示北方局同意，到第二战区前线指挥所驻地——代县太和岭口面见阎锡山，向阎锡山提出上党地区是军事重地，要求率领决死队到那里去建立一个“抗战的立脚点”。当时阎锡山正处在忻口会战的危急之中，便同意薄一波率领决死第一总队去晋东南，并任命薄一波为山西第三行政区政治主任（后改称第三专署专员）。这样，决死第一总队便开赴沁县、武乡地区，到那里不久扩展成为决死第一纵队。从此，第三专署和决死第一纵队在太岳山域开始了合法地开辟抗日根据地的斗争。

1937年11月，八路军总部和第一二九师在和顺县石拐镇召开创建根据地会议，决定在白晋路以东的太行山区，主要由第一二九师开辟，在白晋路以西的太岳山区，主要由决死第一纵队开辟。所以，在1940年八路军第三八六旅开赴太岳地区之前，开辟太岳根据地的任务主要是决死第一纵队和第三专署执行的，在当地党组织的支持下和牺盟会的配合下，运用阎锡山某些利于抗日的措施、进步的口号和惯用的术语，宣传中共中央关于抗日的主张和路线、方针、政策，灵活机动地推行中共中央制定的抗日救国十大纲领。公布减租减息、合理负担法令和优待抗战军人家属条例，合法地改造沁县、沁源、武乡、辽县、黎城等县旧的县政权和大部分旧的区、村政权，广泛发动群众，组织了各县的工、农、青、妇等抗日救国团体和人民武装自卫队，掀起了抗战动员的高潮，很快打开了太岳地区抗日斗争的局面。

1937年底至1938年初，在各地党组织的领导下，由牺盟会和各种抗日救国团体具体发动，太岳地区以抗战动员为中心的群众运动逐渐开展，准备粉碎日军的进攻。当时进行的工作主要有以下几项：（一）整顿和集中自卫队，组织战时工作队，加强战备；（二）拆城破路，给日军侵犯设置障碍；（三）实行抗日戒严，建立情报联防；（四）屯集救国公粮，保证部队的粮食供应；（五）慰劳前方战士，掀起参军热潮。

从1938年2月开始，日军向山西腹地疯狂进犯，到3月上旬，先后占领了长治、晋城、临汾、运城以及晋豫陕三省要冲风陵渡。4月4日，日军以第一〇八师团为主，纠集三万余人，分九路对晋东南进行围攻。八路军总部特务团和第一二九师等部、决死第一纵队、第三纵队，并有部分国民党军参加，开展了反围攻作战。经过半个月的作战，歼灭日军4000余人，收复县城19座。在反围攻作战中，决死第一纵队各部共作战11次，收复沁源、安泽、沁县、长治等县城，并在长子、高平交界地区配合八路军第三四四旅截击从长治向高平撤退之敌，日军损失惨重。1939年7月，日军又纠集五万余人，分别从同蒲、平汉、正太、道清各线出动，分九路向晋东南地区实施“一号作战”，进行大规模“扫荡”。在八路军总部的指挥下，第一二九师、第一一五师第三四四旅、晋豫边游击支队和决死第一、第三纵队及地方武装与民兵，参加反“扫荡”作战。

在第二次反九路围攻作战之前，决死第一纵队和太岳地区党政领导机关进行了充分准备，采取“避敌锐锋、转出外线、疲惫敌人、而后出击”的作战方针，并在群众中进行了动员和布置。沁县、屯留、长子等县的游击小组，广泛开展游击活动，仅在沁源就出击67次，配合了主力部队作战。

1939年1月，国民党召开五届五中全会，制定“溶共”“防共”“限共”“反共”的反动方针。与此相呼应，阎锡山于1939年4月在陕西秋林召开晋绥军政民高级干部会议，转向反共、反八路、反牺盟、反新军。面对这种形势，太岳根据地军民广泛开展了反投降、反分裂、反倒退的斗争。1939年5月晋东南各界联合救国会发起开展了“除奸月”活动，揭穿日军利用汉奸进行政治宣传的政治阴谋，加紧抗日戒严工作。沁县、沁源、安泽、屯留各县连续召开党内、党外各种会议，对反击顽固派的斗争作了周密部署，开展了驱逐敌工团、突击队、精建会的斗争。

1940年1月，阎锡山在晋东南制造了晋沁阳事变，国民党军向太岳、晋豫地区发动进攻，同时向晋西北、晋西南新军也发动了进攻，酿成了腥风血雨的“十二月事变”。八路军、决死队针锋相对，坚决反击。此时，陈赓奉命率第一二九师第三八六旅主力进入太岳区，与决死第一纵队会合，按照党的统一战线政策，对国民党军进行了争取工作，并打击了制造磨擦的国民党第二十七军，制止了其向临屯公路以北的推进。接着在榆次、榆社歼灭了阎锡山向太岳区进攻的暂编第二旅和新编第二师，保卫了太岳根据地。后来，根据中共中央关于对顽固派的斗争采取和平的解决办法的指示，朱总司令与卫立煌派代表经过谈判，达成了划界驻防的协议，维持了与国民党和阎锡山的统一战线关系。

## 根据地全面建设，日臻完善

1939年7月粉碎日军大“扫荡”和1939年底至1940年初粉碎阎锡山发

动的"十二月事变"之后，太岳地区的形势发生了根本变化。日军打通白晋路，八路军与国民党军以临屯公路为界划区驻防，使太岳地区形成了一个相对独立的战略区，把原来属于山西不同行政区的一些县统一了起来，实现了共产党的直接领导。从此，太岳区建立了独立的党政军领导机构，颁布了自己的法令、条例，建立行政会议制度，全面执行共产党的政策，有效地加强了根据地的建设工作。

1940年4月11日至25日，冀南、太行、太岳三区高级干部会议在黎城县召开，北方局书记杨尚昆作了政治报告，刘伯承作了军事报告，邓小平作了经济政策的重要讲话，薄一波作了建政问题结论。会议确定了根据地建党、建政、建军的三大建设任务。

为了贯彻执行黎城会议的精神，中共太岳区党委于5月间在沁源召开各县县委书记和县长联席会议，会议确定建设太岳抗日民主根据地的方针是：（一）统一全区党政民的领导，统一军事指挥，统一建设计划，统一财政收入和粮食供给；（二）制定正规的财政经济政策，建立健全政治制度，实施正规的国民教育；（三）确定政权的组织成分，发展抗日民族统一战线的民主政治，团结一切抗日民众；（四）开展对日伪军事、政治、经济、交通等战线的全面斗争。会议要求把太岳区建设成为一个完整的、统一的、全面地、秩序井然的、蓬勃发展的抗日民主根据地。从此，太岳根据地开始了全面建设的新阶段。

在党的建设方面：1940年1月，根据北方局的指示，建立了中共太岳区党委，由安子文任书记，王一新任组织部长，顾大川任宣传部长。下设三个地委：第一地委书记任志远（后高扬文、刘植岩），第二地委书记史健，第三地委书记王旭。

根据中共中央《关于巩固党的决定》和黎城会议的要求，各地首先开展了党组织的整顿工作。在党组织大发展期间，太岳地区曾经吸收了大批优秀分子入党，壮大了党的力量。但也存在着追求数量、忽视质量的问题。为了纯洁和巩固党的组织，整顿的重点是党的基层干部，把对党员和基层干部的审查和教育结合起来，并且始终把思想教育放在第一位，对党员进行党性、党的观念、党的政策、党的原则和党的纪律的教育。在进行思想教育的同时，认真分析和考察党支部的组织现状及每个党员的历史、出身、成份和政治表现，特别是在对敌斗争和反顽斗争中的表现，然后根据党中央制定的政策，对不符合党员条件和有问题的党员分别进行处理。对于党的基层组织，着重整顿领导核心，使基层组织的领导权掌握在真正忠实可靠的、经过考验的干部手中，把党支部建设成能够真正领导群众进行革命斗争的核心。经过整顿，党员的数量虽然有所减少，但质量提高了，组织纯洁了，党的战斗力大大增强。同时，区党委加强了群众组织工作，在区党委设立了工人工作委员会、农民工作委员会、青年工作委员会、妇女工作委员会，并在晋东南各种救国会路西办事处的基础上，建立了太岳区工救总会、农救总会、青救总会、妇救总会和文救总会，从而加强了党对群众工作的领导。

在政权建设方面：1940年1月，为了适应斗争形势的需要，山西第三行政区专署在沁源县孔家坡建立了白晋路西办事处，作为太岳地区统一的政权组织机构，由裴丽生任主任，下设民政、财政、实业、武装、教育、司法科，共辖15个县，拥有1.05万平方公里的土地、70余万人口。

5月23日至29日，路西办事处召开首届县长会议，讨论了根据地建设的各种问题。第三专署专员薄一波在讲话中指出，敌后抗日民主政权，必须保障各抗日阶层人民的利益，坚持抗日民族统一战线，必须执行统一的政策以建立抗日民主新秩序。裴丽生作了政权建设报告，确定了抗日民主政权的施政方针和纲领，提出了民主政权的几项具体工作，如实行保障人权条例、保证各阶层人民生命财产安全、整理财政、推行累进税制、开展民主村选运动、确立建设方针及村政组织等。接着，路西办事处陆续召开财粮会议、教育会议，并组织群众屯集公粮，开展抗旱下种运动，实施合理负担政策，建立文化、交通网，这一切都体现了新政权的民主性质和作用。

为了加强基层政权建设，根据太岳区面临的形势和所处的政治环境，路西办事处进行了缩区划村，健全了机构，充实了干部，提拔县区干部130余人，调整干部40余人，改选村长180余人，使干部的成分发生了很大变化。这些为村政建设创造了有利条件。

1940年8月，根据黎城会议决定，河北的冀南行政主任公署与山西的第三、第五专署，共同组建了冀南太行太岳行政联合办事处（简称“冀太联办”），主任杨秀峰，副主任薄一波、戎伍胜。

在军事建设方面：中共太岳区党委建立后，根据黎城会议的精神，于1940年在两个方面进行了军事建设：一方面是对八路军和决死第一纵队等正规部队进行了整编；另一方面是建立了太岳军区，加强了地方武装建设。

从1940年4月开始，第三八六旅根据中央军委关于战略方针的指示，利用战斗间隙，进行以阶级教育为中心、以干部为重点的政治整军；同时总结交流政治工作经验，加强了连队政治工作和党支部建设，普遍训练了党支部书记和新党员。在此基础上，对部队进了整编：第三八六旅由陈赓任旅长，王新亭任政委，周希汉任参谋长，下辖第七七二、第十六、第十七、第十八团；同时，决死第一纵队也进行了整编，由薄一波任司令员兼政委，牛佩琮任副司令员，颜天明任参谋长，王鹤峰任政治主任，下辖第二十五、第三十八、第四十二、第五十七、第五十九团；第二一二旅属八路军总部直接指挥。

1940年6月7日，太岳军区建立，由第三八六旅兼，军区司令员由陈赓兼任，政委由王新亭兼任，参谋长由周希汉兼任，政治部主任苏精诚，属第一二九师指挥。下辖三个军分区，第一军分区由第三八六旅组建，第二、第三军分区由决死第一纵队组建。各县成立游击大队，区成立游击中队。全太岳区建立地方武装三个基干营，13个县大队，共计2800余人。同时，建立了人民武装组织系统，军区成立了人民武装委员会，军分区设武装科，县设立总队，区设立大队，村设中队，统一领导地方武装，发展民兵组织。

另外，太岳军区还直接指挥着由第三八六旅组建的白晋游击队和由决死第一纵队组建的同蒲游击第一、第二支队。军事建设的加强，大大增强了保卫根据地的武装力量。

在加强党的建设、政权建设和军事建设的同时，太岳根据地加强了经济、文化、教育建设。1940年3月，第三专署召开了太岳区生产会议，对财政、贸易、金融、生产等问题，进行了具体讨论和部署，开展了以农业为主的生产建设，并加强了对学校教育、社会教育、干部教育和文化、新闻工作的领导，使这些战线都出现了崭新的面貌。

总之，各项建设的全面开展，使太岳抗日民主根据地日益巩固和壮大。

## 不失时机，向外发展

1941年、1942年，是中国人民抗日战争最艰难的岁月。日军对华北敌后各抗日根据地，以空前残酷的“铁壁合围”“捕捉奇袭”“纵横扫荡”“拉网扫荡”“梳篦式清剿”等战术，反复进行“扫荡”，实行灭绝人性的杀光、烧光、抢光的“三光”政策，妄图摧残抗日根据地军民的生存条件。同时，国民党顽固派也加紧反共活动，不断制造武装磨擦，为投降妥协作准备。日、顽对抗日根据地的夹击，加上八路军主力部队在百团大战中受到一定损失，以及严重自然灾害的袭击，使抗日根据地处于极端困难的境地。

在此期间，太岳抗日根据地同样出现了严重退缩和困难的局面。1940年冬至1942年，日军对太岳抗日根据地进行了四次毁灭性大“扫荡”。1940年冬，在太岳区党政军首脑机关驻扎的沁源县，日军在一次“扫荡”中，就杀害群众2600余人，烧毁房屋11.2万余间、粮食十万余石，各种牲畜、家畜、财物几乎被洗劫一空。1941年上半年，太岳山东部的漳源县，大多数地区成了游击区，在沁县境内白晋线30公里以内的地区都建立了维持会；西部同蒲沿线的平遥、介休、灵石、霍县在敌人的连续“清剿”下，各县政府的后方机关退到了绵上县；西南部赵城、洪洞、岳阳三县由于敌人不断出扰，许多地方成了游击区。太岳根据地的腹心区只剩下三四个不完整的县，边沿区许多县只剩下几个村，整个根据地处于敌进我退的严重危机时期。

在中共中央和北方局的领导下，太岳抗日根据地军民以八路军第一二九师第三八六旅为支柱，投入了扭转困难局面的斗争，不但顽强地坚持与巩固岳北地区（即原有的太岳抗日根据地），而且以岳北为依托，艰苦卓绝地开辟了岳南和中条山地区。

1941年5月，日军发动中条山战役后，岳南和中条山区的主要城镇和交通要道，都被日伪军所占领，在那里呈现出极为复杂的政治局面，主要表现在日军据点林立，伪军伪组织蜂起；各种政权丛生，有的县出现了几种政权并存的局面；散兵游勇自推首领，自立旗帜，利用会道门建立各种武装，"司令如毛"，各据一方；土豪劣绅横行霸道，为非作歹，继续鱼肉乡里，欺压群众。因此，社会秩序极度混乱，苛捐杂税十分繁重，广大乡村民不聊生，挣扎在兵荒马乱、水深火热之中。

为了收复失地，解放岳南和中条山区人民，把这一带建成巩固的抗日根据地，第一二九师经中共中央北方局同意，于1941年6月发出乘机开辟岳南和中条山局面的指示，决定划白晋、博爱线以西、黄河以北及汾河以南三角地带整个区域，归太岳军区管辖，并决定决死第一纵队、第三八六旅及太岳区各地方武装为太岳军区建制的部队，由陈赓任太岳军区司令员，薄一波任政治委员。指示陈赓先率一个团开进岳南，和已派出的决死第一纵队第五十九团，分散于临屯公路以南广大地区，以薄一波、戎伍胜名义布告安民，部署建立抗日民主政权的准备工作和救济难民的工作，并指示太岳区党委组织强大的工作团，随军南下，建立党的组织、群众组织、游击武装和抗日政权。

根据第一二九师的指示，决死第一纵队第五十九团、第三八六旅第十六团及第二一二旅、汾东支队等部于1941年6月6日开赴岳南地区；同日，中共太岳区党委和第三专署组建的沁东、沁西两个工作委员会，分别由时逸之、史健率领，也随同南进部队沿沁河两岸分道南下，中共晋豫区党委也派干部参加了开辟岳南的工作。

在开辟岳南的过程中，首先遇到了国民党顽固派的捣乱。太岳军区部队坚持自卫的原则，对阎锡山第六十一军、第四十三军进行了有理、有利、有节的斗争，停止了他们的进犯；并与国民党第九十八军达成了在临屯公路以南、曲高公路以北，以沁河为界东西划区驻防的协议。9月间，粉碎了敌人两万余人的"铁壁包围"大"扫荡"。

岳南地区重新开辟以后，建立了以韩柏（焦善民）任书记的中共岳南地委和以时逸之任主任的第三专署岳南办事处，不久，正式建立了岳南军分区，由钟美科任司令员，韩柏任政委。

由于国民党军队在日军庇护下，不断进犯太岳部队在岳南的阵地，因此在整个岳南地区抗日民主政权的工作完全是政治性的武装宣传，各县政权控制的地方，有的只有一个区、半个区，有的仅是几个村，有的甚至工作达不到，军队来政权来，军队走政权走。共产党的政策尚未贯彻执行，群众工作尚未充分开展，群众的疾苦尚未得到解除。在这种情况下，奸细、特务、土匪横行，日伪政权继续扩大，国民党军队的进犯得寸进尺，形势仍然十分严峻。

在开辟岳南的过程中，由第三八六旅之第十七团、第十八团和决一旅（1941年8月由决死第一纵队改称）第五十七团组成的开辟中条地区的太岳南进支队，在司令员周希汉、政委聂真的率领下，也进入岳南地区。

1942年9月至10月初，太岳军区部队和太岳南进支队，进行了粉碎日军“铁壁合围”大“扫荡”的作战，在横宽不到30公里的岳南新区和群众尚未充分发动、政权尚在草创时期的极端困难的条件下，进行大小战斗十余次，毙伤日、伪军500余人，极大地鼓舞了岳南新区人民对敌斗争的信心。

10月20日，中共岳南地委召开县委书记、县长和游击大队负责人会议，研究了武装建设、政权建设、经济建设、党的建设和群众工作、统战工作、敌占区工作。岳南专办根据上级指示，连续颁布了《保障人权暂行条例》《保障客籍民权利暂行条例》和《减租减息实施办法》，使岳南地区的工作向前迈进了一大步。

1942年3月，阎锡山部队对岳南地区屡屡进犯。太岳部队在一再忍让之后，根据第一二九师指示，于4月15日发起浮翼自卫反击作战。正在岳南地区视察的中共中央北方局委员、太行军政党委员会书记、第一二九师政委邓小平，和陈赓、薄一波指挥十个团的兵力，向阎军进行了反击。经一天战斗，俘阎军665人，毙伤392人，制止了阎部的进犯，阎部被迫要求停战议和，到7月，阎部撤退到汾河以西。这一战斗对扭转岳南的局势起了重大作用。此后，社会秩序混乱的岳南地区，逐渐建立和恢复了浮山、青城（新设县）、临汾、襄陵、曲沃等县的民主政权，并先后建立了县、区游击队，社会秩序开始走向稳定。

为了抓住时机巩固新开辟的岳南根据地，邓小平、薄一波参加了岳南地委于4月26日在冀氏县（新设县）石槽村召开的党政军干部会议，邓小平作了重要指示，要求利用阎锡山部队西撤的有利时机，抓好两件事：一是组织几支精干的小部队，配备一定数量的党政干部，到新开辟的地区开展工作；二是坚决消灭日、伪操纵的红枪会反动武装。根据邓小平的指示和石槽会议的决定，岳南地委一面组织了两个行动委员会，到塔儿山以西和临襄地区开展工作，完成了太岳区党委提出的“控制塔儿山、开辟同蒲线敌占区工作”的任务；另一方面在沁河以东地区集中力量瓦解了红枪会组织，消灭了其反动武装。

经过这一系列斗争，在岳南建起了九个抗日县政府、30个抗日区政府，能掌握的群众达到8.6万人。同时，地方武装得到了发展，大部分县能够单独支持本地的斗争。在此基础上，群众开始发动起来了，借粮、减租减息和反贪污等各种群众斗争逐步开展，各种救国会开始建立，武委会和民兵组织也开始发展，公安、敌工和贸易、税务等部门的机构陆续建立，整个岳南的形势发生了转变。从而为太岳南进支队开辟中条山地区，创造了非常有利的条件。

中条山地区位于曲（沃）高（平）公路以南、晋（城）沁（阳）公路以西，翼城、绛县以东，东西长200公里，南北宽90公里，拥有人口132万，面积1.8万平方公里。全民族抗日战争开始后，中共晋豫区党委曾开辟了这个地区。1940年划界后，这个地区为国民党军队的驻防区，1941年中条山战役后又为日伪军所占领。

1941年6月初，第一二九师发出重新开辟岳南和中条山局面的指示后，晋豫区党委于6月22日提出将晋豫区创造为抗日根据地的方针，决定稳扎稳打，灵活地、隐蔽地步步走上创造根据地的道路。7月间，彭德怀向晋豫区党委书记聂真指出：南下开辟中条山的时机已经成熟。8月7日，中共中央北方局进一步发出开辟晋豫边区工作的指示，明确指出开辟晋豫地区的任务在于创造根据地，并组成了太岳南进支队。1942年1月，第一二九师决定由王新亭接替周希汉担任太岳南进支队司令员，并令其与聂真率部继续南下，执行重新开辟中条山地区的任务。

1942年1月30日，太岳南进支队与晋豫区党委机关干部共2600余人，在沁水县东西峪召开动员大会，随即分三个梯队由东西峪地区出发南进。三四月间，南进支队连续进行了一系列战斗，击退了日军的四次奔袭。4月初，在济源县邵源镇建立了豫晋边区人民抗日联防区（简称“豫晋联防区”），由刘忠任司令员，聂真兼任政委，下辖三个团。4月15日，又在阳城县横河镇建立了豫晋边区人民抗日联合办事处（简称“豫晋联办”），并召开成立大会，选举了七人组成的行政委员会，由郭清文任办事处主任。同时，晋豫区党委在新开辟的地区建立了两个地委，此外还领导三个秘密地委，豫晋联防区建立了两个军分区。从而使重新开辟的晋豫抗日根据地初具规模。日军为了摧毁这块新开辟的根据地，于1942年5月下旬出动4000余人，向晋豫区腹地上下川合击。此时，邓小平正在王新亭的陪同下，视察中条山地区。邓小平随同晋豫区党委机关突出日军的包围，先后转移到阳城的析城山和吉德镇。邓小平听取了晋豫区党委书记聂真的汇报，对中条区的工作作了指示，并参加了区党委召开的地、县委书记会议。然后和聂真率领区党委机关干部，与“扫荡”的日军在这一带周旋。

在激烈的反“扫荡”斗争中，中共晋豫区党委于5月下旬，在阳城县上河村召开县、营以上干部参加的中条区高干会议，研究进一步开辟晋豫区的大政方针。邓小平在会上分析了中条区的形势，发表了将晋豫区建设成为巩固的抗日根据地的讲话，指出：“今天中条根据地的性质是游击性很大，如维持会之存在，我们的政权还不稳固。”在中条广大地区，南进支队掌握的仅有阳城、沁水南部及翼城、绛县、曲沃、晋城、济源一小部分，共有20万人口，而基本区只有五万人口。因此，邓小平指出：“我们要采取切实的办法，力争中条山成为巩固的抗日根据地。”邓小平根据变游击区为巩固的抗日根据地的一般规律，从晋豫区的实际情况出发，明确指出：第一，“基本的环节是要从各方面大量的发展组织，积蓄力量。”“但是，武装力量是决定的因素。”第二，发展武装力量要运用各种组织形式，组织多种多样的游击队、保安队。发展武装，愈多愈好。第三，有武装就必须有政权，才能养活军队，以政权的组织形式才便利进行各种工作。在晋豫区，“应首先建立政权，愈快愈好。”第四，发展力量包括统一战线的扩大。最后，邓小平强调指出：“发展力量决定于正确的政策及一套正确的方法。”根据邓小平的指示，中共晋豫区党委、豫晋联办和豫晋联防区，用极大的力量扎扎实实地进行根据地建设，在发动群众、建立政权、掌握武装等方面，进行了艰苦的工作，使根据地逐渐由游击性阶段走向巩固发展阶段。据统计，截至1942年6月底，全区军民对日、伪、顽、匪作战56次，粉碎了日军的“五月扫荡”，在军事上取得了一连串的胜利，控制范围由原五万人口的地区扩展到20余万人口的地区。到7月底，先后建立了阳城、冀城、沁水、绛县、晋城、垣曲、济源七个县政府、17个区政府、97个村公所。到9月，游击队发展到20个，拥有队员1270人（其中有基干游击队七个，820人）；县大队八个，320人；区中队五个，130人，在阳城、济源地区，开始组织民兵和自卫团，并先后争取贺恩民、杨洪年、马统三、张宏德、酒同伦等部编为抗日游击队（张、酒二部后又叛变投靠日顽）。从而控制了山西南部、黄河北岸东西150余公里、南北50余公里的这一战略要地。

1942年10月，中共中央决定晋豫区与太岳区合并，建立新的中共太岳区党委，由薄一波任书记，聂真任副书记。合并工作到1943年3月完成。从而使太岳抗日根据地跨过了临屯、曲高两条公路，由岳北向岳南、向中条，一直伸展到了黄河岸边。

在抗日战争极端困难的时期，大部分根据地出现了退缩的局面，而太岳抗日根据地军民却以彻底的、不妥协的大无畏精神，同仇敌忾，顽强奋战，不但坚持了原有的阵地，而且大力向外发展，扩大了自己的阵地，挫败了日本毁灭根据地的阴谋，这种情况在华北各根据地是独一无二的。

## 军民协力，渡过难关

在抗日战争极端困难的1941年和1942年，为了渡过难关，坚持抗战，太岳抗日根据地军民坚定地贯彻执行中共中央制定的“十大政策”，团结一致，同仇敌忾，进行了顽强的、艰苦卓绝的斗争。在腹心区开展对敌军事斗争、政治斗争、经济斗争，粉碎了敌人的连续“扫荡”，并在反“扫荡”空隙大力发展民主政治，扩大统一战线，建立“三三制”政权，实行“精兵简政”，深入开展减租减息运动，加强经济建设，努力巩固根据地；在边沿地区和被敌人分割的格子网内，坚持游击战争，反“蚕食”、反“维持”，不断打击敌人，终于渡过了难关。

（一）全面开展对敌斗争

在军事斗争方面，主要是进行反“扫荡”作战和反“蚕食”斗争。

1941年初，太岳区召开县长会议，决定把武装建设、开展对敌斗争作为全区工作的中心任务。武装建设主要是从三个方面进行的：一是加强正规部队建设，二是加强军区和地方武装建设，三是加强民兵和自卫队建设。1941年1月，八路军总部决定第三八六旅为机动兵团，决死第一纵队接替第三八六旅兼太岳军区，由薄一波任司令员兼政委，同时充实了各军分区的组织机构，加强了基干武装。8月，遵照八路军总部命令，以第三八六旅、决死第一纵队（后改为决一旅）和第二一二旅组成太岳纵队，由陈赓任司令员，薄一波任政委，王新亭任政治部主任，毕占云任参谋长；太岳纵队机关兼太岳军区，下辖第三八六旅、决一旅、第二一二旅共12个团，和地方武装22个游击大队，并发展民兵二万余人。凭借这些武装力量，在根据地群众的大力支持下，1941年10月粉碎了日军三万余人对岳北的“铁壁合围”大“扫荡”，毙伤日伪军近千人。1942年2月粉碎了日军对岳北、岳南的“春季扫荡”，毙伤日伪军890余人。1942年5月粉碎了日军对岳南的“夏季扫荡”，毙伤日伪军148人。1942年10月粉碎了日军对岳北的“冬季扫荡”，毙伤日、伪军620余人。从此，开始了对日、伪军的长期围困斗争。

在政治斗争方面，深入开展了反奸防特和敌占区工作。

在根据地区，开展了反奸防特群众斗争，破获了日本特务机关暗中支持的“长毛道”、汉奸组织的“还乡道”“天义大会”，日本特务机关指使组织的阴谋武装暴动案，围剿了盘踞在霍山的政治土匪。在边沿区和敌占区开展了反“蚕食”、反“维持”斗争和强大的政治攻势。1941年上半年，摧毁“维持会”278个，捕捉汉奸103人；1942年5月，在沁县、屯留摧毁“维持会”50余个。与此同时，收复了不少村庄，建立了许多假心向敌、真心向我的“两面政权”。1941年、1942年的政治攻势，使日军表现万分恐慌与紧张，厌战反战情绪日益增长，自杀、投诚事件屡屡发生；伪军、伪组织更加动摇，投诚、反正事件不断增加。1942年8月17日，灵石两渡车站日军段长松崎清自动投诚。9月1日，霍县师庄日伪工程队140人举行暴动，打死日军监工14名。接着灵石南关伪自卫队与张壁伪军30余人反正。

在经济斗争方面，主要是粉碎日军对根据地的经济掠夺和经济封锁。

首先是实行统制贸易政策，限制出门敌人急需的物资；其次是进行货币斗争，发行本币，清理杂钞和伪钞，保持根据地物价的基本平稳与促进生产的发展；再次是进行粮食斗争，一方面在贸易战线上坚决禁止粮食走私，打击日军通过市场掠夺粮食的计划，另一方面组织地方武装和民兵开展护粮斗争，打击敌人的抢粮活动。

在文化教育方面，主要是开展反奴化、反毒化、反淫化斗争。大力进行爱国主义教育，抵制日伪的奴化宣传，在学校抵制日伪教材，在群众中强化民族意识，进行抗日前途和民族气节教育。同时，毁烟苗、禁吸毒、砸烟馆、封妓院，抵制日伪的毒化、淫化阴谋。

（二）深入进行减租减息

太岳抗日根据地所辖区域，是山区和农村。实行减租减息，改善农民的生产、生活条件，是动员群众战胜严重困难的中心一环。

全民族抗日战争开始后，曾经提出过减租减息的问题，但由于采取的是行政命令的办法，群众并没有真正发动起来，所以减租减息没有真正展开，而且各地的情况很不平衡。

1942年，中共中央颁布抗日根据地的土地政策的《决定》和《指示》后，经过刘少奇、邓小平的具体指导，太岳抗日根据地克服过去减租减息中行政命令和外来英雄包打天下的做法，把发动群众实行减租减息作为充分动员群众、克服严重困难和建设与巩固根据地的中心一环。

1942年3月，邓小平在岳北地区视察时，听取了太岳军政党委员会关于过去工作的检讨和今后工作方针的报告后，提出了重要的指导意见：为了巩固太岳抗日根据地，中心工作有两项：一是群众工作，二是财经工作。

为了贯彻邓小平的指示，认真执行中共中央的土地政策，中共太岳区党委在抓武装斗争的同时，狠抓了减租减息工作。1942年4月，区党委重新布置了全区的群众工作，并以区党委书记安子文为总团长，薛迅、顾大川为副团长，组织了春耕检查团。从太岳纵队、各救国会、各专署机关及沁县、沁源、安泽、绵上、屯留等县，抽调了150名干部，分别由安子文、徐芝寅、杨立圻带领，开赴沁县、沁源、屯留三县的交界地区，深入开展减租减息工作。同时，太岳区各级政府配合各级农会，普遍执行减租减息法令。农救会还在各县成立农民问题问事处，在各村组织减租减息委员会。7月间，太岳区农救总会根据本区租佃关系的具体情况，制定了《土地斗争纲领》，规定彻底实行“二五减租”、订立新租约、取消二东家（即庄头佃户）、禁止额外剥削和捎种土地、免交多年欠租、清理欠债、收回押地等。

太岳区派出的春耕检查团，克服过去突击队的工作方式和大干部会议、行政命令的办法，自下而上地发动广大农民起来诉苦算账，开展“谁养活谁”的大讨论，从思想上明确了不是地主养活了农民，而是农民养活了地主，打破了封建宗法观念和“天命论”“良心论”等精神枷锁的束缚，积极起来与地主进行说理斗争。通过扎扎实实的工作，认真解决群众迫切需要解决的问题，纠正了以往减租中“明减暗不减”的现象，取得了明显的成绩。

普遍深入的减租减息，使群众得到了切实的利益，抗日积极性进一步发挥，促进了生产的发展和财经任务的完成。据统计，太岳区1942年的财政任务完成99.4%，粮食任务完成80%，基本上保证了军需民食，做到了自给自足。这就为武装斗争的胜利，为克服严重困难，提供了重要保障。

（三）加强民主政治建设

加强民主政治建设，建立和健全民主政权，是抗日政权的根本问题，是建立抗日根据地的重要标志，也是充分发扬人民民主、战胜极端困难的重要措施。太岳抗日根据地的民主政治建设，是从改造旧政权开始的。

当日军大举进攻山西、战局处于紧张之时，原有的封建官僚和地主阶级把持的旧政府机构的官员，有的弃城逃跑，有的惶惶不安，有的继续把持旧政，为非作歹，很难担负组织和领导群众进行抗日的重任。于是薄一波运用政治主任（督察专员）的合法权力，结合牺盟会的工作，采取自下而上地发动群众和自上而下地发布命令相结合的形式，逐步撤换或罢免旧县长，由牺盟会特派员或决死队抽出干部（多数是秘密共产党员）出任县长，掌握了大部分县政府的领导权。并且通过有领导的民选，改造旧的区、村政权，使旧的政权逐步变成能够按照抗日的政策法令办事的新政权。接着，第三行政区政治主任公署（后为督察专员公署）及后来成立的路西办事处，在紧张的对敌斗争环境中，建立行政会议制度，作为国民参政的准备机关，吸收各方面的代表参政议政，讨论和决定根据地政治、军事、经济、文化教育建设等各方面的重大问题，监督和督促政府执行抗日的政策和法令。

在极端困难的1941年，在根据地的腹心地区，先是进行了晋冀豫边区临参会参议员的推选工作，全区选出临参会参议员19名。在此基础上，1941年7月，晋冀鲁豫边区临参会选举产生了晋冀鲁豫边区政府，并制定了包含民族、民权、民生内容的施政纲领和各项具体的政策法令。同时，在沁源县赵寨村成立了晋冀鲁豫边区太岳行署（原第三专属撤销），由牛佩琮任主任，裴丽生任副主任，下设三个专署。从1942年7月开始，又逐步在全区开展了民主村选运动。在村选运动中，动员了70%至95%的选民参加选举，基本上实行了“三三制”原则。农村很多优秀分子，包括青年和妇女，被选为村代表会议的代表或村长。从而使新的抗日民主政权正式建立和健全起来。同时，在游击区和接敌区，对旧的村政权也进行了改造，使抗日的进步势力占了优势。

民主政权的建立、健全和完善，一方面保证了根据地民主政治的实施。太岳抗日根据地一切拥护民族民主革命的公民，都享有选举权和被选举权，享有言论、出版、集会、结社等自由权利；民选参议员和各级政府的组成人员，都是这种民主政治的具体体现。在这里，人民群众当家作主，成为社会的真正主人。为了保证人民民主权利的实施，太岳抗日根据地还建立、健全了公安、司法机构，加强公安、司法工作，镇压汉奸、匪特，防止敌人破坏，保证了社会秩序的安定。同时，抗日民主政权负担了领导人民群众发展生产建设事业的任务，保证了军政人员的供给和人民生活的逐步完善；另一方面，人民群众享有批评、监督政府和工作人员的权利，有效地促进了政权机构的清正廉洁和工作人员的克己奉公，保证了政权的民主性质和无比威力。正是由于这种民主政治的实施，太岳抗日根据地才在极端困难时期动员了一切抗日的阶级、阶层、党派、团体和武装力量，巩固了抗日民族统一战线，形成了强大的力量，渡过了重重难关。

（四）开展整风和生产运动

从1942年开始，太岳抗日根据地开展了整风运动和大生产运动。太岳区的党组织，大部分是抗日战争全面爆发后自上而下地恢复和建立起来的。1938年3月，中共中央作出了大量发展党员的决定之后，太岳区的党组织得到了迅速发展，吸收了大批积极分子入党，壮大了党的力量。但是，由于民族矛盾的尖锐和革命斗争的复杂，党又长期处在农民小资产阶级汪洋大海的包围之中，不能不受到各种非无产阶级特别是小资产阶级思想的影响，因此在太岳抗日根据地的党组织中，程度不同地存在着思想不纯、组织不纯和作风不纯的问题。虽然1940年部分党组织进行了整顿，但随着根据地的扩大和党组织的不断发展，许多党的干部和新党员没有系统接受过马克思主义的教育，因而主观主义、宗派主义和党八股都有所表现，必须按照中共中央的决定，进行一次认真的整顿。

太岳区的整风运动，大体经历了三个阶段：第一阶段从1942年4月开始，到1943年4月结束，这是学习文件和思想发动阶段；第二阶段从1943年4月开始，到1944年1月结束，这是精读文件、联系实际、普遍进行“三风”检查阶段；第三阶段从1944年1月开始，到1945年5月结束，这是深入学习文件、集中进行整顿和系统反省阶段，这次整风重点是在领导机关和领导干部中进行的。在整风中，通过学习毛泽东的整顿“三风”的报告等中央指定的22个学习文件，认真地开展批评与自我批评，使广大干部受到一次深刻的马克思主义教育，懂得了主观主义是党性不纯的表现，宗派主义是妨碍党的团结的大敌，党八股是束缚人们思想的形式主义的东西，大家一致表示要坚决克服这三股不正之风。特别是在县团以上主要领导干部的两期整风班中和整风学校中，对照文件的精神和整风的要求，联系思想实际和工作实际，开展积极的思想斗争，认真地进行批评与自我批评，使这些领导干部提高了思想理论水平和政策水平，提高了执行党的路线、方针的自觉性。

在整风的后一阶段，在审干中发生了“逼、供、信”的错误，使一部分同志受到了不应有的打击。不过这一阶段时间很短，并且对错误很快进行了纠正。

总的来看，这次整风运动获得了丰硕的成果，广大党员干部进一步掌握了理论联系实际的辩证唯物主义的思想路线，学到了马克思列宁主义的立场、观点和方法；认识到共产党员不但要在组织上入党，更主要的是要在思想上入党，提高了在实践中改造自己的自觉性；体会到共产党员必须与人民群众保持最密切的联系，学会了从群众中来到群众中去的工作方法；学会了正确处理党内矛盾的方针和方法，掌握了“团结——批评——团结”的公式；进一步认清了革命发展的客观规律和抗日战争胜利的前途，提高了克服严重困难的信心，从而加强了党在思想上、政治上和组织上的团结和统一，为夺取抗日战争的最后胜利在思想方面作了重要准备。

在开展整风运动的同时，为了克服面临的物质困难、改善根据地军民的生活条件和准备抗战胜利的物质基础，太岳抗日根据地在1943年开展生产救灾的基础上，于1944年至1945年，党、政、军民齐动员，开展了以农业为主的大生产运动。

由于战争的破坏，农业大生产运动的首要任务，是扩大耕地面积，增加粮食产量。1944年春，首先是部队开展了一个月以开荒为主的生产大突击，完成了开荒下种的任务。仅太岳军区直属部队13天就突击开荒3000亩，起了带头作用。在1944年，全区部队利用战斗空隙，共开垦荒地5.8万亩，产粮187.5万公斤、产菜200多万公斤，超额完成了每人自给三个月粮食和全年蔬菜的任务。在全区，1944年机关和群众开荒24.6万亩，加上部队开荒5.8万亩，合计开荒30余万亩。新开荒地生产的粮食加上原有耕地增产的粮食，全区共计增产粮食1.05亿公斤。

在农业大生产运动中，广大群众响应毛泽东发出的“组织起来”的号召，大力发展互助合作运动，互助组、扎工队、纺织队、运输组在全区发展起来，出现了一种具有生命力的新的生产组织形式。

农业生产的发展，带动了家庭副业的发展和群众性的供销合作社和手工业合作社的发展。全区的合作社1944年为342个，到1945年发展为493个。1944年6月，全区参加纺织的妇女达七万余人，恢复纸池50个，每日产纸6.5万吨。此外，小型纺织厂、造纸厂、榨油厂、手巾厂、肥皂厂、纸烟厂也有了一定程度的发展。部队的工副业生产，成绩也很突出。兵工厂的工人与民兵相结合，深入敌占区，破坏铁路，用铁轨作为造枪的主要原料。他们一面生产，一面打仗，曾有一首诗描写了兵工工人生产的情况："我们工人有力量，白天黑夜工作忙，拿起枪来打鬼子，开动机器造刀枪，鬼子来了我上山，鬼子走了我回厂，挖出机器造枪炮，狠狠打击小东洋。"同时，部队在工副业和手工业生产中，除普遍饲养猪、羊、鸡以外，不少单位还开展了榨油、制粉、纺织、造纸、制革以及采集山货等生产。

1945年上半年，大生产运动有了进一步发展。全区扩大耕地面积11.5万亩（其中部队开荒3.1万亩），种植棉花16万亩，开凿大小渠道111条，打水井48眼，副业、手工业和科学技术也有了发展。

全区党政军民总动员的以农业为主的大生产运动，改善了军民的物质生活，战胜了严重的经济困难，同时大大发扬了自己动手、克服困难的艰苦奋斗的精神，进一步密切了党政军民的关系。

太岳抗日根据地从1942年以来开展的整风运动和大生产运动，正如毛泽东指出的："分别地在精神方面和物质生活方面起了和正在起着决定的作用"，为克服严重困难和夺取抗日战争的最后胜利奠定了坚实的基础。

## 围困歼敌，夺取胜利

1941年至1942年，太岳抗日根据地军民连续取得反"扫荡"作战的胜利，使日军消灭八路军和其他抗日军队主力、摧毁敌后抗日根据地阴谋连连遭到失败，于是采取了新的战略方针，即在根据地腹心地区建立所谓"山岳剿共试验区"，进行"长期驻剿"，以达到摧毁敌后抗日根据地的目的。

1942年10月，日军第一军参谋长花谷正指挥九个大队、7000余人，向太岳抗日根据地的岳北地区发动了“冬季扫荡”。之后，为了达到摧毁抗日根据地的目的，采取“腹内开花”“长期驻剿”的鬼花招。即在大部分日军撤出根据地之后，留置第六十九师第六十旅团的伊藤大队和第五十九旅团第八十四大队的小夺中队于沁源，在根据地内建立据点，进行守备，从据点出动进行“分区清剿”，并插上了“山岳剿共试验区”的牌子，妄图在腹心区长期驻扎，进行特务活动，诱骗群众“维持”，把太岳抗日根据地变成所谓“治安区”（即“敌占区”），“为完成大东亚战争做出贡献”。

日军伊藤大队留置沁源后，便在各地大修据点，实行“分区清剿”，并加紧修筑安（泽）沁（源）、二沁（沁县、沁源）大道，以保证与驻临汾、长治之敌师团部的联系和物资给养的补给。针对这种态势，太岳区党委书记薄一波指示沁源县委：眼下敌人不会撤走，必须作长期打算。区党委决定：“依靠广大群众，广泛开展群众性的游击战争，实行长期围困，战胜敌人。”也就是要用“长期围困”的办法对付敌人的“长期驻剿”。太岳区党委所以作出这样的决定，不仅分析了敌人的鬼花招，而且分析了沁源的有利条件：第一，沁源是太岳抗日根据地的腹心区，各方面的工作都有较好的基础。第二，经过多次反围攻、反“扫荡”斗争，群众对日军的残暴有深切的体会，杀敌意志非常坚决，并且积累了开展游击战争的丰富经验。第三，保卫根据地腹心区是全区人民的共同意愿，可以得到各县和各个方面的支持和援助。第四，日军孤军深入，兵力分散，而且处于根据地军民的四面包围之中，只能孤守据点，难以长期坚持下去。因此，用“长期围困”对付敌人的“长期驻剿”，正是以己之长，击敌之短，打击深入腹地敌人的有效战术。为此，组成了由李成芳任总指挥（后由第三十八团团长蔡爱卿、参谋长李懋之接连继任），中共沁源县委书记刘开基任政委的沁源围困指挥部，以第三十八团为骨干，并有分别驻扎在沁源、安泽、绵上的第二十五团、第五十九团各一部以及洪赵支队、沁源县游击大队参加，结合各区干队及民兵，组成13个游击集团，广泛发动和依靠广大群众，开始了主力兵团、地方武装和民兵以及广大群众相结合的群众性的围困斗争。

围困斗争采取的主要措施是:

(一)动员群众实行彻底的空舍清野,使敌人处于无法生存的绝境

为了围困敌人,全县开展了空舍清野大动员。以沁源为中心的安沁大道、二沁大道两旁距日伪据点五公里、距大道2.5公里的20多个大村庄、3200余户、1.3万名居民,全部转移出走上山,转移前填死了水井,掩埋了粮食和衣物,搬净了用具,甚至抽掉了磨心、碾心,使日军处于无水喝、无粮吃、无柴烧的绝境。

(二)组织部队、游击队和民兵,大闹敌人盘踞的孤立据点

沁源军民发挥自己的聪明才智,创造了千奇百怪、花样众多的袭扰战术,使日军防不胜防,处处挨打。在敌人盘踞的据点周围,他们用自己制造的土台枪、榆木炮等各种土武器,持久地开展麻雀战、冷枪战、伏击战、地雷战,假打真打,虚实并举,想打就打,想闹就闹,使敌人胆战心惊,日夜不宁。

(三)开展群众性地雷爆炸运动,用地雷封锁和打击敌人

为保卫春耕生产,沁源围困指挥部组织了有200余民兵组成的12个轮战队,统一领导,集体生活,一部分战斗,一部分休整,轮换交替,配合基干武装,部署于敌据点周围,用地雷封锁敌人,掩护群众春耕,破坏敌人的修路计划。地雷是沁源军民围困敌人的主要武器之一。制造了大量石雷、磁雷、瓶雷、泥雷、木雷、石枪、石炮等。根据敌人固守和行动的规律,沁源军民创造了各种各样的埋雷方法,如:地下雷、地上雷、水雷、滚雷、空中雷、地枪雷、子母雷、连环雷、看门雷、标语雷,还有只炸敌人不炸民夫的前踏后响雷,造成蛛网密布的地雷阵。并且雷与枪结合使用,使地雷如虎添翼。

(四)全民齐动员,发动总围攻

沁源军民的围困斗争,使日军时时处处挨打,不得不一再收缩阵地。1943年8月,日军第三十六师团被调往太平洋方向作战,新组成的第六十四旅团的上奇大队接替斋藤大队后,只能固守沁源城关和交口两个据点。沁源军民在加紧围困的同时,一面实行"劳武结合、游击生产"的方针,组织劳武变工、互助代替的抢收队、抢种队,进行抢收抢种,打击敌人的抢

粮活动；另一方面抓紧进行减租减息等各项工作，推动各项事业如经济建设、文化教育建设的发展。1944年底，毛泽东在《一九四五年的任务》中发出“扩大解放区，缩小沦陷区”的号召，沁源军民齐动员，立即投入总围困的斗争，参加围困斗争的主力部队、游击队和全县400余民兵及广大群众总动员，紧紧包围了城关、交口据点和二沁大道，用1.5万颗地雷封锁敌人，并且用灰土、柴草、圪针刺等分段铺盖，进行伪装，明雷与暗雷结合，布成真真假假的地雷阵。游击小组则挺进到敌据点附近，以冷枪、夜摸等手段日夜向敌进攻，不到一个月时间，敌人踏响地雷300余颗。城关和交口之敌在人无粮、马无草的困境中每日向外突围，均被沁源军民所阻击，最后龟缩在沁源城西山头上不到半平方里的圈子内作垂死挣扎。1945年4月11日，陷于绝境的日军在驻沁县联队部1000余人的接应下，仓皇弃城出逃，沁源军民沿路进行阻击。沁河两岸和二沁大道，4000余颗地雷大显神威，枪声、炮声、锣鼓声、军号声和爆炸声混合一起，震天动地。日军在付出死伤300人的惨重代价后，狼狈不堪地逃出了沁源。沁源重新回到人民的手中。

在两年半的围困斗争中，沁源人民作出了重大贡献，也付出了重大牺牲。有3100余名干部、民兵和群众惨遭杀害。第一区武委会主任张法中、阳泉村民兵杀敌英雄李学孟和第三十八团参谋长于秉钧等一大批共产党员和优秀干部壮烈牺牲。但是，沁源军民威武不屈，英勇杀敌，与日军进行大小战斗2800余次，毙伤日伪军数千人，解救被掳群众1700余人，夺回被抢牲畜2000多头。敌人在全县没有组织起一个“维持会”。

沁源围困战不是孤立地进行的。它与太岳抗日根据地的反“扫荡”斗争互相配合，彼此策应，两相结合，相得益彰。日军在“长期驻剿”沁源的同时，于1943年10月对太岳抗日根据地发动了大规模的“铁滚扫荡”。这次大“扫荡”由日军华北方面军司令官冈村宁次亲自布置和指挥，集中其第一军两万余人，运用所谓“铁滚式三层阵地新战法”，即以部分兵力在根据地东西两侧建立封锁阻击线，防止太岳部队主力跳出它的合击圈；以主力编成三个梯队，分三线配置，与东西封锁阻击线相配合，向太岳抗日根据地腹心区分段分区“扫荡”，妄图由岳北向岳南、再由岳南向中条“滚压清剿”，把太岳部队主力压至中条地区消灭之；然后再由南向北反复“清剿”，把太岳抗日根据地彻底摧垮。为了推广所谓“山岳剿共试验区”的经验和“铁滚式三层阵地新战法”，日军组织了一个军官“战地观战团”，沿临屯公路从临汾到沁源参观。太岳区军民在粉碎“铁滚扫荡”的过程中，于1943年10月24日在洪洞县韩略村附近伏击了日军的“战地观战团”。日军少将旅团长服部直臣和六名联队长、110名中队长以上军官，连同护送部队共180人悉数被歼，所乘的13辆汽车被毁，大煞了日军的嚣张气焰。从此，日军在沁源建立所谓“山岳剿共试验区”和对太岳抗日根据地进行“铁滚扫荡”的部署被打乱。懊恼的冈村宁次将其第六十九师团师团长清水中将撤职，将韩略据点的日军小队长斩首，将伪冀宁道（驻临汾）道尹罢官。从此，日军建立“山岳剿共试验区”的阴谋彻底破产，失去了对太岳抗日根据地发动攻势的能力，根据地从此巍然屹立。

在此期间，太岳抗日根据地军民于1944年与勾结日伪“开展汾东”的阎锡山部队进行了两次青浮反顽作战，无情地打击了其向太岳抗日根据地的进攻，迫使其退向浮山以南地区。

随着世界反法西斯战争的胜利，根据中共中央和毛泽东的指示，太岳抗日根据地军民于1944年7月至9月和1945年4月，先后由刘聚奎和刘忠、陈康指挥，发动了两次豫北战役，打开了豫北地区的局面，建立了济源、沁阳、孟县抗日民主县政府，使太岳区与太行区在道清路以南连成一片。同时，太岳第五军分区部队在孙定国、王墉的指挥下，打击了汾南的阎顽势力，扩大了条西根据地。

从1944年开展局部反攻到1945年7月，太岳部队在攻势作战中共进行大小战斗656次，攻克日伪据点151处，毙伤俘日军1226人、伪军6125人，在豫西、豫北、汾南、晋南及白晋路两侧地区扩大根据地面积1.09万平方公里，解放村镇3990个，从日伪统治下解放群众100万，新建了济源、孟县、沁阳、平陆、稷山、新绛、万荣等县的抗日民主政府，收复了沁源、晋城、阳城、高平、安泽五座县城，从而打破了日伪封锁、分割根据地的局面。

1945年日本宣布无条件投降后，太岳军民根据中共中央军委的指示，向同蒲路南段发起攻击，先后扫清了灵石、霍县、赵城、洪洞、翼城等县的外围据点，破坏了平遥至临汾段的铁路，扩大了太岳解放区。在全民族抗日战争的八年中，太岳抗日根据地军民在党的领导下，前仆后继，英勇奋战，经历了千辛万苦，走过了曲折复杂的道路，使根据地从无到有，从小到大，从北到南，不断发展，到1945年发展成为一个面积3.23万平方公里、人口200万、拥有三万军队、八万民兵的坚强的抗日阵地。依托这个阵地，太岳抗日根据地军民经常抗击着四个师团的日军和两万伪军的进攻，不但多次粉碎了日伪军频繁的、野蛮的、残酷的“扫荡”，连续进行了反封锁、反“蚕食”、反“清剿”斗争，大力开展了敌占区工作，歼灭日、伪军五万余人，而且多次反击了国民党顽固派的侵犯，为夺取抗日战争的胜利做出了重大贡献。同时在十分艰苦的环境中进行了政治、经济、文化、教育、卫生、司法等方面的新民主主义建设，为建立独立、自主、民主、统一、富强的新中国，创造了丰富的经验。在这八年中，太岳抗日根据地付出了部队伤亡5000余人、群众伤亡十万余人、财产损失难以计数的重大代价。抗日战争的胜利是来之不易的！

（师文华执笔）

★冀热辽八路军解放山海关

# 冀热辽抗日民主根据地

冀热辽抗日民主根据地，是中国共产党所创建的敌后抗日根据地，是晋察冀边区的重要组成部分。从1938年开始创建，到1945年发展为拥有31个抗日县政权、600万人口、三万余武装部队和28万民兵的根据地，成为全国19块抗日根据地之一。因其是以冀东为中心逐步向热河、辽西发展，故先称冀东，随着区域的变化，后称为冀热边和冀热辽。

## 开创抗日根据地

冀热辽区，北接内蒙古，南濒渤海，西依平、津，东抵沈阳，是连接东北、华北的咽喉要道，战略地位极其重要，历来为兵家必争之地。抗日战争全面爆发前，冀热辽地区的人民就同日本侵略者进行了顽强的斗争，地方党组织也在斗争中有了较大发展，到1937年七七事变时，冀热辽地区已有冀热边和京东两个特委、一个唐山工委和八个县委，共约千名党员，为冀热辽抗日根据地的创建奠定了基础。

抗日战争全面爆发后，中共中央就极其关注冀东战略地位的重要性，1937年8月，在陕北洛川召开的政治局扩大会议上，根据毛泽东关于“红军可以一部于敌后的冀东，以雾灵山为根据地进行游击战争”的提议，确定了开展冀东抗日游击战争的方针。9月，中共中央北方局书记刘少奇指示中共河北省委，立即把注意力和工作重点转向农村，广泛开展敌后游击战争；并派中共河北省委书记李运昌速回冀东，任中共冀热边特委书记，准备在冀东、热河边境地区发动抗日游击战争；胡锡奎任中共京东特委书记，在冀东南部平原地区配合冀热边，开展敌后游击战争。尔后，为便于冀东抗日暴动的统一领导，冀热边特委和京东特委合并为冀热边特委，胡锡奎任书记，李运昌专做军事工作。

敌后晋察冀抗日根据地开创后，为开辟冀热察游击根据地，遵照中共中央的指示，晋察冀军区于1938年5月组成以宋时轮任司令员、邓华任政委的八路军第四纵队（简称四纵），并自平西根据地斋堂出发，于6月下旬进至蓟县靠山集、将军关和遵化县下营一带，极大地振奋了冀热边地区人民的抗日情绪。与之相配合，1938年7月初，中共冀热边特委发动了抗日武装大暴动。仅一个月的时间，暴动的烈火就燃遍冀东大地，有20万人参加，组成了十万人的抗日队伍，其中属于冀东抗日联军系统的（简称抗联）约七万人，属于国民党和其他方面的约三万人。八路军四纵和暴动队伍先后攻克和攻入昌平、兴隆、蓟县、平谷、玉田、迁安、卢龙、乐亭八座县城，摧毁了所有的日伪政权，建立了11个抗日县（镇）政权。8月中旬，八路军四纵和冀东抗联在遵化县铁厂镇胜利会师。下旬，四纵党委、冀热边特委和冀东抗联各路负责人，在铁厂镇举行会议，研究解决创建抗日根据地和开展抗日游击战争的问题。会议决定，成立冀察热宁军区，推举宋时轮为司令员，邓华为政委，高志远、李运昌、洪麟阁为副司令员，下设五个军分区；成立冀察热宁边区行政委员会，建立健全各县抗日政权，建立抗日秩序；训练和整顿暴动队伍。不久，中共河北省委机关奉命由天津迁移到冀东，加强了开辟冀热察游击根据地的领导力量。

但是，由于对当时的形势估计过于严重，缺乏在冀热边坚持抗战的信心，10月上旬，四纵、河北省委、冀热边特委和冀东抗联主要负责人在丰润县九间房村召开会议，决定抗联随四纵撤往平西根据地整训，四纵留下苏梅、陈群、包森、单德贵、赵立业等几位干部，组成三个百余人的八路军支队，在以苏梅为书记的冀东军政委员会指挥下，在冀东坚持斗争。西撤队伍于途中遭日伪军围追堵截，五万人的抗联队伍随四纵到达平西根据地的只有不到2000人，洪麟阁、陈宇寰在蓟县阵亡，6000余人被阻于潮白河东岸平谷境内，若继续西进，有全军覆没的危险。在这严重时刻，胡锡奎、李运昌、李楚离在平谷县樊各庄召开部分抗联负责干部参加的紧急会议，决定抗联余部返回冀东，坚持游击战争。返回冀东的千余人分散回乡后，李运昌部直属队只剩下130人。11月，李运昌在迁安县柳沟峪（今属迁西县）召开重整旗鼓会议，把一些党员分散到各地，恢复地方党组织，收容失散暴动人员。到1938年底，李运昌又重新集合起1400多人的队伍，与八路军留下的三个支队配合活动，开展分散的游击战争。

## 抗日游击根据地的创建

日军侵占广州、武汉后，全国抗战形势进入相持阶段。日军第二十七师团从武汉返回，以其主力一部进驻冀东东部地区，日军独立混成旅第十五旅团在冀东西部地区“防务”，日本关东军和伪满军在西起密云东抵卢龙的长城沿线。日、伪军自1938年10月至1939年6月，对冀东抗日游击区进行六次（每次兵力少则4000，多则两万）大“扫荡”，并恢复发展伪军、伪政权，推行保甲“联坐”，反复“清乡”。

在此十分严峻和艰险的情况下，共产党员减少至约300人，群众抗日斗争情绪暂时陷入低落，冀东游击战争还能否坚持，冀东游击根据地还能否创建，是急需解决的问题。中共中央一直高度关注冀东地区抗日游击战争形势的发展。1938年11月25日，毛泽东在给朱德、彭德怀、聂荣臻的电报中，指示一定要坚持冀东抗日游击战争，“与冀东须保持联系，冀东干部如不够时，须立即派回一部工作”。1939年1月，中共中央北分局在召开的晋察冀边区第二次党代表大会上，研究讨论了坚持冀东游击战争的问题，明确地提出“冀东依然要成立与创造根据地”。1月初，在平西成立以原河北省委主要成员为主的中共冀热察区委员会（简称冀热察区党委），马辉之任书记。2月成立了以萧克为司令员的八路军冀热察挺进军（简称挺进军）。冀热察区党委和冀热察挺进军统一领导指挥平西、平北和冀东地区的工作，提出了“巩固平西，开展平北，坚持冀东”的“三位一体”战略任务。1939年3月，冀热察区党委召开区党代表会议，决定在青纱帐期间，挺进军挺进冀东，再次发动武装暴动，重新打开冀东抗战局面，建立冀东抗日游击根据地。会后，派区党委组织部长吴德到冀东传达中共中央和北分局的指示，解决坚持冀东游击战争和创建根据地的部署问题。6月中旬，中共中央北方分局在唐县军城召开扩大会议，李运昌参加了会议。会议根据形势的变化和中央军委的指示，决定八路军不再大规模进入冀东，冀东不再发动第二次暴动，“冀东的坚持与发展，主要依靠冀东的党、冀东人民的艰苦斗争，由小股的多股的游击队发展成为大的游击队，由多块的小块的游击根据地发展成为大块的游击根据地”。并决定将冀东抗联和八路军三支游击队，统一编为八路军冀热察挺进军第13支队，李运昌为司令员，李楚离为政委，包森为副司令员。7月，冀热察区党委决定组建以李楚离为书记的中共冀热察区党委冀东区分委（简称冀东区党分委）。从此确定了冀东抗日游击战争的基本方针，形成了党政军统一领导体制。

四纵西撤时，留在冀东三个支队坚持游击战争。陈群、苏梅带领一支队活动在丰润、滦县、迁安、遵化四县边境地区；包森率领二支队活动于遵化县北部和迁安县西部的长城内外；单德贵率领三支队主要活动在密云、兴隆和蓟县盘山等东西部地区。同时，返回冀东的抗联队伍也逐步发展壮大起来，与八路军三个游击支队密切配合，开展高度分散的游击活动，在冀东开辟了若干块游击区和隐蔽活动区。但在日军大规模的围攻“扫荡”下，受到压缩和破坏，有的变为日伪军占领区，有些地方则为土匪所盘踞，游击区群众的抗日情绪再次低落。

1940年1月初，冀东区党分委第一次扩大会议在遵化县阎老湾村召开（简称阎老湾会议）。会议由李运昌主持，周文彬、包森、李子光、丁振军、刘诚光、徐志（李德昭）、王少奇等参加了会议。会议传达军城会议精神，决定当前冀东全党全军的基本任务是：巩固现有游击区，肃清土匪，开辟新区，建立多块、小块游击根据地；实行正确的财政经济政策，减轻人民负担，改善人民生活；加强对伪军、伪组织人员的争取工作，加强锄奸工作；巩固与扩大党的基层组织，大量发展党员，健全党的领导机构。严密党的组织，加强党的纪律，建立党的经常性工作制度和工作检查制度。会议还决定，将冀东抗日武装统编为八路军冀热察挺进军第13支队，将分散各地的游击武装除单德贵支队外，整编为九个游击总队。期间，中共中央北方分局和冀热察区党委陆续派几批干部来冀东，1938年秋和1939年秋两次去平西整训的干部也相继返回冀东，并于1月底成立了以丁振军为主任的晋察冀边区行政委员会冀东办事处（简称冀东办事处）。冀东开始进入有统一领导、有计划的创建和发展游击根据地的新阶段。

会后，李运昌、包森、地委组织部长周文彬各率一部，分赴冀东东、中、西部地区肃匪、开区。到1940年6月初，包森、李子光在西部开辟出以盘山为中心的蓟（县）平（谷）密（云）地区，李运昌、徐志在中部开辟出以鲁家峪为中心的丰（润）玉（田）遵（化）地区，周文彬、丁振军、刘诚光在东部巩固、扩大了以腰带山为中心的丰（润）滦（县）迁（安）地区，并与中部地区连在一起。在冀东初步形成了东西两大块游击区。建立了五个抗日县政权、1600个抗日村政权，人口近百万。党组织也得到迅速发展，全区党员发展到1300余人。

为了适应冀东抗日斗争形势的需要，1940年7月，冀东办事处和八路军第十三支队建制撤销，成立晋察冀边区行政委员会第十三行政督察专员公署（简称冀东专属），焦若愚任专员；成立晋察冀军区冀东军分区，李运昌为司令员，包森为副司令员，李楚离任政委，曾克林为参谋长，刘诚光为政治部主任。同时，整编了部队，撤销各总队建制，除单德贵支队外，编成第十三团，包森兼任十三团团长和政委，充实了第十二团，各县建立基干游击队。

为了巩固、扩大游击区，冀东区党分委利用青纱帐季节，分东西两线向日伪军主动出击。白草洼战斗首战告捷，拉开了出击的序幕。7月28日，包森、曾克林指挥部队在盘山白草洼全歼号称“常胜军”的日本关东军武岛骑兵中队，开创了冀东武装力量全建制歼灭日军劲旅的战例。但是在滦县尤各庄战斗中，工人阶级的杰出战士、著名的抗日英雄节振国壮烈牺牲。

冀东军民从8月下旬开始配合百团大战，向北宁铁路沿线及各地日伪军据点进行广泛出击，各县共有万余民众参加破交活动，各县公路、桥梁大部破坏，北宁铁路数次中断。战役中，攻克一批日军据点，开辟了一批村庄，打通了中部地区，使冀东游击区发展扩大，东西两大块游击区连成一片，并创造了多块较为巩固的游击根据地。冀东抗日游击根据地已初具规模，成为后来冀热边抗日游击根据地的基本区。

1940年12月底，中共冀东区党分委在盘山召开了第二次分委扩大会议（简称盘山会议）。会议总结了两年来冀东坚持游击战争和创建游击根据地的经验，根据上级党委的指示和冀东的形势，确定了在巩固中扩大基本区的方针，并决定加强游击根据地党的建设、政权建设、军事建设、群众工作，推行合理负担和整顿村财经工作，广泛开展群众性的武装斗争和开辟新区等方面的工作。

到1940年底，冀东游击根据地已有七个抗日县政权、3000多个行政村、110万人口。共产党员发展到6000余名，抗日武装部队发展到3700余人。在根据地和游击区内普遍建立了青年报国会、妇女报国会、小学教员报国会和儿童团等抗日群众团体，会员达十万余人。

冀东抗日根据地的基本形成和各项工作的发展，极大地鼓舞了冀东人民的抗战信心，也引起日伪军的震惊。从1940年冬季开始，日伪军集中兵力对基本区进行疯狂围攻“扫荡”，1941年1月25日对丰滦迁游击根据地的中心潘家峪进行了灭绝人性的血腥大屠杀，1230名村民被惨杀，1100多间房屋被烧毁，制造了震惊中外的潘家峪惨案。日军的暴行激起冀东抗日人民的义愤，军民同仇敌忾，掀起更大的抗日热潮。潘家峪七名幸存者成立“青年复仇小队”，后发展成为129余人的“潘家峪复仇团”。冀东主力部队和地方武装开展“大破袭”，使日伪军的交通线和通讯网陷于瘫痪状态，各县还发动群众对日伪军据点施行封锁围困。群众性游击战争的广泛开展，使游击根据地空前发展，武装力量也迅速扩大。到1941年4月，全区武装力量发展到7369人，其中主力部队4169人，县区游击队3200人，比1940年秋增长了近一倍。武装报国队员发展到四万多人，游击区人口发展到180万，创造了冀热察游击抗日根据地。

## 抗日游击根据地的顽强坚持与发展

冀东抗日游击根据地的创建和发展，危及平、津、唐等华北日军的战略要点，危及伪满洲国的西南“国境”。1941年5月下旬，华北日军在关东军配合下，以六万兵力对长城以南的抗日游击根据地进行大“扫荡”。冀东八路军在一个多月的反“扫荡”作战中，12团团长陈群、营长杨作林等200余名指战员壮烈牺牲，主力部队减员千余人、失枪千余支，实力锐减，群众情绪一度低落。

8月，冀东区党分委在遵化县大张屯召开第三次分委扩大会议，总结夏季反“扫荡”失利的经验教训，决定依托长城以南基本区，集中力量开辟热河南部山区，同时向滦河以东、北宁铁路以南等日伪占领区隐蔽发展，以扩大游击根据地。会后，冀东区党分委立即抽调地方干部组成以高敬之、姚铁民为正副团长的长城工作团，进入热河南部，开辟滦河以西地区。原在都山活动的青平工作团开辟滦河以东、都山西南地区。9月中旬，李运昌、李楚离率领一批地方干部和四个营的部队，北出长城，进入伪满“国境”，配合长城工作团和青平工作团，大规模开辟热南地区。经过三个月的艰苦工作，开辟出以雾灵山、五指山东至都山为中心的锦热铁路以南的热南地区，包括兴隆、青龙、承德、平泉等县的广大山区农村，把原有的各小片根据地连成一片。在伪满西南“国境”内建立了承（德）滦（平）兴（隆）、迁（安）青（龙）平（泉）两个抗日县政权，形成了以长城为轴线的冀热边抗日游击根据地的新局面，奠定了向热北、辽西发展的基础。

冀东八路军反“扫荡”失利、主力转入热南地区，以及地方工作分散、隐蔽发展的策略，使华北日军产生冀东八路军“不足为患”的错觉，且正值太平洋战争爆发前夕，日军深感兵力不足，决定进一步推行“以华治华”政策，由“治安军”代替日军控制冀东地区。“治安军”先以团、营为单位，占领主要集镇和交通要道，反复“扫荡”，将八路军主力消灭或赶走，然后再以连、排为单位占领基本区各村庄，设据点、筑碉堡、修公路，进行“清剿”“剔抉”，妄图彻底摧毁抗日游击根据地；同时采取欺骗手段，宣传所谓的“曲线救国”论，拉拢反动分子。于是，根据地内一时社会上层动摇，基本群众恐慌，形势危急。

为保卫根据地，冀东区党分委于11月下旬在热南根据地青龙县王厂沟召开紧急会议，决定：除留游击队配合地方干部坚持热南外，主力部队返回基本区，集结遵化县，准备进行打“治安军”战役。战役自1941年12月15日开始，首战四十里铺，旗开得胜。接着，奇袭东双城、激战果河沿、攻克杨店子……各县区游击队、民兵和广大群众也积极配合八路军主力作战，不断破坏公路、割断电话线，以游击战、地雷战、麻雀战袭击伪军。与此同时，冀东抗日军民对“治安军”展开声势浩大的政治攻势。1942年2月打“治安军”胜利结束。日伪在冀东的第三次“治安强化运动”被彻底粉碎，冀东抗日游击根据地更加巩固和扩大。冀东八路军猛增到7000余人，初步形成了主力团、游击队、民兵三结合的人民战争体制，创造和积累了游击战中集中兵力协同作战的经验。抗日军民的装备大为改善，士气大大提高，为度过最残酷、最艰难的第四、第五次“治安强化运动”准备了条件。

“治安军”惨败，华北日酋冈村宁次惊呼：“对冀东应有再认识。”1942年春，日军第二十七师团调回冀东，与日军独立混成旅第十五旅团、进驻长城线上的关东军、伪满军共五万余人，自4月初至11月，对长城以南的游击根据地进行三次大规模“扫荡”（每次一至两个月），以“摧毁”根据地，“蚕食”基本区。在北部山区根据地，沿长城南侧八至十公里范围内，实行“三光”政策，制造“无人区”；在平原地区，以重兵押解十万民夫挖壕沟、筑封锁墙、建据点碉堡，实行“细碎分割”和“蚕食”。日本关东军命令伪满“西南防卫司令部”指挥所属日“满”军“呼应北支军的作战”，以重点兵力在热河省的西部和南部地区制造“无人区”。

为减轻日军对冀东的压力，晋察冀军区于4月12日发布支援冀东反“扫荡”的命令。在平北、冀中十分区、八路军一一五师的配合下，4月21日起，热南八路军各主力团发起热南战役，先后拔除一批日伪军据点，破坏了锦承铁路和承兴公路，并乘胜开辟了都山以北、平泉以南地区，打乱了日军在热南地区的“集家”计划，牵制了长城沿线之敌，配合了基本区的反“扫荡”，受到朱德总司令、彭德怀副总司令的勉励。但在日军对冀东的“一期作战”（4月1日至6月上旬）中，冀东军民遭受了严重损失，两万余名群众被杀害，1000余村庄变为日伪占领区或游击区，盘山、鲁家峪两个根据地遭到严重摧残，冀东军分区政治部主任刘诚光、丰滦迁县长于沐之、丰玉宁代理县委书记鲁健之等上千名干部英勇牺牲。

针对这种形势，1942年6月上旬中共冀东地委在热南王厂沟召开会议，决定立即发动青纱帐战役，恢复被日伪军“蚕食”的基本区。6月下旬至7月底，冀东八路军发动了青纱帐战役（又称“复仇战役”），歼灭日伪军1691名，制造潘家峪惨案的罪魁、日本军官佐佐木二郎在滦县甘河草村被击毙，大部分地区得到恢复。期间，遵照冀东地委6月下旬第一次扩大会议制定的“敌进我进”的策略，抽调大批地方干部，随同主力部队挺进到日伪占领区，进行外线作战，开辟新区：丁振军率路南工委和路南工作团挺进热南；李焕章率一批地方干部开辟滦东地区；赵濯华、张化东带一部分干部进入青龙地区；周治国率承（德）平（泉）宁（城）工作队进入锦承路北；匡达、纪心泉率香（河）武（清）宝（坻）工作团发展冀东西南部地区。到1942年底，开辟了北宁路南、滦河以东、热北和凌青绥等广大游击区和香武宝、宁河等隐蔽游击区，新开辟2000余个村庄，抗日县政权发展到11个，八路军总兵力发展到8100人。

为恢复被日伪“蚕食”的地区和巩固新区，1943年春夏，冀东军分区先后两次进行恢复基本区战役，作战50余次，攻克日伪据点40余处，歼日伪军3000余人。到1943年夏末，除蓟县平原、玉田西部和迁滦丰一区外的“蚕食”区全部恢复，新区得到进一步发展和巩固，滦河东、北宁路南和香河、宝坻边界，均有游击区发展为根据地，日伪在冀东推行的“治安强化运动”以彻底失败而告终。

根据中共中央北方分局的决定，1943年6月撤销冀东地委和专署建制，建立了中共冀热边特别委员会（简称冀热边特委）和冀热边行政公署（简称冀热边行署），保留冀东军分区。实行一元化领导，由李运昌任特委书记、行署主任、军分区司令员兼政委，李楚离任特委副书记兼军分区副政委，朱其文任行署副主任。特委、行署下设五个地委、五个专署，领导各县（工）委、各县政府（办事处）。经过两年多的顽强坚持和艰苦斗争，冀东抗日游击根据地的基本区不仅更加坚固，而且有相当的发展，建成了横跨热河、冀东两省区的冀热边抗日游击根据地。全区人口发展到363万，所辖村庄9094个，县级抗日政权19个；抗日武装发展到三个主力团、九个地区队共1.01万人。形成了既有山地又有平原的广大游击根据地，像一把利刃深深插入伪满洲国的“西南国境”。

## 抗日游击根据地在巩固中发展

1943年夏，世界反法西斯战争进入反攻阶段，中国抗战形势发生新的变化。日本侵略者为克服其战线过长与兵力不足的矛盾，在侵华政策上提出所谓“重点主义”。特别是对地处华北通往东北咽喉要道上的冀热辽地区，视为“重点主义”的重点。日本关东军为“确保满洲”，从1941年起对热南游击根据地，多次集重兵，反复“扫荡”，推行“集家并村”，制造“无人区”，以“绝缘地带”阻止八路军向伪满腹地推进。到1944年春，在热西、热中、热南和辽西的五万平方公里的范围内，制造了长城线上“千里无人区”，1.7万个村被“集家”，约140万村民被赶入2506座“人圈”。此后，日军一方面对“人圈”强化殖民统治；另一方面对这一地区几块抗日游击根据地和所有“无住禁作地带”，疯狂地“实行拔根断源式的毁灭”。坚持在“无人区”的抗日军民在共产党的领导下，克服了各种难以想象的困难，与日伪军展开了殊死搏斗，坚持和保卫了冀热辽抗日根据地，并努力恢复和扩大游击区，为抗日反攻和进军东北保住了前进阵地。

冀热辽各级党组织始终坚持“一面发展，一面巩固，不断发展，不断整理”的方针，利用反“扫荡”间隙，对基层党组织进行“整顿巩固”，举办党员训练班，分期分批对党员进行轮训。到1944年秋，冀热边全区党员发展到3.7万人。从1945年2月开始，在全区党内深入开展整风运动。在学习《古田会议决议》《中共中央关于十大政策的指示》等文件及各种时事材料的基础上，检查总结工作，开展批评与自我批评。同时，继续注意党的基层组织整顿工作，保证了党组织的纯洁性。从而为渡过难关，恢复和发展抗日根据地，准备反攻，提供了根本保证。

冀热辽抗日政权机关经常处于流动“游击”状态，是采取自下而上的方式，逐步建立健全起来。盘山会议后，各级抗日政权进行整顿，统一县、区、村政权的组织机构，建立各种制度。1944年上半年，大部基层政权转化为抗日的一面政权，取消了办事员和武装班长的制度，建立村政委员会制度，实行村政权普选，选举正副村长及民政、财粮、公安、教育和武装等委员。同时，在党和抗日政府领导下，在全区范围内开展减租减息和雇工增资运动，推行“合理负担”政策，改善群众生活，保证抗日供给。从1944年春开始，冀热辽地区抗日游击根据地普遍开展生产运动。冀热辽行署于1945年3月确定开展大生产运动的方针是“农业第一，工业、手工业第二，运输运销第三”及“军民兼顾、公私兼顾”。抗日民主政府还大力提倡和保护工业、手工业，成立合作社，推动了根据地的经济建设事业的发展。

随着以唱抗日歌曲为主要形式的群众性文艺活动蓬勃兴起，冀东军分区政治部于1943年7月在迁安成立“尖兵剧社”，接着成立“长城皮影”。到1944年夏，各地区相继建立宣传队，并逐步发展成文工团或剧社。根据地的出版工作也逐渐兴起，冀东党的机关报《救国报》于1940年元旦在遵化创刊，到1941年底发行量达到5000份。此后相继出版了《文艺轻骑兵》《国防最前线》等刊物。冀东军分区主办的《尖兵报》于1942年6月创刊，冀热边行署于1943年冬创办《冀热边政报》。1944年抗战形势的好转，在根据地内恢复所有停闭的小学，设立高级小学，统筹教育经费，改善和提高教师待遇，并利用暑期培训小学教师。同时，废除日伪的《新民课本》，统一使用冀热边行署编订的教材。政府号还召成立知识分子抗日救国联合会。9月11日，冀热边特委发出《关于开展中学工作的指示》，要求各村建立冬学委员会，发动民众学习《民众识字课本》。根据地内掀起冬学高潮，如丰滦迁、丰玉遵等联合县，每村参加人数多者占应参加的70%，少者也在30%左右。军区医疗卫生工作也有了一定的发展，但大量伤病员的医治，特别是护理工作，还主要是依靠群众。

冀热辽抗日军民在长期艰苦斗争中结下了鱼水般的革命情谊，军爱民、民拥军已成为广大军民的自觉行动。为加强对“双拥”工作的领导，冀热边特委和行署于1943年底发出《关于发动拥政爱民，拥军优抗的指示》，冀热辽区党委于1945年1月25日再次发出《关于拥政爱民和拥军优抗工作的指示》。按照区党委指示，各级党委加强统一领导，从部队到地方掀起规模空前的“双拥”热潮，拥军模范、烈军属模范、战斗英雄到处涌现。3月中旬，冀热辽区召开首届群英大会，李运昌、张明远、朱其文等出席大会，并向吴凯素等100多名“双拥”模范和战斗英雄发奖。随后各级也举行了群英盛会，将“双拥”工作再次推行高潮。“双拥”工作的广泛开展，更加增进了军政军民的团结，坚定了夺取抗日战争最后胜利的决心。

1944年7月，中共中央发出在冀东建立冀热辽区党委和冀热辽军区的指示，9月晋察冀边区政府发布设置冀热辽行署的命令。因冀热辽战争仍很激烈残酷，冀热辽党政军机关未能立即组成。1945年初，冀热辽区抗战形势好转，冀热辽党政军领导机构进行了改组。1月，冀热辽区党委、军区、行署机关先后成立。李运昌任区党委书记、军区司令员兼政委，李楚离任区党委副书记、军区副政委，张明远任行署主任，朱其文任行署副主任，詹才芳任军区副司令员。将原来的第一至第五区委、行署，按晋察冀统一序列，改为第十四至第十八地委、专属，设五个军分区。将各地区队升编为主力团，县基干队改称县支队。整编后，冀热辽区共有九个主力团、23个县支队。

1944年以后，日军在太平洋战争中节节败退，中国各解放区战场开始局部反攻，但冀热辽区因所处的特殊战略地位，日本侵略者不断增兵，到1945年2月进驻冀热辽区的日伪军总兵力达到17万余人。针对这种形势，冀热辽区党委领导根据地军民实行全民总动员，在长城以南地区，先后开展打日本宪兵（即北特警）战役和打伪满军战役，粉碎了日军在冀东“集家”计划，稳住了长城以南地区的形势。接着又根据晋察冀军区统一部署，从1945年5月开始，进行了以挺进热辽为中心的扩大解放区战役。战役在南北两线展开，以北线出击热辽为主。第十四、十五、十六军各组成一个包括主力部队、各县党政干部工作队在内的挺北支队，分西、中、东三路向热河、辽西地区出击，摧毁“人圈”，恢复建立抗日政权。南线，各军分区和县游击队相配合，分头向北平、天津、唐山、秦皇岛、山海关方向和北宁铁路沿线出击。到1945年7月，冀热辽区的抗日县政权发展到31个，武装部队发展到三万余人，为大反攻创造了条件。

## 夺取抗日战争的最后胜利

1945年，世界反法西斯战争和中国的抗日战争形势发生了根本变化。8月8日，苏联政府对日宣战。次日，苏联军队沿中苏、中蒙边境，向日本关东军大举进攻。9日，毛泽东发表《对日寇的最后一战》，号召“中国人民的一切抗日力量应举行全国规模的反攻”。11日，八路军总部连发七道命令，命令各解放区部队立即行动，向日本占领区进军。

冀热辽区党委和军区收到延安总部的命令后，即刻通知分散在各地活动的主要负责人，于8月13日、14日在丰润大旺庄召开区党委紧急扩大会议，决定组成以李运昌为首的冀热辽区党委东进工作委员会和冀热辽军区前方指挥部，率主力出关，配合苏军作战、受降；由张明远代理区党委书记和军区副司令员詹才芳负责指挥长城以南地区的反攻。

热河是东北的屏障，也是东北连接华北的枢纽，争取东北，必须首先控制热河。因此，冀热辽区党委决定分兵三路，一路向辽宁进军、两路向热河进军。会后，抽调2/3的兵力计八个团、三个支队和四个地委书记、大批地方干部共1.5万余人，于8月19日，分东、中、西三路向辽宁、热河进军。西路，由十四地委书记李子光、军分区司令员舒行率2000人进入热河，收复热南、热西各县，进入承德与苏军会师；中路，由十五军分区司令员赵文进率领3000余人，向热河中部、东部推进，在平泉与苏军会师；东路，由十六军分区司令员曾克林率领4000余人，由义院口、九门口出长城，在绥中车站与苏军先遣分队会合，然后回师攻克山海关。

9月6日，李运昌率二梯队5000余人，与苏军主力会师后，于14日到达沈阳。同日，曾克林与苏军代表飞赴延安。15日，曾克林在中共中央政治局会议上，将冀热辽部队进军热辽地区情况和沈阳地区的形势作了详细汇报，为中共中央作出“向北发展，向南防御”的战略决策，提供了重要依据。此后，冀热辽区党委东进工作委员会在东北局领导下，开始了大规模接管工作，建立革命政权，发展部队，恢复社会秩序。到10月，接收了热河、辽宁两省和吉林、黑龙江两省的部分地区。

长城以南的冀东地区，在反攻初期，各县区游击队、民兵就地围攻小据点，军区主力围攻唐山。后由于形势的变化，根据晋察冀军区命令，分兵进攻各县城。到10月，除秦皇岛、昌黎、滦县、唐山、武清等北宁铁路线上几个孤立据点和通县城以外，冀东广大城乡均告解放。

冀热辽军民反攻受降取得了重大胜利，冀热辽区已由原来的五个专区600多万人口，发展到九个专区、70多个县、1900万人口，主力部队由反攻前三万多人，发展到13.8万人。至此，彻底实现了抗战之初中共中央关于建立以燕山山脉为中心的抗日根据地的战略计划，冀热辽抗日根据地完成了历史任务。

冀热辽抗日根据地，在八年全国抗战中经常牵制敌人兵力十万左右，抗击、粉碎了日伪军千人以上的大“扫荡”65次（其中兵力在一万至六万人的26次），累计歼灭日伪军十万余人，有效地配合了全国抗战。在1945年的反攻作战中，冀热辽部队率先出兵东北，为中共中央制定“向北发展、向南防御”的战略方针提供了可靠依据；冀热辽解放区的巩固和发展，为华北、华中和山东等解放区十万大军顺利进军东北扫清了障碍、提供了必要的后勤补给，为同国民党争夺东北取得了先机之利。在八年全国抗战中，冀热辽抗日根据地广大军民也付出了巨大代价，全区约30万名同胞被日本侵略者残害致死，有33万名群众被抓壮丁，送往伪满和日本充当劳工；400余万间房屋被烧毁、1242万亩粮田被荒废；数万名共产党员、八路军战士、干部壮烈牺牲。冀热辽抗日根据地和根据地广大军民，为坚持抗战、夺取抗战最后胜利做出了巨大贡献，为辉煌壮烈的中国人民抗战史谱写了一曲永远催人奋进的凯歌。

（王林芳　王芳执笔）

★冀鲁豫八路军进攻八公桥伪军第二方面军总部

# 冀鲁豫边区抗日民主根据地

中国共产党领导的冀鲁豫边区抗日民主根据地，是在中华民族全面抗战中由多块根据地逐步融合而成的，到1945年1月，有人口近2000万，“为敌后最大根据地”。其位于冀、鲁、豫、苏、皖五省结合部境内，除东部有小块丘陵山地外，绝大部分是平原，黄河、卫河、万福河、汶河以及沿京杭大运河一线的东平、独山、南阳、昭阳、微山等湖泊纵横交错其间，但是由于1938年6月河南省花园口黄河大堤被炸开，致使黄河夺淮入海，花园口以下直至入海口的黄河段无水，成为故道，从而造成了南北交通的便利。其处于华北的南端、太行山脉与泰山山脉之间，为中国南北接壤之地和重要通道。其东起津浦、西至平汉、北界德石、南跨陇海四大铁路干线，为联系敌后华中、山东和华北诸根据地、中共中央所在地延安的枢纽。其在八年腥风血雨的全国抗战中，为中华民族的独立和人民大众的解放做出了历史性贡献。

## 开辟平原抗日根据地

卢沟桥事变之后，冀、鲁、豫、苏、皖接壤地带的不同地区的中共组织，发动群众，组织抗日武装，开辟抗日游击根据地，开创了抗日斗争新局面。

在鲁西北，中共组织遵照中共中央、山东省委以及冀鲁豫省委的指示，争取、团结山东省第六区专员兼保安司令范筑先共同抗战，开创了影响全国的抗日局面。范筑先原是西北军军官，为人正直廉洁，具有爱国正义感。早在卢沟桥事变之前，中共中央代表彭雪枫即对范筑先进行争取工作。卢沟桥事变之后，共产党员张霖之、赵伊坪、张维翰、张郁光、姚第鸿等代表党组织帮助范筑先重建政权、收编武装、发动群众抗日，创建了抗日游击根据地。鲁西北平原和河北平原开展的抗日游击战争为平原地区能够进行游击战提供了依据。毛泽东在1938年四五月间依据这两个地区的实践迭次发出了开展平原游击战的指示。在建立抗日武装、开展游击战方面，党组织帮助范筑先建立了约六万人的队伍，其中有一万人是党领导的武装力量。在建立政权方面，党组织帮助范筑先改造、加强政府，使之成为人民的抗日政府，其中，范筑先委任了部分共产党员担任县长。在组织群众团体方面，党组织动员、组织起来的群众到1938年11月达20余万人。在鲁西北抗日游击根据地创建过程中，党组织和进步力量同国民党顽固势力进行了坚决的斗争。1938年11月14日，日军围攻第六区专员公署驻地聊城。15日，聊城失陷，范筑先和张郁光、姚第鸿等700多守城将士壮烈殉国。范筑先殉难后，顽固派疯狂反共、破坏统一战线，致使蓬勃发展的鲁西北抗战局面出现严重危机。为了坚持鲁西北抗战，八路军一二九师一部进入鲁西北，扭转了混乱局势。此时，党加强了领导，于1939年1月成立了中共鲁西区党委，张霖之任书记。

在与鲁西北相邻的泰山西部地区，中共组织于1938年1月1日发动了抗日武装起义，成立了山东西区人民抗敌自卫团，张北华任主席。自卫团一成立，就投身于抗日斗争之中，著名的战斗有夜袭界首火车站，用大刀砍死十多名日军；破坏津浦铁路，颠覆日军列车，毙伤日军20多人，配合台儿庄大战中的中国军队作战。5月，党加强了对自卫团的领导，建立了中共泰西特委，段君毅任书记。特委建立后，整党建军，开始建立抗日游击根据地。1939年1月鲁西区党委成立后，泰西特委改为地委，直属鲁西区党委领导。

在与鲁西北相邻的河北省南部地区（又称直南，因1928年之前河北省称直隶省）以及与直南相连的豫北地区，中共组织于1937年10月成立了中共直南临时特委，刘大风任书记，不久改为直南特委。直南特委一方面创建抗日武装，积极对日伪军作战，一方面与河北省第十区（濮阳）专员丁树本建立抗日统一战线，同时，广泛建立群众抗日救国组织，到1938年底，各种抗日群众团体成员达到30万人。

在与鲁西北相邻的鲁西南地区，中共组织于1937年11月成立了鲁西南工委，不久改为鲁西南特委。1938年7月，鲁西南特委与徐州西北区委合并组成苏鲁豫特委，王文彬、白子明先后任书记。这一时期，党组织在徐州失陷后建立了人民抗日义勇队第二总队。第二总队主要活动在微山湖以西（又称湖西）地区。同时，团结国民党地方军政力量共同抗战。

1938年9月至11月召开的中共扩大的六届六中全会，确定将党的主要工作放在战区和敌后，大力巩固华北、发展华中和华南，同时强调必须坚持党在抗日民族统一战线中的独立自主的方针。根据六届六中全会精神，中央军委决定八路军的三个师的主力，分别进入冀中、冀南、冀鲁豫边、山东地区。于是，一一五师部分部队进入直南、豫北、鲁西南和湖西地区，一二九师一部进入鲁西北地区；1939年3月，陈光、罗荣桓率一一五师师部及主力一部进入鲁西、泰西地区。在八路军主力部队与地方党组织及其领导的抗日武装的共同努力下，以上各地区的抗日斗争和根据地建设进入新阶段。

一一五师师部到达鲁西后，与鲁西区党委联合组成鲁西军政委员会，罗荣桓任书记，统一领导鲁西地区的抗日斗争与工作。罗荣桓于1939年5月提出解决“武装”和“政权”两个根本问题，创建泰西根据地，又于当年8月提出创建鲁西平原根据地。自此，鲁西区的黄河故道以南地区，在一一五师的支撑下，党、政、军、群等各项工作迅猛发展，并于1939年10月建立泰西行政委员会。这期间，鲁西区的黄河故道以北地区，在一二九师的支撑下，开展建党建军建政工作，并于1939年9月成立了鲁西北行政委员会。1939年，八路军部队在鲁西之黄河故道南，进行了著名的陆房胜利突围战，歼灭日伪军1300余人，梁山伏击战，歼灭日伪军400余人；在鲁西之黄河故道北进行了著名的陈贯庄战斗，歼灭日军110余人，魏二庄战斗，歼灭日伪军100余人。1939年九十月间，遵照中央指示，陈光、罗荣桓率部进入鲁南，以杨勇为旅长的一一五师独立旅兼鲁西军区，在黄河故道以南坚持斗争。不久，萧华率部进入鲁西黄河故道南地区。1940年4月，泰西和鲁西北两行政委员会合并成立了鲁西行政主任公署，萧华、段君毅先后任主任。这时，鲁西抗日民主根据地正式形成。1940年，日本华北方面军进行了两期“治安肃正作战”，重点是平汉、津浦两铁路间的根据地。鲁西是敌人“治安肃正作战”的重点地区。从1940年春、夏起，虽然鲁西区八路军部队同邻区兄弟部队连续反击了密切联日、疯狂反共的顽军石友三部，并多次粉碎了日伪军的“扫荡”，但是到年底，根据地还是显现出退缩的迹象。1940年底，鲁西区的八路军部队经过多次整军，统一整编为一一五师教导第三旅兼鲁西军区，杨勇任旅长兼军区司令员，苏振华任旅政委兼军区政委。

六届六中全会前，一一五师多支部队先后进入直南、豫北、鲁西南地区。1939年2月第三四四旅旅长杨得志率部到达后，各部统一整编为八路军冀鲁豫支队，杨得志任司令员。1939年，冀鲁豫支队在直南、豫北、鲁西南大平原上，先后粉碎日伪军三次大“扫荡”，回击顽固派多次武装磨擦，形成了以共产党、八路军为主体的抗战新局面。1940年4月，中共冀鲁豫区党委成立，王从吾、张玺先后任书记，区党委隶属于北方局。至此，直南、豫北、鲁西南的党组织统一了领导。同月，在直南豫北数县抗日民主政权的基础上成立了行政督察专员公署。第二年1月，成立了冀鲁豫边区行政主任公署，晁哲甫任主任。至此，冀鲁豫边区抗日民主根据地正式形成。1940年4月，按照中央指示，建立八路军第二纵队。第二纵队的具体组编在冀鲁豫边区完成。黄克诚任第二纵队政委，同时兼任新成立的冀鲁豫边军区司令员，杨得志任第二纵队司令员。五六月间，按照中央指示，黄克诚率领第二纵队一部南下，杨得志率领留在冀鲁豫边区的第二纵队一部坚持斗争，任纵队兼军区司令员，崔田民任政委。冀鲁豫边区同样是敌人“治安肃正作战”的重点地区。边区军民虽然粉碎了敌人的四次“扫荡”，但是付出了巨大的代价，尤其是在粉碎敌人6月10日的十二路大“扫荡”中损失尤为惨重。

一一五师一部组成的苏鲁豫支队于1938年12月进入湖西地区，之后，同苏鲁豫特委，抗日义勇队第二总队共同开辟湖西根据地。1939年5月，适应发展了的形势，苏鲁豫特委改为区党委，白子明任书记。正当湖西抗日斗争和根据地创建顺利发展之时，自8月起发生了错误的“肃托事件”，致使500多名党政军干部被捕，约300人遭杀害，各级党组织一度瘫痪，各种群众组织几乎解体，部队大批干部受牵连，主力部队减员达1000人，地方武装大部垮台，统一战线遭受破坏，群众的抗日积极性严重受挫。11月，罗荣桓等赴湖西，采取紧急措施，制止了事态的发展。整个“肃托错案”的平反，直到粉碎“四人帮”后才完成。错误的“肃托”，葬送了湖西的有利形势。为了重开抗日局面，1940年7月，建立专署；11月，苏鲁豫区党委改为湖西地委，隶属于鲁西区党委领导，同时，部队整编为一一五师教四旅，地方武装整编为军分区。

1941年1月，八路军鲁西部队在郓城的潘溪渡设伏，歼灭了日军一个加强中队，击毙日军160余人。潘溪渡伏击战一结束，敌人立即作出了报复性反应，进行大“扫荡”，将鲁西根据地分割为数块，致使部队的回旋余地大为缩小。是年3月，华北日军开始推行第一次“治安强化运动”。在冀鲁豫边区，敌人于4月对中心区——沙区展开了大“扫荡”，并在“扫荡”中实行了灭绝人性的“三光”政策。敌人这次“扫荡”，虽然被粉碎了，但八路军第二纵队和根据地都蒙受了重大损失，第二纵队的回旋余地更小了。1941年上半年，鲁西和冀鲁豫边区的形势都在迅速恶化。

## 鲁西、冀鲁豫合并建立冀鲁豫边区抗日根据地

1941年7月1日，经中共中央北方局和八路军总部批准，山东抗日民主根据地的鲁西区和冀鲁豫边区合并为新的冀鲁豫边区抗日民主根据地。

此时的鲁西区，抗日斗争面临着严重的困难。自1941年1月日伪军大“扫荡”后，鲁西区被分割为泰西、运东、范（县）观（城）中心区三块。中心区虽然保留较大的地盘，但西面有顽军数万人搞磨擦，东、南、北面有日伪军加紧“蚕食”、封锁。

冀鲁豫边区抗日民主根据地自1941年4月中心区——沙区遭到了日伪军毁灭性的大“扫荡”后，处境十分困难。

北方局和八路军总部鉴于这种情况，为了统一抗日斗争力量，以利于长期坚持鲁西、冀鲁豫边平原抗日游击战争，决定两区合并。合并后，成立了新的区党委，张霖之任书记；两区所属主力部队编为八路军第二纵队，同时成立军区，杨得志任纵队司令员，崔田民任军区司令员，苏振华任纵队政治委员兼军区政治委员；选举成立新的行政主任公署，晁哲甫任主任。区党委直属北方局领导，第二纵队和军区受八路军总部指挥，同时受第一一五师指挥，行署隶属于晋冀鲁豫边区政府。新的边区党、政、军主要负责人组成了军政党委员会。

新的冀鲁豫边区成立后，区党委召开了全区高级干部会议。会议认为，冀鲁豫边区平原抗日民主根据地，必须坚持，而且能够坚持。会议决定，加强军区工作，大力建设地方武装和人民武装；主力部队摆脱顽军钳制，推向边沿区展开反“蚕食”、反封锁斗争，力争军事斗争的主动权。

历经7月中旬至10月上旬为期三个月的边沿区反“蚕食”、反封锁斗争，迟滞了日伪军的“蚕食”、封锁和分割，一度缓和了严峻的局势。但因日伪军使用重兵实施“蚕食”、封锁，加之大股顽军的疯狂进犯，以及反动会道门的暴乱，局势又很快恶化起来。

进入1942年，八路军第二纵队和冀鲁豫边军区吸取以往对敌斗争的经验和教训，决定组建小型的、与地方党政密切协同的游击支队，进入到接敌区和敌占区去展开反“蚕食”斗争，派遣主力部队到主要交通线上进行反封锁斗争。经过上半年的艰苦斗争，迟滞了日伪军的“蚕食”，打击了日伪军在敌占区和接敌区的殖民统治，争取了时间，保存、积蓄了抗日力量。夏秋之际，青纱帐起，八路军第二纵队和冀鲁豫边军区地方武装立即乘机展开军事、政治攻势，拔除日伪据点，恢复、扩大根据地。在整个夏秋季攻势中，共拔除日伪军据点50处，歼灭日伪军1000多人，打通了中心区与其他区的联系，开辟和扩大了部分根据地，同时鼓舞了敌占区群众抗战胜利的信心。

从1941年12月至1942年8月，冀鲁豫边区根据中央指示，进行了两次精兵简政，转变组织形式。第一次精简，主要是对部队，重点是在团以下单位。精简的结果，团的机关更加精干，连队人员得到充实。第二次精简，取消了边区军政党委员会，全边区各项工作统一于区党委的领导之下；取消了八路军第二纵队番号，全边区各种武装力量统一由军区指挥，杨得志任军区司令员；主力部队教三旅、教七旅兼所在地区的军分区；缩减军区机关，加强旅和军分区的供给、卫生机关；在部队中裁减老、弱、残人员，减少马匹；在地方党、政、群各机关压缩编制。这次精简，加强了边区党和武装力量的统一领导，使党、政、军、群机关更为精干，办事效率有所提高，还节约了大量经费，但也出现了没有适当安排被精减下来的人员等某些偏差，不过很快即加以纠正了。

1942年9月27日，日伪军对冀鲁豫边区进行了一次大规模的、长时间的、残酷的、"铁壁合围"式的"扫荡"。敌人"扫荡"的目的十分明确，即消灭边区领导机关和主力部队，彻底摧毁这块平原抗日民主根据地。敌人使用兵力达一万多人，另配有十多辆坦克。其首先兵分八路突然合围濮（县）范（县）观（城）中心区。区党委、军区、行署等领导机关得到情报后迅速向外线转移，脱离险境，主力部队的大部分也及时跳出敌人的合围圈，但少部分遭敌合围，经过艰苦战斗才突出重围。敌人合围中心区后又"清剿"了三天，接着转向昆（山）张（秋）地区进行合围，致使昆张地区全部由抗日民主根据地变为敌占区。10月下旬，日伪军又合围边区的泰西、运东、直南、豫北地区，合围之后进行"清剿"和"蚕食"。

1942年12月20日，日伪军一万多人又对湖西抗日民主根据地进行"拉网合围"大"扫荡"。湖西军民虽然粉碎了敌人围歼党、政、军领导机关和主力部队的图谋，但专署机关遭到严重损失，专员李贞乾等壮烈牺牲。

由于日伪军连续对冀鲁豫边区进行"扫荡""蚕食"和分割、封锁，使边区的大部分变成"格子网"，尤其以泰西和湖西最为严重。据1942年底统计（缺湖西），边区内有日伪军据点、碉堡1098个，日军约6300人，伪军六万多人，均比上年增多，中心区的四周基本被敌人占据。夏秋季一度缓和的局势又一次变得十分严峻。

在冀鲁豫边区抗日民主根据地最艰苦、最困难的关键时刻，中共中央领导人和北方局多次做出重要指示。1942年6月30日，北方局发出《对目前冀鲁豫工作的指示》，指出“发动群众，是当前最主要的任务，是开展一切工作的中心环节，只有更进一步依靠群众，才能克服边区目前存在的严重危险”。9月中旬，刘少奇由山东返回延安途经冀鲁豫边区。他在听取边区党委的工作汇报之后指示：对敌斗争不要轻易搞大兵团作战；对伪军要以政治瓦解和争取为主；要巩固抗日民主根据地，就必须放手发动群众，开展减租减息运动；各级领导必须树立牢固的群众观点。10月20日，北方局再次发出《对冀鲁豫区党委、军区工作指示》，正确地分析了边区当时的形势和评估了边区过去的工作；科学地阐述了巩固边区的工作；全面地确定了对日、伪、顽、匪、会门的斗争策略。北方局同时决定调原冀中区党委书记黄敬任冀鲁豫边区党委书记。

黄敬于11月至12月主持召开了边区高级干部会议并作了《边区的形势与任务》的报告。报告转述了北方局确定的边区工作的基本方针，即“抓紧目前短暂时机，进行巩固根据地的工作，拆散伪、顽、匪、会门与日伪军的联合，尽可能缓和其对我们的关系，保存与积蓄力量，为反攻与建国完成一切应有的准备”。报告指出，边区的中心任务是发动群众，切实开展民主民生斗争；改造区、村政权，进行初步的财经建设，是巩固根据地的又一重要任务；军事斗争和武装工作的方针，是开展高度分散的敌后游击战争，实行敌进我进，扭转对敌斗争的被动局面；对于日、伪、顽、匪、会门的策略，应从坚持长期抗日战争和坚持抗日民族统一战线的立场出发，拆散他们的联合。军区政治委员苏振华在会上就小部队建设问题作了报告。会议统一了边区党的认识，确定了正确的工作指导思想和方针，以及对敌斗争的策略原则。这次会议，标志着冀鲁豫边区抗日民主根据地的建设和对敌斗争进入了一个新的阶段。

会议结束时，边区实现了党的一元化领导和第三次精兵简政。主要内容是：撤销各部队中的军政委员会，由区党委、地委、县委书记兼任同级部队的政治委员；调整了区党委、军区、行署的领导班子，黄敬任区党委书记兼军区政治委员，杨得志任军区司令员，晁哲甫任行署主任；加强地委一级的领导；实行主力部队地方化，取消旅的番号，统一于军区建制；彻底精兵简政。实行党的一元化领导，使边区党组织在思想、政治一致的基础上，又从组织上保证了集中、统一的领导。实行彻底精简，克服了机关臃肿的毛病，适应了广泛开展游击战争的要求，节约了财政支出。

1942年底边区高干会议之后，全边区军民，在军事方面，贯彻“敌进我进”方针，广泛开展群众性的游击战争；在群众工作方面，深入发动群众，开展民主民生运动；在根据地建设方面，开展生产救灾，加强财政经济建设，从而使根据地的各项工作和对敌斗争出现了新局面。

1943年夏季，八路军冀鲁豫边军区部队乘“青纱帐”起时，向大股伪军文大可部和杜淑部发起了进攻。

7月5日，向盘踞在朝城南部一带的伪暂编第31师文大可部发起进攻。战役历时七天，攻克敌据点、碉堡77处，毙、伤敌官兵200多人，俘敌官兵530多人，缴获大批武器、弹药。此称朝南战役。

7月30日，又向盘踞在卫河以南的滑县和长垣一带的伪暂编第6军杜淑部发起进攻。至8月19日战役胜利结束，共歼灭伪军5600多人，收复和开辟了卫河以南地区，缩小了敌占区。此称卫南战役。

在卫南战役尚未结束时，八路军太行军区和冀南军区部队发起了林（县）南战役。战役历时九天，歼灭日伪军7000多人，击落日军飞机一架，缴获大批武器，攻克据点80多处，收复了有约40万人口的广大地区。

冀鲁豫边区和太行区抗日民主根据地军民发起的卫南和林南战役，连同山东抗日民主根据地于1943年冬进行的反“扫荡”与发起的攻势作战，揭开了局部反攻的序幕。

## 在攻势作战中根据地更加巩固和扩大

1943年“青纱帐”落的秋冬之交，日军经过周密计划，决定对冀鲁豫边区进行大规模“扫荡”，摧毁这片平原抗日民主根据地，并乘机抢掠秋粮，充实物资储备。

日军秋季大“扫荡”自9月21日开始，先湖西，再鲁西南，尔后扑向濮

（县）范（县）观（城县）中心区，最后“扫荡”沙区和泰西，于11月13日结束。日伪军这次“扫荡”，规模之大，时间之长，意图之狡诈，在边区是空前的。然而，由于边区八路军主力部队和地方武装、人民武装采用外线出击与腹地斗争相结合的方式，积极主动反“扫荡”，取得的胜利也是空前的，共进行大小战斗300多次，攻克和驱走敌据点、碉堡74处，毙、伤日伪军1374人，俘日伪军2746人。

粉碎日伪军秋季大“扫荡”之后，八路军冀鲁豫边军区决定采用“牛刀子钻心”战术，奔袭伪第二方面军孙良诚总部八公桥。经11月16日至17日两天激烈战斗，全歼伪孙良诚总部直属队，毙、伤数百人，俘3000多人，八路军部队又乘胜拔除敌据点100多处，歼敌数千人，取得了重大胜利。

奇袭八公桥获胜不久的11月26日至翌年1月13日，中共冀鲁豫边区党委在观城县红庙村举行了高级干部会议。

会议之前，中共中央鉴于冀南抗日民主根据地对敌斗争形势严峻，为统一和增强对敌斗争力量，决定成立中共中央冀鲁豫分局，统一领导冀南、冀鲁豫边两区的工作。1944年5月，两区进一步合并，成立了军政党委员会和新的军区，黄敬任分局书记兼军区政治委员，宋任穷任军政党委员会书记兼军区司令员。两区行署于1944年6月合署办公，1945年5月合并为统一的行署。

边区高干会议总结了1943年的工作，认为这是转折的一年，胜利的一年，根据地巩固、恢复和部分地区有所发展的一年。会议根据中共中央制定的十大政策和北方局的指示，提出了四大任务，即开展全面的对敌斗争，继续发动、深入开展民主民生运动，开展大生产运动，进行深入的整风与时事教育、审查干部。

八路军冀鲁豫边军区部队自1944年春开始，进行了一系列的攻势作战。开展春季攻势，发起昆（山）张（秋）战役，歼敌1200多人，拔除敌据点、碉堡50多处；进行清丰战斗，毙日军官兵七人、伪军200多人，俘日军七人、伪道尹等官员40多人、伪军1300多人；其他地区还歼灭了大量日伪军，摧毁了部分敌据点、碉堡。开展夏季攻势，歼伪鲁西南防共自治军兼郓城县县长刘本功部2600多人，攻克据点37处；同时，各地在保卫麦收战斗中歼灭部分敌人。开展冬季攻势，攻克敌县城两座、据点十多处。1944年，全边区共对敌作战3604次，攻克据点、碉堡395处，毙、伤日伪军16037人，俘日伪军32956人，收复县城七座，使根据地面积比1943年扩大一倍多。

1945年春夏，八路军冀鲁豫边军区部队响应中央“扩大解放区，缩小沦陷区”的号召，连续发动攻势作战。4月24日至27日，进行南乐战役，歼灭日军35人，歼灭伪军3400多人，攻克据点32处。5月17日至19日，进行东平战役，歼灭日军一个小队，歼灭伪军1000多人。7月20日至26日，进行阳谷战役，歼灭伪军2300多人。边区各地在攻势作战中也歼灭了敌人大量有生力量。

在对敌展开攻势作战的同时，冀鲁豫边区加强了敌占城市和交通要道工作，为将来的战略大反攻准备条件。

冀鲁豫边区的民主民生群众运动，自1944年4月进入了大胆放手，发动群众，深入开展的新阶段。1945年3月至6月，北方局代理书记邓小平到边区指导群众运动，发表了“六六讲话”，使民主民生运动沿着健康的轨道向前发展。民主民生运动极大地调动了广大农民的积极性，边区开展起轰轰烈烈的大生产运动。大生产运动，带来了农业大丰收和手工业、军工业大发展，消除了根据地内的灾荒，改善了军队和群众的生活，安定了社会秩序，为夺取抗日战争的最后胜利提供了物质保证。随着对敌斗争的不断胜利和根据地的巩固、扩大，边区进一步加强抗日民主政权建设。在政权建设中，主要是根据“三三制”和民主原则，健全各级政权，同时加强财政、司法和教育等各项社会事业建设。

冀鲁豫边区抗日民主根据地，到1945年1月时，已发展成为敌后最大抗日民主根据地，有人口近两千万。在根据地大发展中，边区党组织的整风运动，在经历了1942年、1943年两个阶段之后于1944年进入了第三阶段，到1945年6月结束。通过历时四年的整风运动，全体党员，特别是党员干部，得到了丰厚的收获：一是联系实际学习毛泽东思想，使整风运动成为一次普遍的马列主义、毛泽东思想的教育运动；二是运用整风文件中的立场、观点和方法来解剖自己、检查工作，促进了党员干部世界观的转变；三是整风密切结合对敌斗争和根据地建设，促进了根据地的巩固和发展；四是正确掌握批评和自我批评的武器，达到了治病救人、团结同志的目的。

1945年7月26日，中、英、美三国政府发表《波茨坦公告》，勒令日本政府立即宣布所有日本武装部队无条件投降。但是，日本政府拒绝接受公告。8月6日，美国向日本的广岛投下第一颗原子弹。8日，苏联政府对日本宣战，同时宣布参加《波茨坦公告》。9日，苏联百万红军发起进攻。同一天，美国向日本的长崎投掷第二颗原子弹。盟军对日本采用的这些行动，大大加速了中国人民抗日战争最后胜利的到来。

就在9日这一天，中共中央主席毛泽东发表《对日寇的最后一战》的声明，命令八路军、新四军及其他人民抗日军队在一切可能的条件下，对一切不愿投降的日伪军实行广泛的进攻。10日，八路军总司令朱德发布大反攻第一号命令。11日，延安总部又连续发出第二号至第七号命令，令各路反攻大军向预定作战地区进发。

面临灭顶之灾的日本军国主义于8月10日发出乞降照会。14日，日本天皇裕仁决定接受《波茨坦公告》，并颁发《停战诏书》。15日，日本政府向全国广播了天皇的《停战诏书》。

八路军冀鲁豫边军区部队，于8月中旬组成了南、北、中三路大军，向日伪军展开大反攻。至9月底，经过一个半月的大反攻作战，边区内除兖州、济宁、嘉祥、巨野、郓城、菏泽、东明、聊城等尚为敌人盘踞外，在东起津浦铁路、西到平汉铁路，北达德石铁路、南跨陇海铁路，包括水东地区在内的纵横千里的广大平原上，解放了75座县城。边区军民同全国人民一起，夺取了抗日战争的最后胜利。

（丁龙嘉执笔）

★八路军一一五师和山东纵队粉碎日军的九路围攻

# 山东抗日民主根据地

山东抗日民主根据地，是在中共中央的正确路线方针指引下，在中共山东党组织的具体领导和八路军一部分主力部队的帮助下，逐步建立起来的一个重要的敌后抗日战略基地。它是联结华北与华中两大抗日根据地的纽带，是华中抗日根据地同太行山的八路军总部以至中共中央所在地陕北的联系通道。山东抗日根据地的冀鲁边区（后与清河区合并为渤海区），直接威胁着敌人占领的华北大城市天津，是敌我争夺最激烈的地区之一。山东抗日根据地东濒大海，南接陇海铁路，津浦、胶济两铁路线纵横其间，是控制南北和东西交通以及袭扰敌海上运输的要地。境内地形复杂，有泰山、鲁山、沂山、蒙山、天宝山、昆嵛山等山区，西部和北部处于黄河下游冲积平原，运河贯通南北。对于山东抗日根据地的创建，中共中央、毛泽东一再指出，山东抗日游击战争战略意义重大，要建立巩固的山东抗日根据地，使之成为八路军在敌后的重要战略基地。

抗战前夕，山东拥有15.3万多平方公里的土地，3800余万人口。山东人民勤劳勇敢，具有悠久的御外侮、抗强暴的光荣传统。抗日战争爆发后，中共山东省委根据中共中央的指示，组织各种抗日救亡团体，开展了抗日救亡运动。日本侵略军侵入山东后，省委便发动了全省性的抗日武装起义，组成了若干支抗日武装，开辟了一些活动基地。八路军一一五师和一二九师一部相继入鲁后，与山东纵队一起，逐步创建了以一个省区为基础的山东抗日根据地。1941年7月，冀鲁豫、鲁西两区合并，划为冀鲁豫边区（原属鲁西区的湖西地委仍归山东分局领导，至1942年10月划归冀鲁豫边区）。到抗日战争胜利结束时，山东抗日根据地辖有鲁中、鲁南、滨海、渤海、胶东五个战略区，控制了12.5万平方公里的土地，拥有2400万人口。

## 组织抗日武装，初步创建抗日根据地（1937 年 7 月至 1938 年 12 月）

抗日战争全面爆发后不久，中共山东省委书记黎玉赴延安汇报工作后返回山东，即在济南召开省委紧急会议，研究了如何领导山东人民进行抗日的问题。会议决定发展抗日民众团体，组织抗日游击武装。之后，山东省委根据中共中央关于在敌后放手发动群众，独立自主地开展游击战争，建立敌后抗日根据地的战略决策和中共中央北方局提出的“每一个优秀共产党员，应该脱下长衫到游击队去”的号召，制定了发动抗日武装起义和组织抗日武装的十条纲领，提出建立十个军的宏伟规划。在此前后，省委即以各地党组织领导成员为核心，以党员、民先队员、延安派来的红军干部及平津流亡学生为骨干，精心地配备了力量，团结各阶层爱国人士，不失时机地在全省各地发动了抗日武装起义。10月底，中共山东省委机关从济南转移至泰安，并于1938年1月1日直接组织领导了徂徕山抗日武装起义。

山东各地抗日武装起义和抗日武装的组建，是随着日军逐步入侵而发动和扩大起来的。1937年10月初，日本侵略军侵入山东，逼近济南，抗日战争的烽火在山东大地燃烧了起来。山东人民在中共山东党组织的领导下，竖起了抗日武装起义的大旗，纷纷加入抗日斗争的行列，建立起数十支大大小小的抗日武装，同日本侵略军展开了殊死的斗争。

当日军入侵鲁北地区时，中共鲁北特委即根据省委的部署，趁敌人立足未稳，在原来组建的抗日群众团体的基础上，发动抗日武装起义，组成了“华北民众抗日救国军”。这是党在山东组建的第一支抗日武装。10月，中共鲁西北党组织独立组建了堂邑县第一游击大队（后编为与中共合作抗战的范筑先部的十支队）。他们还认真贯彻抗日民族统一战线政策，争取国民党政府山东省第六行政区专员兼保安司令范筑先，在聊城地区坚持抗战。中共山东省委即派省委委员张霖之等到范部，同已在范部工作的张维翰、姚第鸿等一道，协助范筑先收编了当地的一些游杂武装，建立了30多个支队，共有数万人，开创了鲁西北的抗日局面。

山东其他各地的中共党组织，也都按照省委的统一部署，抓紧有利时机，纷纷发动抗日武装起义，组成了一支支抗日武装力量，在胶东，文登天福山起义后，组成了“山东人民抗日救国军第三军”；掖县人民抗日武装起义后，组成了“胶东抗日游击第三支队”。在鲁东，在长山、桓台、临淄三县交界的黑铁山和潍县北部、寿光县牛头镇等地起义后，分别组成了“山东人民抗日救国第五军”和“八路军鲁东抗日游击队第七、第八支队”。在鲁中，由中共山东省委直接领导了徂徕山抗日武装起义，组成了“八路军山东抗日游击第四支队”。在泰西，由张北华领导的一支群众自卫武装在夏张镇起义后，组成了“山东西区人民抗敌自卫团”；沂水、莒县党组织在当地组建的武装，合编为“八路军山东抗日游击第四支队第六大队”。中共鲁西南工委在单县、金乡一带，也组织了抗日武装。中共苏鲁豫皖特委还分别在鲁南、苏北和湖西地区发动抗日武装起义，组成了“苏鲁人民抗日义勇队第一总队”和“第二总队”。此外，有一些地方的共产党员和爱国进步人士，也相继组织了抗日武装，分别加入了上述的一些部队。这些抗日武装起义部队的组建，为山东抗日根据地的创立打下了基础。

山东各地人民抗日起义，武装组建之初，不少是数十人、百余人、几百人，武器只有少量钢枪，大多是土枪、土炮，还有大刀、长矛。这些起义武装，虽然数量少、武器差，但一开始就采取各种灵活的斗争方式，英勇地打击敌人，摧毁伪组织。例如：黑铁山起义武装，在小清河伏击日军汽艇，击毙敌官兵12人；天福山起义武装突袭牟平城，摧毁伪县政府，并在雷神庙与日军直接作战；徂徕山起义武装，先后在寺岭、四槐树的公路上伏击敌人；泰西起义武装夜袭津浦路的界首镇，杀伤了敌人，缴获了武器。通过这一系列的战斗，共产党发动和领导的抗日武装取得了人民群众的信任和爱戴，很快发展壮大起来。各地抗日武装成为一支支有一定装备的数百人、数千人的队伍，开展敌后游击战争，进行大小战斗百余次，攻克县城十余座。从而大大鼓舞了广大人民抗战的斗志，增强了抗战必胜的信心。

1938年3月，国民党政府军进行了临沂、滕县保卫战，并在台儿庄一带与日军展开激战，取得了台儿庄战役的大胜利。中国共产党领导下的各抗日武装部队，积极配合正面战场国民党政府军的作战。在台儿庄战役期间，泰西、冀鲁边、清河区的抗日游击队，分别破袭津浦铁路北段和胶济路西段，炸毁公路、桥梁，攻克庆云、乐陵县城。山东西区人民抗敌自卫团政治部主任远静沧，在配合台儿庄战役的作战中英勇牺牲。

在各地抗日武装对敌斗争不断取得胜利的基础上，开始在胶东的蓬（莱）黄（县）掖（县）和平（度）招（远）莱（阳）掖（县）边区，鲁中的莱芜、博山、沂水和新（泰）莱（芜）蒙（阴）边区，泰西的大峰山和平阿山区，滨海的诸（城）、日（照）、莒（县）山区，鲁南抱犊崮山区的东部和东南部，鲁东的淄博山区以北和小清河以南的地区，冀鲁边区的乐（陵）、庆（云）、南（皮）地区，湖西的单县、金乡和丰（县）、沛（县）、萧（县）、砀（山）一带，鲁西的冠（县）、馆（陶）、丘（县）地区和莘县，分别建立了抗日行动基地。

中共中央对山东的抗日武装斗争极为重视。1938年5月，中共中央派郭洪涛任中共山东省委书记。随后，中央决定将山东省委扩大为苏鲁豫皖边区省委，郭洪涛继任边区省委书记。边区省委根据中共中央提出的要大量发展山东抗日武装，建立民主政权，创建山东抗日根据地，使山东成为八路军在敌后的一个战略基地的指示，制定了发展山东游击战争，在全省范围内建立抗日根据地的规划。其主要内容是：以当地建立的抗日武装为骨干力量，从部队抽调干部以建立和充实地方共产党组织，发动群众，着重取得区乡政权；在鲁中创立以沂蒙山区为中心的抗日根据地，向北以淄博山区为依托开创清河地区抗日根据地，向南发展开创抱犊崮山区抗日根据地，向东发展开创沿海地区抗日根据地；在津浦路西创立梁山泊和微山湖抗日根据地；在胶东创立以大泽山为中心的抗日根据地。从此，在共产党的领导下，山东开始有计划地创建和发展抗日根据地。

在敌后建立抗日根据地，需要有一支在政治和军事素质上坚强的抗日部队，山东各地在抗日武装起义的基础上建立起来的游击队，还未达到这个水平。在这种情况下，中共中央及时派八路军主力一部来山东。1938年5月19日，毛泽东电示十八集团军总部及中共中央长江局，指出："山东方面已开展起游击战争，那边民枪极多，主要派干部去，派一两个营作基干更好。"7月，八路军一一五师第五支队和一二九师津浦支队挺进冀鲁边区，加强了该地区的抗日武装力量，改变了该地区的局面。9月，萧华率一一五师三四三旅机关部分人员到达冀鲁边区，组成了八路军东进抗日挺进纵队，开辟与扩大了以乐陵、宁津为中心，包括沧县、盐山、庆云、南皮等县的平原抗日游击根据地。在9月召开的扩大的中共六届六中全会上，毛泽东又提出："派兵去山东。"12月，中共中央军委决定一一五师主力挺进山东。下旬，一一五师三四三旅六八五团（改番号为苏鲁支队）到达湖西地区，当即袭击了伪救国军第一军王献臣部，歼其主力千余人，迅速打开抗日局面，逐步建立起湖西抗日根据地。随后，该部又改称为苏鲁豫支队，向豫皖北部发展。

1938年12月，遵照中共中央和北方局的指示，成立了八路军山东纵队，由山东各地抗日起义武装组成（鲁西、冀鲁边除外），下辖若干支队，全军2.4万余人，张经武任指挥，黎玉任政委。从此，山东的人民抗日武装成为一支有统一领导、统一指挥、统一编制的部队，它标志着山东人民抗日武装，由若干分散的游击队发展成在战略上统一指挥的游击兵团。此后，山东纵队与相继来鲁的一一五师主力一起，肩负起开辟和坚持山东抗日根据地的重任，更广泛深入地开展抗日游击战争。

1938年底，中共苏鲁豫皖边区省委改为山东分局，由郭洪涛、张经武、黎玉为委员，郭洪涛任书记。分局的成立，加强了建立和坚持山东抗日根据地的领导工作。

## 加强军政建设，开辟和发展抗日根据地
## （1939年1月至1940年12月）

日军占领武汉、广州后，中国的抗日战争形势发生重大变化。日本侵略者被迫改变“速战速决”的战略方针，基本上停止了正面战场的进攻，加紧对国民党政府的诱降，而把大部主力转向敌后战场，以确保其占领区。

1939年1月初，中共山东分局召开了特委和支队领导干部会议，着重分析了抗战形势，研究开辟抗日根据地和部署向苏北地区发展的问题，决定在山东纵队和支队两级建立后方司令部，加强县区地方武装的建设。会后，山东纵队即派出军事干部到苏北地区，以当地的抗日武装为基础，成立了“陇海南进游击支队”。

1939年3月，罗荣桓、陈光率一一五师三四三旅六八六团到达鲁西地区，首战郓城西北的日伪军据点樊坝，歼灭伪军一个团。5月继续东进泰西，取得陆房突围战斗的胜利。8月在梁山歼灭日军300余人。9月，萧华率一一五师东进抗日挺进纵队主力分批从冀鲁边区到达鲁西，加强了鲁西区的抗日武装力量。9月至10日，陈光率一一五师师部、随营学校、六八六团及特务团越过津浦路，进入抱犊崮山区，加强了鲁南的抗日军事力量。八路军主力部队来山东，不仅对山东纵队的正规化建设做出了重要贡献，同时增加了一支震慑敌人、鼓舞人民、开创山东抗日根据地的骨干力量。一一五师入鲁后，在山东纵队和各地方武装配合下，开辟与扩大了冀鲁边、鲁西、泰西、湖西、鲁中、鲁南等抗日根据地。

山东分局、八路军一一五师和山东纵队，根据中共中央关于开辟新区、建立抗日根据地的指示，于1939年四五月间，派陇海南进支队和苏鲁豫支队主力一部，向苏北和陇海铁路南挺进，开辟了津浦路东、陇海路南之宿迁、睢宁、泗县、灵璧地区，建立了苏皖边区抗日根据地。同时，山

东分局还派了一批干部到苏北、皖北地区开展工作，建立了中共苏皖区党委。

为团结抗日，中共山东组织坚决执行抗日民族统一战线政策，对一切抗日的阶级、阶层、党派、团体和军队实行联合，共同抗击日本侵略军。早在1938年即派干部到聊城，争取团结国民党政府山东省第六行政区专员兼保安司令范筑先将军共同抗日。范筑先在守卫聊城战役中壮烈牺牲后，根据鲁西北抗战形势的需要，以共产党领导的第十支队为主，在北馆陶组建了筑先抗日游击纵队，在以冠县、馆陶、丘县为中心的平原地区继续坚持抗日游击战争。在此期间，山东党组织还主动联合一度来山东的国民党第69军石友三部和在山东的一些地方实力派，如胶东的姜黎川、鲁南的张里元等，协同作战。

中共山东组织在争取、团结一切抗日力量共同抗日的同时，对国民党少数顽固派、投降派破坏团结、破坏抗战、制造磨擦的行为进行了坚决的斗争。1939年2月5日，国民党山东省主席沈鸿烈在沂水鲁村召开全省军政会议，提出了一些限共反共的主张，遭到共产党、八路军代表的严正驳斥。这次会议后，山东分局根据中共中央2月10日给北方局的指示精神，对沈鸿烈破坏抗日民族统一战线的行径，进行了坚决的抵制和斗争。山东的国民党顽固派秦启荣，在抗战初期，就不断扣留共产党的干部，制造磨擦，限制共产党、八路军的抗日活动。1939年3月30日，他又指使其所属王尚志部，在博山太河镇伏击共产党清河区南下受训干部及护送部队270多人，除护送部队营长吕乙亭等二人当场牺牲、60余人突出重围外，其余全部被囚禁，三支队政治部主任鲍辉、特务团长潘建军、政治部宣传科长邓甫晨等先后被其杀害，制造了亲者痛、仇者快的“太河惨案”。4月中旬，郭洪涛、张经武和黎玉到博山，调动八路军三、四支队各一部进行反击，王尚志部被击溃。

由于中共山东组织正确地维护抗日民族统一战线的方针原则，不仅在根据地内的一些开明士绅、中小工商业者同共产党合作抗日，而且大批名流学者、爱国进步人士也先后来抗日根据地工作，发展了抗日民族统一战线，壮大了抗日力量，推进了开辟山东抗日根据地的工作。

1939年6月，根据十八集团军总部和中共中央北方局的决定，徐向前、朱瑞来山东，建立了八路军第一纵队，以统一指挥一一五师、山东纵队和苏北的部队。徐向前任司令员，朱瑞任政委。不久，郭洪涛调离山东，朱瑞任山东分局书记。

创建抗日根据地，必须建立抗日民主政权。政权问题是革命的根本问题，是抗日根据地形成的主要标志。

1938年4月前后，在胶东的蓬莱、掖县、黄县建立了抗日民主政权，在此基础上成立了北海行政督察专员公署；在冀鲁边区建立了乐陵、庆云、南皮三县的县政权，在此基础上成立了冀南区第六行政督察专员公署。此外，还在鲁西北地区建立了冠县、馆陶、丘县等六个县政权。但是，由于国民党顽固派的种种阻挠，由于对坚持“独立自主”原则和建立抗日民主政权重要性的认识和经验不足，因而在能控制的地区，还没有普遍地把各级抗日民主政权建立起来。随着抗日斗争的深入发展，普遍建立各级抗日民主政权，是当时急需解决的一个重要问题。

1939年5月19日，中共中央书记处《对山东工作指示》中指出：“在政权问题上，应认识无论八路军部队或地方游击队，如无政权则不能发展、巩固与建立根据地。”“已得的政权决不能放弃，并还应努力争取新的县区政权。”5月24日，山东分局根据中共中央的指示作出了加强抗日根据地的建设，加紧建立专署、县、区抗日民主政权的决定。7月，山东分局又发出恢复县、区、乡政权的指示，提出：所建立的政权要保证党的领导，县、区、乡长兼游击大队长、中队长、分队长。在此前后，山东各地中共党组织在莱芜、莱南、博山、淄川、章丘、泰安、益都、新泰、泰（安）宁（阳）、蒙阴、邹平、长山、临淄、曲（阜）泗（水）宁（阳）边和长（山）桓（台）益（都）边相继建立了抗日民主政权。从此，建立与发展民主政权的工作普遍开展起来。

自从一一五师主力入鲁后，山东的抗日武装和根据地都有很大的发展。为了进一步巩固和扩大根据地，1939年12月，一一五师制订了战略计划，创建以抱犊崮山区为中心的鲁南抗日根据地，然后向东北发展，与山东纵队活动地区连成一片，巩固鲁西、泰西根据地，使之成为山东抗日武装独立坚持斗争的阵地。

随着共产党领导的各抗日部队对日作战和反击国民党顽固派、投降派斗争的胜利，山东各战略区发动群众、组织群众、建立政权等各项工作都进一步开展起来。由于形势发展的需要，1940年7月26日，山东省国大代表复选大会，山东省民众总动员委员会成立大会，山东省工、农、青、妇、文化各界总会成立大会和山东省各界救国联合会成立大会的联合大会在沂水南部的青驼寺开幕。大会历时一个月，选举产生了全省的民意机关——山东省临时参议会，进步人士范明枢被推举为参议长；选举成立了全省统一的行政机构——山东省战时工作推行委员会，黎玉为主任委员（当时称首席组长）；还选举产生了工、农、青、妇、文化各界抗日群众团体的负责人。随着山东省战时工作推行委员会颁布的一系列抗日民主政策、法令在全省各战略区推行，政权建设得到进一步加强。到1940年底，先后建立了鲁西、清河两个行政主任公署、12个专员公署和79个县政府，辖有鲁中、鲁南、滨海、胶东、清河、湖西、鲁西、冀鲁边和苏皖边区等地区，人口约1200万，面积3.6万平方公里。山东统一的抗日民主政权的成立和各级抗日民主政权的建立，标志着山东抗日根据地的形成。

遵照十八集团军总部的部署，山东纵队自1939年3月到1940年9月共进行了四次整训。10月，一一五师所属部队进行了整编，统一编为七个教导旅。在此期间，一一五师所属部队和山东纵队基本上完成了中共中央军委规定的扩军和整训计划，一一五师发展到7.6万多人，山东纵队发展到5.4万多人，初步实现了主力部队正规化，地方武装基干化，游击队组织化。

## 克服困难，坚持与巩固抗日根据地（1941 年 1 月至 1943 年 12 月）

1940年11月，日本制定了《处理中国事变纲要》，确定对华作战转入长期持久的战略方针。根据这一方针，从1941年春开始，日军对共产党领导下的抗日根据地进行了全面“扫荡”“清剿”“蚕食”“封锁”，发动了空前残酷的反复大“扫荡”，实行军事、政治、经济、文化和特务活动相结合的“总力战”，大力推行“治安强化运动”。同时，对国民党政府继续采取诱降方针，诱使山东国民党政府的一些军队投敌。在日军、伪军和一些国民党顽固派军队的夹攻和封锁下，山东抗日根据地遇到了严重困难。敌人的“扫荡”次数增加，规模扩大，时间延长。1941年和1942年这两年中，敌千人以上的“扫荡”达70余次，万人以上的“扫荡”九次。尤其是1941年冬，敌使用五万多兵力对山东抗日根据地中心——沂蒙山区进行了残酷的大“扫荡”，采取“铁壁合围”战术，妄图消灭山东抗日根据地的领导机关和主力部队。在这次“扫荡”中，鲁中军民坚持斗争，实行避实就虚的灵活战术，打击敌人，取得了反“扫荡”的胜利，但也遭受了相当大的损失，军民牺牲3000多人，被抓壮丁一万多人，省战工会副主任兼秘书长陈明和德国记者希伯等壮烈牺牲。1942年秋冬，敌又对山东各抗日根据地进行了“拉网合围”大“扫荡”，实行杀光、烧光、抢光的“三光”政策，制造了许多骇人听闻的惨案，根据地遭到巨大损失。

日伪军到处修碉堡、设据点、挖封锁沟、修封锁墙，实施“囚笼政策”，对抗日根据地进行分割“蚕食”，使一些地区被分割成井字、王字、田字形的若干小块。当时的鲁南、泰山区等根据地就被形容为：“东西十几里，南北一线牵”。到1942年底，山东抗日根据地面积缩小到2.5万平方公里，人口减少到730万。

敌人的残酷破坏，加上自然灾害严重，使山东抗日根据地内经济资源大为缩减，人民的衣食和军需用品极端缺乏，军民常以野菜、树叶充饥，生活十分困苦。

中共中央根据当时的形势，提出了“熬过时间，储蓄力量，长期坚持敌后游击战争，准备将来反攻”的方针。据此，中共山东分局号召山东全党、全军、全民咬紧牙关，继续坚持长期作战，坚持与巩固山东抗日根据地，并采取了以下一些对策：

在军事斗争上：实行主力部队地方化，坚持分散性、群众性的游击战的战略方针，强调分散活动，实行敌进我进的“翻边战术”；大力发展民兵，组织武工队，深入敌占区，坚持边沿区斗争；开展政治攻势，与军事斗争相配合，争取和瓦解日伪军。

在统一战线工作上：根据发展进步势力、争取中间势力、孤立顽固势力的策略方针，继续发展抗日民主力量，争取山东的地方实力派，对东北军于学忠部继续采取主动团结的友好态度，对以沈鸿烈为首的顽固派的反共行为，进行有理、有利、有节的斗争。

在政权工作上：为团结组织各阶层人民抗战和适应对敌斗争的需要，贯彻实行“三三制”原则，进一步改善与发展了各级抗日政权。1941年4月，省战工会还决定划小行政区域，增多行政单位，减少行政层次。1943年8月，山东省临时参议会一届二次议员大会召开，总结了三年的工作，通过了《山东省战时施政纲领》，并决定将“山东战时工作推行委员会”改为“山东省战时行政委员会”，黎玉为主任委员，下设民政、财政、教育、公安、工商管理等若干机构。这时的“政委会”实际上已是一个相当完善的领导全山东政权工作的最高行政领导机构。山东抗日根据地内已建立了四个行政主任公署和相当于主任公署的两个直属专员公署，另有18个专员公署，90多个县政府。

在根据地建设方面：从1941年7月起，山东抗日根据地内开展了“十项建设运动”。在敌人积极推行“治安强化运动”、进行“蚕食”“围剿”的情况下，大力巩固和加强根据地的各方面建设事业。山东战时行政委员会发布了有关民政、司法、财政、教育、工商管理等规定，同时加强金融工作，开展对敌货币斗争，发展根据地的对外贸易，改进财经工作，发展文化教育事业，进行抗日根据地的各项建设。

为了克服困难，在抗日根据地内普遍实行了精兵简政。从1941年初至1943年春，先后进行了三次精简，精简后的脱产人员占根据地总人口的2.4%。还开展了大生产运动，发展经济，保障供给，着重发展农业、手工业生产。在大生产运动中，各级领导带头，军队、机关人员一起动手，种田织布，从事生产劳动。这样，不仅使军队、机关人员渡过了难关，而且减轻了群众负担，帮助人民群众解决了严重的生产生活困难。

正当山东军民处于困难时期和山东分局领导对一些重大问题急需统

一思想的时刻，中共中央于1942年3月派刘少奇来山东检查指导工作。刘少奇对山东几年来的工作做出了正确评价，尖锐地指出存在的问题，统一了领导成员的思想，明确了今后的斗争方针。这对扭转山东工作的被动局面，克服当时的困难起了决定性的作用。随后，中共山东分局发布了减租减息、租佃借贷等条例，进行了减租减息试点，在山东抗日根据地内以放手发动群众为中心，广泛深入地开展了减租减息的群众运动，进一步加强了建党、建政、建军、建立人民武装和抗日群众团体的工作，使山东的工作建立在扎实的群众基础上，使山东抗日根据地在同日伪顽的斗争中获得很大发展。

为了加强对敌斗争和各方面工作的统一领导，1943年9月，中共中央决定由罗荣桓任中共山东分局书记兼新建立的山东军区（一一五师和山东纵队合为山东军区）司令员、政委。在山东抗日根据地内还实行主力部队地方化，撤销一一五师、山东纵队所属各旅、各支队的番号，部队编为13个兵员充实、领导坚强的主力团，其余部队编为地方武装，加强地方武装和民兵建设。从此，在中共山东分局的领导下，山东抗日根据地在战略方针、军事建设上达到完全的统一，改进了各方面的工作，极大地加强了对敌斗争的力量。

在此期间，山东分局根据中共中央的部署，开展了以反对主观主义、宗派主义、党八股为内容的党内整风运动。通过整风，使广大党员、干部端正了思想、增强了党性，加强了党内外的团结，提高了党的战斗力，对于克服当时的困难起到了很大作用。

通过一系列有力措施和对敌斗争的胜利，1943年下半年，山东抗日根据地形势有了很大好转。6月，国民党当局命令东北军于学忠部离鲁，令李仙洲率部入鲁。中旬，李部在鲁西南地区向八路军进攻，八路军湖西、鲁南部队进行了坚决反击。7月初，于学忠部自沂、鲁等山区西撤，日伪军企图抢占这些山区。八路军滨海与鲁中部队遵照山东分局、山东军区的部署，打退了伪军张步云、厉文礼、吴化文等部的进攻，不但基本上控制了诸、日、莒山区，与胶东区和鲁中区打通了联系，而且控制了沂山山区全部和鲁山山区一部，极大地改善了鲁中对敌斗争的态势。7月，清河军区在广

（饶）博（兴）蒲（台）中心地区同日伪军展开反“蚕食”斗争，不仅收复了被敌“蚕食”的地区，而且还乘胜南下，收复了1942年被“蚕食”的益（都）寿（光）临（淄）广（饶）四县边区根据地。到1943年底，清河区和鲁南区基本上改变了被敌分割、封锁的局面；清河区与冀鲁边区也已打通联系，并于1944年1月合并为渤海区。山东抗日根据地形势的好转，为1944年春开始的局部反攻打下了基础。

## 局部反攻，到取得抗日战争胜利（1944 年 1 月至 1945 年 8 月）

1944年国际反法西斯战争节节胜利，日本帝国主义为改变在太平洋战场上的困难地位，企图打通中国的平汉、粤汉铁路线，抽调兵力对中国正面战场发动进攻。对山东抗日根据地，日军因迭次进攻受到严重打击，被迫实行兵力“重点”配备，大量利用伪军（在山东伪军已增至20万）驻守据点，防守城镇和交通线，敌我斗争形势发生了新的变化。

根据斗争形势的变化，山东军区于1944年初提出对敌斗争的总任务。坚持抗日根据地，积蓄力量，准备反攻。同时，决定春季发动局部攻势，把大股伪军和深入根据地内较孤立的日伪军作为主要攻击目标，并大力开展政治攻势，分化瓦解敌人，争取伪军起义。

在春季攻势作战中，鲁中军区部队在滨海军区部队配合下，胜利地进行了第三次讨伐伪军吴化文战役，控制了战略要地鲁山山区的大部，并打通了沂鲁，泰蒙各山区间的联系，鲁中形势进一步好转。随后，又开始了夏季攻势。鲁南军区部队进行了讨伐伪军荣子恒战役，全部解放了鲁南重要山区之一的崮口山区。滨海军区部队发起讨伐伪军李永平战役，解放了600余个村庄，巩固与发展了滨海和胶东区的联系。渤海军区部队争取了伪“灭共建国军”第八团王道率领2000余人反正，还攻克了利津县城，扩大了渤海根据地的基本区。

为了胜利地进行局部反攻和迎接大反攻，1944年7月，山东军区召开军事会议，统一作战指导思想，确定在敌强我弱的基本形势未根本改变之前，仍要以坚持分散性的游击战为基本方针，并适当集中兵力进行机动作战，相机夺取深入各战略区之间的较大的日伪据点。同时，军队开展了练兵运动，加强了敌占城市工作。

8月，山东军区指示各战略区发动秋季攻势作战。胶东军区部队在8月18日至9月20日的作战中，共歼灭日伪军5000余人，攻克与迫退敌据点130余处，解放了文登、荣成两个县城和2000多个村庄，使东海、西海、南海、北海的解放区连成一片。渤海军区部队攻克乐陵、临邑、南皮三个县城，扩大了各分区间的联系。鲁中军区部队攻占了沂水城，全歼驻守日军一个多小队和伪军千余人。随后，又在沂水城北伏击日军草野清大队，毙俘日军300余人、伪军1300余人。

在秋季攻势胜利的基础上，山东各战略区又发动了冬季攻势。滨海军区部队攻克莒县城，争取伪军莫正民部3500余人反正，歼灭日军近一个大队，使滨海与鲁中广大地区连成一片。渤海军区部队在惠民以西地区歼日伪军2000余人。胶东军区部队粉碎日伪军5000人的“扫荡”后，解放了栖霞县城。鲁中军区部队向南肃清了临沂、费县两城的外围据点，向北直逼胶济线。

通过一系列攻势作战，不仅使日军受到了重大的打击和消耗，而且消灭了大量伪军，大大削弱了敌人的羽翼，山东抗日根据地也得到了很大扩展。到1944年底，山东抗日根据地的面积比上年扩大了一倍。

在进行局部攻势作战的同时，山东各战略区进一步发动群众，深入进行减租减息运动。到1944年底，山东抗日根据地内的23417个村庄，有63%进行了减租减息，提高了根据地人民群众的生产积极性，出现了参军、参战和武装保卫家乡的热潮，有力地支援了山东的局部反攻。

1944年底，山东分局为贯彻执行中共中央提出的“扩大解放区，缩小沦陷区”的指示，总结了1944年的工作，提出了1945年的任务：继续扩大解放区，包围和孤立敌占大城市、交通要道；发动群众，发展生产和继续深入进行减租减息；加强练兵，加强对敌政治攻势和武工队的工作；开展拥军、拥政和爱民活动等。

根据中共山东分局、山东军区的决定，山东各战略区发动了1945年的春季攻势。鲁中军区部队解放蒙阴县城，毙俘日伪军1300余人。鲁南军区部队攻克泗水县城，全歼守敌。胶东军区部队歼灭伪军赵保原的主力大部，清除了敌在胶东的重要堡垒。滨海军区部队在诸城附近歼敌一部，并争取了伪军张希贤部千余人反正。渤海军区部队解放了东光县城。在这一系列作战中，采取了军事斗争与政治攻势相结合的方针，争取大量伪军起义，创造了十分成功的经验。

1945年，为贯彻中共七大的路线，中共山东分局结合本省的政治形势，提出了山东军民的战斗任务是：争夺与坚持沿海地带及敌人纵深配备地区；在敌人力量薄弱的地区发展攻势，继续扩大解放区。据此，山东军区各部队又发动了夏季攻势。鲁中军区部队歼伪军鲁东和平建国军厉文礼部7000余人，解放了安丘以南、临朐以东、景芝以西的大片土地。胶东军区对盘踞在平度以西、胶河以东勾结日伪军的李德元、阎珂卿等部发起进攻，歼敌3400余人，解放了被其盘踞的全部地区。滨海军区部队在鲁南军区部队的配合下，讨伐伪军梁钟亭部，将其大部歼灭，后向驻码头镇（郯城西）之敌进攻，解放了郯城和码头镇；与此同时，还对盘踞诸城一带的伪军张步云部发起攻击，歼敌5000余人。渤海军区部队进行了蒲（台）滨（县）战役和讨伐伪军张景月部；至7月下旬，渤海区已控有乐陵、利津、沾化、德平、庆云、滨县、蒲台七县城，使各分区连成一片，孤立了敌中心据点惠民。鲁南军区部队在邹县西基本歼灭伪军巩振寰部，8月初又歼灭伪游击第七纵队司令申从周部，活捉申从周。在夏季攻势中，各军区自6月初至8月上旬，共歼日伪军30300余人，扩大解放区约1.1万平方公里。

经过1945年的夏季攻势，山东抗日根据地继续扩大；在山东省战时行政委员会下，已建立了五个行政公署，22个专员公署，127个县政府，850多个区政府，主力部队已发展到23万人，民兵发展到50万人，为大反攻创造了有利条件。

7月26日，中、美、英三国发表波《茨坦公告》，促令日本无条件投降。8月8日，苏联政府宣布对日作战。9日，毛泽东主席发出《对日寇的最后一战》的声明。10日，朱德总司令命令各人民抗日武装部队迅速前进，收缴日伪武器，接受日军投降。11日，中共山东分局、山东军区作出大反攻的决定，将山东部队组成五路大军，向敌占城市和交通要道进军。13日，山东省战时行政委员会改为山东省政府，黎玉任主席，在统一指挥和相互间的密切配合下，山东部队五路大军实行大反攻，共解放县城46座和烟台、威海二市，歼灭日伪军六万多人，缴获了大量的武器装备，主力部队也进一步得到发展。9月2日，日本签署投降书，中华民族伟大的抗日战争取得最后胜利。

在抗战中，山东抗日根据地内的广大人民群众，通过各种方法、方式全力支援战争。广大妇女纺线织布，缝衣做鞋，慰问抗日军队；儿童团站岗放哨、传递信件。尤其山东的民兵、自卫团创造了各种灵活多样的游击战术，打击敌人，涌现了一些英雄村、模范村及于化虎、赵守福等英雄人物。他们还从事侦察警戒、围困据点、打扫战场、拆除碉堡、押送俘虏、运送伤员和物资等各种战勤工作，为抗日战争立下了不朽的功勋，充分表现了人民战争的威力。正如毛泽东主席指出的："兵民是胜利之本"，只有动员群众，依靠群众，才能使敌人陷于灭顶之灾。

八年全国抗战，山东八路军对敌进行2.6万多次大小战斗，毙、伤俘日伪军51万余人，缴获各种枪支20余万支，炮900多门。山东抗日根据地军民还在台儿庄战斗、徐州战役和武汉保卫战中，配合了正面战场的国民党政府军作战。山东民兵进行大小战斗5.2万多次，毙、伤、俘日伪军2.5万多人，缴获各种枪支1.1万多支和大量军用物资。

八年全国抗战，山东抗日根据地军民做出了巨大贡献，同时也付出了重大的牺牲。据不完全统计：主力部队伤亡154700余人，地方政府工作人员伤亡、失踪16900余人。人民群众被日伪军杀害、伤残或被虐待伤病死或被捕失踪者376.6万余人，其中：死亡89.5万余人，伤残161万余人，被日伪俘捕126万余人。此外，被日伪毁坏的房屋580万间，被日伪抢走和屠宰的牲畜290万头，还有大量粮食和其他财物被掠夺。

1945年9月，大反攻结束，山东抗日根据地已有极大发展。从陇海铁路以北（包括江苏一部分）、津浦铁路以东，北至河北省黄骅、南皮等地，除铁路沿线和一些城市外，已全部解放了被敌占领的地区。同时，革命的武装力量也极大发展了：到抗战胜利时，在山东已建立起27万人的主力部队（包括八路军主力部队来山东后发展的部队）、71万民兵和150万人的自卫团的强大人民革命武装。山东的共产党组织和党员也大大发展了：共产党员由抗战初时的2000余人发展到十余万人（不包括划归冀鲁豫区的山东部分），共产党的基层组织遍布全省，在人民群众中建立了崇高的威信。

（中共山东党史资料征集研究委员会）

★八路军进攻登封日军飞机场

# 河南抗日民主根据地

河南抗日民主根据地（即豫西抗日根据地），是中共中央直接领导下的全国19块抗日根据地之一，从1944年9月进军豫西到1945年9月抗日战争胜利，历时一年。河南抗日根据地位于河南省西部，北临黄河，南至伏牛山，东抵平汉铁路、西达灵（宝）陕（县）。活动范围包括郑州、荥阳、巩县、偃师、洛阳、新安、渑池、洛宁、登封、密县、禹县等26个县，人口800万。伏牛山、熊耳山、崤山、外方山绵亘丛集，地势险要，自古以来就是兵家必争之地，战略地位十分重要。这一地区的人民刚烈强悍，富有革命斗争精神，中国共产党在这里有较好的工作基础，人民抗日情绪高涨，是开展敌后抗战的理想地区。控制这一地区，不仅可以阻止敌人西进，保卫大西北，而且可以沟通陕北、华北和华中抗日根据地的战略联系。因此，中共中央决定向河南敌后发展，开辟河南抗日根据地。

## 河南抗日根据地的创建

1944年，日本帝国主义为了挽救其在太平洋战场上的失败，摧毁美军驻华空军基地，打通中国大陆交通线，援助其入侵南洋的孤军，疯狂地发动了对中国正面战场豫湘桂地区的进攻。4月18日，日本侵略军首先发动了河南战役（即中原战役），调集了四个师团九万余人，从豫北、豫南、晋南向豫西、豫中地区大举进攻。4月22日占领郑州，然后分兵两路，一路沿平汉铁路南犯，与信阳北侵的日军配合，占领了河南境内的平汉铁路；一路由陇海铁路西进，与晋南南下的日军相配合，于5月25日占领了洛阳。国民党第一战区司令长官蒋鼎文，副司令长官汤恩伯和第八战区副司令长官胡宗南等指挥的40万大军，在日军进攻面前，一触即溃，望风而逃，37天丢失了郑州、洛阳、许昌、叶县、舞阳、襄城、新郑、长葛、登封、密县、巩县、偃师、汜水、荥阳、广武、新安、陕县、灵宝、临汝、宜阳、伊川、嵩县、卢氏、洛宁、禹县、郏县、洧川、尉氏、鄢陵、伊阳、宝丰、鲁山、郾城、临颍、西平、遂平、确山37座县城。深受“水、旱、蝗、汤”四大灾害之苦的河南人民，又遭到日寇的烧杀抢掠，肆意蹂躏，处于水深火热之中，渴望求得解放。

中共中央为了解放河南人民，收复失地，及时作出了向河南敌后进军，开辟河南抗日根据地，控制中原战略要地的部署，发出了一系列重要指示。1944年4月22日，中共中央军委主席毛泽东审时度势，致电第十八集团军前方总部参谋长滕代远、北方局代理书记邓小平，并转杨勇、苏振华、黄敬，令唐天际部向垣曲、博爱、孟县地区侦察，趁敌南犯后方空虚时，乘机开展豫北地方工作，以便将来可能时，开辟豫西工作基地。太岳、太行军区部队，根据中央指示，向盘踞在豫北的日伪军发动了进攻。6月，太岳部队在济源、垣曲地区发动了豫北战役。连续三次攻势，使济垣公路两侧及黄河北岸地区完全被我军控制，为我军向黄河以南进军扫清了道路。与此同时，太岳军区派出小部队深入豫西，对敌情进行侦察。5月11日，中共中央书记处发出了向河南发展的指示，指出：河南大部地区已成敌后地区，国民党汤恩伯等部业已大败，河南秩序紊乱，在目前情况下，河南地方党员应该组织起来，参加与领导河南人民抗战，组织抗日游击队和人民武装，建立根据地，保卫家乡。现在河南党的组织与中央已断绝联系，为此，北方局、华中局、冀鲁豫分局应分担发动与指挥河南及皖北人民抗日游击战争的任务。中央决定，郑州以西地区，由北方局负责；平汉路以东之豫东地区，由冀鲁豫分局负责；豫南及皖北地区，由华中局及豫鄂边区党委负责。6月30日，中共中央关于向河南发展问题给北方局发出指示，令太行、太岳派两个健全小团，配备得力干部，逐渐深入登封、临汝、密县、禹县、襄城、鲁山及新安北部山地，开展抗日游击战争。7月25日，中共中央发出《关于向河南敌后进军部署的指示》和《关于发展河南敌后工作的指示》，指出已由太岳派两个团赴豫西工作，冀鲁豫分局已派一个营加强睢杞太阵地，新四军四师抽调五个团进入永城、夏邑、萧县、宿县地区建立阵地，打通与睢杞太地区联系。新四军五师抽调七个连沿平汉线向河南发展。要求入豫部队插入敌顽之间的空隙地区，在敌伪区及其边沿区建立抗战秩序，以自己的军政力量，扫清障碍，使局面初定，即转入组织和领导群众斗争，以建立根据地。迅速发动群众抗日，去建立新武装以扩大我军武装，成立抗日民主政府，实行减租减息，广泛开展统一战线工作，宣传党的抗日救国纲领和各项方针，团结当地进步人士和开明士绅，共同抗日。中央强调军队进入新区，必须严格遵守群众纪律，做到秋毫无犯，与人民同甘共苦，建立抗日根据地。中共中央的指示为开辟河南抗日根据地的斗争指明了方向。这是中央“巩固华北，发展华中”战略方针的重要组成部分，是扩大解放区，准备大反攻、夺取抗日战争完全胜利的重大英明决策。

在中央统一部署和北方局、八路军前方总部的直接领导指挥下，首先由太行区党委、军区调集部队和地方干部1700余人组成豫西抗日游击支队（亦称先遣支队、皮徐支队、豫西抗日独立支队。后改为国民革命军河南人民抗日第一支队）。由皮定均任司令员、徐子荣任政委。同时成立了豫西地委，徐子荣任书记。1944年9月5日在林县郭家园举行了支队成立和进军河南誓师大会。6日出发南下，22日在济源县河清口渡过黄河，进入豫西，横越陇海铁路，过洛河、伊河、向嵩山、箕山地区挺进。30日，夜袭了日军正在登封修建的飞机场，消灭敌人一部，解救修机场的民工近万人。首战告捷，鼓舞了我军士气，扩大了我党我军在河南人民中的政治影响。10月12日，攻打了巩县黑石关据点。消灭日军一个小队和伪军百余人，解放修铁路桥的民工2000多人。为了站稳脚跟，尽快开辟抗日根据地，支队和地委在登封县白栗坪召开会议，决定把郑州以南、洛阳以东地区划为箕山、嵩山两个战略区，把正规部队分散开，采取小部队活动，打击敌伪及坚持反共的顽固势力；加强政治宣传工作，宣传我党我军的抗日主张和政策，颁发了约法五章的布告，广为散发、张贴。为了发动群众，迷惑敌人和熟悉地形，部队分数路赴登封、密县、偃师、伊川、巩县、宜阳、临汝、荥阳、汜水等县进行政治宣传，并坚决打击日伪汉奸活动。我军进入豫西后，像插入敌人心脏的一把尖刀，对敌人威胁很大。因此，日伪集中兵力疯狂地频繁向我根据地进行“扫荡”“清剿”。加之国民党河南省政府主席刘茂恩密令顽军对八路军实行联防、修长城寨、碉堡，对付我军，并配合日伪军进行“扫荡”，斗争形势异常尖锐复杂。皮徐支队和豫西地委经过三个多月反“扫荡”、反“清剿”、反磨擦的艰苦斗争，取得很大的胜利，打击了日伪顽的嚣张气焰，恢复建立了十个县党的组织，先后成立了嵩山、箕山两个工委、专署（不久合并为一专署）和偃师、伊川、临汝、巩县、登封、荥阳、广武、汜水、禹县、密县十个抗日民主政府及伊洛办事处，以嵩山为中心的抗日根据地初步形成。

中共中央为了加强对开辟河南抗日根据地的统一领导，1944年10月，决定建立中共河南区党委、河南军区和河南人民抗日军。任命王树声为河南军区及河南人民抗日军司令员，戴季英为中共河南区党委书记兼河南军区和河南人民抗日军政委，刘子久任中共河南区党委副书记兼河南军区、河南人民抗日军副政委。中央对开辟河南抗日根据地的工作极为重视，毛泽东在延安分别接见了河南区党委和河南军区的领导人王树声、戴季英、刘子久，并作了重要指示。毛泽东指出：你们这次南下的战略任务，就是要深入河南敌后，以嵩山为依托，在三点（洛阳、许昌、郑州）两线（陇海铁路和平汉铁路线）之间，深入发动群众，开展游击战争，建立敌后抗日根据地，紧紧咬住敌人，牵制三点两线之敌人西进，保卫大西北，沟通陕北和华北、华中抗日根据地之间的战略联系，发展抗日战争的大好形势，夺取抗日战争的胜利。根据中共中央和毛泽东的指示，王树声、戴季英、刘子久等同志，加紧进行河南区党委、河南军区和河南人民抗日军的组建工作。1944年10月底，进军河南的准备工作基本就绪。11月从延安分两批形式赴河南。出发前，中央机关举行了欢送大会，毛泽东、朱德、周恩来等中央领导同志都在会上作了重要讲话，号召南下的干部、战士挺进河南敌后，要奋勇杀敌，依靠和团结群众，争取和团结一切可以团结的力量，做好统一战线工作，加强政权建设，逐步建立各级抗日人民政府，迅速打开豫西抗日斗争的新局面，建立巩固的抗日根据地。

1944年11月14日，继皮徐支队挺进豫西之后，由太岳军区组建的豫西抗日第二支队1500余人，在司令员兼政委刘聚奎率领下，渡过黄河进入新安、渑池等地区开辟抗日根据地，恢复、建立党的组织和政权机关。

1944年12月底，皮徐支队及豫西抗日第二支队共作战139次，解放村庄4676个，人口100余万。

1945年1月3日，八路军南下支队5000余人，在王震率领下，途经豫西，配合刘聚奎部在渑池县千秋镇附近，将阻止我军前进的河北反动民军乔明礼部彻底打垮，生俘700余人，解放了渑池县全境及新安、洛宁、宜阳、陕县一部分。我军声威大振，不少伪军向我军投降。我军在豫西迅速打开了局面，开辟了以新安、渑池、洛宁为中心的抗日根据地。

1944年12月24日，刘子久、韩钧率领部队和干部进入豫西，与刘聚奎部会合。1945年2月，王树声、戴季英率领部队和干部，从济源县过黄河，在新安、渑池与刘子久、韩钧、刘奎聚部会合后，召开了支队、分区领导干部会议、研究了开辟豫西抗日根据地的方针，决定建立豫西二地委、二分区和二专署。刘聚奎任地委书记兼分区政委，韩钧任分区司令员，贺崇升任副书记兼副政委，并决定收编洛宁县贺澍三、李桂吾和渑池县上官子平三支地方武装，任命贺澍三为二专署专员（后由贺崇升兼任专员），李桂吾为独立第八旅旅长（李遇害牺牲后，改为桂吾旅，郭连杰任旅长，后叛变），上官子平为独立第七旅旅长（后叛变），扩大了我军的武装力量。然后，王树声、戴季英、刘子久率领部队继续南进，到达皮徐支队驻地登封县白栗坪。王树声、戴季英传达了中央关于建立中共河南区党委、河南军区、河南人民抗日军的决定，并宣布进入河南的部队统一整编的意见：皮定均、徐子荣部为第一支队兼第一军分区，建立了第一专署（专员范惠）；韩钧、刘聚奎部为第二支队兼第二军分区，仍在新安、渑池、洛宁一带坚持斗争；陈先瑞部为第三支队兼第三军分区，陈先瑞任司令员兼政委和地委书记，傅忠海任副政委、地委副书记、欧阳景荣任专员，活动在临汝、鲁山、叶县、舞阳、南召、方城地区；张才千部为第四支队兼第四军分区，张才千任司令员兼政委和地委书记，王其梅任副书记、副政委，刘晋任专员，活动在禹县、密县、新郑、许昌地区。在王树声、戴季英等领导同志路经宜阳县东赵堡时，决定将伊洛工委改为中共伊洛特委，并建立了伊洛独立支队、伊洛军分区和伊洛办事处，刘健挺任特委书记兼政委，张剑石任司令员、副书记，孙光任副司令员，活动在嵩县、宜阳、伊阳地区。

2月20日，河南区党委、河南军区发出了进入河南后第一个纲领性的文件——《国民革命军河南人民抗日军八大主张》，号召一切不愿当亡国奴的河南同胞联合起来，保卫国家民族，保卫河南，保卫家乡。

1945年4月，北方局、十八集团军前方总部令太岳区党委、太岳军区抽调部队组成第六支队，由司令员刘昌毅，政委张力雄率领到达河南，在郏县、宝丰、襄县地区活动。5月，河南军区决定将伊洛军分区改为五分区，独立支队编为第五支队，调闵学胜任司令员。

进入豫西的这六个支队在中共河南区党委和河南军区（兼河南人民抗日军司令部）的统一领导指挥下，对日寇展开了英勇顽强的武装斗争，粉碎了日、伪、顽军的多次“扫荡”和“围剿”，取得了一个又一个的胜利。3月2日，一、四支队发动禹西战役，攻克禹县重镇神垕等敌伪据点十余处，击溃伪军席子猷部千余人，毙、伤、俘170余人，解放国土4000平方里，人口九万余。3月8日至14日，国民党河南省主席刘茂恩纠集顽军5000余人，对伊洛分区进行“围剿”，我军被迫自卫，激战七昼夜，毙、伤、俘来犯之顽军370余人。4月22日，我军攻克偃师县缑氏镇敌伪据点，毙、伤、俘敌副团长以下300余人，缴获长短枪281支，机枪十挺，迫击炮一门，手榴弹260枚以及其他军用物资。5月下旬，日寇调动登封、临汝、密县、禹县、郏县日伪军“围剿”禹西地区。四支队张才千部进行自卫，彻底粉碎了日伪军的所谓“五县围剿”，巩固和扩大了根据地。5月26日至29日，被我收编的独立第七旅旅长兼渑池县长上官子平、陕县周子涛、史汉三和洛宁县郭连杰、赵连治等相继叛变，派到独七旅的干部——旅政委王舟平等133人被杀害。这次事变（称豫西事变）发生后，二分区立即组织部队镇压叛军，重新打开了局面。6月22日，一支队一举攻克临汝县城。同月，一、六支队奔袭登封县大冶镇，全歼守军，生俘500余人。

1945年8月9日，毛泽东发表《对日寇的最后一战》的声明，号召中国人民的一切抗日武装力量举行全国规模的大反攻。8月10日，朱德总司令命令我军向被包围的敌人发出最后通牒，限期投降。河南军区遵照中央命令，指挥各支队及地方武装接受各县及交通沿线之敌投降。由于国民党密令日伪拒绝向我军投降，我即组织部队实行武装受降，并对拒绝投降之敌发起进攻。8月20日，一举攻克登封县城，歼敌2000余人。接着又相继攻克密县、汜水、回郭镇等城镇，歼灭了大量敌人，收复了大片国土，迎来了抗日战争的胜利。

从1944年9月，八路军挺进豫西，一年来，前后作战200余次，发展壮大了人民武装力量，正规军由6000余人发展到三万余人，民兵发展到五万余人，创建了拥有两万多平方公里土地和800余万人口的河南抗日根据地。

## 河南抗日根据地的建设

豫西是河南建党最早的地区之一，1921年就有了党的组织。在第一、二次国内革命战争时期，党组织领导了轰轰烈烈的工人运动和农民运动。抗日战争全面爆发后，中共豫西特委（1938年12月改为豫西省委，1939年9月撤销）根据中共中央和中共河南省委关于大力发展党员的指示，积极恢复和重建党的组织，先后建立了洛阳、新密、宜洛、灵陕和临汝五个地委，大部分县也建立了县委（工委）和党的基层组织，广泛宣传党的抗日主张和方针政策，发动群众，开展统战工作，领导抗日救亡运动，并举办训练班，培训了一批党员和干部。但是，国民党在1939年1月五届五中全会后，进一步推行了积极反共，消极抗日的政策，阴谋策划对豫西、豫中、豫西南中共各级党组织进行破坏活动。为了避免损失，保存力量，1941年2月，党中央决定将区委以上干部分别撤往延安和豫皖苏、豫鄂边根据地，其余党员就地隐蔽，等待时机。日寇侵占豫西之后，隐蔽下来的党员积极行动起来，恢复建立党的组织，发动群众，组织地方武装，开展抗日活动。

1944年5月，张祝良、赵保顺等组建了中共新安县临时委员会，并组织武装，开展游击战争；同月，洛宁县地下党员成解等建立了洛宁县河底支部；6月，宜阳地下党员程远宣、李自荣等成立了宜阳抗日工作委员会；10月，贺崇升、成解等同志组建了中共洛宁中心县委，领导洛宁、宜阳等地人民开展抗日活动，并推动洛宁开明人士贺澍三及其领导的地方武装——洛卢人民自卫军第五支队以及洛宁、宜阳、陕县、渑池四县开明人士及其领导的武装，组成了四县联防委员会，打击日寇，保卫家乡。这些活动，都为八路军南下，开辟河南抗日根据地创造了良好的条件。1944年9月，我军进入豫西后，在大力开展武装斗争的同时，也积极进行了党组织恢复和重建工作，先后建立了六个地委和新安、洛宁、偃师、登封、巩县等26个县委及郑州特支和各级基层党的组织。其中各项工作开展活跃的基本区是一、二地委及所属各县。各级党的组织及广大党员，在抗日斗争中，积极宣传党的抗日主张和方针政策，发动群众，组织群众，领导群众进行抗日活动，为我军当向导，抬担架，送情报，运军粮，做军衣军鞋，动员群众参军，参战等，为抗战胜利发挥了重要作用。为了吸收培养干部、提高在职干部的政治觉悟和政策理论水平，先后创办了党校、豫西抗日军政干校和豫西公学及一些训练班，仅豫西公学就培养了1000余名党政军干部，为河南抗日根据地的发展做出了贡献。

随着武装斗争的开展，地方政权也相继建立。在河南区党委的领导下，各级党委认真贯彻执行了中共中央关于发展河南敌后工作，进行新区政权建设的指示。在我军所到之处，都建立了各级抗日民主政权，委任了县长、区长和乡村干部，并吸收了上层有影响的进步人士、开明士绅及知识分子参加抗日民主政府工作。这样，团结了进步势力，争取了中间势力，孤立和打击了反动势力，形成了广泛的抗日民族统一战线，出现了团结抗日的新局面。豫西被日寇占领后，各地人民抗日游击武装林立，成分极为复杂，我军进入豫西后如何对待这些地方武装，这是豫西统战工作遇到的一个突出问题。对此，河南区党委、河南军区遵照中共中央的指示精神，采取“分清情况，区别对待”的政策，对拥护我党我军抗日方针政策的地方武装及开明士绅、进步人士，团结合作，共同抗日。如偃师县地方武装领导人斐子明被任命为偃师县独立团长，开明人士李旭被任命为偃师县抗日民主政府县长，禹县开明士绅李尧如被委任为禹县抗日民主政府副县长；洛阳县地方武装领导人马子良被任命为洛孟独立团二大队副大队长。特别是豫西“四县联防”的领导人、进步人士贺澍三、李桂吾及其部队，同我们一道抗日救国，影响甚大，起了很重要的作用。对于坚持联日反共、“曲线救国”的国民党郑州专员王光临部、第一旅岳德功部、河北民军乔明礼、张广聚部、刘绍唐部、徐吉生部等反动武装进行了坚决打击，扫清了团结抗日道路上的障碍。为了同友军合作抗日，河南军区派三支队司令员陈先瑞同国民党高树勋部进行谈判，达成了共同抗日的协议。由于正确贯彻执行了党的抗日民族统一战线的政策，团结了一切抗日的力量，政权建设得到迅速发展，先后建立了六个专署、28个县政府及两个县级办事处。第一专署辖登封、巩县、汜水、广武、偃师、荥阳、伊川、洛阳八个县；第二专署辖孟津、新安、渑池、陕县、洛宁五个县；第三专署辖叶县、舞阳、泌阳、确山、遂平、西平六个县；第四专署辖禹县、密县、新郑三个县；第五专署辖嵩县、宜阳两个县；第六专署辖临汝、郏县两个县，还建立了河南行署等筹备处（解委会）。在各级党委及政府的领导下，各地的农救会、青救会，妇救会及民兵组织也相继建立起来，开展了轰轰烈烈的群众运动。

1945年6月，中共河南区党委发布了《减租条例草案》和《河南灾期卖地倒还条例》。各专署放手发动群众，迅速掀起减租减息和“倒地运动”的热潮，使广大贫苦农民减轻了负担，增加了收入，把灾害年廉价出卖的土地、房屋按原价倒回，当场烧毁了契约，使土地还家，大大调动了群众生产积极性，推动了生产发展。同时，抗日民主政府还实行“合理负担”，取消了一切苛捐杂税和不合理的摊派，采取合理征收赋税的办法，促进了农业生产，并创办了一些工厂，发展工业生产。这样不仅解决了部队的经费供给，而且改善了人民生活。与此同时，加强民兵建设，开展群众性的除奸反霸斗争，打击了汉奸特务及恶霸保长的反动气焰，保卫了人民群众的利益。

总之，中国共产党的各项方针政策在河南根据地的贯彻实施，受到各阶层人民的热烈拥护和赞扬，调动了广大人民群众抗日救国的积极性，掀起了送子送夫参军参战的热潮，使正规部队和地方武装迅速发展，从人力物力方面支援前线，保证了战争的需要，进一步加强了军民团结，扩大了根据地，各级抗日民主政权进一步得到了巩固。

河南抗日根据地创建以来，河南军民在中国共产党的正确领导下，为战胜日本帝国主义侵略，争取抗日战争的胜利，进行了英勇顽强、艰苦卓绝的斗争，收复了两万多平方公里的国土，解放了800余万人民，建立了抗日民主政权，发展了武装力量，沟通了陕北和华北、华中抗日根据地的战略联系，阻止了日寇西进，完成了中央交给的战略任务，为争取抗日战争的胜利做出了重大贡献，为争取解放战争在豫西的顺利发展也奠定了一定的基础，在中华民族解放战争史上写下了光辉的一页。

（中共河南省委党史研究室）

★1941年，新四军第二师在淮南津浦路西缴获日军的野炮

# 淮南抗日民主根据地

淮南抗日民主根据地（1942年以前称皖东抗日根据地）是中国共产党在抗日战争时期创建的19块抗日根据地之一，位于安徽省东部和江苏省西部，东起运河，西至淮南铁路、瓦埠湖，北临淮河，南濒长江，津浦铁路贯穿其间，曾是中共中央中原局、华中局、新四军军部所在地。它南与日本之中国派遣军总司令部及汪精卫伪国民政府首都南京隔江对峙，北部的蚌埠是伪安徽省省会，东部的扬州、西部的合肥是日军战略据点，皖西的立煌县（今金寨县）是国民党安徽省政府所在地，战略地位十分重要。

## 抗日战争全面爆发后淮南地区的形势

1937年7月7日，抗日战争全面爆发，中华民族面临生死存亡的关头，在江北坚持鄂豫皖大别山区三年游击战争的中国工农红军第二十八军政治委员高敬亭，遵照中共中央的指示，向国民党豫鄂皖督办公署主任卫立煌发出停止内战、合作抗日的倡议。双方代表经过谈判，于7月27日在安徽省岳西县达成停战协议，以国共合作为基础的抗日民族统一战线在鄂豫皖地区初步形成。

1937年12月13日，日本侵略军攻陷南京，随即渡江北犯，至1938年6月，江淮之间的滁县、蚌埠、合肥、巢县、江浦、和县、含山、全椒、凤阳、定远、嘉山、盱眙、来安、扬州、六合、仪征等县相继沦陷。国民党军队西撤，地方党政机关逃散。日军铁蹄所至，烧杀淫掠，无恶不作，仅在滁县、凤阳、盱眙、合肥等地就杀害了我同胞万余人，在淮南煤矿制造了惨绝人寰的“万人坑”。不愿做亡国奴的淮南人民同仇敌忾，纷纷揭竿而起，拾起国民党溃军丢弃的成千上万件武器，展开了英勇的抗日斗争。凤阳、定远县的红枪会破坏道路，迎击进犯嘉山明光镇之敌；冯玉祥之侄冯文华组织巢县人民抗日自卫军，抗击日军，保卫家乡；活动于扬州、高邮、天长、仪征一带的陈文①部队，积极抗击日军；天长、盱眙、全椒等县组织了抗日自卫军开展抗日救国活动。

为了动员和领导千百万人民进行抗日民族解放战争，最后战胜侵略者，1937年11月，中共中央驻南京代表团决定成立皖工作委员会，李世农任书记，负责开展无为、舒城、巢县、合肥等地的工作。1938年1月，中共中央组织部派曹云露等回安徽工作，在寿县组建了中共安徽省工作委员会，曹云露任书记（4月改为寿县中心县委）。4月，中共中央长江局决定建立中共安徽省工作委员会，彭康任书记，统一领导安徽省江北地区党的工作，并动员和组织一大批共产党员与知识青年参加安徽省民众总动员委员会及其40多个工作团，分赴各地开展抗日救亡宣传动员工作。

## 新四军江北部队东进淮南敌后，与中共地方党组织互相配合，广泛开展抗日游击战争

1937年12月28日，中共中央、毛泽东电示：“高敬亭率部可沿皖山山脉进至蚌埠、滁州、合肥三点之间作战。”1938年1月，红二十八军和桐柏山红军游击队改编为国民革命军陆军新编第四军第四支队，高敬亭任司令员，林维先任参谋长，萧望东、戴季英先后任政治部主任，下辖第七、第八、第九团和手枪团，共3100余人。根据中共中央指示，高敬亭、林维先、

① 陈文，爱国人士，曾接受国民党第五战区苏鲁皖游击指挥部总指挥李明扬委任为第三路军第二团团长，1939年8月遭到国民党苏鲁战区副总司令兼江苏省政府主席韩德勤部袭击，被俘杀害。

戴季英率领第四支队，于3月上旬分别从湖北省黄安县七里坪和河南省信阳县邢集誓师东进，下旬抵达安徽立煌县流波疃集中。在高敬亭召开全支队继续东进誓师大会后，部队4月到达皖中，展开于合肥、巢县、无为及淮南铁路两侧地区抗战。5月12日，第九团一部在巢县蒋家河口伏击日军第六师团坂井支队一部，歼敌20余人。新四军挺进江北首战告捷。

5月22日，中共中央发出《关于徐州失守后华中工作的指示》，要求有计划地建立几个游击区，使第四支队成为这一区域的抗日主力。6月，在日本侵略军集结合肥，沿安（庆）合（肥）、六（安）合（肥）公路西攻武汉之际，第四支队在中共地方党组织的配合下，广泛展开游击战争，数十次袭击西犯之敌，毙、伤、俘日伪军800余人，毁日军汽车100余辆。9月至12日，第四支队第八团和新建的淮南抗日游击纵队以及第七团深入敌后，进至蚌埠、滁州、合肥三点之间作战。新四军第四支队在江北广泛开展抗日游击战争，与江南新四军部队隔江策应。

为了深入敌后开辟皖东工作，1938年8月，中共中央决定成立中共皖东工作委员会，刘顺元任书记。到1939年4月，中共皖东工作委员会在巢县、含山、和县、全椒、定远、凤阳、滁县、合肥、寿县建立了党的组织，共发展党员800余名。在新四军第四支队政治部战地服务团配合下，开展民运工作，建立了工农青妇等抗敌协会，发展会员15000多人。

为了加强领导，进一步发展江北敌后抗日游击战争，新四军参谋长张云逸奉命于1938年11月率军部特务营抵江北第四支队，并同国民党安徽省政府谈判新四军江北部队作战区域和军需给养问题。

1939年4月21日，中共中央发出《关于发展华中武装力量的指示》，指出华中是我党发展抗日武装力量的主要地区，战略上华中为连接华北、华南的枢纽，关系整个抗战前途甚大。4月24日，中共中央发出《关于建立皖东抗日根据地》。4月下旬，中共中央中原局决定将中共皖东工委改为中共苏皖省委，仍由刘顺元任书记。为尽快开辟津浦铁路以东地区的工作，5月，中共苏皖省委决定组建津浦路东临时前敌委员会，由苏皖省委委员方毅任书记，并率朱绍清指挥的第四支队挺进纵队和战地服务团挺进津浦铁路以东，在来安、嘉山、盱眙、天长、六合一带进行战略侦察，开展统战工作和宣传发动群众。7月，中共苏皖省委决定成立中共津浦路东工委，李世农任书记，与第五支队配合开辟路东工作，建立党的组织。

为了贯彻中共中央的指示，迅速开创皖东抗战局面，5月初，新四军军长叶挺、军政治部副主任邓子恢从皖南到达江北，于5月中旬成立了新四军江北指挥部。张云逸兼任指挥，邓子恢兼任政治部主任，赖传珠任参谋长，统一指挥江北新四军部队。并将第四支队第二游击纵队改编为新四军江北游击纵队，直属江北指挥部。6月，新四军江北指挥部对江北部队进行整编，由江北指挥部副指挥徐海东兼任第四支队司令员（时在延安），戴季英任政治委员，林维先任副司令员，下辖第七、第九、第十四团；以原第四支队第八团为基础，组建新四军第五支队，罗炳辉任司令员，郭述申任政治委员，周骏鸣任副司令员，下辖第八、第十、第十五团。部队在中共地方党组织的配合下，经过两个多月的连续作战和发动群众，第四支队开辟了以定远县藕塘镇为中心的皖东津浦路抗日游击根据地，第五支队开辟了以盱眙县半塔集（今属来安县）为中心的皖东津浦路东抗日游击根据地。11月，苏皖支队遵照新四军江南指挥部指挥陈毅的指示，渡江北上，进至仪征、扬州、天长、六合地区和第五支队会合开展抗日游击战争。中共苏北特委派周爱民等随军开展群众工作，建立地方党的组织。12月18日，扬州、六合等地日军200余人、伪军600余人合击仪征县月塘集，苏皖支队打退了敌人的进攻，毙伤日、伪军100余人，缴获各种枪支40余件，取得月塘集战斗的胜利。

自1938年10月武汉失守后，抗日战争开始进入相持阶段。日本帝国主义改变了侵华作战方针，对国民党由过去的军事进攻为主，改变为政治诱降为主，将军事进攻由正面战场转向中国共产党领导的敌后战场。为争夺皖东，华中日军对我实行更频繁、更残酷的“扫荡”，国民党顽固派亦加紧反共，向我进行大规模的军事进攻。当时由于我军受王明和中共中央东南局主要负责人的错误影响，没有放手扩大武装，没有建立抗日民主政权和巩固的抗日根据地为依托，在日伪顽的夹击中，处境极为困难。

# 刘少奇率中共中央中原局进入皖东敌后，在反“扫荡”与反磨擦斗争中创建淮南抗日根据地

1938年9月至11月，中国共产党召开了六届六中全会，肯定了党的正确路线，批判并基本上克服了王明的右倾错误。这次会议决定把党的工作重点放在敌后，确定了“巩固华北，发展华中”方针，并决定撤销中共中央长江局，成立中共中央中原局，刘少奇任书记。1939年11月，刘少奇（化名胡服）率徐海东和中共中央中原局机关进入皖东敌后，到达定远县藕塘镇附近的新四军江北指挥部，直接领导皖东地区的抗日斗争。1939年12月和1940年1月、2月，刘少奇在定远、滁县边界地区召开了三次中共中央中原局会议，传达贯彻党的六届六中全会精神，确定了放手发动群众、发展人民武装和独立自主地建立抗日民主政权的总方针，并针对国民党顽固派发动第一次反共高潮，进行大规模军事磨擦的情况，提出了敢于反磨擦的统一战线方针，以克服王明和中共中央东南局主要负责人的错误对华中工作的影响，战胜面临的困难。为适应斗争形势需要，1940年1月，中共中央中原局决定撤销中共苏皖省委，成立皖东津浦路东省委和津浦路西省委，张劲夫、方毅先后任路东省委书记，刘顺元任路西省委书记。为加强抗日民主政权和地方武装建设，刘少奇指示，中共皖东津浦路东和路西两省委将从大别山和皖中国民党统治区撤到皖东的1000余名干部、共产党员和进步青年分往各县工作。从此，皖东工作有了新的转变，获得迅速发展。仅三个月时间，新四军第四、第五支队由7000余人发展到15000余人，还组织有5000余人的抗日游击队，津浦铁路两侧的民众抗日组织亦蓬勃发展起来。

1939年12月下旬，日军出动2000余人“扫荡”皖东津浦路西地区，国民党安徽省第五行政区督察专员兼第十游击纵队司令李本一丢弃专员公署所在地全椒县古河镇，率部逃跑。新四军第四支队在徐海东指挥下，积极

迎战，粉碎了日军“扫荡”，毙、伤、俘日军160余人，收复全椒县周家岗、大马厂、古河镇等要地。我军为团结友军抗战，将古河镇交给了李本一。1939年12月至1940年1月，罗炳辉率第五支队一部与苏皖大队协同作战，粉碎了日军2000余人对皖东津浦路东天长、仪征、六合地区的“扫荡”，歼敌300余人。

1939年冬到1940年春，国民党发动的第一次反共高潮，在华中以皖东为重点，企图强占新四军第四、第五两支队开辟的皖东抗日游击根据地，截断华北八路军与江南新四军的战略联系。为此，蒋介石迫令新四军第四、第五支队调往江南，阴谋配合日军聚歼之。1940年3月，国民党政府军令部制订了“剿办”皖东新四军的反共方案，并密令国民党安徽省政府主席兼第二十一集团军总司令李品仙、国民党苏鲁战区副司令兼江苏省政府主席韩德勤调集20余团的兵力从东西两面向皖东进攻。在津浦路西，李品仙部于3月初进攻新四军第四支队和江北游击纵队，并分三路袭击驻定远县大桥地区的中共中央中原局和新四军江北指挥部；在津浦路东，韩德勤乘罗炳辉率第五支队主力和苏皖支队西援之机，调集十团之众，于3月21日开始猛犯新四军第五支队后方半塔集等地。在皖东危急之际，中共中央指示刘少奇，发动新四军全体官兵和皖东15个县数百万民众的积极性，坚决击退反共军的进攻，巩固皖东这个战略上极端重要的抗日根据地。并急调八路军黄克诚部增援华中。刘少奇、张云逸、徐海东、邓子恢、罗炳辉、赖传珠、刘顺元、方毅指挥第四、第五支队、苏皖支队、江北游击纵队和新四军江南指挥部陈毅来增援皖东的挺进纵队及地方武装协同作战，经一个多月的苦战，终于将李品仙、韩德勤部击退，取得了定远县自卫反击战和半塔保卫战的重大胜利，为建立抗日民主政权创造了有利条件。6月下旬到7月上旬，我军又镇压了国民党顽固派策动的路东大通镇、屯仓等地反动地主分子的暴乱。七八月间皖东抗日根据地向北发展至怀远、凤台一带和洪泽湖以东的江苏省淮阴、宝应地区。8月，华北八路军黄克诚部和皖东新四军张云逸、罗炳辉部会师于淮宝地区，打通了皖东、皖东北、苏北地区的联系。

在反“扫荡”、反磨擦斗争中，中原局不失时机地指示江北指挥部和中共皖东党组织委任皖东各县县长，建立各级人民抗日民主政权。1940年3月17日，在刘少奇亲自指导下，成立了定远县抗日民主政府，选派魏文伯任县长。3月到9月，滁县、凤阳、全椒、合肥、和（县）含（山）巢县、来安、嘉山、盱眙、天长、高邮、六合、仪征、淮（阴）宝（应）等县相继建立了抗日民主政权。4月18日，成立了津浦路东各县抗敌联防委员会办事处，贺希明、邓子恢先后任主任；8月1日，成立了津浦路西各县抗敌联防委员会办事处，黄岩任主任。路东、路西根据地人口共200余万。

9月5日至17日，第四、第五支队和地方武装，在各级党组织、政府和广大群众的配合下，再一次粉碎了从南京、扬州、蚌埠等地出动的日伪军10000余人对皖东津浦路东抗日根据地的七路大“扫荡”，毙伤日伪军600余人。这次反“扫荡”的重大胜利，有力地促进了皖东抗日民主根据地的巩固和发展。

## 坚持路西、巩固路东，建设淮南抗日根据地

1940年秋，国民党顽固派发动第二次反共高潮，矛头主要指向新四军。10月，李品仙继日伪军大举“扫荡”津浦路东根据地之后，调集第138师和第十游击纵队向津浦路西抗日民主根据地进犯。根据中共中央关于向西防御、坚持皖东根据地的指示，张云逸、罗炳辉、郑位三①等指挥新四军第四支队、江北游击纵队②和第五支队第八团在津浦路西地方党、政府和人民群众的支援下，对李品仙部的进攻组织防御。11月10日到12日，江北游击纵队第一团在定远县界牌集的自卫反击战取得了重大胜利，保卫了津浦路西抗日根据地的门户。

1941年1月6日，国民党顽固派发动了震惊中外的皖南事变。1月20日，中共中央军委决定在江苏省盐城重建新四军军部，陈毅任代军长，刘少奇

① 时任皖东军政委员会主任兼第四支队政治委员。

② 由于李品仙部进攻，江北游击纵队于1940年4月由无为地区转移到皖东津浦路西。

任政治委员，张云逸任副军长，赖传珠任参谋长，邓子恢任政治部主任。全军改编为七个师，江北指挥部所属皖东部队改编为新四军第二师，张云逸兼任师长，郑位三任政治委员，罗炳辉任副师长，周骏鸣任参谋长，郭述申任政治部主任，张劲夫任副主任。下辖第四、第五、第六旅及地方武装，3月，第二师在津浦路西取得又一次反"扫荡"的胜利，恢复了津浦路西根据地的基本区。4月，我军在津浦路东发起天长、仪征、扬州地区反点线作战，经金牛山等战斗，歼灭日伪军800余人。5月下旬，皖东军民粉碎了日伪军5000余人对津浦路东的"扫荡"。6月，第二师第五旅在完成坚持淮（阴）宝（应）发展淮（阴）泗（阳）的任务之后进入皖东北地区，配合新四军第四师作战。

从1941年起，淮南抗日民主根据地进入了新的建设阶段：

党的建设。在组织建设方面结合党的统战工作、民运工作和抗日武装斗争，1939年以前在皖东部分地区发展了1000余名中共党员，并相继建立了各地基层组织。1940年建立抗日民主政权后到1942年初，津浦铁路以东建立了七个中共县委，31个区委，402个支部，发展党员5038名，津浦铁路以西建立六个县委，发展党员3518名。1941年5月，中共中央华中局决定，将中共皖东津浦路东和路西两个省委，改为中共皖东津浦路东和路西两个地区委员会，刘顺元、黄岩分别任书记，由以郑位三为书记的皖东党政军委员会统一领导，从组织上进一步保证了党对建设巩固的淮南抗日民主根据地的领导。在干部工作方面，在斗争实践中，大力培养选拔了大批干部，尤其是地方干部，保证了根据地各项工作的需要。在思想作风建设方面，组织广大党员学习了1940年7月1日刘少奇在半塔集大田郢纪念中国共产党诞生19周年干部大会上作的《做一个好的党员，建设一个好的党》的报告。从1942年秋起，遵照中共中央的指示，在淮南地区，开展了整风学习运动。党员、干部除在职学习外，分期分批到华中党校、淮南区党委党校以及各级党训班、整风队进行整风学习。领导机关带头深入实际，大兴调查研究，改进工作作风。淮南区党委负责人刘顺元、方毅、张劲夫、李世农等，分别带工作组深入农村调查，撰写了调查报告，有刘顺元、冯定的《安乐、殿发两乡乡选调查》、方毅的《安乐乡调查》、张劲夫的《东庙区七贤乡的让息斗争》、李世农的《对乡村雇工工作的几点意见》等。通过理论联系实际的整风学习，各级干部、党员普遍地提高了马克思主义水平，发扬了深入实际、密切联系群众、实事求是、艰苦奋斗的作风，增强了党组织的指导能力和核心领导作用及党员、干部的模范作用。

军事建设。1941年3月，新四军第二师召开了政治工作会议，强调把第二师建成正规化的党军，决定加强军政训练，提高部队军政素质。同年在淮南创办了抗日军政大学第八分校（后改为二师教导团），在以后的四年间共培养了2500多名军政干部，保证了部队建设的需要。为增强边缘区频繁而激烈的反“蚕食”、反“伪化”、反骚扰斗争，区党委决定加强地方武装和民兵建设。1942年实行主力地方化，第二师三个旅由九个团缩编为六个团，在全区机动执行任务，以一部分主力划归地方，成为地方部队的骨干。到年底，全区地方武装发展到8000余人，枪5900余支，成为能独立作战的地方兵团。主力地方化以后，形成了主力兵团、地方兵团和民兵三结合的人民抗日武装体系，更有效地打击了敌人。

政权建设。实行了“三三制”的民族统一战线的抗日民主政权制度（即开明地主资产阶级、小资产阶级及无产阶级在政权中各占三分之一）。1941年1月13日至18日，津浦路东召开第一届临时参议会，到会议员130名，内有士绅50名。会上，津浦路东各县联防办事处主任邓子恢作了《抗日民主政府一年来施政工作总报告》，通过了各项法令，选举邓子恢为参议长，民主人士朱雨江、赵坚为副参议长，并选举邓子恢为联防办事处主任。2月，颁布了《津浦路东各县联防办事处抗战时期施政纲领》。9月18日，津浦路西召开第一届临时参议会，选举魏文伯为参议长，梅子明、刘子谷为副参议长，章汉璋为津浦路西联防办事处主任，在1942年5月津浦路西第一届第二次临时参议会上，通过了政权工作的各项法令和决议。县、区、乡的政权，也通过层层发动群众民主选举产生，特别是经过改造基层政权，建立了新的乡、村政权。在各级政府中，建立了公安、司法、民政、财经、文教等专门机构开展各方面的工作。

财政经济建设。（一）废除苛捐杂税，实行减租减息。抗日民主政府颁布了“三七分租、二五减租”“退还押板”“分半给息”“老债停息还本”“借粮还粮、借钱还钱”等政策法令，减轻了农民的负担，也争取了大部分地主，有利于农村生产力的发展。（二）保护与发展工商业，调节金融，抵制敌伪的经济侵入和破坏。淮南行政公署及时成立了淮南银行，发行淮南币，抵制伪币和法币流入市场，保证了根据地的经济。（三）建立进出口货物检查网，统一税制，加强货检税收工作，创办贸易机构，发展根据地的商业和对外区的贸易。与此同时，各级抗日政府还领导群众大力发展工农业生产，发展贸易，开展互助合作运动，涌现了淮南根据地有名的来安县半塔集杨言德合作社和大余郢村骆腾云互助组，形成路西藕塘市、路东桐城市和竹镇市等几个繁荣的经济中心，为坚持敌后抗战奠定了物质基础。

文化教育建设。认真执行了党的知识分子政策，动员大批知识分子加入革命队伍，投入根据地文化教育事业和其他各项工作。根据地开办了淮南行政学院和津浦路东、路西两所联合中学，以及各种专业训练班。华中局在淮南还创办了江淮大学和建设大学，培养了大批抗战建设人才。小学教育也有大的发展，路东地区办了600余所小学，路西地区办了140余所小学，并在各地开展群众性的冬学运动，举办民主夜校、识字班。文化工作方面，建设了一支十分活跃的为工农兵服务的文化工作队伍，部队和地方各县都建立了文艺工作团（队），著名的有“抗敌剧团”和“大众剧团”。淮南抗日根据地出版的报刊有《新民主报》《新路东报》（后改名《淮南日报》）《抗敌报》（江北版）《淮南大众》《路东农民》《淮南党刊》等。

群众抗日组织建设。津浦路东、路西各级党组织发动了大规模的民众抗日运动，建立了工、农、青、妇、文、商各抗敌协会和儿童团组织，至1941年底，津浦路东地区有17万余人，津浦路西地区有13万余人。到1945年，根据地内的人民群众绝大多数都参加了各抗敌协会组织。

由于认真执行了中共中央关于根据地建设的方针和政策，淮南抗日根据地不断巩固与发展。1942年2月，刘少奇在华中局第一次扩大会议的总结报告中指出，“皖东特别路东根据地的工作，与华中其他各根据地的工作比较，是最好的，最正规的”。1942年底到1943年初，饶漱石、陈毅率中共中央华中局机关和新四军军部由苏北转移到淮南抗日根据地盱眙县黄花塘，指挥华中抗日斗争，直接指导和帮助淮南各方面的工作。刘晓、刘长胜、潘汉年率领中共江苏省委机关亦由上海转移来淮南抗日根据地。

1942年，是淮南抗日根据地斗争最艰苦的时期，由于日军频繁而残酷的“扫荡”和“蚕食”，国民党军李品仙部的进攻，加上严重的旱灾，给淮南军民造成严重的困难。

为了战胜严重困难，淮南抗日根据地军民坚决粉碎了日伪军的“扫荡”“蚕食”和国民党顽军的进攻。1942年1月底至3月初，新四军第二师击退了日军2000余人对淮南津浦路西地区的“扫荡”。10月，国民党军第171师等进袭定远藕塘地区，11月，日伪军10000余人大举“扫荡”淮海、淮北和淮南抗日根据地，其中由明光、滁县、定远等据点出动的日伪军3000余人向定远地区“扫荡”，均被淮南津浦路西军民粉碎。1943年，淮南津浦路东根据地东南边区我军对日伪发起反“蚕食”、反伪化的斗争，取得重要胜利。6月，在第五旅第十三团支援下，东南支队攻克仪征县谢家集据点，解放仪征、江都县20余乡，新成立了甘泉县，打通了第二师淮南根据地与第一师苏中根据地的联系。8月，第二师第五旅和津浦路东军分区武装协同作战，击退日伪军1000余人对六合县地区的进攻，在桂子山战斗中，毙伤日伪军300余人。

为了战胜严重困难，淮南抗日根据地厉行精兵简政、紧缩机关、充实基层。第二师主力部队进行缩编，实行主力地方化，加强地方武装。津浦路东九县合并为盱（眙）嘉（山）、来（安）六（合）、天（长）高（邮）、东南四个办事处（县）。1943年2月，根据华中局指示，淮南抗日根据地实行一元化领导，撤销路东、路西区党委，统一成立淮南区党委，谭震林任书记，刘顺元任副书记，下辖津浦路东、路西两地委，赵启民、谭希林分别任书记。新四军第二师兼管淮南军区，师长罗炳辉兼任司令，谭震林兼任政委。第五旅、第六旅分别兼管津浦路东、路西两军分区，旅长成钧、谭希林分别兼任军分区司令。统一成立淮南苏皖边区行政公署，方毅任主任，下辖路东、路西两专员公署，汪道涵、郑抱真分别任专员。区党委和两地委不另设机关，分别与二师师部及两军分区领导机关合署办公。1943年10月，谭希林奉命率第六旅第十六团去第七师工作，撤销第六旅建制。第四旅兼路东军分区，旅长梁从学兼军分区司令，政委陈光兼军分区政委、路东地委书记；第五旅兼路西军分区，旅长成钧兼军分区司令，政委赵启民兼军分区政委、路西地委书记。

为了战胜严重困难，淮南军民掀起了大生产运动热潮，军民动手发展农业生产，还开办了织布厂、榨油厂、烟厂、纸厂等和各种手工业。第二师1942年全年生产收入达2000万元，收获粮食13000余石。大生产运动，对于战胜自然灾害和敌人经济封锁，改善军民生活，为反攻做好物质准备起了重大作用。

由于坚持了对敌斗争，实行了精兵简政，开展了大生产运动，淮南抗日根据地胜利地渡过了难关，并取得了新的发展。

## 淮南军民为争取抗日战争最后胜利而斗争

根据中共中央指示，淮南区党委逐步加强了敌军工作和城市工作。1943年春，淮南区党委和淮南军区统一成立了敌工委员会，各县建立敌工联络站，并组建了津浦铁路工委和第二师铁路便衣大队，开展津浦铁路南段及两侧地区的工作。淮南交通总站自1942年春成立到1943年，开辟了从淮南津浦路东通往新四军各师及上海的交通线。1944年，淮南区党委成立了城市工作部。

随着国际反法西斯战争转向胜利，中国共产党领导敌后军民发动对日军的局部反攻。1944年，第二师和地方武装进击日伪军，曾一度攻入盱眙、定远两县城，夜袭了南京对岸六合县的瓜埠镇，来六支队伏击赴六合县程桥的日伪军，开展了边缘区群众性的游击战争。至年底统计，共毙伤日伪军1000余人。同年11月，第二师第五旅在地方武装配合下，粉碎了日伪军7000余人对津浦路西地区的“扫荡”。1945年2月到4月中旬，第二师和地方武装在新四军苏中、淮北部队配合下，击退了日军山西旅团等部向高邮湖西部地区的进犯，歼灭日伪军800余人，粉碎了敌人打通淮河交通线的企图。

在进行局部反攻的同时，也击退了国民党顽固派对抗日根据地的侵犯。1944年11月，第二师第五旅在地方武装配合下，击退李品仙部第171师对定远西南之占鸡岗的进犯。1945年4月，新四军第二师和第三师、第七师一部相配合，在黄疃庙自卫反击战中，将进犯皖江地区和淮南津浦路西地区的李品仙部击退。

1944年冬，为壮大主力部队，迎接战略反攻，淮南抗日根据地掀起大规模的参军运动。第二师重建第六旅和第四旅第十二团。至1945年夏，新四军第二师主力发展到33000人，组织地方武装11000人。1945年春，淮南我军发动攻势作战，摧毁日伪据点，基本上把敌人逼到津浦、淮南两条铁路沿线和一些主要公路沿线及长江、淮河边上的孤立据点内，扩大了解放区。至7月，淮南抗日根据地基本区面积达21000余平方公里，人口达280万。

1945年8月，淮南根据地的党、政、军、民积极响应中共中央和毛泽东主席的号召，坚决执行朱德总司令的命令，向津浦、淮南两条铁路日伪据点进击。从8月14日到21日，先后收复定远、来安、盱眙、嘉山、天长、六合等县城及广大乡村。8月13日，争取了伪首都警卫第三师钟健魂部3000人反正。8月下旬，新四军军部在淮南津浦路东组织了南京支队，渡江南下，攻克龙潭、栖霞山等地，兵临南京城下。第二师第四旅向滁县进击，第五旅向蚌埠进击，第六旅向水家湖进击，逼近淮南煤矿，独立旅进击长江沿岸，各县独立团（县总队）向本县境内日敌伪军据点出击。9月2日，日本在投降书上签字。至此，抗日战争胜利结束。

在抗日战争中，淮南军民为中华民族的解放和世界反法西斯战争的胜利做出了贡献，也付出了重大的牺牲。八年全面抗战，淮南军民共歼敌25000余人，到1945年9月，淮南解放区共建立了17个县级抗日民主政权，拥有330余万人口，新四军第二师（淮南军区）所属武装力量发展到五万人。这是淮南军民在中国共产党领导下浴血奋战取得的伟大胜利，人们将永远不会忘记在抗日战争中，为民族生存和人民解放而壮烈牺牲的英雄儿女！

（中共安徽省委党史研究室）

★淮北根据地新四军第四师袭击马公店日伪军据点

# 淮北抗日民主根据地

淮北抗日民主根据地，是抗日战争时期中国共产党领导的全国19块敌后抗日根据地之一。位于河南、安徽、江苏三省接壤的广大地区。东临运河，西达商（邱）亳（县）公路，南濒淮河，北抵陇海铁路。是八路军和新四军的联系枢纽，是新四军东进苏北的前进阵地，直接威胁日本侵略军占领的徐州、蚌埠等军事重镇，战略地位十分重要。

七七事变后，日军侵占华北，出兵华中。1938年2月2日，占领蚌埠。5月19日，攻陷徐州。不久，淮北地区各县相继陷落。日军所到之处，烧杀淫掠，惨绝人寰。徐州失守后，国民党数十万军队纷纷西撤。此时，淮北地区局势异常混乱，封建豪绅、失意军人和流氓土匪乘机拉起武装，各自封官设卡，横行乡里；伪军和伪组织应运而生，为虎作伥，蹂躏人民。广大人民陷于国破家亡的苦难深渊，在当地共产党和进步人士的组织和领导下，纷纷揭竿而起，进行武装自卫。

中共中央、毛泽东及时发出《关于徐州失守后华中工作的指示》，提出了向豫鄂苏皖四省敌后发展的方针，指示河南、江苏省委，立即动员大批党员、干部、工人、学生到豫皖和苏皖边区敌后去，发动群众，武装群众，开展游击战争，建立抗日根据地。并指示山东分局执行“巩固鲁南，发展苏皖”的方针。遵照党中央、毛泽东的战略部署，彭雪枫、彭明治、钟辉等各自率领新四军游击支队、八路军苏鲁豫支队、八路军陇海游击支队分别挺进敌后，与当地党组织密切配合，开展抗日游击战争，创建了豫皖苏和皖东北抗日根据地。1941年8月形成了淮北抗日根据地，直至抗日战争胜利结束。

## 豫皖苏边区抗日根据地创建

豫皖苏边区抗日根据地徐州失守后，中共河南省委派出大批党员、干部分赴豫东敌后，组织人民武装，开展抗日游击战争。豫东特委在西华县组建了西华县抗日自卫军；省委组织部长吴芝圃返回家乡杞县，组建了豫东抗日游击第三支队；省委军事部长彭雪枫在豫南确山县竹沟镇组建了一支游击武装，由萧望东率领开赴豫东敌后。同时，在以郭子化为首的中共苏鲁豫皖边区特委领导下，萧县、宿县、铜山县也相继组建了几支抗日武装。这些抗日武装一经建立，迅即投入抗日斗争。

1938年9月2日，中共中央长江局领导人周恩来、叶剑英指示河南省委，应将武装斗争的重心移向豫东，创造豫皖苏鲁边区的新局面。遵照这一指示，彭雪枫率领新成立的新四军游击支队一部370余人，从确山县竹沟镇开赴豫东敌后，在西华县杜岗与吴芝圃、萧望东率领的两支武装会合并进行整编。新四军游击支队辖有三个大队，共945人，彭雪枫任司令员兼政治委员，吴芝圃任副司令员，张震任参谋长，萧望东任政治部主任。同时成立党政军委员会，彭雪枫任主席。10月24日，游击支队东渡新黄河（史称黄泛区），进入豫东敌后。27日，在淮阳窦楼迎战日军骑兵小分队，毙敌十余人，首战告捷。继而挺进睢（县）杞（县）地区，初步打开了豫东的抗战局面。1939年初，彭雪枫挥师东征，进入亳（县）北、永（城）西、商（邱）南地区作战。在第二大队长滕海清的指挥下，夜袭芦家庙，歼敌数百人。这次战斗的胜利，使游击支队军威大震，为进军皖北创造了条件。3月，在萧（县）宿（县）地区与八路军苏鲁豫支队会合，互相配合，广泛开展抗日游击战争。随着新区的开拓，为加强地方党的领导，1939年3月，在永城书案店成立了中共豫皖边省委，书记张爱萍，副书记吴芝圃。后改称为豫皖苏边区党委，书记吴芝圃，后为刘子久。

1939年11月6日，中共中央中原局书记刘少奇抵达新四军游击支队司令部所在地——涡（阳）北新兴集，传达了党中央关于放手创立抗日根据地的指示，并对豫皖苏区党政军工作作了布置：要求集中力量创建永（城）、夏（邑）、萧（县）、宿（县）四县抗日根据地；加强地方工作，健全区党委，发展地方党组织；加强部队的正规化建设，巩固和扩大主力部队；在杞（县）太（康）淮（阳）及鹿（邑）亳（县）商（邱）等地建立小块根据地，以便将来联系成为大块。为贯彻刘少奇这一指示，豫皖苏边区抗日民主政权——豫皖苏边区联防委员会成立，吴芝圃兼任主任，刘宠光任副主任。同时成立了边区参议会，吴芝圃兼会议长。接着各地抗日民主政权相继成立。这是坚持豫皖苏边区抗日游击战争的重大转折。到1939年底，新四军游击支队发展到17000余人。至此，豫皖苏边区抗日根据地已初具规模。

1940年2月1日，新四军游击支队正式改称为新四军第六支队。时值国民党顽固派第一次反共高潮失败之后，蒋介石将磨擦斗争的重心由华北移向淮河流域，密令安徽省政府主席李品仙和江苏省政府主席韩德勤派部“进剿”淮河南北的新四军部队。为增援华中新四军作战，6月下旬，黄克诚遵照中央军委指示，率八路军五个团南下豫皖苏边区，与新四军第六支队合编为第十八集团军第四纵队，彭雪枫任司令员，黄克诚任政治委员。8月初，黄克诚奉命率三个团东进皖东北地区后，第四纵队遂整编为三个旅，执行向西防御的任务。9月初，彭雪枫率纵队主力进入淮上地区（在凤台以北、蒙城以东、宿县以西广大地区），发动群众，打击日伪军，收复失地，开辟了淮上根据地，建立了淮上行署和几个县的抗日民主政权，建立了税收机关，增加财政收入，保证了军政供给。此时，豫皖苏边区抗日根据地东自津浦铁路，西至新黄河，南跨涡河，北达陇海铁路，面积为一万多平方公里，人口300多万。到1940年12月，区党委下辖的党组织有淮上、涡浍、陇海路南、豫皖和睢杞太五个地委；边区联防委员会下辖的抗日民主政权组织有淮上办事处（专署级）和萧县、永城、夏永砀、怀远、宿南五个县政府，以及涡北、亳北、宿西、怀蒙、怀凤、宿东六个办事处（县级）。

在区党委的领导下，根据地人民参军参战，减租减息，兴修水利，发展生产，大力开展各项建设。

在创建豫皖苏边区抗日根据地的过程中，彭雪枫和豫皖苏边区党委正确贯彻执行了抗日民族统一战线的政策，团结了主张抗日的爱国进步人士。如国民党安徽人民自卫军第五路总指挥余亚农、涡阳县田丰、萧县彭笑千、怀远纽玉书，以及爱国知名人士梁漱溟、老教育家任崇高、大别山日报社社长张百川，他们对根据地的建设都做出了积极的贡献。为巩固和加强豫皖苏边区抗日根据地的斗争，中共中央及时派来了刘子久、刘瑞龙、向明，曹荻秋等一批干部，增强了边区的领导力量。

豫皖苏边区抗日根据地的创建，引起了日伪军的恐惧。从1939年12月起，日伪军先后向萧县、永城、涡北等地区进行反复“扫荡”。根据地军民奋起抗击，经过李黑楼、新兴集等地战斗，粉碎了敌人的数次“扫荡”，保卫和巩固了豫皖苏区抗日根据地。1940年4月1日，日军近千人，附汽车30余辆向永城山城集进犯，与我军激战竟日，我军毙敌300名。我第一总队长鲁雨亭奋勇指挥，在李黑楼战斗中壮烈牺牲。6月1日，日军千余人乘我军在新兴集举行“五卅”纪念大会之际，分四路五股向我军进犯。司令员彭雪枫亲自指挥，迎战日军，经过一天血战，打退了日军的进攻。1940年11月14日，日军步骑两千人向涡（阳）蒙（城）地区“扫荡”，历时一周，八路军第四纵队奋起抗击，在著名的蒙城板桥战斗中，歼敌400余人，击毁敌汽车十余辆，击落敌飞机一架。这是豫皖苏军民在反“扫荡”战斗中的重大胜利。

1940年10月，国民党顽固派掀起了第二次反共高潮，蒋介石调集20万军队分区“清剿”华中新四军，妄图将新四军就地歼灭或驱至黄河以北地区。在淮北区，汤恩伯集团军以九个师十万余人的兵力，大举进犯豫皖苏边区抗日根据地，第十八集团军第四纵队遵照中原局的指示，以游击战争坚持津浦路西、陇海路南现有阵地，坚决阻击国民党反共军队向津浦路东及陇海路北深入，积极做好在日伪顽夹击下长期坚持的一切准备。正值国民党掀起第二次反共高潮之际，12月12日，在永城、萧县地区发生了耿蕴斋（豫皖苏保安司令）、吴信容（十八团团长）、刘子仁（十七团团长）的叛变事件，给豫皖苏区日后斗争带来不利的影响。

1941年1月下旬，日军发起豫南战役，驻开封、永城、亳县、宿州等地日军沿涡河西进。第十八集团军第四纵队奉命西进抗日，收复失地，进至颍上江口集地区，收复了沙河以北的广大地区。

皖南事变后，新四军军部在苏北盐城重建，第十八集团军第四纵队奉命改建制为新四军第四师，彭雪枫任师长兼政治委员，张震任参谋长，萧望东任政治部主任，下辖三个旅，共有14600余人。

2月9日，日军突然撤回原防。10日，国民党汤恩伯集团军向豫皖苏区发起猛攻。新四军第四师被迫自卫，英勇抗击，浴血奋战，进行了三个月的艰苦斗争。为顾全抗战大局，中共中央华中局和新四军军部于4月25日电示："我四师主力应由彭雪枫率领到皖东北统一指挥皖东北部队，创造根据地"。5月，第四师主力及豫皖苏边区党政机关干部先后转移到皖东北洪泽湖地区。至此，豫皖苏边区抗日根据地除睢杞太和萧县部分地区有党地方组织及其武装继续坚持斗争外，其余地区全被国民党军队占据。这是继皖南事变后国民党顽固派蓄意制造的又一次严重的反共事件。

## 皖东北根据地和邳睢铜抗日根据地创建

在创建豫皖苏边区抗日根据地的同时，八路军和新四军主力一部在津浦路东地区开展了创建皖东北和邳睢铜抗日根据地的斗争。

抗日战争全面爆发以后，朱伯庸、戴季亢等共产党员奉命从上海来泗县一带开展抗日救亡工作。1938年10月，中共安徽省工委以安徽省民众总动员会的名义，指派江上青、吴云村、吕振球、赵敏等共产党员，随国民党安徽省第六区专员兼皖六区保安司令盛子瑾从立煌（现金寨）到皖东北地区，在皖六区军政部门任职，并秘密建立了中共特别支部，书记江上青。他们以公开合法的身份，开展抗日救亡工作，帮助盛子瑾组建抗日武装，派党员干部到政府任职，并开办皖东北抗日军政干校，创办《皖东北日报》等，受到了盛子瑾的信任和重用，为我党在皖东北与盛子瑾开展统战工作创造了有利的条件。

为取得上级党组织对皖东北党的工作的领导，江上青派朱伯庸到山东，与中共中央山东分局取得了联系。遵照党中央“巩固鲁南，发展苏皖”的方针，山东分局于1939年3月派杨纯（女）南来泗县，建立了中共皖东北特委，杨任书记，统一了皖东北党的领导，发展了新党员，建立了县区党组织。同时，她利用政治部民运科长的合法名义，组织抗日团体，开办训练班，进一步开展了抗日救亡运动。6月，中共苏皖边区委员会在邳（县）南成立，金明任书记，统一领导苏皖边区党的工作。

皖东北地区孤悬敌后，斗争尖锐复杂。盛子瑾虽愿意抗日，但他与安徽桂系及地方实力派有矛盾，因此，有所顾忌。在江上青的推动下，盛子瑾写信给彭雪枫，要求派干部和部队进入皖东北共同抗战。1939年7月初，张爱萍和刘玉柱奉命随八路军苏鲁豫支队一部越过津浦路，进入皖东北地区，与盛子瑾进行谈判，达成了合作抗日的协议，遂在泗县张塘建立了八路军、新四军驻皖东北办事处，张爱萍、刘玉柱分任正副处长。至此，我党在皖东北与盛子瑾合作抗日的统一战线正式形成。

为加强党对皖东北工作的领导，金明根据张爱萍建议，将苏皖边区党委机关南移皖东北地区。9月初，区党委机关迁至泗县张塘，以八路军、新四军驻皖东北办事处为掩护，进行领导工作。

八路军苏鲁豫支队第一大队进入皖东北地区英勇奋战，首战睢宁魏洼，继战灵璧冯庙，屡战皆捷，军威大震。10月，以江华为司令员兼政治委员的八路军苏皖纵队南下皖东北地区作战。12月，新四军游击支队第一团东进皖东北敌后抗日。至此，八路军和新四军在皖东北地区共有6000余人，成为该地区抗日的中坚力量。

国民党安徽省政府对盛子瑾与八路军、新四军在皖东北合作抗日如鲠在喉，必欲除之而后快。先是指使皖六区地方顽固武装反盛。苏皖边区党委决定“拥盛抗日”，孤立和打击少数顽固分子，遂派部队配合盛子瑾部队击溃了黎纯一、雷杰三的武装进攻。接着，安徽省政府下了令撤销盛子瑾的专员等职，派马馨亭率千余人兵力东进泗县大柏圩，妄图武装夺权。为了维护皖东北合作抗战的局面，区党委提出了“拥盛反马”针锋相对的口号，并以一部武装配合盛子瑾部队作战，一举攻下大柏圩，马率残部逃回津浦路西。安徽省政府主席李品仙恼羞成怒，以“勾结奸匪，抗命移兵”等罪名，下令通缉盛子瑾。盛怯于国民党安徽桂系当局的压力，准备出走。区党委决定了“争取盛留，准备盛走”的方针：盛留，我党我军与之团结抗战到底；盛走，我们党的干部和武装不让盛带走一人一枪，我党我军即接管政权，独立自主地创建皖东北抗日根据地。虽经我党多次说服挽留，但盛子瑾仍于1940年2月29日夜带领其嫡系部队千余人南渡淮河离境。

盛子瑾离开皖东北后，为了稳定局势，区党委首先调整中共泗县县委，成立泗县抗日民主政府，正式宣布新四军第六支队第四总队成立，集中兵力消灭土匪武装，拔除日伪据点。3月24日，召开皖东北第一届各界人士代表大会，宣布成立了皖东北抗日民主政府——仍沿用皖六区行政督察专员公署名称，推举陈粹吾代理专员，刘玉柱为专署秘书（不久，陈因病辞职，刘任专员）。推举进步人士祖树屏为皖东北军政推进委员会主任委员，同时成立了皖东北保安司令部，张爱萍任司令员。至此，我们党独立自主创建的皖东北抗日根据地已具雏形。

1940年4月底，中共中央中原局书记刘少奇从皖东津浦路东地区北渡淮河，抵达泗县罗岗，检查和指导皖东北抗日根据地工作。5月1日，驻泗县城日军出动“扫荡”。国民党江苏省常备第七旅旅长王光夏率部乘机进犯皖东北中心区，妄图一举摧毁新生的抗日政权。在刘少奇的领导下，八路军和新四军部队紧密配合，英勇反击，取得了反“扫荡”和反磨擦斗争的胜利。刘少奇在皖东北一个多月时间，召开了多次会议，对建立和建设抗日根据地的方针、政策、任务、方法和步骤都作了具体而明确的指示。根据刘少奇的指示，区党委整编了部队，扩建了地方武装，成立了人民自卫队。同时，专署颁布了保障人权、合理负担和肃清土匪的三大政策。并在中心区内，开展了减租减息，发展生产，改造基层政权，建立各级群众抗日团体等各项建设。

根据中共中央关于向东发展，开辟苏北的指示，黄克诚率八路军一部进入皖东北地区。8月16日，根据中央军委的指示，在皖东北地区组建了第十八集团军第五纵队，执行向苏北发展的任务。黄克诚任司令员兼政治委员，下辖三个支队，共两万余人。

9月，黄克诚率五纵队东进淮海地区，金明率苏皖区党委机关也随之东移。为加强皖东北党政军工作的领导，坚持皖东北根据地的斗争，区党委决定成立苏皖边区军政分会和中共皖东北地委，由张彦任军政分会书记兼地委书记。主力东进以后，皖东北仅有一个主力团和两千人的地方武装，日伪军乘虚进犯根据地，洪泽湖上土匪武装亦乘机骚扰。地委领导根据地军民进行了三个月的艰苦斗争，经过青阳保卫战等重大战斗，予日伪军和土匪武装以沉重打击。但由于敌强我弱，日伪军对根据地逐步“蚕食”，并在青阳等地安下了据点，使皖东北根据地日益缩小，形势日趋严峻。

为了加强皖东北根据地的斗争力量，1941年2月，张爱萍率新四军第三师第九旅由淮海区西返皖东北，首克青阳，消灭伪军一个团，继克马公店，拔除伪据点，然后向西南和西北扩张战果。经过40余天的连续作战，恢复了皖东北根据地的基本区。此间，新四军第二师第五旅一部在淮泗地区粉碎了日伪军的“扫荡”，平息了土匪的武装暴乱，对恢复皖东北根据地做出了重要贡献。5月4日，新四军第三师第九旅在第二师第五旅一部和第四师第十旅一部的配合下，发起了清剿洪泽湖上土匪武装的战斗，历时八天，肃清了湖上的土匪，清除了多年来的湖上匪患，洪泽湖成为根据地内湖。至此，皖东北抗日根据地全部恢复，专署下辖泗宿、淮泗、泗南、泗北、泗五灵凤、盱凤嘉六个县办事处和洪泽湖管理局及泗（县）五、八两个直属区署，共有120多个乡政权。

由于皖东北根据地的恢复，以及新四军第四师主力部队和豫皖苏边区大批党政干部转移到了皖东北地区，华中局于1941年5月决定，撤销苏皖边区党委和皖东北地委，成立皖东北区党委，刘子久任书记，刘瑞龙任副书记，领导津浦路以东、运河以西、淮河以北、陇海路以南广大地党的工作。6月，区党委召开第一次党的活动分子大会，传达了华中局对皖东北群众运动的指示，介绍了盐阜和淮南根据地开展群众工作的经验。会后，大批干部组成民运工作队。分赴各县区乡，发动群众，开展减租减息，夏种夏收，组织群众抗日团体，解除地主武装，扩建人民武装，掀起了轰轰烈烈的群众运动的热潮。

为了巩固和扩大皖东北抗日根据地，1941年5月，皖东北区党委和第四师决定成立宿（县）东游击支队，在宿县以东，灵（璧）固（镇）公路以西地区开展抗日游击战争，坚守皖东北的西大门。活动在淮（阴）泗（阳）和泗（县）五（河）灵（璧）凤（阳）地区的新四军第二师第五旅一部，打击了日伪军频繁“扫荡”，开辟了新区，保证了皖东北中心区的稳定。

新四军第四师部队进入皖东北以后，遵照华中局和新四军军部的指示，进行集中整训。7月，由华中局和新四军军部代表邓子恢在淮宝县仁和集主持召开第四师军政委员会扩大会议，认真总结了第四师和豫皖苏边区党委在津浦路西地区三年来的斗争经验和教训。这次会议统一了认识，稳定了情绪，对第四师的发展壮大起到了重要的作用。

在皖东北抗日根据地创建以前，1938年12月，山东分局决定成立八路军山东纵队陇海游击支队，钟辉任司令员兼政委。同时成立中共苏皖特委，李浩然代理书记。1939年4月，根据斗争的需要，成立陇海游击支队第一梯队，李浩然任队长。同月，李浩然率苏皖特委机关和第一梯队进入邳（县）睢（宁）铜（山）地区，整顿地方党组织，加强抗日民族统一战线工作，开展抗日游击战争，打开了邳睢铜地区的抗战局面。不久，苏皖特委结束。11月，中共苏皖一地委在邳睢铜地区成立，李云鹤任书记，继续坚持抗日游击斗争和统一战线工作。皖南事变后，该区斗争进入艰苦时期。1941年6月，新四军三师九旅一部挥戈北上，进入邳睢铜地区作战，在地方武装的配合下，拔除了敌伪据点，打击了顽固势力，使邳睢铜地区得以恢复，先后建立了邳睢，睢宁、铜山县委和县政权，并建立了邳睢铜灵四县联防办事处。邳睢铜地区成为淮北抗日根据地的重要组成部分。

## 淮北抗日根据地正式形成

1941年8月23日，中共中央华中局决定：划淮河以北、陇海路以南、运河以西、津浦路以东地区为淮北苏皖边区，并将邳睢铜地区和淮宝县划入。撤销皖六区行政督察专员公署，成立淮北苏皖边区行政公署，以刘瑞龙为主任，刘玉柱为副主任；撤销皖东北区党委，成立中共淮北苏皖边区委员会（简称淮北区党委），由刘子久、刘瑞龙、刘玉柱、张彦、吴芝圃五人为委员，以刘子久为书记；成立淮北苏皖边区军区，赖毅为司令员，刘子久兼政治委员；成立淮北苏皖边区军政党委员会，以邓子恢为书记，统一领导淮北苏皖边区党政军工作。这标志着淮北苏皖边区抗日民主根据地正式形成（简称淮北地区）。1942年11月，中共中央华中局根据党中央《关于统一抗日根据地党的领导及调整各组织间关系的决定》，取消淮北军政党委员会，调整淮北区党委成立，由邓子恢、刘子久、刘瑞龙、彭雪枫、吴芝圃五人为委员，以邓子恢为书记，刘子久为副书记；撤销淮北军区，由第四师兼淮北军区，彭雪枫兼司令员，邓子恢兼政治委员，张震兼参谋长，吴芝圃为政治部主任。在淮北区党委一元化领导下，淮北军民积极开展反“扫荡”、反“蚕食”的武装斗争。

1942年11月14日，日伪军出动7000余人，坦克、汽车100余辆、飞机三架，分五路对淮北抗日根据地进行空前规模的“扫荡”，淮北区党委和新四军第四师领导淮北广大军民胜利进行反“扫荡”斗争。在人民群众大力支援下英勇斗争，第四师主力部队浴血奋战，经过朱家岗、马公店、关帝庙等37次战斗，攻克青阳、马公店、金锁镇等日伪据点，共歼日伪军700余人，至12月16日，粉碎了日伪军的“扫荡”。33天反“扫荡”战役的胜利，沉重地打击了日伪军，保卫和巩固了淮北抗日根据地。

日军为巩固其以徐州为中心的战略枢纽地带，从1943年起，即改变策略在交通沿线泗宿公路两侧和淮泗县境的运河沿线以及邳睢地区安设据点，向淮北抗日根据地的边缘区频繁地进行小规模的“扫荡”及“蚕食”，对我边缘区进行逐步伪化。对此，淮北区党委确定以武装斗争为主，依靠群众在边缘区全面开展反“扫荡”、反“蚕食”和反伪化的斗争，有计划有步骤地和敌人争夺地盘。同时加强敌伪军工作，加强敌占区的群众和统战工作，团结人民，孤立敌人，镇压敌探汉奸。这一年，第四师主力在地方武装的配合下，先后拔除罗盱、董圩、林桥、顺河集、叶场等日伪军据点34处，新开辟了13个区，建立了72个乡的抗日民主政权，收复了2500平方公里的国土，解放了50万人民，从而基本上遏制了日伪军对淮北抗日根据地边缘区的“扫荡”“蚕食”和伪化，稳定了边缘区的形势，保证了根据地中心区的各项建设。

国民党顽固派一直伺机东进，企图进占淮北抗日根据地。1943年春，蒋介石命令驻津浦路西的国民党军王仲廉部和驻运河以东的国民党江苏省政府主席、鲁苏战区副总司令韩德勤部东西对进，妄图将新四军第四师消灭于洪泽湖畔。3月14日，韩德勤率部偷渡运河，侵占淮北根据地中心区唐莫圩、山子头一带地区，并派部接应王仲廉部东进。为粉碎国民党顽固派的阴谋，根据新四军军部的作战部署，在邓子恢、彭雪枫的统一指挥下，第四师第九旅、第十一旅及第二师和第三师各一部，于3月17日夜向侵占我山子头地区的韩德勤部发起反击，至18日，生俘韩德勤及其官兵千余人。已进至灵（璧）北地区的王仲廉部得知消息，遂逃回路西。山子头战役的胜利，使我抗日根据地得以巩固。为了团结抗战，释放了韩德勤，并发还其部分人枪，礼送出境。

淮北区党委在动员人民进行对敌斗争的同时，大力进行根据地的各项建设，取得了显著的成绩。

党的建设。淮北区党委在领导武装斗争和群众运动中，十分重视党的组织建设和思想建设。在组织建设方面，区党委成立后，即注重从斗争中吸收优秀的工农和知识分子入党，至1945年5月止，全边区党员已发展到44406人。同时，建立与健全了各级党的组织，到1944年底，区党委下辖三个地委、23个县委、168个区委、1048个乡支部。区党委先后开展了三次整理支部工作，纯洁了党的组织，发挥了党支部的战斗堡垒作用。在思想建设方面，根据党中央的有关部署，淮北根据地从1942年起开展了整顿三风运动，到1944年底，区党委举办了九期轮训队，使广大党员和干部普遍地受到了一次马列主义和毛泽东思想的教育。1944年7月，刘子久在延安中央党校学习期间，写了《关于学习问题给淮北区党委的信》，经毛泽东批示，转发各抗日根据地学习。区党委组织党员学习这封信，提高了广大党员的群众观点，推动了整风运动的深入开展。

政权建设。1941年9月，淮北行政公署成立后，即颁布了《施政纲领》，建立了各级政权，到1944年底，淮北行署下辖三个专署、23个县政府、168个区署、1048个乡政府，还建立了边区和各县行政委员会与参议会。1942年10月，边区第二届参议员大会召开，选举了边区参议会正副议长（刘子久、吴静宜）、边区行署正副主任（刘瑞龙、陈荫南）、边区高等法院正副院长（徐风笑、葛萌），讨论并通过了刘瑞龙作的《淮北苏皖边区三年来的政府工作》报告和150件法规议案。边区参议会从开始时的民意咨询机关成为边区最高权力机构。边区和各县政府与参议会的领导成员，都是依照“三三制”的原则选举产生的。为团结各界爱国民主人士建设根据地，行署颁布了《保障人权财权产权及保护工商业条例》。为便于人民群众参政和政府法令的推行，1942年，行署决定在根据地的基本区实行划小行政区域，将过去的县、区、乡、保、甲五级变为县、区、乡三级，改过去的大区大乡为小区小乡。在此基础上，废除保甲制，改造旧政权，实行乡选和乡村制，行署以此作为政权建设的重心。到1944年6月，在中心区的885个乡中，已有637个乡实行了乡选和乡村制，占总数的79%。在政权建设中，淮北行署认真进行了三次简政工作，行署机关由原有的360人，减为60人，减少了5/6。行署机关还多次整顿政风，使淮北根据地的行政机关干部保持与发扬了战斗、民主、廉洁的工作作风。

生产建设。淮北行署制定的生产建设的基本方针是：“以农业生产为主，以工业为辅，发展私人农家经济和家庭手工业，组织机关、部队、学校进行生产”。按照这一基本方针，行署领导根据地人民开展减租减息和增加工资运动，到1944年，全边区有899个乡共减租11万石，改善了民生，提高了人民群众的抗日热情和生产积极性。为发展农业生产，行署每年除帮助农户解决种子、农具、牲畜等困难外，还发放农业贷款，仅1942年就发放了793万多元（边币），使农业生产逐年发展。此外，行署还领导群众订兴家计划，组织劳动互助，开展生产竞赛，奖励劳动模范，据1944年统计，在根据地中心区三个县中，订兴家计划的共万多户，有劳动互助组8061个。在发展工业和家庭手工业方面，行署自力更生创办了淮北工厂，生产棉布、肥皂、被服、纸张等为打破日伪军对棉纱、布匹的封锁控制，行署领导根据地人民开展了轰轰烈烈的土纺土织运动，据1944年统计，仅八个中心县就有纺车36000多辆，织布机2688台，解决了边区军民的穿衣困难。边区的水利工程成绩尤为显著，1944年春，全边区共修筑大小堤坝河沟414条，长4226里，受益地亩37892顷。其中较大的工程有盱凤嘉的淮河大堤、泗南的双峰大堤和大柳巷堤、淮宝的人家头堤等。在经济建设中，根据地的合作社事业发展很快，由原来单一性消费合作社，逐步发展为综合性生产、运输和信用合作社，还成立了区联社、县联社等，据1944年统计，全边区合作社共有300多个，社员总数为24万多人，股金总额达2500多万元（边币）。1943年春，根据党中央和华中局的统一部署，淮北抗日根据地开展了轰轰烈烈的大生产运动，边区机关、部队和学校掀起了业余生产的热潮，取得了很大的成绩，既减轻了人民的负担，又改善了自己的生活。

财经建设。财经工作包括财粮、金融和贸易三个方面。在财粮方面，一是财政工作，实行了统筹统支，建立了收入、支出、金库和审计四项制度，其中审计制度的建立，审核预决算方案，监督财政收支，减少了贪污和浪费。二是粮食工作，按合理负担的原则，根据粮食收获量分等级（1942年分为十级）累进征收公粮。淮宝县比较富裕，每年上交粮数居全边区各县之首，贡献较大。在金融方面，为了与日伪进行金融斗争，淮北行署于1942年6月成立了淮北地方银号，发行边币，发行总额为4381万多元，主要用于发展生产和调剂金融，据1944年统计，银号发放各种贷款总额为1000万元，对发展生产，改善人民生活都起到了很大的作用。在贸易方面，对内实行贸易自由，保护私营商业，发展公营商业，出口剩余品，打破敌人的封锁和掠夺。行署设立边区贸易局，编制边区贸易工作。开办公营商店，如青阳的大华商店、高良涧的光华商店等，还鼓励与保护敌占区商人来根据地经商。边区财经建设的发展，繁荣了根据地的经济，打破了日伪军对根据地的经济封锁。

文教建设。区党委和行署十分重视文化教育事业，把文化教育事业作为建设与巩固抗日根据地的一件大事来抓。淮北区党委曾发出《加强领导国民教育工作的指示》，要求各级党委提高认识，加强领导，培养使用知识分子，开展文化统一战线工作，发展根据地的文化教育事业。行署每年的教育经费约占地方全部经费开支的25.54%，同时，给中小学校教师以较高的工资，由过去每人每月几元，增加到45元。还大力鼓励与吸收了敌占区知识分子来根据地任教。边区创办了扩大四分校、江淮大学、淮北中学、行政学院、建设学院（培养中学师资）、卫生学校、职业学校和各种训练班，培养了大批的干部。此外，还开办有淮宝、淮泗、泗五灵凤、邳南、邳睢铜灵、灵北等十余所中学。小学从根据地初期的30所发展到806所，教职员共1952人，学生共63100人。同时，广泛开展了社会教育，边区成立了冬学委员会，领导冬学运动，到1944年，全边区开办民校共1820个班，学生达66381人。为了实行教育改革，行署提出了学校教育群众化、劳动化和战斗化的要求和实施办法。泗南县中潼村小学校长夏陶然在教学实践中创造了教学与社会、教学与生产劳动相结合的办学经验，被淮北区党委称之为“夏陶然的道路”，在全边区予以推广。在文化方面，边区设有文化协会、戏剧协会、青年记者学会等文化团体，设有拂晓出版社、教育出版社、大众出版社，出版有《拂晓报》《人民报》《团结报》《创造报》《奋斗报》及《拂晓》杂志、《政府工作》《党内通讯》《人民通讯》《淮北青年》《抗大生活》《大众半月刊》《战斗月刊》等报刊。部队和地方都成立了文艺工作团，如拂晓剧团、人民剧团、生活剧团等，丰富与活跃了根据地的文化生活。

群众团体建设。随着根据地群众运动的开展，边区的农民、妇女、青年、工人抗日救国总会等群众团体相继成立。1943年1月，为了精简机构，将边区工、农、青、妇四个抗日救国总会合并，成立了淮北苏皖边区各界抗日联合总会，统一领导全边区的群众工作。到1945年春，全边区会员发展到130多万人。在淮北抗日根据地的巩固和发展中，群众团体发挥了重大的作用。

根据地各项建设的发展，有力地巩固了淮北抗日根据地，为淮北军民争取抗日战争的最后胜利打下了坚实的思想和物质基础。

## 淮北抗日根据地在大反攻中大发展

随着世界反法西斯战争形势的胜利发展，淮北军民根据中共中央关于向日军展开局部反攻的指示，从1944年3月21日起，在全边区范围内向日伪军发动了春季攻势，历时45天，计大小战斗60余次，先后攻克日伪军据点51个，毙伤日伪军1296人，取得了春季攻势的胜利。

1944年4月，日军发动中原战役，国民党汤恩伯集团军30万人不战而退，37天丢城38座，失地千里。为了开展河南敌后抗战，中共中央于7月25日发出了向河南敌后发展的战略部署，命令新四军第四师进军津浦路西地区，首先恢复萧（县）永（城）宿（县）地区，然后打通与睢杞太地区的联系，相机控制黄河以东地区。8月15日，彭雪枫、张震、吴芝圃率第四师主力一部，从泗南县半城誓师西征。20日，越过津浦铁路。22日，在萧县小朱庄一举歼灭阻我西进抗日的国民党苏北挺进军王传绶的第四十纵队，并争取了该纵队吴信元支队1700余人起义。为阻止新四军第四师西进，国民党顽固派汤恩伯调集第十九集团军共四个师，由暂编第一军军长王毓文统一指挥，妄图从津浦路东、西、南三面夹击我师主力于萧（县）永（城）地区。为粉碎这一阴谋，韦国清、彭明治于9月12日，指挥活动在津浦路东的部队在宿（县）东、灵（璧）北发起了阻击战，将从灵北西进的国民党第33师段海洲部和第十四纵队苏秀霖部击溃，打破了汤恩伯的西进计划。9月11日，第四师西进部队在河南省夏邑县八里庄歼灭了国民党第二十八纵队李光明支队千余人。在这次战斗中，新四军第四师师长彭雪枫亲临前线指挥不幸壮烈殉国。这是我党我军的重大损失。9月13日，中共中央军委任命张爱萍为第四师师长，韦国清为副师长，继续执行西进任务。

在国民党顽固派企图阻止我军西进的同时，勾结和策动日伪军步骑千余人先后两次向萧永地区进行“扫荡”，均被我第四师主力和地方武装粉碎。10月14日，王毓文亲率集结于涡阳蒙城的部队北犯萧永地区，同时指使永城西部的刘子仁部和陇海路北的刘瑞岐部分别向东和向南推进。第四师西进部队在冀鲁豫军区部队的增援下，奋起反击，经过保安山、芒砀山等地战斗，击溃了王部万余人的进攻。西进部队乘胜作战，继续打击日伪军，基本上收复了原豫皖苏边区的失地。到1944年底，在路西新区建立了淮北第二地委、第二专署和第二军分区及其领导下的八个县委、县政府和县总队，成立了工、农、青、妇群众抗日团体，开展了新区各项建设。为扩大解放区，缩小沦陷区，路西军民于1945年5月21日发起宿南战役，向盘踞在宿南地区的伪第15师发动攻击，经过56天战斗，毙伤伪军200余人，俘伪军3000余人，解放了宿南地区，扩大了淮北第二分区。

淮北路东军民在大力支援西进部队作战的同时，动员一万人参军，成立十个独立团，并发展民兵十万人，壮大了路东的抗日武装。1945年4月，路东军民发起春季攻势，进行了大小25次战斗，先后攻克泗阳城、卓圩子、卓海子、高楼等20个日伪据点，毙伤日伪军550余人。6月19日，淮北第三军分区地方武装发起了睢宁战役，历时20天后攻克睢宁县城，并乘胜解放了周围11个集镇，使睢宁县全境获得解放。

1945年8月，淮北军民根据党中央关于必须占领交通线及其沿线城市的指示，进一步加强了城市和交通要道的敌伪军工作。同时向津浦铁路徐（州）蚌（埠）段据点及各县城日伪军展开了猛烈的攻势，先后解放了宿迁、泗阳（再度解放）、五河、泗县、灵璧、永城、萧县等县城。至此，除津浦、陇海铁路沿线仍为日伪军占据外，淮北全境已获解放。9月2日，日军签署了投降书，抗日战争胜利结束。

在八年全国抗日战争中，淮北军民为中华民族解放事业和世界反法西斯战争的胜利做出了很大贡献，付了重大的牺牲。到抗日战争胜利时，淮北抗日根据地建立有淮宝、淮泗、泗阳、泗宿、洪泽、泗南、泗五灵凤、盱凤嘉、泗灵睢、邳睢、睢宿、铜睢、萧铜、宿灵、灵北、宿东、雪枫（即永城）、萧县、夏邑、雪涡、雪商亳、宿西、宿怀、宿蒙共24个县，总面积达41300多平方公里，拥有6173470人。在八年全国抗战中，第四师与日伪军作战共8528次，缴获日伪军步枪三万多支、短枪1999支、轻机枪742挺、重机枪64挺，俘获日伪军38176人，毙日伪军19582人，伤日伪军4690人。这是淮北军民在中国共产党领导下团结奋战的伟大胜利。

（中共省委安徽党史研究室）

★新四军第四支队在蒋家河口首战告捷。图为部分参战部队

# 皖江抗日民主根据地

皖江抗日民主根据地（始称皖中抗日根据地）是中国共产党领导创建的全国19块抗日根据地之一。它们于安徽省长江西侧地区，东起江浦、当涂，西至怀宁、彭泽，北临滁河、合肥，南抵宣城、南陵。其中巢无、和含、皖南、沿江四块较为完整的地区是皖江抗日根据地的基本区域，在基本区的四周，分布着小块抗日游击根据地和大块的游击区。

皖江抗日根据地扼制皖省境内长江水域和淮南铁路南段，迫近日本侵华派遣军总部和汪精卫伪国民政府所在地南京，威胁日伪重要战略据点芜湖、铜陵、合肥、安庆。它也是华中新四军向西、向南敌后发展和反攻日军的重要前进基地之一，是沟通淮南新四军军部和二师、五师交通联系之枢纽，战略地位十分重要。

## 在日伪顽夹击中争夺皖中

1937年7月7日全民族抗日战争爆发，中国国民党和中国共产党再度合作，举国上下一致抗战。

7月27日，坚持在鄂豫皖大别山区游击战争的中国工农红军第二十八军政治委员高敬亭，根据中共中央关于建立抗日民族统一战线的指示精神，与国民党豫鄂皖督办公署主任卫立煌的代表，在岳西青天畈达成停止内战、合作抗日的协议，结束了这一地区长期内战的局面，初步形成了以国共合作为基础的抗日民族统一战线的新局面。

1937年11月，八路军驻南京办事处派李世农来无为县组建了中共皖中工作委员会，1938年4月，中共皖中工委改为中共舒城中心县委，1939年2月，中共舒城中心县委改为中共舒无地委。自皖中地区中共领导机构建立后，无为、庐江、桐城、舒城、巢县、含山、和县等地党组织迅速得到恢复和发展，并团结了胡竺冰、吕惠生、史大化、马忍言、翟宗文等爱国进步人士投入抗日民族解放斗争。大批中共党员利用民众动员委员会这一合法组织，宣传、动员、组织广大人民群众参加抗日团体，推动了皖中地区的抗日救亡运动。同时，采取各种形式组织了人民抗日武装。

1938年1月至5月，继南京、芜湖、铜陵沦陷后，和县、含山、巢县、合肥及淮南铁路沿线均为日军占领，皖中地区成为抗日前线。2月，红军第二十八军和鄂东桐柏山区红军游击队改编为国民革命军陆军新编第四军第四支队。3月，第四支队奉命东进，在皖西流波疃集结。四五月间迅速在桐城、舒城、庐江、无为、巢县等地区展开。5月12日，第九团一部在巢湖东南蒋家河口伏击日军，毙敌20余人。这是新四军开赴抗日前线对日作战的第一仗。首战告捷，大大激励了广大指战员的斗志，鼓舞了皖中人民的抗日信心。1938年夏秋，日军连陷舒城、桐城、安庆，西攻武汉。为配合武汉保卫战，第四支队在安（庆）合（肥）公路两侧频频出击，先后在铁铺岭、棋盘岭、范家岗等地多次伏击敌人，击毁日军车百余辆，歼敌数百名。在对敌斗争中，第四支队得到迅速发展，组建了第四支队直属游击大队、淮南抗日游击纵队，并将皖中地区党领导的抗日武装于9月统编为新四军第四支队游击第二纵队。

在皖南，1938年7月，新四军军部进驻泾县云岭。在中共中央东南分局统一领导下，中共皖南特委在新四军民运工作组配合下，训练大批骨干迅速恢复和发展各县党的组织，动员各界民众抗日，团结了刘敬之等进步人士，建立了抗日民族统一战线。同年秋，新四军第三支队在策应第一、第二支队东进苏南后，进驻铜、繁前线抗日，经过多次繁昌、泾县保卫战，粉碎了日伪军对皖南地区大规模的进攻和“扫荡”，成为皖南前线的一支主要抗日力量。

11月，为加强对江北新四军的领导，新四军参谋长张云逸从皖南抵达江北，1939年1月与国民党安徽省政府主席廖磊谈判有关作战区域等问题，并达成协议，其中包括新四军第四支队游击第二纵队改编为新四军江北游击纵队。5月初，新四军军长叶挺抵达江北。中旬，新四军江北指挥部在庐江县东汤池成立，张云逸兼任指挥，赖传珠任参谋长，邓子恢兼任政治部主任。同时成立了党的江北指挥部前委，张云逸任书记。6月，江北部队进行整编，7月1日，以第四支队第八团为基础成立新四军第五支队。整编后，第四、五支队开赴皖东津浦铁路两侧敌后作战，江北游击纵队由司令员孙仲德、政委黄岩率领，坚持皖中地区的抗日游击战争，保持与皖南新四军军部的联系。为了团结一切力量抗击日军，巩固巢湖以南抗日游击根据地，江北游击纵队和中共舒无地委经过艰苦的工作，成功地争取了巢南山区大部分大刀会参加抗日，并将其一部武装改编为巢南独立团。7月，鄂豫皖边区党委由立煌县（现金寨县）白水河迁至庐江县东汤池。10月，江北指挥部及鄂豫皖区党委迁往皖东津浦路西地区。

1940年1月，中共中央中原局决定成立皖中军政委员会，何伟任书记，统一领导皖中地区的工作。3月初，国民党桂系军队及地方部队在皖中地区不断制造磨擦事件。3月7日，袭击江北指挥部驻庐江县东汤池留守处。22日，在无为县刘家渡扣押张云逸夫人、孩子及新四军第三支队政治部主任曾昭铭等20余人，没收新四军军饷七万元，除张夫人及孩子获释外，余皆惨遭杀害。4月21日，国民党保四团、保八团及21集团军一部共4000余人分三路向巢无地区大举进攻。江北游击纵队一部被迫自卫，在照明山战斗中，纵队长桂逢洲不幸牺牲。由于力量悬殊，舒无地委、皖中军政委员会机关同部队奉命撤至皖东津浦路西地区。由于国民党军队的进攻，皖中地区团结抗战的大好局面遭到了严重的破坏。为了坚持皖中西部地区的斗争，5月，中共桐庐潜怀无中心县委在桐东陈瑶湖成立。6月，江北游击纵队在合肥县三官集一带整编，谭希林任司令员，孙仲德改任政治委员，下辖第一、第二团。整编后，纵队率第一、第二团同新成立之中共巢湖地委及其所属独立营活动于含山、含县、全椒及巢县北乡，待机恢复巢无地区的工作。

7月17日，日军再次占领无为县城，国民党军队不战而逃。9月，孙仲德率江北游击纵队一部返回巢无地区，与先期返回的部队及无为县委所属武装合编，改番号为无为抗日游击纵队。为恢复皖中地区党的领导，中共巢湖地委进入巢南山区继续领导原中共舒无地委领导的皖中地区党组织。同月，为向西警戒，准备掩护军部北渡，新四军第三支队参谋长林维先率第五团第三营过江至桐东地区（现属枞阳），与新四军地方武装桐东大队及收编的部分川军扩编为新四军第三支队挺进团，开辟了以水圩为依托的三官山游击根据地。9月15日，和含巢无各区联合办事处成立，后奕斋任主任。中共无为县委先后在无为建立了五个区级抗日民主政权。10月，曾希圣从皖南军部到江北指挥部工作，因交通受阻，滞留皖中。不久，军部令曾希圣会同孙仲德、林维先及地方党政组织，作接应军部及皖南部队北渡长江的准备工作。12月，成立了接应渡江指挥部。

1941年1月6日，国民党顽固派制造了震惊中外的皖南事变。皖南事变后，新四军新二支队政委黄火星、第三支队参谋长黄序周、军特务团团长刘别生、新一团团长张铚秀等先后率领皖南突围人员到达无为县，陆续突围抵达皖中地区的共700余人。中共皖南特委书记李步新突围后也从皖南到达无为。这些从皖南事变血泊中英勇突围出来的人员是宝贵的革命种子，是创建新四军第七师和皖江抗日根据地的一批重要骨干力量。

## 初建皖江抗日根据地

皖南事变后，中共中央军委于1941年1月20日发布重建新四军军部的命令。2月，中共中央军委将在华中的八路军、新四军改编为七个师。新四军第七师由无为游击纵队、第三支队挺进团以及散布在皖南和突围抵达无为的皖南部队组成。张鼎丞任师长（未到职），曾希圣任政治委员。

皖南事变中，皖南铜陵敌后地区的党组织未遭国民党破坏，仍有党所领导的抗日游击武装斗争。3月17日至4月中旬，中共中央中原局和军部多次指示第七师：“皖南及无为、庐江、桐城一带，在战略上有极重要的意义，我党我军在这些地区有三年以上的工作历史……必须坚持皖南、无为及庐桐阵地，创立根据地”，并要求“在无为应大大加强地方工作，改善群众生活，建立地方武装，成立县政府，以便成为我之根据地”。同期，第七师政委曾希圣、政治部主任何伟先后在无为县东乡长坝吴和巢南山区召开了党政军干部会议，传达中共中央、中原局和军部的指示。会议从战略高度统一了坚持皖中敌后抗战与建立抗日根据地重要意义的认识、明确了斗争任务特点和方针政策，从而增强了党政军干部的决心和信心。根据皖江地区的敌我态势，确立了在初创时期“隐蔽发展”的方针。

5月1日，新四军第七师正式成立，下辖第十九旅、挺进团、独立一、三营、特务营。十九旅辖五十五、五十六团、孙仲德任旅长，曾希圣兼政委。第七师成立后，师部即由无为县东乡进入巢南山区。同月，在和含巢无各区联合办事处基础上，成立了无为县政府，吕惠生任县长。随后，进一步加强区、乡政权的建设，颁布了各项抗日救国的政策、法令和条例，调动了广大人民群众抗日和生产的积极性，使巢无地区成为坚强的抗日阵地和皖江抗日根据地的中心区域。

由于巢无地区党政军民的努力，各方面的工作步入轨道，且有了一定基础。为了实现中共中央华中局和新四军军部的战略部署，第七师从1941年9月，曾先后派出部队沿长江向西、南、东北三个方向扩展，开拓地域，扩大根据地和游击活动区，以便更有效的与日伪作斗争，打通与新四军第五、六、二师的联系。

沿长江向西发展，沟通与新四军第五师的联系。早在1941年3月中旬，为坚持铜、庐阵地，林维先奉命率挺进团深入桐城地区，并活动到潜山、怀宁、舒城、霍山、岳西等地，后又转移到宿、望湖区，4月24日，在宿松县陈汉沟与第五师张体学部会合。5月，挺进团一部在太湖、望江、宿松泊湖区与赣东北特委领导的游击队会合。7月，李丰平任中共鄂皖地委书记，兼任挺进团政委。9月，桐、潜、岳、舒地区的游击队合编为新四军桐西独立团。挺进团与独立团开辟了泊湖和桐西两块游击根据地。同期，第十九旅五十五团奉命活动于桐城县沿江地区。

沿长江南岸向东发展，建立铜、繁抗日根据地。皖南事变发生后，中共中央中原局书记刘少奇于1941年1月18日指示："皖南散失武装人员，望派员尽量收容，即在芜湖附近、铜陵、繁昌一带打游击，建立根据地与民主政权。"曾希圣、李步新等及中共地方组织迅即派出干部和部队会同皖南地方党组织积极收容皖南事变中散失人员，恢复地方党组织，发展抗日武装。4月，中共皖南特委在无为县白茆洲重新组建，李步新任书记。7月，成立了铜繁行政办事处。9月，第七师派五十七团过江抵皖南地区，会同地方武装开展抗日游击战争，向东进击到芜湖、当涂、宣城地区，打通了与新四军第六师的联系。

向东北开辟和、含及巢北地区。1941年9月至11月间，第七师先后派出四个连的兵力进入含山、和县敌后开展游击战争。11月间成立了含和指挥部。此后，接连攻打了含山陶厂、和县娘娘庙、戚桥等日伪军据点，并建立了两个区级政权。1942年4月，为加强和含地区抗日武装力量，第七师决定在含和指挥部基础上成立了含和独立团，同时成立了中共和含中心县委。独立团成立后，先后攻打了日伪军据点30多处，部队由300人发展到近900人。在巢北地区，中共巢合庐中心县委领导下的地方武装，在第七师五六团配合下，迅速打开了局面。1942年9月，在巢湖独立营基础上成立了新四军第七师巢合庐独立团，开辟了一条通往军部及第二师的交通线。

自第七师部队展开后，在斗争中获得新的发展，到1941年底，主力部队已达4000人，地方武装增加到2300人，民兵达22000余人。活动区域由4000平方公里扩展到20250平方公里。

第七师和皖江抗日根据地在初创时期，不断受到日伪军的"扫荡"和国民党顽固派的进攻。1941年2月15日，日军集结116师团3000余人，在飞机、舰艇的配合下，突然向桐东水圩地区进行"扫荡"。10月，国民党第五战区纠集第176、138师等部队组成"清剿指挥部"，对第七师进行"清剿"。1942年1月1日。国民党军176师第528团、第十一游击纵队及地方反共武装共3000人，分兵向驻宿松、望江，太湖泊湖区的第七师挺进团及驻桐东地区的第五十五团进攻。第五十五团及挺进团除留有小部队与鄂东第五师保持联系外，先后撤离桐东地区及泊湖地区，桐西独立团也撤离桐西、桐南地区。

1942年2月，第七师副师长傅秋涛到职。4月27日，中共皖鄂赣边区委员会成立，何伟任书记，李步新任副书记。同时，成立了第七师地区党政军委员会，曾希圣任书记，何伟任副书记，傅秋涛、孙仲德、林维先为委员。7月，皖中参议会在无为县恍城区召开。和县、含山、庐江、巢县、桐城、繁昌等县代表参加了会议。会议选举了知名爱国人士金稚石为议长（后李步新兼议长），并决定成立皖中行政公署，委任吕惠生为行署主任。9月，皖中抗敌协会联合会成立，李步新任主任。

在皖江抗日根据地日益巩固与发展过程中，根据地内各项建设工作，如创办《大江报》，开展整风运动，轮训各级干部，整顿财政税收，实行减租减息，发展教育事业，颁发各项政策、条例，巩固与发展群众抗日团体，等等，均取得了显著成效。

## 在艰苦的反“扫荡”中发展皖江抗日根据地

1943年是皖江抗日根据地最艰苦的一年，由于皖江抗日根据地的巩固和发展，严重地威胁着日伪占领的重要城镇和运输线，日伪为保障其交通运输安全，于1943年2月，组织了皖中“清乡”司令部，不久即频繁地向皖江各地“清乡”“扫荡”。仅1943年一年，第七师部队与日伪军作战就达189次。国民党反共军也不断向皖江地区发起进攻。

3月17日至30日，日军抽调南京、江浦、芜湖、铜陵等处兵力6000余人，由巢县、东关、襄安、盛家桥等地，八路分进合击，向巢无中心区奔袭“扫荡”。根据地军民同仇敌忾，主力部队跳出敌合围圈，地方武装密切配合展开游击战到处袭击敌人。第七师并令沿江、含和、皖南各部队乘虚袭扰日伪军据点，使敌首尾不得兼顾，被迫于月底退回原驻地。

4月30日，日军抽调驻芜湖、铜陵、繁昌等处2000余兵力，在伪军刘子清部配合下，再次向巢无地区进犯。由于第七师部队已做好充分准备，日伪军沿途不断遭到打击，被迫于5月6日退回。5月11日、12日日军抽调驻芜湖、无为县三官殿、汤家沟等据点之敌1000余人，向无为县白茆洲第七师皖南部队突然合击。6月10日，日军配合伪军刘子清部1000人左右。向和、含地区的南义、清林两区“扫荡”，均被粉碎。

七八月间，日军从白湖南北两端的黄姑闸、盛家桥两据点撤走，挑起两地以西地区国民党军队对巢无地区新四军的进攻。国民党“巢南剿匪司令”龙炎武于11月20日率14个营兵力，分三路向巢无根据地进犯。根据地军民奋起自卫打退了国民党的进攻，活捉了第八游击纵队第二支队支队长郑其昌，取得了自卫反击战的空前胜利。

1943年，既是根据地战事频繁、经济困难、环境艰苦的一年，又是根据地进一步巩固、不断发展、各项建设日益完善的一年。武装斗争的胜利，保证了根据地各项建设的顺利进行，根据地各项建设所取得的成就，又有力地支援了武装斗争。

1943年3月，根据中共中央及华中局关于实行党的一元化领导的决定，边区党委领导成员作了调整，由曾希圣任书记、李步新任副书记。并成立了皖南地委、沿江地委、和含地委及巢无县委、巢合庐中心县委。第七师部队实行地方化，将主力和地方武装改编为皖南支队、沿江支队、含和支队及巢合庐游击支队。另设师属独立团。第七师兼皖江军区，下辖皖南、沿江、含和三个军分区。军区、军分区司令由师长、各支队长兼任，政治委员由区党委书记和地委书记分别兼任，以统一领导根据地的对敌斗争和各项建设。区党委利用战斗间隙，结合中心任务开展党内整风，从而使干部素质有了较大提高，党政军民之间的团结也进一步加强，为战胜困难，争取抗战胜利奠定了思想基础。8月，副师长傅秋涛，政治部主任何伟调延安；9月5日，谭希林调任第七师代师长，并率第二师六旅十六团归七师建制，改番号“巢大”，直属师部指挥，从而增强了七师作战能力。后王集成任师政治部代主任。

根据地按照“三三制”原则，普遍开展了民主建政工作。1943年和1944年，根据地召开了两届皖中参议会，各地均按“三三制”的原则选出了会议代表。参议会充分发扬民主，行使法定权力，审议和通过各类议案113件，从法律上对根据地的政治、军事、经济、文化等工作作了明确规定。由于贯彻了“三三制”原则，进一步发展了中国共产党领导下的抗日民族统一战线，团结了一大批爱国进步人士，保证了根据地的各项建设顺利进行。

重视财政经济工作是皖江抗日根据地建设的一个重要特点。从行政公署到县、区各级行政机构中都建立了财经、粮食、货物管理、货检、合作事业等经济部门，加强了对财经和生产、贸易工作具体领导。1943年6月，大江银行成立，并发行了大江币，控制了皖江地区的金融市场。根据地还制定了合理的税收政策，加强商业税、农业税和货物过境税的征收，使经济收入不断增加。同时，有关部门还从上海、芜湖等敌占区引进技术人员、设备和资金，陆续开办了兵工厂、纺织厂、卷烟厂、被服厂等，解决了战时的军需民用。此外，还利用各种关系从敌占区不断购进武器、弹药、电台、医疗器械和药品以及机械设备等，上海一些民族资本家也来无为县投资开办肥皂厂，兴建小煤窑。芜湖水上运输业也多次为根据地秘密运送军需民用物资。

推行减租减息政策，大力发展生产，藏富于民，以支持敌后抗战。经过减租减息，广大农民生产积极性大为高涨。在根据地内，建立互助组，换工队，兴办供销合作社，开垦荒地，植树造林，饲养禽畜等，生产力迅速发展，农民负担大为减轻。由于“双减”政策制定得合理，绝大多数中、小地主也乐于接受。

皖江地区地处长江两岸，河湖港汊纵横交错，加之堤坝连年失修，因而洪涝灾害频繁。为了发展生产，保障人民生命财产安全，以利坚持敌后长期抗战，中共各级党组织和抗日民主政府带领群众大力兴修水利。皖江抗日根据地内最大的水利工程是无为东乡黄丝滩江堤的退建。在行署主任吕惠生领导下于1943年12月1日动工，次年5月3日竣工，共投入民工21万人次，用工100余万个，完成土方404000方，修筑江堤全长13华里。此外还在无为县重修了季家闸、黄树闸、陈家闸，在湖东地区修筑大小圩堤30段；在临江地区修塘1002处、坝埂90多道；在和含地区兴修了牛屯河白渡闸水利工程及繁昌县高安闸和九连圩水利工程，这些水利工程的兴修，对保障皖江地区的农业丰收起了重要作用。

由于党和政府重视生产，发展贸易，广开财源，根据地经济呈现出一片繁荣景象，财政收入不断增加，不仅保证了第七师和皖江根据地各级党、政机关的需要，而且还上缴新四军军部，支援兄弟地区。

此外，皖江抗日根据地还遵照了中共中央关于新民主主义文化教育的方针，改良私塾、兴办中学、小学，开展以宣传抗日为主要内容的冬学运动。皖江联立中学、大江剧团、《大江报》等的创办，对推进根据地的思想文化建设，培养和输送各类人才，均起了极其重要的作用。

## 从局部反攻到大反攻

1944年和1945年，是皖江抗日根据地较大发展的两年。日军为了挽回其在太平洋战场上的失败，援救入侵南洋的孤军，在皖江地区实行战略收缩。第七师遵照中共中央军委关于向日伪实施局部反攻的指示，和兄弟部队相互配合，不失时机地对日军发起进攻，收复了许多日伪军据点。在政治瓦解和军事打击下，日伪军来归者日益增多，日军驻巢县炯炀河六铺山据点小队长川井一太郎率全队20余名士兵，携械横渡巢湖，向第七师投诚。

1944年春，中共沿江地委副书记兼沿江中心县委书记黄先率地委和中心县委机关由江北进至贵东地区，将工作重点逐步移向江南。同时，第七师沿江支队及桐东地方武装一部也陆续进入该地区。四五月间，地委机关由贵东进至贵西地区。同年冬，沿江联合行政办事处成立，并进一步开辟了东流、至德、彭泽地区。与此同时，桐南花山根据地、怀宁柏子山根据地和桐、潜边区根据地也得到巩固与发展。1944年9月，第七师皖南支队主力进入铜陵、繁昌，推动了皖南敌后各项工作的开展。铜青南行政办事处、宣城行政办事处和南繁芜行政办事处先后成立。12月，中共皖南地委和皖南支队领导机关遵照军部关于第七师“今后主要发展方向为向江南”“皖南支队及地委应大大加强并须速设法搬到江南去”的指示，从江北无为县白茆洲渡江进入铜陵，皖南敌后抗日斗争进入了一个新的发展时期。

1944年，第七师及地方武装对日伪军大小战斗共达760余次，消灭敌人3104名。攻克和逼退日伪军据点39处，解放国土4500平方公里，人口60万。

1945年2月，第七师皖南支队及地方武装粉碎了日伪顽对铜繁地区的联合进攻。3月，皖南专员公署和铜陵县、繁昌县抗日民主政府成立。铜陵、繁昌、芜湖、宣城等县基本连成一片。是年春，中共东至县委成立。此时，从贵池、东流、至德，一直到江西省的彭泽地区已基本连成一片。4月，新四军第三师独立旅划归第七师指挥，在进军途中，收复江全部分地区，恢复了第二、第七师交通线，攻克了日军驻无为县黄图寺据点，在黄龙岗战斗中歼敌80余人。1945年春夏之交，第七师部队先后攻克了无为县塔桥等十几处日伪军据点。沿江支队独立团三渡巢湖袭击日伪军据点，皆获胜利。6月，为适应战略反攻需要，第七师以“巢大”团、沿江支队独立团和白湖团为基础，重组了第十九旅，林维先任旅长，黄火星任政委。7月下旬，第七师接连排除了巢湖南岸巢（县）盛（家桥）公路沿线的日伪军据点。

1945年8月苏联对日宣战，出兵我国东北。15日，日本宣布无条件投降。第七师遵照中共中央指示：“动员一切力量，配合苏联红军作战，向日伪进行大反攻，歼灭一切向我拒降之敌”。首先解放了无为县城，接着又攻克了凤凰颈、襄安、望城岗、运漕、雍家镇、白渡桥等40多处日伪军据点。仅望城岗战斗即歼日伪军800余人，缴轻、重机枪30余挺，步枪400余支。8月下旬，又将巢县以南、长江以北所有日伪军据点全部攻克。皖南支队也扫清了芜湖周围日伪军据点，并解放芜湖郊区一部，使当涂、宣城与苏浙解放区连成一片。到抗战胜利前夕，皖江抗日根据地面积达三万余平方公里，人口约300万；皖江行政公署下辖三个专员公署，14个县级抗日民主政权；第七师部队近三万人。9月2日，日本天皇代表在投降书上签字。皖江人民和全国人民经过浴血抗战，终于赢得了抗日民族解放战争的伟大胜利。

抗日战争胜利后，中共中央为争取和平民主、制止内战，决定让出包括皖江在内的八块解放区。1945年10月3日，《大江报》发表了《新四军告别皖江民众书》。皖江解放区党、政、军机关和人员与皖江的父老兄弟姐妹挥泪告别，于9月下旬至10月初，分三批撤离皖江解放区，踏上新的征途。

皖江抗日根据地军民浴血奋战所创造的不朽业绩，为中国人民的抗日战争史册谱写了光辉的篇章！

抗日战争中，奋战在皖江地区而英勇牺牲的革命先烈永垂不朽！

（《淮南抗日根据地》编审委员会）

★新四军第二支队夜袭安徽芜湖伪军地点，获得胜利

# 苏南抗日民主根据地

苏南抗日民主根据地包括江苏省长江以南地区和浙江、安徽两省的一部分地区，是中国共产党领导的全国19个抗日根据地之一。横贯苏南的京沪（南京—上海）铁路将全区自然分成两大部分。京沪铁路以南称茅山地区。它以丘陵为主，地形复杂，由北向南依次是宁镇山脉、茅山山脉、宜溧山地和太湖。京沪铁路以北称东路地区。它是长江三角洲平原的一部分，河道交织，湖泊棋布。苏南人口辐辏、城镇稠密、物产丰饶、交通便利，为全国经济发达地区。长江三角洲平原和太湖地区，农、工、商各业尤其发达。东部的上海是全国经济中心和最大海港。西部的南京是国民党统治时代的政治中心。

## 新四军第一、第二支队开辟苏南抗日根据地

抗日战争全面爆发以后，上海、南京等地首先成为日本侵略军大举进攻的战略目标。驻守上海的中国军队奋起抗战，在历时三个月的淞沪战役中毙伤日军五万人。1937年底，上海、南京及苏南全境沦陷，日本侵略军到处烧杀淫掠，锦绣江南淹没在火海和血泊之中。在震惊中外的南京大屠杀中，和平居民和被俘官兵30多万

人惨遭杀戮。

沦陷后的苏南成为日伪统治的心脏地区。南京是日本华中派遣军和中国派遣军总部驻地，也是汪精卫伪政府所在地。日军在京沪铁路、京杭（南京—杭州）国道以及锡沪（无锡—上海）、溧武（溧水—武进）公路建立据点、屯驻重兵，同时在各地扶植汉奸、豢养伪军，以此巩固这一战略后方。

国民党军队从苏南仓促撤退时，大量散兵游勇和枪支弹药流落各地，各级政权顷刻解体。这时，各地人民群众抗日保家的自发斗争蓬勃兴起，但也有一些成分复杂的地方武装应劫而生，危害乡里，致使苏南社会秩序混乱不堪。国民党在接受其放弃华北沦陷区的教训后，力图恢复对苏南沦陷区的控制。其江南行署在各地委派官吏，将一些游击队收编为保安团队。其挺进军和军统特务武装“忠义救国军”以第三战区后方为依托，在苏南沦陷区扩张势力，破坏抗日进步力量。1938年5月4日，中共中央和毛泽东对新四军发展华中敌后游击战争作了具体部署：“在侦察部队出去若干天之后，主力就可准备跟行。在广德、苏州、镇江、南京、芜湖五区之间广大地区，创造根据地，发动民众的抗日斗争，组织民众武装，发展新的游击队，是完全有希望的。在茅山根据地大体建立起来之后，还应准备分兵一部进入苏州、镇江、吴淞三角地区去，再分一部分渡江进入江北地区。”5月，粟裕率领新四军先遣支队进入苏南作战略侦察。接着，陈毅、张鼎丞分别率领新四军第一、第二支队于六七月间进入苏皖地区，开始了创建苏南抗日根据地的斗争。6月17日，先遣支队在镇江、句容之间的韦岗伏击日军，取得江南抗日第一战的胜利。在头八个月中，新四军第一、第二支队在国民党第三战区划定的狭小防区里积极开展游击战争，共进行大小战斗200余次。其中著名的有新四军第一团袭击南京郊区西善桥、麒麟门据点；新四军第二团夜袭新丰火车站、句容县城及东湾据点；新四军第三团在当涂、芜湖间颠覆日军军车一列，奔袭禄口、官陡门据点；新四军第四团在黄池、青山的反“扫荡”战斗和水阳河伏击战；新四军第六团在白兔镇和余家山的反“扫荡”战斗；等等。这些战斗的胜利有力地配合了国民党友军在正面战场的作战，稳定了苏南沦陷区的局势，振奋了人民群众的抗日斗志，为开辟根据地打下了初步基础。新四军也以自己的英勇善战和模范纪律树立了军事、政治威信。

新四军第一、第二支队积极开展抗日民族统一战线工作，动员组织群众抗战，扶助地方游击队。7月下旬，第一支队司令部授予丹阳抗日自卫总团以“新四军丹阳游击纵队”的番号，派支队政治部主任刘炎等军政干部去帮助工作，逐步开辟了丹北地区，为新四军向北发展创造了有利条件。10月，第一支队司令部授予中共上海地下党掌握的江阴西乡抗日游击队以“江南抗日义勇军第三路军”的番号，派支队参谋长胡发坚等军政干部去加强领导，为新四军向东路地区发展准备力量。此外，第一支队还争取了茅山一带地方游击队；第二支队争取了小丹阳等地的游击队。陈毅司令员亲自做茅麓公司经理纪振纲先生的工作。在中国共产党团结抗日精神的感召下，纪积极为新四军筹集粮饷军衣、采购药品，尔后又将其自卫武装二三百人枪交给新四军。7月，第一支队活动地区成立了镇（江）句（容）丹（阳）金（坛）四县抗敌总会。8月，在第二支队活动的当涂和宣城水阳镇也分别成立了抗战动员委员会。在新四军战地服务团和民运工作队的组织发动下，各地农抗会、青抗会、妇抗会等群众抗日团体也纷纷组织起来，在拥军、扩军、配合部队作战等方面做了大量工作。

1938年10月广州、武汉沦陷以后，抗日战争进入相持阶段。日军增兵加强对苏南地区的点线占领，频繁地对新四军及抗日武装进行“扫荡”，而国民党内的顽固派也日益加剧限共、反共活动，无理指责新四军积极抗战是“越界活动”。1939年1月，第三战区增派两个正规师进入京沪、沪杭铁路沿线地区，以牵制新四军的行动。

1939年2月，周恩来到达新四军军部传达中共中央六届六中全会精神，与军部领导人商定了新四军“向南巩固、向东作战、向北发展”的战略方针，为苏南抗日根据地指明了发展方向。新四军第一、第二支队坚决执行党中央的正确方针，将丹阳游击纵队改称为“新四军挺进纵队”，部署其控制向北发展的“跳板”扬中县，并进入江北的江都一带活动。同时，将发展东路地区作为战略展开的主要方向。1939年5月，由新四军第六团团长叶飞率领全团和江抗三路共1000人，以“江南抗日义勇军”的名义东进抗日，一直挺进到淞沪地区。在东路地方党和抗日游击队的配合下，江抗取得了黄土塘遭遇战、夜袭浒墅关火车站、袭击虹桥飞机场等一系列战斗胜利，开创了东路地区人民抗战的新局面。与此同时，江抗收编了一批地方游击队，并于8月底将新老部队统一整编，总共已逾4000人枪。然而，江抗的抗日行动却遭到国民党第三战区的严厉禁止，限令江抗撤回，并调集忠救军及其他正规部队“进剿”江抗，致使磨擦战斗不断升级。

为了团结抗日，陈毅亲自赴国民党江南行署谈判，将江抗西撤扬中休整。主力西撤以后，留在常熟阳澄湖一带的江抗伤病员于11月成立了“江抗东路司令部”，重建了部队，在地方党的领导和人民群众的支持下，正确执行党的统战政策，坚持和发展了东路地区的抗日游击战争。

在江抗东进抗日的同时，新四军在茅山地区英勇开展反“扫荡”斗争。第四团在龙潭伏击了敌军，并在京沪铁路炸坏了一列军车。第二团袭击京沪铁路渣泽车站和镇（镇江）澄（江阴）公路陈巷桥，重创守敌。新六团、第二团在丹阳独立支队配合下，组织了贺甲战斗，毙伤日伪军168人，被苏南人民誉为“延陵大捷”。反“扫荡”战斗的胜利，迫使日伪放弃一些中小据点，不敢随意下乡，从而保卫了根据地，扩大了游击区。

1939年8月，新四军第一、第二支队归陈毅统一指挥。不久成立新四军江南指挥部，陈毅、粟裕分任正、副指挥，统一领导苏南新四军及地方武装。这对巩固苏南根据地、向北发展起了重要作用。

苏南各地党组织在第二次国内革命战争期间完全遭受破坏，随着抗日根据地的开辟，党组织的重建工作也逐步展开。1938年9月，在新四军第一支队活动地区成立了中共苏南特委，吴仲超为书记，并先后建立了丹（阳）北、句容、丹（阳）南、镇（江）丹（阳）等县委。在新四军第二支队活动地区先后建立了当（涂）芜（湖）、高淳、溧（水）高（淳）、郎溪等县（工）委，在此基础上，1939年7月成立了中共苏皖特委。为配合新四军向北发展，1939年5月底建立了中共苏北工委，相继建立了泰县、江都、泰兴等县委。1939年10月，成立苏北特委。1939年12月，中共中央东南局决定成立苏皖区党委，吴仲超、谭启龙先后任书记，统一领导三个特委，并在金坛县建昌圩召开中共苏皖区第一次代表大会。大会确定了党的主要任务是：执行党中央坚持抗战、坚持团结、坚持进步的总方针，团结一切抗日的进步力量，以扩大抗日民族统一战线，巩固和创造更大的抗日根据地，坚持大江南北的抗战。在中共江苏省委领导的东路地区，1938年10月成立了中共江南特委（东路特委），并先后建立了浦东、常熟、无锡、青浦、苏州、嘉定等县（工）委。1940年上半年，中共长（荡湖）滆（湖）工委、太（湖）滆（湖）工委等先后建立，并在各地发展党的基层组织。这些地区的党组织积极开展统战工作，争取了长荡湖、滆湖、太湖一带的地方游击队，还在宜兴北乡成立了太湖行动委员会。这样，苏南抗日根据地的开辟任务基本完成。由于地域扩大和斗争需要，苏南全区逐步形成六个游击区：丹北为第一游击区，茅山为第二游击区，江（宁）句（容）横山为第三游击区，苏（州）常（熟）昆（山）太（仓）为第四游击区，宜（兴）武（进）锡（无锡）为第五游击区，宣（城）当（涂）芜（湖）为独立游击区。党组织也做了相应调整。

为了加强向北发展的力量，1939年11月，江南指挥部第四团主力一部北渡长江，后与“挺纵”一部合编为“新四军苏皖支队”，向西开辟六合、仪征、天长地区，与新四军第五支队打通联系。江抗主力西撤扬中后整编为两个团，再与“挺纵”合编，仍称“新四军挺进纵队”，向江北发展。

正当苏南抗日根据地进入建设阶段的时候，国民党第三战区派遣两个师在溧武公路以南地区挑起磨擦，并两次围攻新四军江南指挥部。6月18日，苏南新四军取得了西塔山反顽战斗的胜利。6月底，苏北国民党军队以13个团的兵力进攻新四军挺进纵队，挺进纵队在苏皖支队的配合下，取得了郭村反磨擦战斗的胜利。为坚决执行向北发展的战略方针，避免苏南、苏北两地受损，7月8日，江南指挥部率第二团、新六团和江抗二团等主力部队北渡长江，投入创建苏中抗日根据地的斗争。

## 创建新四军第六师和抗日民主政权

1940年5月4日，中共中央向东南局发出了关于新四军各支队发展方向与任务的指示，再次强调在江苏境内应独立自主地扩大军队，建立政权。

同年4月，中共中央东南局和新四军军部派谭震林率一批干部到东路地区工作。“江抗东路司令部”改番号为“江南抗日救国军东路指挥部”，谭震林任司令兼政委。在以谭震林为首的东路军政委员会领导下，5月，东路特委制定了《关于坚持东路抗战十大工作纲领》，把发展武装和创建根据地作为工作重点，斗争方式也由秘密转变为公开。江抗东路指挥部以苏（州）常（熟）太（仓）地区为基点，东出昆（山）嘉（定）青（浦）地区，西入澄（江阴）锡（无锡）虞（常熟）地区。七八月间，江抗在澄锡虞地区歼灭了反共顽固派武装，打开了局面，并打通了与新四军第二支队的联系。9月，江抗东路指挥部从苏常太西移澄锡虞，陆续组建了一批主力部队及县区常备队。到11月，江抗已发展到3000多人，统一编为三个纵队。经历大小战斗50多次，粉碎了日伪的多次“扫荡”，控制了东路地区的大小市镇94个、人口约200万。

新四军主力北渡以后，苏南地区的敌顽我三方力量对比更加悬殊。1940年3月，汪精卫伪国民政府在南京粉墨登场，在苏南的招降纳叛活动不断加剧。国民党顽固势力越过溧武公路，侵入根据地内部进行反共磨擦，捕捉杀害地方干部、收缴地方武装，策划反动刀会暴乱，袭击新四军。面对新的斗争形势，中共苏皖区委确定了巩固现有阵地、发展武装、组织力量的总任务。7月，新四军第二支队司令部做了调整，罗忠毅任司令、廖海涛任副司令兼政治部主任，统一领导茅山地区的军事斗争。同时成立苏南军政委员会，邓振询为书记。苏南军民经过几个月的艰苦努力，充实加强了主力部队，到11月，第二支队领导的武装已从2000人增加到4600多人，在巩固原有阵地的同时，还完成了发展长荡湖、滆湖、太湖和澄武锡地区的任务。

1941年1月，国民党顽固派制造了皖南事变。中国共产党对反共逆流采取坚决回击的方针。2月上旬，新的江南指挥部成立，谭震林任指挥，统一指挥苏南新四军，同时江抗改番号为新四军第三支队。2月18日，中共中央军委决定新四军扩编为七个师，苏南部队为第六师。3月上旬，新四军第六师正式成立，谭震林任师长兼政委，罗忠毅任参谋长。东路地区的第三支队改编为第六师第十八旅，江渭清任旅长，温玉成任政委；茅山地区的第二支队改编为第六师第十六旅，罗忠毅兼旅长，廖海涛任政委。新四军第六师担负着坚持苏南抗战，阻止反共军北渡长江破坏华中抗日根据地的艰巨任务。

1941年6月至9月，第十八旅对进犯东路地区破坏根据地建设的忠救军进行了自卫反击，并向铁路以南发展，在淀山湖、太湖等地开展游击战争。第十六旅在失掉皖南部队依托的逆境中转战于太滆、溧阳一带，不断袭击日伪军。4月上旬，谭震林从第十八旅到达第十六旅传达中央方针指示，并决定第十六旅主力西返恢复茅山地区。5月下旬，国民党第四十师在溧阳黄金山进攻第十六旅。第十六旅奋起反击，四天之内三战三捷，挫败了顽固派的攻势，稳定了苏皖地区的局面。接着，第十六旅以溧阳为基地，北返茅山，西进溧水，恢复了原有阵地。

苏南根据地的政权建设开始于1940年5月间。根据中共中央5月4日指示精神，东南局要求苏皖区党委在四个月内掌握溧武公路以北地区2/3的政权，并将各地的抗敌总会改造为代理政权机构。苏皖区党委执行上级的指示，首先将镇句金丹四抗会、镇（江）丹（阳）武（进）扬（中）四抗会改造成为代理政权，接着陆续成立了江（宁）当（涂）溧（水）、江（宁）溧（水）句（容）澄（江阴）武（进）锡（无锡）、金（坛）溧（阳）宜（兴）三抗会。在根据地的中心区，采用民主选举或委派的方式选派了区长，对乡保基层政权也进行了改选。东路军政委员会在有群众工作基础的苏常太地区建立了县、区抗日自卫会，作为代理政权机构，在澄锡虞等地区陆续建立县、区级办事处和总办事处，再逐步向行政委员会过渡。皖南事变以后，苏南根据地遵照上级指示，迅速公开成立了“三三制”的抗日民主政府。从1941年1月到5月，苏南根据地将原来的抗敌总会、自卫会等代理政权改组成23个县政府，统一建立了六个专员公署。4月1日，江南行政委员会正式成立，何克希任主任。苏南抗日民主政权成立以后，即行使职能开展扩军、减租减息和税收等各项工作，兴办文教、经济方面的公益事业，制定各种条例和法规，对团结各阶层人民抗战、巩固和建设根据地起到重大作用。

苏南是日伪推行"以战养战"政策的重要控制区。在敌人军事"扫荡"和经济封锁下，苏南根据地的财经工作克服了重重困难，取得很大的成绩。各级抗日政府在实行合理负担、减租减息政策的前提下，做好田赋、工商税和货物过境税的征收工作，不仅保证了部队的给养和行政经费，而且筹集了大批款项上缴新四军军部。为了打破敌人的经济封锁，各级政府制定统一的税则，限制粮食、棉花、废铜烂铁等物资出境，鼓励柴油、布匹、纸张等商品输入。根据地内还加强金融管理，发行商业流通券等抗日辅币。江南财经处与上海地下党配合，共同采购布匹、药品和军工器材，租赁外国商船运往沙洲沿江一带，有力地支援了向苏北发展的新四军主力部队。

1941年5月，中共江南区委员会成立。谭震林、邓振询为正副书记。苏南根据地的党组织作了新的调整，在京沪铁路以北建立东路特委；在京沪铁路以南、苏嘉（苏州—嘉兴）铁路以东建立南路特委；在溧武公路以北建立路西北特委；在溧武公路以南建立路西南特委；在溧阳以南、天目山以北建立苏皖特委；在苏嘉铁路以西、吴兴以南建立浙西北特委。

## 反"清乡"、反"清剿"，在敌顽夹击中巩固

苏南抗日根据地像一把利剑刺进日伪心脏。日本帝国主义为了确保对占领区的统治，更多地掠夺战略资源，并能抽兵南进扩大侵略战争，1941年初，由日本中国派遣军总司令部制订了以长江下游为起点，以汪伪为基本力量，分区分期进行"清乡"的计划，用军事进攻、政治伪化和特工破坏的联合行动，摧毁抗日根据地。1941年5月，伪"清乡"委员会正式成立，汪

精卫亲自兼任委员长。从1941年7月到1943年10月，日伪相继对苏南抗日根据地的苏常太、澄锡虞、澄武锡、淞沪、太滆、丹北和茅山地区进行了残酷的“清乡”。苏南军民为保卫根据地进行了艰苦卓绝的反“清乡”斗争。

1941年7月1日，日伪军15000余人首先对苏常太地区“清乡”。日伪以铁路、公路、河道为依托，构筑竹篱笆、铁丝网，在封锁线内所有市镇建立据点，在进出口处设立警察检问所。日伪在完成分割占领后，对抗日根据地不分昼夜地进行梳篦式“清剿”，再由“清乡”警察、特工进行挨户搜索捕捉，并编组保甲、建立伪化政权。由于缺乏反“清乡”的准备和经验，第十八旅最初采取以往反“扫荡”的作战方针，内线坚持的部队团结广大群众进行了英勇顽强的战斗，但终因敌我力量悬殊而遭受部分损失。抗日政权和群众团体被破坏。7月下旬，其余部队及地方干部陆续突围出“清乡”区。第十八旅各主力部队在“清乡”区以外积极进攻日伪军据点，破坏公路桥梁，给日伪以有力打击，可是，敌人并不因此改变原定计划。8月中下旬，日伪开始把兵力转向澄锡虞地区。新四军第六师师部和苏南区党委及时吸取苏常太反“清乡”的经验教训，根据华中局和军部关于以分区转移对付敌分区“清乡”的指示，有计划地撤退地方干部，布置了地下党工作。8月23日，第六师师部及第十八旅部队越过锡澄公路的“清乡”封锁线，转移到丹北地区。嗣后，第十八旅奉命转移到苏中根据地开辟江（都）高（邮）宝（应）地区。

为了配合东路反“清乡”斗争，7月至11月，第十六旅在句容、丹阳、武进、金坛等地向日伪军发动进攻，先后攻克延陵、九里等30多处据点。第十八旅五十二团一部改编为十六旅四十八团，在太湖沿岸的苏西锡南开辟了新区。日伪集中优势兵力寻找十六旅主力作战。11月28日，日伪军3000余人奔袭驻溧阳塘马村的十六旅旅部。罗忠毅、廖海涛率领部队英勇阻击，与敌人反复冲杀十余次，掩护了党政机关群众安全转移，罗、廖等270余名指战员壮烈牺牲。

1942年1月，华中局召开了第一次扩大会议。邓振询、江渭清在会上分别作了《苏南工作报告》和《六师工作报告》。初步总结了苏南根据地创建以来的经验教训。这次会议确定苏南党和部队的主要任务是：用一切方法坚持苏南的斗争与阵地，并广泛地进行敌伪军工作与友军工作，严格执行党的统一战线政策，交结更多的朋友，孤立敌人，并适当执行隐蔽政策。在武装组织上应使主力切实地方化，特别注意建立和加强地方游击队与不脱产的群众武装，注意培养与训练地方干部。

东路反“清乡”以后，为了适应京沪铁路南北不同的斗争形势，苏南抗日根据地的方针政策也作了相应调整。在京沪铁路以北地区由建立游击根据地的方针转变为长期隐蔽、积蓄力量、坚持小型武装斗争和地下党合法斗争相结合的方针，并将丹北、澄锡虞、苏常太地区划归苏中区党委领导，淞沪地区划归浙东区党委领导。江南区党委改称苏皖区党委，主要领导京沪铁路以南、太湖以西的茅山地区，江渭清、邓振询分任正副书记，下设茅山地委、太滆地委、广（德）郎（溪）中心县委等地、县级组织。钟国楚任十六旅旅长、江渭清任政委。1942年10月，新四军一、六两师领导机关对内实行合并，十八旅归一师建制，十六旅归一师指挥。十六旅在加强整训部队的同时，于6月粉碎了日伪对宜兴闸口地区的“扫荡”，巩固了太湖沿岸地区，又于7月先后攻克博望、小丹阳、桑园铺等日伪据点，恢复了横山地区。1942年秋，茅山地区开展了以秋收减租为中心的群众运动。仅江句、溧阳、溧水、金坛、茅山、丹阳、镇句、句容八个县就组织群众48000人，减租米186万余斤、减息30万元。有3700多雇工参加增加工资的斗争，共增加工资474800余元。

在铁路以北的苏常太、澄锡虞清乡区，从1942年春开始逐步恢复了地下党的点线工作，澄锡虞中心县委、苏常太工委不断从江北派遣武工队进入“清乡”区活动，镇压罪大恶极的汉奸，控制了一批乡保长，成立了各种灰色的群众团体，在沙洲、锡东、常熟等地恢复了游击基点，保持了新四军在“清乡”区的影响。为了确保长江、铁路南北的交通，在丹北地区相继建立了长江工作委员会和铁道工作委员会，设立了多处秘密联络点，发展了一批地下党员，在掩护部队和党政干部过境、收集情报等方面做了许多工作。1942年7月，日伪开始在上海郊区“清乡”。浙东区党委派小型武工队返回浦东“清乡”区坚持斗争。武工队在群众掩护下，袭击敌人、惩治汉奸，争取伪军伪“清乡”人员反正，使日伪在浦东的“清乡”遭到失败。此外，苏南各地党组织还在南京等大中城市建立了地下党组织，收集情报，开展敌伪军工作。

1942年底，新四军第二旅主力奉命南移，翌年1月与第十六旅合编，王必成任十六旅旅长、江渭清任政委。接着，抗大九分校等单位也相继转移到苏南根据地。苏南新四军主力增加到5600余人。1943年8月，苏南区行署成立，江渭清、邓振询分任正副主任，颁布了《苏南施政纲领》等各种条例法令，茅山地区自上而下建立起比较健全的政权体系，共建立了11个县政府，一个县级办事处，64个区政府，控制人口122万。

1943年3月3日，日伪开始对丹北、茅山和太滆地区"清乡"，其基本策略仍然是沿袭东路"清乡"的做法，而特工活动更加猖狂。苏南军民采取外线打击与内线坚持相结合、公开斗争与秘密斗争相结合、非法斗争与合法斗争相结合、政治攻势与军事打击相结合的方针，进行了半年之久的反"清乡"斗争。十六旅主力先后攻克西旸、包巷、延陵、丁庄等日伪据点。9月14日，四十八团对袭击十六旅旅部的日军进行反击，全歼日伪一个小队。武工队在"清乡"区内严厉镇压罪大恶极的汉奸。地下党派人打入伪军、伪组织开展分化争取工作。各地抗日民主政府组织群众全力破坏封锁线，仅武南、丹南两地就拆除烧毁竹篱笆300华里。使日伪始终无法推行全面伪化的政策。连日本大本营派出的高级考察团在给东京的报告中也不得不承认镇江地区的"清乡"遭到失败。

在日伪推行"清乡"政策的同时，国民党顽固派多次对苏南抗日根据地进行了"清剿"。1942年7月，顽军新7师及保四团2000余人进攻十六旅旅部驻地里佳山，忠救军第一团、第四团与金丹武地区伪军勾结，破坏根据地建设。十六旅奋起反击，挫败了顽军的进犯。1943年4月，国民党第23集团军副总司令陶柳亲自指挥顽军13个团15000余兵力，大举"清剿"溧阳、溧水地区。新四军第十六旅在一再退让无效的情况下，被迫自卫还击，在上兴埠、里佳山、回峰山等地粉碎了顽军的进攻。6月上旬，顽军再次进攻新四军十六旅。十六旅转移到溧武公路以北地区分散行动，开辟边区，配合"清乡"区内的武装，开展反"清乡"斗争。8月3日，苏皖区党委副书记邓振询在江宁地区反"扫荡"战斗中不幸以身殉国。顽军的"清剿"使苏南根据地地区缩小、物资损失、税收减少，加重了经济困难。顽军还构筑碉堡，编造保甲，强迫与新四军接近的士绅和群众“自首”，强行征收田赋，使人民群众生命财产蒙受极大损失。1943年9月底，日军两万余人分别从皖南、苏南、浙西三路进攻国民党地区，占领了郎溪、广德、宣城、溧阳四座县城，打通了宣长（宣城—长兴）公路。国民党军队不战而逃，其“清剿”苏南根据地的计划遂草草收场。新四军第十六旅为了牵制敌人，积极向郎溪、广德、溧阳、高淳沦陷区进击。11月下旬，十六旅特务营和四十六团先后攻克新桥、漆桥等伪军据点，击毙日军40余名、俘虏伪第一方面军第三师副师长以下官兵160余名，打破了敌人伪化这一地区的计划。

## 向南发展，扩大苏南根据地

1943年11月，新四军军部对苏南根据地的发展方向作了重要指示，将溧武公路以北划为战略联系地区，以小型武装坚持为主，确保与苏中、淮南根据地的联系；将溧武公路以南两溧（溧水、溧阳）、太湖、高淳等地划为中心根据地，以发动群众、改造政权、建立地方武装为主，迅速形成基本阵地；将广德、郎溪以及长兴、宣城等一部划为广泛游击区，以建立武装和地方党为主，准备与浙东根据地打通联系。1944年1月，苏皖区党委召开扩大会议。积极贯彻向南发展的方针，确定了巩固老区、建设新区、开辟边区的任务。为适应新形势，苏皖地区划分为茅山、太滆、溧高和广郎四个行政分区和地委。

1944年春，日伪在苏南“清乡”失败以后已无力进行频繁的军事“扫荡”，这使苏南根据地得到一个相对稳定的环境进行建设。苏南军民在党的领导下开展了民主、生产和整风三大运动，进行了反“蚕食”、反伪化、反掠夺的英勇斗争。各中心区在深入发动群众的基础上，认真贯彻“三三制”原则，分期分批改造了基层政权，健全了各项民主制度，建立抗日自卫武装，发展文化教育事业。在新开辟的边区，采用民选和委派相结合的方法建立起抗日民主政权，并争取、留用了一大批原来的乡保长，从而稳定了局面。各地党组织和政府把发展生产作为根据地建设的中心任务来抓，按照自愿互利、等价交换的原则，组织了一批农业互助组和换工队以及手工业、供销、信贷、水利等合作社。还兴办了小型工厂和作坊，促进了根据地农业和工商业的发展。1944年，茅山地区春荒严重。各级政府认真做好减租减息和春荒借粮工作，帮助群众解决了生产生活困难。各中心区共减租稻31万多担，减息稻14万多担。各级党政军机关和部队带头参加大生产运动，抓紧工作和战斗间隙，开荒种地、种菜、养猪，帮助群众耕地收割，减轻了人民的负担。苏南根据地的整风运动由于战斗频繁推迟到1944年初才正常进行。苏皖区党委和十六旅重点抓好县、营以上干部的整风学习。各级领导干部认真阅读研究整风文件，密切联系思想和工作实际，自觉对照检查、改造思想。通过整风，批评和纠正了苏南党内存在的各种非无产阶级思想，提高了各级干部的政治修养和政策水平，增强了党政军民的团结，为胜利坚持苏南抗战奠定了更加坚实的思想基础。

1944年秋，苏南军民向日伪发起了主动进攻。十六旅主力于8月23日攻克长兴外围13处据点，25日攻入长兴城，迫使日伪军撤退12处据点。10月23日，十六旅又在溧阳周城、南渡、社渚一线歼灭伪军一个团，俘虏600余人。12月14日，十六旅四十八团冒雪攻克泗安镇。与此同时，十六旅还击退了顽军六个团对宣长公路以北地区的进扰，这些战斗的胜利进一步扩大了解放区，改变了敌顽我斗争态势，巩固了向南大发展的前进基地。

1944年秋，世界反法西斯战争胜利地向前推进。为了迎接战略反攻，配合盟军在东南沿海登陆，中共中央确定了新四军主力发展东南地区的方针，决定以新四军第一师主力渡江南下，会同第十六旅执行发展苏浙皖边区的任务，并打通与浙东根据地的联系。苏南根据地进入了向南大发展的时期。12月下旬，新四军一师师长兼政委粟裕率第三旅及地方干部300余人渡江南下，为加强统一指挥，1945年1月，中央军委决定成立苏浙军区，粟裕任司令，谭震林任政委，刘先胜任参谋长，钟期光任政治部副主任。第十六旅编为第一纵队、浙东纵队编为第二纵队、第三旅编为第三纵队。1945年4月初，一师副师长叶飞率教导旅及一批地方干部南下，编为第四纵队，叶飞任苏浙军区副司令。南进部队积极打击沿途的日伪军，粉碎安吉、梅溪等地日伪的“扫荡”，控制了武康、德清等县城，开辟了莫干山地区。接着又在第一、第二次天目山反击顽固派的进攻后，解放了孝丰、临安等地，控制了包括天目山在内的十个县的广大地区，解放100多万人口。6月，苏浙军区部队又进行了第三次天目山反顽自卫战斗，为坚持孝丰、莫干山、杭嘉湖敌后新区，进一步巩固苏南根据地创造了极为有利的条件。

1945年5月，苏皖区党委改称苏南区党委，吴仲超、陈光为正副书记。吴仲超、宋日昌任苏南行署正副主任，苏皖地区重新划分为第一、第二两个分区。同时成立浙西区党委，金明为书记。8月，苏南、浙西两个区党委合并为苏浙区党委，粟裕、金明分任正副书记。苏南党政机关和人民群众在深入建设根据地的同时，全力支援主力部队向南发展。各地组织了6200多名长期随军的民工，在三次反顽战斗中共出动50万人次的民工为部队运送粮食、物资和伤员。干部民工在南北长达数百华里的运输线上往返跋涉、翻山越岭，付出了极大的辛劳和牺牲。

随着形势的发展，东路地区的工作方针，已由积蓄力量转向恢复扩大抗日游击根据地、配合主力向南发展，使东路地区成为“破敌、收京、入沪”的前沿阵地。为此，1944年11月丹北地区建立了苏中第五地委。在澄锡虞、苏常太地区建立了苏中第六地委，在淞沪地区建立了浙东淞沪地委。在苏中第五地委领导下，丹北“清乡”区的工作很快得到恢复，武装斗争不断扩大，确保了部队南来北往的交通。苏中第六地委正确引导了澄锡虞地区的先天道暴动，发动组织了广大群众，扩大了游击区，逐步恢复了县区两级抗日民主政权。新四军淞沪支队巩固浦东，恢复浦西，打通了与苏常太地区的联系，配合新四军主力胜利进军苏浙皖地区。

1945年8月15日，日本法西斯无条件投降。苏南根据地军民向盘踞交通要道拒不投降的日伪军展开了猛烈进攻，相继解放了长兴、溧阳、溧水、金坛、安吉、郎溪、广德、高淳、南汇、宜兴等县城，还攻克中小据点100多处，收缴大批武器装备。至此，苏南抗日根据地已扩展到苏南全境和浙江、安徽的一部分，面积25000平方公里，控制人口600万，主力部队和地方武装发展到五万多人。

苏南抗日根据地是中国共产党领导新四军和人民群众在华中敌后最早开辟的一块根据地。由于苏南具有极端重要的战略地位，因此，苏南抗日根据地是插向敌人心脏的利刃，苏南军民抗击和牵制了日军的有生力量，有力地配合了全国的抗战；同时，苏南抗日根据地又是新四军向北发展的基地，是联系浙东、皖南、苏中、淮南各根据地的纽带。在华中党和新四军实现党中央关于“向南巩固、向东作战、向北发展”这一战略任务的过程中，苏南根据地发挥了重要作用。由于日伪和顽固派的力量在苏南占绝对优势，加之长江和铁路的封锁，苏南军民一直在敌顽夹击下独立作战，因此，苏南抗日根据地的斗争呈现出全国罕见的艰苦性、曲折性和复杂性。苏南军民做出了重要贡献，同时也付出了重大牺牲，仅县团级以上干部就牺牲近百人。胡发坚、罗忠毅、邓振询、罗化成、廖海涛、吴焜、韦一平、巫恒通等高级干部壮烈殉国。革命前辈和先烈的光辉业绩和斗争精神光昭日月，彪炳千秋。

（张衡执笔）

★新四军江南指挥部率部渡江北上

# 苏中抗日民主根据地

苏中抗日民主根据地以其位于江苏省中部地区而得名，它东濒黄海、西迄京杭大运河、南临长江（一度延伸至京沪铁路）、北接盐城、淮阴，面积23000平方公里，当年人口800余万，是中国共产党领导的全国19个抗日根据地之一。苏中是典型的平原水网地区，纵贯南北的运盐河（即今串场河）和横穿东西的运粮河（即今通扬运河）流经腹地，将全区分成三部分：北部的里下河平原、南部的长江三角洲平原和沿海的海滨平原。由于苏中盛产粮、棉、油、盐等重要物资，并与南京、上海隔江相望，扼制着长江下游北侧的航道，因此，苏中抗日根据地的创立与坚持充满着复杂而激烈的敌顽我三角斗争，而苏中抗日根据地的巩固与发展则生动地体现了苏中军民的智慧和创造精神。

## 新四军江南指挥部分兵北渡，“击敌联李孤韩”，开辟苏中抗日根据地

抗战全面爆发以后，日军在集中兵力大举西犯的同时，只留驻少量兵力，对扬州、南通等沿江城市和主要县城实行点线占领，而广大农村仍为国民党统治区。因此，在淞沪抗战和徐州会战之后，国民党将第89军（军长韩德勤），鲁苏皖边区游击总指挥部（正、副总指挥

李明扬、李长江），财政部税警总团（总团长陈泰运）等部队留驻苏北，江苏省政府先移淮阴，后迁兴化，苏中遂成为国民党在江苏的政治军事中心。在日寇烧杀淫掠、国破家亡之际，苏中人民群众的抗战激情十分高涨，纷纷建立各种抗日救亡团体，开展抗日宣传活动，各地还自发组织抗日自卫武装，袭击窜扰之敌，保卫地方利益。

徐州失守以后，中共中央对发展苏北敌后游击战争作了明确指示，要求中共江苏省委在苏北建立“一个能独立领导工作的工委”，“派一些得力干部去，并应从上海有系统地动员学生、工人、积极分子、革命分子、党员到那里去工作”。设在上海的中共江苏省委根据党中央指示，于1938年8月组成中共江北特委，陆续派遣一批干部到南通、如皋、崇明等地从事建党工作，发动敌后游击战争，江北特委首先联络了一些曾经参加中国工农红军第十四军的人员作为骨干，再通过他们以及其他社会关系隐蔽开展游击队工作，使其坚持抗日立场。此外，江北特委还建立了一些地下党组织和几支小部队，为苏中抗日根据地的开辟积蓄了力量。

抗战进入相持阶段以后，国民党委任韩德勤为鲁苏战区副总司令、总部设在苏中的东台县城。韩德勤坚决执行国民党五届五中全会制定的“溶共、防共、限共、反共”的方针，在苏中推行消极避战、积极反共、排斥异己的政策，压制、解散抗日团体，打击、吞并抗日武装，致使抗日民众活动中途夭折，各派势力内争纷起，苏北政局日趋混乱，人民群众倍受战乱之苦。即使国民党军委会也无法回避这一事实，严辞电责韩德勤“困居苏北、师老无功，坐视敌伪扩大”。

早在1938年5月4日，中共中央就指示新四军在苏南茅山根据地大体建立起来之后，应分兵一部进入江北地区。1939年2月，周恩来到新四军视察时，与新四军领导人商定了“向南巩固，向东作战，向北发展”的战略方针。新四军分会副书记兼第一支队司令陈毅坚决贯彻“向北发展”的方针。1939年春即部署了北渡的“跳板”，并控制了江都县嘶马、大桥等地，建立了长江北岸的“桥头堡”。与此同时成立了中共苏北工委（1939年10月改为中共苏北特委），到江都、泰兴、泰县等地建立了地下党工作。1939年8月，新四军江南指挥部成立。同年11月，江南指挥部组建新四军挺进纵队和苏皖支队，进入苏北，分别活动于大运河以东的江都和大运河以西的仪征、天长、六合等地。这样，苏南新四军有4000多人到达苏北，初步形成足跨长江两岸的有利态势。然而此时苏北的四种军事力量中仍然是日军最强、韩德勤次之、两李（李明扬、李长江）和陈泰运第三、新四军第四。陈毅深入调查研究，对各派势力之间的矛盾进行具体分析，在此基础上制定了“击敌、联李、孤韩”的方针和策略，为此他先后三次赴泰州会晤二李，双方会谈融洽。

1939年12月，中共中央中原局书记刘少奇对华中敌后抗战作了全面而深刻的剖析，得出江苏北部“是有最大发展希望的地区”的科学论断，并向中央建议“把苏北作为突击方向”，“集中最大力量向这方面发展”。中共中央采纳了这一建议，抽调八路军主力二万人南下华中，要求江南新四军抽调主力北渡，共同完成发展华中、开辟苏北的任务。1940年春，汪伪国民政府在南京粉墨登台、国民党顽固派把反共磨擦的重点由华北转向华中，6月，蒋介石策划的由冷欣、韩德勤、李品仙分别从南、北、西三路进攻新四军的部署已经就绪，国民党第三战区第二游击区冷欣以二个师兵力在苏南不断寻衅，苏北韩德勤唆使鲁苏皖边区游击总指挥部李长江以13个团兵力进攻郭村的新四军挺进纵队，挺进纵队在苏皖支队援助下粉碎其进攻，并反击至泰州城下。陈毅星夜渡江赶到郭村处理善后事宜，使两李继续保持中立，不为韩德勤所利用。新四军江南指挥部在顽固派南北夹击的紧急关头，当机立断，移师苏北，不仅避免了苏南、苏北两方受损，而且为开辟苏北准备了基干力量。7月下旬，苏中新四军部队统一整编为三个纵队，辖九个团，7000余人。随即挥戈东进黄桥，开始了创造黄桥大根据地的斗争。

新四军东进黄桥以后，首先成立了黄桥军民联合办事处，不久改为通（南通）如（如皋）靖（靖江）泰（泰兴）临时行政委员会，管文蔚、陈同生分别担任正、副主任，同时委派了泰县、如皋、靖江、泰兴等县的县长。9月成立了中共苏北区委员会，陈毅、陈丕显分别担任正、副书记，同时撤销苏北、江北两个特委，成立泰兴、如皋两个中心县委。为了加速根据地建设，新四军江南指挥部军分委于8月20日发出《对于创建黄桥大根据地的指示》，强调“积极充实主力，严格整训部队，努力民众运动，建立民主政权工作的基础，随时准备迎接反‘扫荡’，反‘磨擦’的胜利”。为此，苏北区党委在黄桥及其周围地区广泛发动群众，组织群众团体，发展地方武装，实行减租减息，通如靖泰临时行政委员会在各地增设税所，实行单一税制，降低税率，扩大财源。陈毅、粟裕等领导人在继续做好两李、陈泰运工作的同时，亲自联络、造访当地著名士绅朱履先、韩国钧等人，结成广泛的抗日统一战线。但是，韩德勤无视民意，在东台召开高级军事会议，制订“先南后北”的计划，妄图先集中主力消灭黄桥的新四军，然后移兵北上，驱逐南下的八路军。韩部先后调集26个团共35000兵力，大举进犯黄桥地区。新四军江南指挥部在双方兵力悬殊、八路军南下部队受阻不能作战役配合时，独立部署黄桥决战。9月6日取得营溪战斗胜利，9月13日取得姜堰战斗胜利。10月3日至6日，又以一部兵力守卫黄桥、大部兵力实施袭击的战术，出奇制胜，重创顽第89军和独立六旅，消灭韩部11000人，并乘胜席卷海安，东台，直逼兴化，取得黄桥决战胜利。10月10日，新四军追击部队与八路军南下增援部队在东台狮子口会师，共同完成了党中央赋予的开辟苏北敌后战场的战略任务。

## 坚持平原游击战争，反“扫荡”，反“清剿”，反“清乡”，巩固苏中抗日根据地

黄桥决战后，新四军在苏中四种力量中的地位已由原来的第四位上升为第二位，成为苏中抗战的主导力量。新四军以团结抗日，保卫民众利益为目的，创造性地做好社会各阶层和地方实力派的统战工作。1940年10月10日，应李明扬、陈泰运的要求，在泰县曲塘镇一带成立由鲁苏皖边区游击总指挥部直属纵队、苏北游击指挥部第三纵队的“联合抗日司令部”（简称联抗）。以国民政府军委会战地党政委员会少将设计委员黄逸峰担任司令，成为新四军的外围军，为贯彻党的统一战线政策发挥了有益的作

用。10月下旬，新四军请国民政府军委会战地党政委员会江苏省少将指导员季方出面，在如皋县掘港召开通（南通）如（如皋）海（海门）启（启东）地方党政负责人会议，阐明新四军愿与各方合作抗战的意图，通过和平协商，成立了“江苏第四区游击指挥部”，以季方任指挥。不久，新四军派第三纵队东进这一地区，团结争取大多数，孤立打击顽固派，在保留国民党第四专署机构的同时，委派新县长，成立“三三制”抗日民主政府，使该地区和平转化为抗日根据地。10月31日由韩国钧、李明扬主持，在泰县曲塘召开苏北抗敌和平会议，议定了苏北各部队停止冲突、团结抗日的四项临时办法和基本改造苏北局面的八项办法，从而使得中国共产党在苏北抗日的领导地位为各界所公认。1940年11月7日，刘少奇、黄克诚等人到达苏中抗日根据地指导工作。在刘少奇、陈毅的指导下，11月15日在海安镇召开了苏北临时参政会，有14个县的代表共381人出席。会议讨论通过了施政纲领，选举韩国钧为名誉议长，黄逸峰为议长，并通过成立苏北临时行政委员会的议案，选举管文蔚为主任。

1940年11月中旬，中共中央为统一指挥华中之八路军、新四军，决定成立华中新四军、八路军总指挥部，以叶挺、陈毅分别任正、副总指挥，刘少奇任政治委员，赖传珠任参谋长，并正式成立新四军苏北指挥部，由粟裕任指挥，下辖苏中新四军三个纵队。1941年1月皖南事变发生后，新四军在盐城重建军部、全军整编为七个师。苏北指挥部编为第一师，师长粟裕、政委刘炎、政治部主任钟期光，原第一、第二、第三纵队依次改番号为第一、第二、第三旅。不久成立苏中军区（由一师兼）。

坚决抗日的中国共产党及其领导的新四军在苏中取得的重大胜利，打破了日军和国民党相互默契、相互利用的局面，使日军寝食难安。1941年1月，日军调兵遣将，将独立第12混成旅团从苏南调防苏中，并威胁利诱李长江、杨仲华等近两万国民党部队投降充当伪军。这就使得三角斗争的局面继续保持，而敌我直接对抗角逐成为斗争的主要方面。从1941年至1943年的三年间是日伪军事进攻最为频繁激烈的时期，由季候性“扫荡”升级为驻扎“清剿”，再发展为分区分期“清乡”，烧杀淫掠，无所不用其极，而英雄的苏中军民不但敢于斗争，而且善于斗争，创造出许多反“扫荡”，反

“清剿”、反“清乡”的成功经验，始终坚持了平原游击战争，最终挫败了日伪的军事进攻。

1941年，日军的作战目的是以乘皖南事变之后，以军事“扫荡”消灭或驱逐新四军于立足未稳之际。1月，日伪军3000余人占领黄桥，“扫荡”黄桥以南地区，接应李长江部投降。新四军第一师主力发起讨李战役，一度攻克泰州城，俘伪军3000余人。日军为援救李长江，发起第二次大“扫荡”，占领海安、东台、姜堰、曲塘等城镇，苏中党政军民及时将工作重心从城镇转入农村，作战方法由运动战转为游击战。新四军第一师主力分散各地袭击日伪军。4月23日第一旅第一团在泰兴地方武装配合下，强攻姚家岱据点，歼灭日伪军20余人，生俘日军两名。第二旅第六团在兴化芦洲伏击日军汽艇，全歼日军一个小队，俘日军两名。7月，日伪军以17000人兵力发起徐州会战后对苏北规模最大的“扫荡”，日伪军企图摧毁新四军首脑机关，围歼新四军盐城军部，苏中军民为保卫军部，配合盐阜反“扫荡”，在敌后路发起全面攻势，攻克天星桥、孤山、季家市、加力、古溪、金沙、马塘先等日伪重要据点，破坏交通线，围困泰兴城。日伪军北犯计划落空以后，8月13日以10000余名兵力对苏中进行空前的报复性大“扫荡”，苏中军民分散游击，勇歼日伪军，先后作战20余次，予敌沉重打击。第一师第二旅主力于8月15日、16日连续强攻东台县裕华镇，共歼日军70余名，伪军400余名，生俘日军七名、伪军160余名。12月，日伪军对苏中发动冬季大“扫荡”，分南北两路合击如皋县丰利镇和东台县三仓镇，重点打击新四军第一师领导机关。新四军第一师以十个团兵力投入反“扫荡”战斗中，第三旅第八团于丰利东南双灰山突袭日伪军，全歼伪军一个团。第三旅第七团和第一旅第三团在三仓附近顽强阻击日伪军的进攻，并冒雨发起反击，迫使日伪军撤出三仓。接着新四军第一师各部队南起江边，北至三仓，全线出击，夺回丰利、三仓，共毙伤日伪军500余名。1941年，苏中军民对敌作战520次，生俘日军16名，伪军5008名，缴获步马枪6280支、重机枪27挺、轻机枪166挺，迫击炮五门，击毁汽艇35只，为长期坚持苏中抗战打下了基础。1941年10月，新四军第六师第十八旅主力从苏南东路日伪清乡区转移到苏中根据地，开辟了江（都）高（邮）宝（应）新区。

1942年和1943年是日本法西斯最猖獗的年代。日军为巩固长江下游的统治和掠夺更多的人力物力执行南进计划，对苏中的军事进攻变本加厉。1000人以上的大“扫荡”平均半月一次，500人左右的小“扫荡”每周一次。新四军第一师兼苏中军区坚决贯彻华中局第一次扩大会议精神，建立独立作战的地方军，实行主力部队地方化，广泛建立民兵自卫军，形成了三结合的抗日武装体制，以人民战争粉碎了敌人的军事进攻。1942年6月中旬至1月中旬，日军采用分进合击的战术，增设据点，驻扎兵力，构成层层封锁线，对苏中根据地进行分区“清剿”。不仅打击抗日武装，而且对各阶层人士施展威胁手段，迫使群众脱离共产党的领导。苏中军民采用分散游击与敌纠缠的方针，运用“麻雀战”、阻击战等战术，不断袭扰杀伤日伪军，在有利条件下，主力与地方武装紧密配合，给敌人以致命打击，使其“清剿”计划无法实施。苏中军民开展了改造地形的伟大群众运动，在河流上构筑明坝、暗坝、交通坝、阻塞坝；变大桥为小桥，固定桥为活动桥；改大路为小路，直路为弯路。同时新开辟了许多小运河，便于粮食运输，修筑了十余公里的大堤，沟通一、二分区的陆上交通。6月28日，南通县警卫团冒雨夜袭海门县城，毙伤日伪军90余名、生俘日军两名、伪军24名。8月9日，第三旅主力发动石港攻坚战，主攻部队凌晨前突入石港镇，生俘伪军官兵500余名。9月25日，第三旅第七团在南通县谢家渡迎战“扫荡”的日伪军，在齐腰深的河水中与敌白刃搏斗，以火攻逐屋解决负隅顽抗之敌，共歼日军独立第十二团混成旅五二大队官兵110名，生俘三名。战后，新四军将日军大队长保田中佐等人尸体送还日方，使其不得不承认新四军“宽仁厚德，诚贵军攻略之胜利”。为了保持中心区内有战略意义的基点，新四军第一师与日伪反争夺，七次保卫三仓、五次保卫丰利，迫使日伪“清剿”计划落空。1942年11月，根据中央军委命令，新四军第一、第六两师领导机关对内实行合并，原番号不变，从而使苏南、苏中两个战略区的联系和配合更加紧密。12月底，新四军第一师第二旅渡江南移，与原驻苏南的十六旅合编，加强了苏南根据地的抗日力量。

1943年1月日伪妄图蹈袭苏南“清乡”故伎，采用军事“清剿”、政治伪化、特工破坏等诸种手段，联合进攻苏中根据地，企图从点线控制扩大为全面伪化，实现“以华制华”“以战养战”的目的。4月8日，日伪签订《苏北第一期清乡工作实施之协定》，4月10日即以15000兵力及大批“清乡”特工人员对苏中通如海启地区进行空前残酷的“清乡”。日伪在“清乡”区构筑150公里竹篱笆封锁线，增设100多个据点，形成梅花桩式的据点群，藉此四出搜捕干部群众200余名，活埋53人，枪杀两人。10月23日，日军又在南通县石港镇土山脚下用马刀砍杀了23个无辜群众，还捅杀一位孕妇，制造了一起起屠杀惨案。苏中四分区军民化仇恨为力量，开展了艰苦卓绝的反“清乡”斗争。主力部队在“清乡”区外寻机歼敌，精干武装在“清乡”区里坚持原地斗争。“清乡”区群众在部队掩护下进行大规模的反封锁斗争，锯电杆、割电线、破公路、焚篱笆，使日伪惨淡经营三个月的封锁线化为灰烬，同时开展了各种形式的反保甲斗争，在中心区袭击下乡编查保甲的“清乡”人员和日伪军，镇压甘心附敌的汉奸，在边缘地区组织“保丁会”“兄弟会”等灰色群众团体，控制两面派乡保长，使编查无法进行。8月27日夜，千家万户齐动手，烧毁门户牌，吓得伪“清乡”人员纷纷弃职潜逃。日伪在“第一期清乡”遭受沉重打击之后，不得不又实行“延期清乡”和“高度清乡”。由日军直接出马，组成小股机动部队，便衣伪装，昼伏夜行，捕杀坚持反“清乡”斗争的干部群众，日伪所施行的酷刑多达三四十种。面对日伪的血腥镇压。抗日军民针锋相对，实施反击。10月31日夜，粟裕、陶勇亲自部署指挥了强攻丰利镇的战斗，共歼日伪军近千人，生俘340人，11月29日，南通警卫团一部在石港设伏，消灭日伪军30余名，并当场击毙敌酋山本大队长。同日，城闸基干民兵八人以斧头、手榴弹为武器，潜入天生港据点，砍杀哨兵、生俘伪军11名，缴枪18支，仅据1943年4月至12月的统计，苏中四分区军民在反“清乡”斗争中共作战2100余次，毙伤、镇压日伪军和“清乡”人员2400名，争取伪军伪人员1700余名。1944年以后，日伪“清乡”已成强弩之末，抗日军民乘胜发动攻势，拔除据点，恢复阵地，彻底粉碎了日伪对苏中四分区的“清乡”。

# 实行新民主主义政治、发展经济文化事业，建设苏中抗日根据地

1941年3月，第四军第一师活动区域正式定名为苏中区。原苏北区党委更名为苏中区党委、刘炎、陈丕显分别任正副书记。同时，正式成立了苏北行政委员会，管文蔚任主任委员。下设五处一局，民政处、文教处、财经处、司法处、保安处和粮食局。1942年5月1日，苏北行政委员会改组为苏中行政公署。全区先后成立了四个行政分区和一个特区：第四行政分区（辖南通、如皋、海门、启东四县），第三行政分区（辖靖江、泰兴、泰县、如西四县），第二行政分区（辖泰东、东台、兴化三县），第一行政分区（辖江都、高邮、宝应三县），兴东泰特区（“联抗”活动地区），设立了相应的地（工）委、专（公）署和军分区领导机构。为了适应敌后斗争的环境，由党、政、军各方面主要负责人合组苏中军政党委员会，统一领导全区工作。1942年底进一步贯彻实行一元化领导体制，撤销各级军政党委员会，建立各级党委，粟裕、陈丕显分别担任苏中区党委正、副书记。

党的建设是苏中根据地的全面建设中的首要任务。各级党组织在带领苏中军民坚持敌后抗战的实践中发挥了坚强的战斗堡垒作用。党积极地在雇工、贫苦农民和产业工人中发展党员，注意吸收知识分子和青年学生加入党组织，不仅使党员数量有较大增加，而且使党员质量有所提高，1941年底苏中根据地的党员人数已从黄桥决战时的2000人增加到9600人，1942年秋发展到14764人（其中秘密党员1893人）。以后各年又有所增加。在巩固党的组织建设方面，重点抓好基层党支部的建设，大力培养造就本地干部，把一大批在斗争中涌现出来的群众积极分子放到基层领导岗位上，在加强党的思想建设方面，区党委创办苏中党校，培训区以上党员干部，各地、县委开办党训班，提高党员的党性和政策水平。苏中全区创办的党报、党刊共有15种之多，其中《抗敌报》《苏中报》《党风》杂志等

不仅是宣传抗日的重要舆论工具，而且成为对广大党员进行思想教育的阵地。为了应付可能到来的严重局势，苏中区党委还建立起秘密的党组织，以便在日伪占领后，进行地下活动。同时，重视敌伪军工作，布置党员以各种合法的社会职业为掩护，进入敌占城镇，使争取敌伪军工作、收集情报工作、地下交通工作等卓有成效地开展起来。从1943年至1945年，苏中各级党组织响应党中央的号召，开展了整风运动，广大党员尤其是党的各级负责干部认真学习整风文件，增强了党性，提高了马列主义理论水平；另一方面通过开展批评与自我批评，加强了党内的团结，密切了党与人民群众的联系。党制定的正确的方针政策和共产党员的模范作用，使苏中党组织成为根据地建设的核心力量。

建立抗日民主政权是抗日根据地形成的重要标志之一，也是实行新民主主义政治的重要手段。苏中根据地的建政工作是自上而下地进行的。1941年，苏北行政委员会首先进行了县区两级政权的建设工作。由于游击战争环境，无法进行民选，一般采取由同级党组织委派方式产生县区长及政府主要成员；在构成上则坚决按照中共中央关于“三三制”的原则组成。在全苏中14个县中有半数以上的县和30个区及时成立了参议（政）会，各级政府对各阶层人士以诚相见，虚心倾听他们的批评和建议，以利于合理调节各阶段的相互关系。由于根据地建设初期，仍然保留了国民党原来的乡、保行政体制及人员，使得一些地区仍为封建势力所把持，民主政权的基础尚不牢固，政府法令的贯彻受到影响。为此，1943年苏中行政公署领导各公署、县政府开展了改造基层政权的工作。采取四种形式：一、正规民主的新乡制；二、乡政府机构的初步民主，即成立临时乡政府；三、由区署聘定的乡政府；四、由委任或民选改造乡镇长。至1943年底，苏中根据地1560个乡中，实行新乡制的有76个，实行半正规改造的387个，实行人事改造的693个，占总数的74%。基层政权改造的成功，最终铲除了封建的保甲制度，也削弱了日伪和国民党顽固派实行伪化统治的社会基础。而各级抗日民主政权一旦建立即成为发动和组织全民抗战的强有力的杠杆。

苏中三角斗争不仅表现为敌顽我三种军事力量的角逐消长，而且表现为政治、经济、文化各个方面的争夺渗透。1941年以后，汪伪势力在日寇扶植下从苏南向苏中扩张，在泰州设置伪军事委员会苏北行营，建立各县伪政权，在城镇及其占领区完全推进“和平运动”，妄图建立“和平模范区”。国民党江苏省政府虽然蹋处车轿一隅，但正统观念在人民群众中仍有一定市场。这就使得团结和组织群众大多数既是实行民主政治的重要内容，也是坚持巩固根据地的主要关键。苏中区党委坚决执行中共中央华中局的决议，从苏中的实际情况出发，从解决群众切身利益着手，把群众蕴藏的积极性引导到反对日伪统治、反对封建剥削上来，并在斗争进程中将群众组织起来，造成群众在政治上的优势，维护所获得的权益，从而使根据地筑起真正的“铜墙铁壁”。1941年，苏中根据地颁布减租减息条例，在改善人民生活方面获得了初步效果，还制定了发展生产、银租改粮租、救济灾荒和照顾中小地主等方面的具体政策，但是，“包办代替”“明减暗不减”等现象尚严重存在。1942年以后敌情严重，苏中区党委、苏中行政公署采取分阶段、按步骤的方式进行“双减”工作，夏收在中心区实施，秋收推向边缘区和游击区。各级政府、参议会召集地主士绅座谈会，党政负责人亲自登门造访，宣传政府的法令方针，解除他们的疑惧，推动其自觉实行减租减息和为雇工增资。以后经过1943年和1944年的深入发动群众，进行查补工作，才比较彻底地完成了减租任务。据1945年8月的统计，从1941年到1944年的四年里，苏中全区在13个县、796个乡的范围内实行了“双减”政策，累计减租田亩2683956亩、减租粮食442819担、受益佃户278989户。“双减”运动的迅猛展开，促进了农民抗敌协会的建立。1942年，苏中全区已建立了13个县农抗会、91个区农抗会、442个乡农抗会，共有会员50万。在其带领下，青年抗敌协会、妇女抗敌协会、文教抗敌协会和职工抗敌协会也陆续建立和健全。1945年苏中根据地分别召开了全区职工代表大会、青年代表大会、妇女代表大会、记者联合筹备会等。据1945年8月的统计，全区群众参加工抗会有78000人、农抗会有622400人、妇抗会有128300人、教抗会有4700人、青抗会有22547人、儿童团有108864人，其他群众组织11000人，共计970000人。

苏中根据地的财经工作以服务于抗战为目的，具有鲜明的战时体制特征，其主要任务是打破敌人的经济封锁，确保抗日军队和党政机关的经费开支，同时增加生产、提高人民生活、积蓄财力，为反攻创造物质条件。苏中各级政府从根据地建立之日起即倡导并帮助各行业恢复生产、重建家园、繁荣经济。随着根据地的不断巩固，生产建设更加成为各级党委和政府的重要议程。苏中区党委制定的生产方针是：以发展自给自足的农业生产为主。以发展手工业与农业相适应的副业为辅。为此，在县、区、乡三级设立有中上层人士参加的生产建设委员会，政府每年筹集并发放大量农业贷款，积极扶持贫苦农民及抗属，发展农副业生产，解决农具、肥料等农业生产资料方面的困难。各地普遍重视兴修水利，开垦荒地等农业基本建设工作。二分区台北县垦荒1949亩，东台县垦荒25000亩，增产粮食15000担；三分区靖江县出动民工25000人，疏浚了塌港河；一分区宝应县修筑泾河堤岸；四分区如皋县在栟茶区垦荒20000亩，并开挖七里长的大河，使荒滩变良田，还为运输海盐、水产提供了方便。苏中根据地在发展生产中积极推进合作经济，在坚持“自愿互利、等价交换”的原则下兴办生产、运输、消费各方面的合作社。兴化县350多户农民集资创办“廉贻合作社”，积极为群众开展发放豆饼肥料，修理农船水车，开办磨坊，纺纱织布等各项服务，使入股农民增加到4620户。东台县朱茂才伴工组十个组员，在劳力、肥料、种子各方面互相帮助，改进耕作技术，大幅度地提高了农作物产量，朱茂才被选为四分区的一等劳动英雄。

苏中根据地的财政收入主要是征收公粮田赋和工商业税收。从1942年起，征收公粮采取并征赋征粮的办法，实行累进税制，还规定了起征点和免征额，既减少了手续，又体现了合理负担的原则，照顾了抗属和贫苦农民。据1942年统计，全区仅夏收一季即征收公粮536000担，代金796500元，超过1941年以前所征公粮数的总和。苏中各级抗日民主政府在坚决废除国民党政府苛捐杂税的前提下，参照旧政权的税法，制定了新的货物过境税收、营业税收、商品输入输出税率等各种条例，保护根据地的民族工商业，加强贸易管理，限制敌货向根据地倾销。各类税率稳定合理，且只须完一次税，商人一般都乐意按章缴税。税收人员忠于职守、廉洁奉公，腰缠万贯，分文不取，不少人牺牲在这特殊的战场上，财税部门在党派往敌伪军工作的人员支持下，甚至能秘密进入敌占区和伪据点征收货物过境税和营业税，显示了抗日民主政权的强大威力。苏中根据地的税收及征粮总额，历年均居华中各抗日根据地之首，不仅保证了本区的需要，还有部分节余上缴，支援了友邻地区。苏中根据地还成立了江淮银行，发行了抗币，对伪币的流入进行了有效的斗争。

苏中根据地一直重视发展文化教育事业，利用知识分子较多的有利条件，积极恢复抗战以后停办的学校，团结中小学教员投身根据地的教育工作。据1942年7月统计，全区共有中学48所，教员600余人，学生近十万人，小学1031所，教员2000余人，学生近十万人。各地用于教育的经费共130余万元，公粮一万余担。在法币贬值的情况下，抗日民主政府决定将中小学教员的待遇改为实物工资，并略高于党政干部的待遇标准。重视教师的人选，中学教员、小学校长均由苏中行署直接任免。教学内容有所改革，逐步使用根据地自编的抗日教材，采取各种办法抵制伪化宣传，广大乡村还以兴办冬学的形式，宣传抗日道理，进行扫除文盲的工作，使文化教育成为团结人民抗日的有力武器。

## 从局部反攻转入全面反攻，夺取抗战的最后胜利

1943年底，国际反法西斯战争形势发生重大变化，日寇战线漫长，兵力不足的弱点更加暴露，为挽救败局，在中国战场上继续作困兽之斗。苏中区党委提出了“更顽强的坚持原地斗争和更有效的准备反攻力量”的方针，苏中军民响应党的号召，广泛开展对敌攻势，扩大解放区、缩小沦陷区，同时加紧做好思想、组织和物资各方面的准备，为最后战胜日本侵略者创造有利条件。

1944年3月，在抗战由相持阶段转向局部反攻的时刻，苏中新四军集中五个团兵力，发动了著名的车桥战役，采取攻坚与打援并重的战术，摧毁伪军碉堡50余座，歼灭击退日军五批增援部队，一共消灭日军380余名，生俘24人；伪军480名，缴获大批武器和军用品，收复车桥、曹甸、泾口等重要据点12处，使苏中、苏北、淮南、淮北四块根据地连成一片，淮安、宝应

以东纵横50公里的地区全部解放，新四军主力有了更大的回旋余地，苏中根据地有了比较稳定的后方。车桥战役之后，苏中区党委根据形势发展，提出反据点斗争是一切工作的中心环节。于是，苏中四分区军民在清乡区向日伪军发动了夏秋季攻势，攻克和逼退日伪军据点60余处，6月23日，新四军第一师第七团在如皋县耙齿岭附近与日伪军遭遇，七团指战员抓住战机，围歼敌人，经白刃血战，击毙日伪军200余名，生俘日军12名，伪军200余名。6月27日，七团与特务四团协同战斗，攻克日伪封锁线上的重要据点南坎镇，开辟了二、四分区的走廊地带。“清乡”区地方武装和民兵倍受鼓舞，开展群众性的破击活动，在20天时间里挖废公路1400里，拆毁桥梁50余座，收割电线2800斤，拔除电杆400余根，打破了日伪的“扩展清乡”和在二分区“屯垦”的计划，1944年，苏中军民的攻势作战取得了辉煌战果，计大小战斗178次，收复据点165处，扩大解放区6500平方公里，解放人民96万人。1944年9月，新四军第一师发起讨陈战役，对日趋反共、勾结日伪的国民党税警总团陈泰运部进行自卫反击。“联抗”番号在完成使命后宣告撤销，所属部队改编为苏中特务五团和紫石县独立团。

1944年9月，中共中央为发展东南各省的敌后游击战争和配合盟军登陆，决定新四军第一师主力渡江南进，执行发展苏浙皖边区的战略任务，为此，1944年12月，粟裕率新四军第一师第三旅首批南下，叶飞接任苏中区党委书记、苏中军区司令；1945年4月，叶飞率第一师第一旅继续南下，苏中根据地党政军领导又作了相应调整，陈丕显任苏中区党委书记兼军区政委，管文蔚任苏中军区司令员，张藩任副司令员兼参谋长，姬鹏飞任副政委兼政治部主任，季方任苏中行署主任，刘季平任副主任。苏中根据地的行政区域也作了较大的调整。第一行政分区辖江都、高邮、宝应、兴化四县；第三行政分区辖如西、泰县、泰兴、靖江、紫石五县；第四行政分区辖南通、如皋、东台、东南（行署）四县，撤销第二行政分区，并于1944年11月在长江以南，京沪铁路以北的丹北地区和东路地区分别设立苏中第五行政分区和苏中第六行政分区。苏中区党委在新的斗争形势面前。执行一面坚持、一面发展的方针，大力加强武装建设，更有力地打击日伪军，更加广泛地团结组织群众，把群众运动引向纵深发展。1945年2月，苏中根据地开展扩军运动，形成参军热潮，一个月内就有4000名青年和民兵参加主力，在兵源充足的有利条件下，区队上升为县团，县团上升为主力，总兵力仍保持27000余人，并逐步实现了由游击战向运动战的转变。2月22日苏中新四军主力破冰进击，一举攻克日伪吹嘘为“水上坚城”的沙沟，崔垛，毙俘伪军900余名。4月28日，苏中第一军分区集中四个团兵力于三垛、河口之间设伏，全歼日伪军1800余名，其中击毙日军240名，生俘日军七名，缴获大小炮16门，轻重机枪16挺，1945年春，伪币泛滥，大量流入苏中根据地，造成物价飞涨，物资外流。苏中区党委把对敌经济斗争作为一项中心工作来抓，严禁伪币流通。苏中贸易管理局设立伪币兑换处，规定抗币与伪币的比率为1∶120，并根据提高农产品价格，压低工业品价格的原则，严格贸易管理，实行以货易货，争取有利的物资交流，苏中江淮银行为适应新形势发行了新抗币，扩大流通范围，抵制了伪币，减少了群众的经济损失。此外，苏中根据地在培训干部、城市工作、交通工作、争取日伪军工作、拥军优属。拥政爱民等方面做了大量的准备，为迎接反攻创造了有利条件。

1945年8月15日，日本被迫无条件投降。国民党蒋介石集团企图独占抗战胜利果实，在美国支持下，演出了蒋日伪合流的丑剧。驻苏中的伪第二方面军摇身一变为国民党陆军新编第二路军，以孙良诚、陈泰运为正副司令，固守防地，拒绝向新四军及其抗日武装缴械。苏中军区在三天内即组成三个旅，编为17个团，向拒不投降的日伪军展开凌厉攻势，相继攻克宝应、靖江、永东、兴化、东台、海门、泰兴、如皋八座县城。10月苏浙军区部队恪守“双十协定”，北撤苏中、山东。11月8日，新四军苏中、苏北部队配合攻占盐城，伪第二方面军第四军军长赵云祥率7000余人起义。12月25日苏中新四军主力攻克高邮县城，俘日军891名、伪军3000余名。在战略大反攻中，苏中军民共消灭日军1000余人、伪军30000余人，获得辉煌的战果。

苏中抗日根据地是新四军江南指挥部坚决执行中央关于“向北发展”的战略方针，在抗战进入相持阶段以后、国民党顽固派反共磨擦日益加剧的形势下，移师北渡，“击敌联李孤韩”。并得到八路军南下部队有力援助而开辟的。苏中区党委和新四军第一师领导全区军民以顽强的游击战争挫败了日伪军对根据地的“扫荡”“清剿”和“清乡”，共歼敌66000余人，谱写了坚持平原水网地区抗日战争的光辉篇章。苏中抗日根据地的各项建设是中国共产党新民主主义方针政策的伟大实践，人民群众在反对侵略者、反对封建制度的进程中，参与民主政治。发展生产、改善生活，成为根据地的主人和建设者，和全国人民一道迎来了抗日战争的最后胜利。

（张衡执笔）

★反“扫荡”后，新四军指战员帮助群众修建被毁坏的房屋

# 苏北抗日民主根据地

苏北抗日民主根据地，是中国共产党领导的全国19块抗日根据地之一。苏北，一般系指江苏省长江以北地区。1941年3月，中共中央中原局及新四军军部为适应当时斗争需要，实行小省制，将苏北地区划为苏中、苏北两块抗日根据地。苏北抗日根据地，在地域上只是苏北的北半部，它包括淮海、盐阜两个地区。该根据地南以斗龙港、大纵湖及淮安县西南一线为界，与苏中抗日民主根据地相依靠；北至陇海铁路，与山东抗日民主根据地相联系；西临运河，与淮南、淮北抗日民主根据地相响应；东濒黄海。其总面积为4.2万平方公里，当年人口为610万，其中在抗日民主政府管辖下的人口有450万。整个区域地势平坦，南部为水网地带，北部为旱地平原，东部沿海绵延数百里，为人烟稀少的大草滩。该地区盛产粮、棉、盐、猪，物产较丰富，商业和文化教育事业在一些城市和集镇，也较发达。

苏北抗日民主根据地地扼华中、华北联系的枢纽，在一段时期内，为中共中央中原局（后为华中局）和新四军军部所在地，成为华中敌后抗日战场的政治领导和军事指挥中心。刘少奇、陈毅及黄克诚等在这里直接领导着抗日斗争，指导着各条战线的实际工作，使苏北抗日根据地，虽多经艰险，仍为较稳定、巩固的抗日根据地。

## 八路军第五纵队挺进苏北，建立苏北抗日根据地

抗日战争全面爆发后，日本侵略军占领了苏北地区的一些重要城镇。铁蹄所至，烧杀淫掠，无恶不作。而国民党江苏省代理主席韩德勤，敌来则仓皇溃逃，敌去则残酷压迫人民、压制抗日民主运动。同时又大肆收罗地痞流氓、土匪强盗和散兵游勇，建立各种特务组织，发展自己的实力。地方上的一些封建势力，也趁机借“抗日”之名招兵买马。一时“司令”多如牛毛，土匪、兵痞、流氓横行乡里，与日伪军共同蹂躏人民。

第二次国共合作形成以后，一些被关在国民党监狱中的共产党员陆续出狱，一些避难出走的进步人士重返家园，还有个别隐藏下来与党组织失去联系的同志也走了出来，他们重新聚合起来，先联络了一批青年学生和各阶层爱国人士，在中国共产党抗日民族统一战线的指引下，进行广泛的抗日救亡活动。在他们的带动和影响下，苏北的淮（安）淮（阴）涟（水）泗（阳）、东（海）灌（云）沭（阳）、盐（城）阜（宁）以及邳（县）睢（宁）铜（山）等地区的大批革命青年和爱国人士纷纷行动起来，组织抗日团体，迅速掀起了抗日救亡运动的高潮。

在众多的抗日救亡团体中，由宋振鼎、吴觉等筹组的苏北抗日同盟总会（简称抗盟）影响最大。它成立于1938年2月19日，以《抗日救国十大纲领》为依据，制定了《苏北抗日同盟总会章程》，积极开展抗日宣传。抗盟还举办干部训练班，培养抗战工作干部，到农村广泛组织抗日自卫队。抗盟的活动范围及淮海、盐阜各县，直到扬（州）泰（州）、南（通）海（门）地区，并影响到长江以南和安徽省的个别县。国民党江苏省政府对苏北蓬勃发展的民众抗日救亡运动，不仅不给予支持，反而极力分化瓦解、镇压打击，于1938年10月公开宣布取缔苏北抗日同盟总会。

为了求得中国共产党对苏北抗日斗争的直接领导，在苏北地区的抗日救亡运动兴起前后，苏北地区先后有多批与党组织失去联系的同志，分别到延安、武汉和山东等处寻找党的关系。党为了领导和支持苏北人

民的抗日斗争，也积极派遣干部到苏北恢复和重建党的各级组织。中共山东分局于1938年12月即将苏皖特委移至苏皖边区活动，以李浩然为该特委代理书记、张震寰为宣传部长（后改为吴绩）、邵幼和为统战部长。苏皖特委首先在苏北的邳睢铜及淮海地区，后又在盐阜地区，经过两年的艰苦努力，重建了党的各级组织，并建立了一批党所领导的抗日武装，为以后确立党在苏北地区领导抗日战争的地位、建立抗日民主根据地，打下了基础。

1938年10月，广州、武汉相继沦陷，抗日战争开始进入战略相持阶段，日军停止了正面战场的战略进攻，而将其进攻重点转向中国共产党领导的敌后抗日民主根据地。同时，加紧了对国民党当局的诱降活动。

国民党当局在日方的诱降下，限制共产党和八路军、新四军在敌后的抗日活动，并确立以军事反共为主、政治限共为辅的反动方针。

根据形势新变化，中国共产党把反对妥协投降作为新形势下的紧急任务，不断巩固和扩大抗日民族统一战线，用长期合作来支持长期抗战。同时，重申全党独立自主地放手组织人民武装斗争的方针，把党的主要工作放在敌后，大力巩固华北、发展华中。中共中央和中央军委根据华中抗战的实际情况，于1938年11月命令八路军向冀鲁豫、山东等地区挺进，新四军向长江以北敌后挺进。1939年5月，中共中央书记处致电朱（德）、彭（德怀）等指出：今后八路军发展的主要方向是华中，望转令苏鲁豫支队酌派一部分兵力及地方工作干部，向徐州东南的宿县、灵璧一带活动，侦察苏皖地区情况并开展当地工作。苏鲁豫支队奉令派胡（炳云）王（东保）大队（后田文扬接替王东保为政委，故又称胡田大队）向苏皖边界挺进。

1939年春，国民党江苏省代主席、第二十四集团军总司令韩德勤在日军的进攻下不战而逃，率大批国民党军队退踞淮阴一隅。这时，苏北境内土匪纷起，伪军猖獗，局面极为混乱。苏北党组织提出“抗日保家乡”的口号，积极发动与组织群众，先后建立了多支在共产党领导和控制下的抗日游击武装。

1939年4月，八路军山东纵队陇海南进游击支队，按照中共山东分局的指示，从山东南下到苏皖边界，开辟了邳睢铜游击区，并深入到苏北的淮海地区，又将各支地方武装统一编为陇海南进支队第三、第八、第九三个团（第八、第九团也称淮河大队），在淮海地区积极开展抗日武装斗争。

在汪精卫公开叛国投敌后，国民党顽固派在苏北更加紧推行消极抗日、积极反共的政策，镇压抗日人民，扼杀抗日武装。1939年7月，国民党沭阳保安大队长王绪五等阴谋杀害了陇海南进支队第三团团长汤曙红。1940年2月，国民党保安第七旅旅长王光夏以两个团的兵力进攻陇海南进支队。

为加强对华中抗日斗争的领导，中共中央中原局书记刘少奇于1938年底由延安赴华中，至1939年1月，抵达设于河南省确山县竹沟镇的中共中央中原局。1939年11月，刘少奇第二次由延安到达华中，不久，根据华中形势，向中央提出应把苏北作为华中主要发展方向的建议。中共中央考虑了刘少奇的建议后，指示中原局必须坚决打退国民党顽固派对共产党领导的抗日武装的进攻，必须建立华中敌后抗日民主根据地，将华北至皖南、江南打成一片。中共中央又于1940年三四月间多次指示八路军总部派一部主力南下华中与新四军协同完成发展华中的任务。1940年5月，八路军总部命令黄克诚率领八路军第二纵队第三四四旅三个团、新二旅两个团共1.2万余人南下。以刘震、康志强率三四四旅为第一梯队于5月下旬先行，黄克诚率新二旅两个团及纵队领导机关为第二梯队于6月上旬续后，由冀鲁豫南下豫皖苏地区，支援新四军作战。该部先奉命与新四军第六支队合编为八路军第四纵队，后又与先行到达苏皖边区的八路军苏鲁豫支队、陇海南进支队等合编为八路军第五纵队。

1940年8月，八路军第五纵队第一支队（原苏鲁豫支队）进入淮海地区。8月28日，该支队与坚持敌后的淮河大队在淮阴县新渡口会师后，紧密配合，多次与日伪军作战。其中以高（沟）杨（口）战斗最为强烈，前后历时九天，打死打伤日伪军110余人，日军小队长松本被击毙。此战有力地打击了日军的嚣张气焰，鼓舞了淮海人民的抗日斗志。

八路军第五纵队，在中共中央中原局的领导下，经过艰苦战斗，协助地方党组织于1940年八九月间开创了淮海抗日民主根据地，先后建立了泗阳、淮阴、涟水、沭阳、灌东、东海等县的抗日民主政权，成立了淮海大队、沭河大队、滨海大队、淮阴保安大队、泗阳独立团等地方武装。

1940年10月初，新四军在泰兴县黄桥地区被迫与国民党顽固派进行反磨擦战斗。八路军第五纵队奉命南下增援新四军，突破了盐河、旧黄河几道防线，迅速进占了阜宁、盐城，在战略上对黄桥战役作了有力的配合，并于10月10日到达东台县以北刘庄、白驹之间的狮子口，与新四军胜利会师。在此前后，苏北淮海、盐阜地区的抗日民主政权很快建立起来，苏北抗日民主根据地就此形成。

1940年10月中旬，刘少奇自津浦路东半塔集率千余干部及中原局机关向苏北出发，10月底到达阜宁与黄克诚部会合。11月17日，华中总指挥部在海安成立，23日，总指挥部移驻盐城。此后较长的一段时间内，盐阜地区即为华中抗战指挥机关所在地。

黄桥战役以后，韩德勤残部退集兴化、曹甸等地，背靠日伪军，拒绝与新四军停战言和、团结抗战。东北军霍守义的112师，以“武装调停”为借口，从山东南下援韩。11月中旬，顽军即开始军事挑衅，韩德勤第33师会同南下的霍守义部攻占了凤谷村、益林、东沟等地。在华中总指挥部的指挥下，苏北的八路军、新四军部队，于11月29日发动了曹甸战役。战役历时18天，在歼灭顽军8000余人后，主动撤出战斗。此后，苏北抗日根据地在相当长时期内，处于日伪、顽、我三角斗争的复杂局面之中。

## 苏北抗日根据地的建设

苏北抗日民主根据地的开创，对发展华中敌后抗战、配合全国克服投降危险、争取时局好转有着重大意义。从1940年秋开始，苏北根据地进入初步建设及在艰苦的斗争中坚持和巩固时期。

根据地创建初期，首先抓紧建立抗日民主政权，任命了县长、区长，建立了县、区地方武装。同时，大力发动群众，进行爱国主义教育，成立以农民救国会为中心的各种群众抗日团体，开始推行减租减息及开展统一战线工作。刘少奇、陈毅亲自参加各界代表座谈会，团结、争取开明士绅和一切要求抗日的各阶层人士共同抗日。盐城等县还筹备成立了参议会。

在中原局到达盐城及新四军军部在盐城重建以后的一个时期，刘少奇、陈毅亲自指导盐城地区的工作，并以盐城地区的群众运动和统一战线工作经验指导华中其他地区的工作。

八路军第五纵队于皖南事变后，改编为新四军第三师，黄克诚任师长兼政委，下辖七、八、九三个旅。中共中央中原局和新四军军部指定盐阜、淮海两地区为第三师坚持抗日斗争的活动地区。

在根据地建立初期，反共顽固派韩德勤仍不断对根据地进行骚扰，策动和组织土匪、特务、反动地主、反动会道门等到处进行破坏与暴乱，根据地的社会秩序很不稳定。基层政权还未及改造，乡村政权多由国民党原乡保人员继续任职，农村里封建势力基本未被触动，上层人物除少数开明者外，多数还在观望。第三师主力和一些初建的地方武装，针对这种情况，即大力进行武装剿匪，以保民安民。1941年1月，第三师第八旅第二十二团在盐阜区、第九旅一部及独立旅在淮海区清剿各种反动武装。2月，二十二团消灭了在阜宁县八滩沿海一带的顾豹岑股匪，匪首顾豹岑被击毙。淮海区亦先后在涟东、泗阳、沭阳、涟水等地消灭多股土匪及反动会道门。在武装剿匪的同时，辅之以政治上的争取与瓦解。对于一般土匪着重给予教育，允许其改过自新。由于对土匪采取了军事打击与政治瓦解相结合的政策，因而迅速平定了根据地内的匪患，安定了社会秩序，安定了民心，为根据地的建设创造了有利的条件。

1941年春，根据地内出现了较严重的春荒。各地方政权及在农村工作的民运队，及时组织农民群众向囤粮较多的地主商借余粮，进行反高利贷剥削的减息斗争，使相当多数的贫苦农民度过了春荒。同时，在农村还大力进行了减租政策的宣传和爱国主义教育，启发贫苦农民的阶级觉悟，使他们坚定了对共产党领导抗日战争的信心。

根据地建立之前，盐阜沿海人民连遭海啸之灾。特别是1939年的大海啸，北起山东渤海湾，南至长江口的崇明岛，沿海地区纵深数十里尽成泽国。单阜宁一县，死于海啸及因此而饿死的农民即达一万余人。1941年春，阜宁县各阶层人士及广大农民即提出修筑海堤的要求。当时阜宁县县长宋乃德在第三师师长黄克诚的支持下，果断地采取以工代赈等办法，组织民工进行筑堤。筑堤时，粮食很困难，第三师即以军粮救济；经费不足，政府就发行公债，终于克服了重重困难，于1941年5月15日至7月30日，经过数万民工和各级干部的艰苦努力，筑成了全长90华里的大海堤。海堤的建成，使沿海人民从此免遭海啸之灾，沿海人民衷心感谢共产党，并以宋乃德主持修筑的新海堤与宋代范仲淹所主持修筑的“范公堤”相并提，誉此堤为“宋公堤”。

为加强对苏北地区工作的领导，1941年春，经中共中央批准，中共中央中原局将原盐阜地委（即原苏皖区党委所属的第四地委），改为盐阜区党委，原苏皖区党委改为淮海区党委，并成立统一领导苏北工作的苏皖党政军委员会。在以黄克诚为书记的苏皖党政军委员会和以金明为书记的淮海区党委、刘彬为书记的盐阜区党委的领导下，苏北抗日根据地大力发动和组织群众，大力开展统一战线工作以及文化教育、财政经济等各方面的建设。

在发动与组织群众方面，主要做法是：派遣民众运动工作队（简称民运队）深入农村，向广大农民群众宣传抗日救国的道理及减租减息政策；组织以农民救国会为主的各种群众组织。1941年4月20日，盐城县农救会成立，刘少奇亲自到会致辞，他总结了盐城发动群众的经验，推动了各地群众工作的开展。到1941年7月以前，盐阜区共成立了三个县级农救会、20个区级农救会、423个乡农救会，农救会员达16万人。淮海区因日伪军据点较多，加上反共顽固派的不断骚扰，所以武装斗争和武装建设是当时的中心任务。但在1941年夏收前后，该区仍抓紧时机广泛发动群众，建立了六个县级农救会，会员达5.2万人。

在农民运动的推动下，青年、妇女、儿童、灶民（烧小盐灶的盐工）运动也得到了广泛的开展。青救会、妇救会、儿童团、灶救会，工救会等团体也纷纷组织起来。群众运动在刘少奇的直接领导下，形成了轰轰烈烈大发展的好形势，为以后苏北地区长期坚持抗日斗争，创造了有利条件。

文化教育工作，也有了迅速的发展。其中最有成绩的是以多种方式进行的干部教育。根据地建立之初，中共苏皖第四地委，即以八路军驻盐城办事处的名义，在盐城办过有数十人参加的民运干部训练班。以后华中局和新四军军部又办了抗日军政大学第五分校、鲁迅艺术学院华中分院、中共华中党校等。这些训练班和学校，培养和训练了各方面需要的干部，对以后根据地的建设和坚持，起了重要作用。

刘少奇在根据地的建设工作中，首先注意党的建设，注意党员干部政治素质的提高，着重加强马列主义教育和理论上、思想上的建设。他在工作十分繁重的情况下，亲自为华中党校的学员上课，为报纸和党内刊物写文章。在华中党校上课时，他继在延安作《论共产党员的修养》中关于政治上、思想上修养的报告之后，又作了《论共产党员的修养》中关于组织修养的报告；作了《论党内斗争》《论人的阶级性》《人为什么会犯错误》等演讲、论述；还在一些重要会议上作了《反对党内各种不良倾向》等重要讲话。这些，对当时的干部教育起了重要作用，对党的建设有着深远的影响。

苏北作为华中抗日根据地领导机关所在地，一时吸引和聚焦了彭康、钱骏瑞、冯定（贝叶）、夏征农、邹韬奋、范长江、王阑西、钱杏邨（阿英）、许幸之、黄源、柳岗（吕振羽）、白桃（戴伯韬）、宋亮（孙冶方）、薛暮桥、骆耕漠等大批文人和学者。他们在盐城及苏北各地，办报纸杂志，办各种文艺团体和各类学校，根据地内的文化教育事业，呈现出一片繁荣景象。根据地这时创办的报刊有：《江淮日报》《淮海报》《老百姓报》《江淮杂志》《江淮文艺》以及多种党的机关刊物和部队报纸刊物。学校教育方面：党和政府对苏北地区原有的中、小学尽量扶持，努力恢复并新办了一些中学。为了加强小学教育，盐城县还开办了有500名小学教师参加的短期小学教师研究班。在文艺宣传方面：除鲁迅艺术学院华中分院经常作各种演出活动外，还有“抗敌服务团”“青年服务团”等各种文艺演出团体。

1941年以后，日伪军和国民党顽固派对抗日民主根据地实行经济封锁。为了支持长期的抗日战争并使各阶级、各阶层一道团结抗日，苏北根据地初建时期，在财政经济建设上，实行发展经济、保障供给、增产节约、合理负担、艰苦奋斗、团结抗日、长期打算的方针政策。在盐城的新四军军部成立了朱毅为部长、李人俊和骆耕漠为副部长的财政经济部，统筹华中财政经济工作。还成立江淮银行，发行通用于华中根据地的江淮币，制定了征粮、收税等各种制度和政策。在部队、地方干部、战士的待遇上，一律实行供给制。伙食标准很低，衣物也以最低标准按年或季统一供给，并实行发新收旧的节约办法。每人津贴费每月一律为一至三元（以后官兵略有微小差别）。就是这样的最低的物质供给，在条件困难时仍不能得到保证。

苏北抗日根据地的兴旺和发展，直接威胁着日本侵略军对这块地区的控制。日军决意要消灭苏北抗日根据地，蒋介石又默许大批国民党部队投降日军，配合日军进攻共产党所领导的抗日武装。因此，正当苏北抗日根据地各方面的建设初步展开的时候，日本侵略军对苏北抗日根据地开始了以盐城为主要进攻目标的第一次大“扫荡”。1941年7月20日，日军以南浦独立旅团为主力，加上国民党新投降的伪军李长江、杨仲华部共1.7万余人，出动装甲汽艇100余艘，在飞机的掩护下，由东台、兴化、射阳、陈家港分四路合击新四军军部及华中局驻地盐城，妄图消灭根据地首脑机关。这次“扫荡”，是南京、徐州沦陷后，日伪军在华中进行的规模较大的一次“扫荡”。“扫荡”前，华中局、新四军军部作了全面的反“扫荡”部署。经过30多天的艰苦战斗，在苏中军民有力配合下，盐阜军民终于粉碎了这次大“扫荡”，粉碎了日军企图消灭新四军主力、摧毁抗日民主政权，伪化盐阜区的阴谋。在反“扫荡”中，苏北、苏中军民共进行战斗135次，击毙日伪军1931名，活捉日军15名、伪军1074名，我方也伤亡900余人，其中损失较大的是鲁迅艺术学院华中分院的一支正在转移的非武装师生队伍。他们在盐城西乡北秦庄遭日军包围，带队的中文系主任邱东平、戏剧系主任许晴沉着指挥，用仅有的几支手枪进行英勇抵抗，大部分师生突出了包围，其余师生遭惨杀、被俘、邱、许二人在战斗中英勇牺牲。

## 转变斗争方式，在艰苦的斗争中坚持

日伪军大“扫荡”后，沿串场河占领了若干据点及盐城，华中局、新四军军部、第三师主力部队和根据地领导机关皆转入农村坚持斗争。由于日伪军以串场河、通榆公路作封锁线并在根据地周围及某些腹地建立了许多据点，随时对根据地进行小规模的“扫荡”、抢粮、骚扰，大大增加了根据地斗争的困难。

为了适应新的斗争形势，盐阜、淮海两地区实行大县划小县。盐阜区先后划分盐城、盐东、淮安、涟东、滨海、射阳等九个县。淮海区划为泗沭、宿迁、涟水、淮阴、宿北、东海、潼阳、沭阳、灌云九个县及一个县级的运河特区。

由于根据地党政军力量全部转入农村，并总结了这次反“扫荡”斗争的经验教训，在新的形势下，根据地的各项工作向深入细致的方面发展。针对日伪军经常“扫荡”“清剿”和骚扰的特点，根据地的各项工作以武装斗争为中心，大力发展地方武装和民兵，建成主力部队、地方武装、民兵三结合的武装体系。根据地的广大群众组织起来，在水网地区打坝、在平原地区破路挖沟；分散的小部队、游击小组、民兵班到处对日伪军据点进行骚扰袭击，用多种方式与日伪军作斗争。根据地的统一战线工作进一步加强，当时在苏北地区领导工作的刘少奇、陈毅及黄克诚等都亲自做统一战线工作，把地主士绅中的开明爱国人士、知识分子及宗教界人士紧紧团结在共产党、抗日民主政府周围，共同坚持抗日斗争。在爱国上层人士中出现了许多坚持民族气节、誓死不投降的代表人物，涌现了无数掩护、帮助共产党、新四军、民主政府干部的感人事迹。如盐城老教育家、民主爱国人士、盐阜区参议会副会长、盐城县参议会参议长宋泽夫，积极支持抗日民主政府的各项重大措施，与共产党、新四军、民主政府坦诚相见，在不幸被日军俘虏后，面对敌人各种威胁利诱，毫不妥协，严词斥责敌人，表现了宁死不屈的斗争精神和高尚的民族气节。经民主政府设法营救出来后，终因年事已高、又遭受残酷折磨，不久即逝世。逝世前，他仍留下遗言，嘱咐家人决不能投降附敌当汉奸。又如淮海区的吴月波、陈月斋先生等，对抗日民主根据地的建设和坚持，都做出了很大的贡献，对共产党和抗日民主政府都给予了很大的支持。整个苏北地区，在抗日战争期间，即使在最艰苦的时期，也极少有上层人士投敌或逃跑。这充分证明了党的统一战线政策的伟大、正确，证明了当时根据地各级领导统一战线工作做得十分认真、深入。

随着工作的深入，根据地大力进行了党的基层组织的整顿及对基层抗日民主政权的改造。在基层政权的改造中，真正贯彻和执行了“三三制”原则；改乡村政权的保甲制为乡、村政府及公民小组制，选举那些坚决抗日、廉洁奉公、办事公道的人担任乡、村长。在群众工作方面，把主要精力放在深入发动农民进行减租减息斗争、土地普查、发展生产、武装自卫方面。另外，还积极开展了青少年、妇女运动和儿童工作，群众运动又掀起了一个新高潮。

在文化教育方面，这时期除继续办好小学教育外，还办了相当数量的小型中学补习班，为以后建立正式中学创造了条件。此外，还办了各种形式的干部、党员训练班。在文艺宣传教育活动方面，各县都成立了县级文工团，农村广泛地组建了小型剧团。这些剧团每到农闲或春节期间，就在各地普遍开展热热闹闹的文艺演出及民间文艺活动，使抗日救国宣传、减租减息和发展生产的宣传深入人心。抗日民主政府和农村的党组织，利用农闲时间，普遍办起了识字班、扫盲班，大力举办冬学，广泛地吸收农民进行政治学习，有效地提高了农民的文化水平和政治觉悟。

在财政经济工作方面，积极进行对敌经济斗争。政府颁布法令，严禁粮食出口资敌。根据地积极开展内外贸易，活跃经济，丰富物资供应，打破了日伪对根据地的经济封锁，解决了医药等紧缺物资的供应，支持了军事斗争。更有意义的是，1942年4月和8月，先后成立了盐阜银行和淮海银行，发行货币，抵制伪币。这种货币只作为流通工具，不搞财政发行，军队与地方开支，都以赋（田赋、公粮）税（流通税、商业税）为主。所以，货币发行量小，币值稳定，信用高，甚至在上海也能用它采购物品。为了使根据地各阶层人民负担合理，又实行赋、税累进制。

根据地内的锄奸保卫工作、交通情报工作、对日伪军的争取瓦解工作也得到加强，根据地内部更加稳定和巩固。

根据地军民对敌武装斗争十分激烈，主力部队、地方武装、民兵不断地与日伪军小规模的“扫荡”、伪化、抢粮、抓丁等作斗争。1942年3月，日伪军500余人侵占阜东县八滩地区。新四军第三师第八旅第二十四团进行反击，毙日伪军150余人、俘伪军300余人，粉碎了敌人伪化阜东的阴谋。其他各县与日伪军的武装斗争亦较频繁，不断予敌以重创，不仅打击了敌人的各种骚扰、“扫荡”，且开辟了新区、缩小了伪化区，扩大了抗日民主根据地。1942年底，新四军第三师和盐阜区党委决定在某些地区对敌采取进攻姿态，以小股武装进入日伪军占领区域，开辟射阳河以南、串场河以东、黄沙港以北的一块地区。经过艰苦的武装斗争，1943年4月终于从日伪军手里解放了这一地区，建立了一个新的县政权——射阳县抗日民主政府。

自日伪军于1941年7月20日对盐城地区进行大“扫荡”到1942年11月，整个苏北抗日民主根据地在极为艰苦的斗争中，一面坚持对敌斗争、一面深入建设，取得了重大的成就。

## 在反“扫荡”中巩固扩大根据地

1941年和1942年，是世界法西斯势力最猖狂的时期，也是中国人民的抗日战争最困难的时期。1942年6月22日，德国法西斯进攻苏联。12月8日，日军偷袭美国海军基地珍珠港，挑起了太平洋战争。日军为了把中国变成扩大侵略的后方基地，将侵华兵力的75%和全部伪军集中到敌后战场，对根据地不断进行疯狂的大“扫荡”，在华中战场，日军华中派遣军所辖14个师团的21万人，其中11万人加上伪军15万人，用来进攻新四军和抗日民主根据地。在苏北地区，1942年11月，日军发动了对根据地的第二次大“扫荡”。

为了迎接新的斗争形势，苏北根据地的军民即按中共中央的决定，在领导体制上实行党政军一元化领导。1942年11月，成立了苏北区党委。由新四军第三师师长黄克诚任苏北区党委书记兼苏北军区司令员和政委，金明任苏北区党委副书记。原淮海、盐阜两个区党委均改为地委，两个军区亦改为军分区。同时，实行了精兵简政和主力地方化。各级党军政领导和机关人员精简到最低限度，以便于灵活移动、指挥。主力部队除留一部作领导机关警卫和机动作战外，其余部队都以营、连为单位，分别划到各县、区，与地方部队结合，加强地方武装力量，提高地方部队的军政素质和战斗力，这些措施在反“扫荡”斗争中起到了重要作用。

1942年夏秋之间，日军先对盐阜区南端的盐城地区反复进行“梳篦式”的“清剿”，同时遍设据点，筑碉建圩，妄图实行全面伪化。根据地军民在各级党组织的领导下，在新四军第一师主力一部的大力支持下，经过顽强斗争，终于粉碎了敌人的阴谋。

1942年11月，日军在“扫荡”了山东抗日根据地后，即转而向华中的苏北、淮南等抗日根据地发动大“扫荡”。对苏北抗日根据地的大“扫荡”，从1942年11月中旬到1943年4月，共历时半年之久。此次大“扫荡”，日伪军由北向南，先对淮海区进行两个月的大“扫荡”，然后又“扫荡”盐阜区。日伪军所到之处，烧杀淫掠，无恶不作。淮海、盐阜两区的武装部队，与残暴的日伪军进行了英勇的战斗，歼灭了大量的日伪军、攻克了许多日伪军据点，缴获大量武器、物资，予敌以重创，终于粉碎了这次来势汹汹的大“扫荡”。

盐阜区的大“扫荡”被粉碎后，日伪军仍不断对整个苏北根据地进行“蚕食”、伪化、骚扰和小规模“扫荡”，直到1944年3月才告结束。

苏北抗日民主根据地的全体军民在长期、艰苦的反“扫荡”斗争中，坚决地打击了敌人，保卫了根据地，并使根据地得到了进一步的巩固和发展。

在反“扫荡”过程中，涌现了许多英勇壮烈、可歌可泣的斗争事迹。新四军第三师第七旅第十九团二营四连，于1943年3月18日在淮阴西北刘老庄，遭日军1000余人合击，在连长白思才、指导员李云鹏的指挥下，该连对多于自己十多倍之敌，进行英勇抵抗，苦战整日，毙敌170余人，终因众寡悬殊，无法突围，勇士们遂将武器全部毁坏、焚烧了文件、什物，战至最后，该连82位指战员全部壮烈牺牲。刘老庄战斗，表现了中国共产党领导的人民军队，在民族敌人面前英勇无畏的战斗精神和气壮山河的英雄气概，它使敌人胆寒，使人民振奋。

苏北根据地的地方干部，在反“扫荡”中，坚持原地，“县不离县、区不离区、乡不离乡”，组织群众打坝、破路、挖沟，开展游击战争，机动灵活地打击敌人，积极配合部队反“扫荡”斗争。

一贯消极抗日、积极反共的国民党顽固派韩德勤部，在日伪军的大“扫荡”面前，一触即溃。为了团结抗日，新四军对韩德勤部给予掩护、援助，使其撤到苏北根据地。然而，事后不久，韩德勤却趁日军“扫荡”之机，侵占淮北抗日民主根据地。新四军被迫自卫反击，于1943年3月17日发起山子头战役，全歼韩总部及其所属新编独立旅、保安第三纵队并生俘了韩本人（后将其释放）。至此，国民党顽固派留置在苏北根据地的反共堡垒全部被铲除。

在反“扫荡”、反伪化、反“蚕食”的斗争中，根据地在战争空隙时间，加强乡村政权建设；加强人民武装建设，加强部队政治工作，严肃部队纪律，开展创造以“战斗好、拥政爱民好、巩固扩大部队好”为标志的“模范兵团”运动，发动参军运动；实行减租减息；扶持群众生产，赈济灾荒，开展大生产运动；拥政爱民、拥军优属，继续加强抗日民族统一战线工作；加强瓦解日伪军的工作和锄奸保卫工作；进一步做好文化教育工作。

在教育工作方面，淮海、盐阜区这时期先后都办起了由各县抗日民主政府领导的、既学科学文化、又学革命和抗日救国道理的县立中学，并且办起了淮海、盐阜地区级联合中学和师范学校、职业中学。这些学校贯彻了理论与实践相结合、教育与生产劳动相结合、与群众工作相结合的教育方针，平时除正常上课外，还作群众工作、文艺宣传并进行生产劳动，战时则作后勤工作。这些学校堪称为“抗大式”的新型学校，它们为抗日民主根据地培养了大批革命知识分子和革命干部并积累了新型学校的办学经验。

苏北抗日根据地在这一段艰苦斗争过程中，还加强了党的组织建设和思想建设，在军事斗争十分频繁的间隙，进行了根据地的其他各项建设工作，使苏北根据地在严酷的斗争面前，不仅没有被摧毁，反而更加巩固和发展。

## 根据地全面建设，迎接大反攻的到来

1944年初，苏北根据地即进入了全面建设、迎接抗日战争反攻阶段到来的时期。这一时期根据地内首先着重开展了大生产运动和整风学习运动。

在大生产运动中，部队和党政机关的每一个成员，都利用战争和工作的空隙，参加开荒种菜、纺纱织布的生产劳动，不仅取得了物质的收获，而且也培养和锻炼了全体部队官兵和地方各级干部的劳动观念和劳动技能。在农民中提倡精耕细作，开始组织互助组、变工队，开展劳动竞赛，奖励劳动模范，表彰先进生产者。有力地推动了生产的发展。在开展大生产运动的基础上，盐阜区于1944年底召开了生产积极分子大会，表彰先进、交流经验，进一步推动了生产的发展。大生产运动还极大地促进了工商业的发展，同时，对克服根据地内的物质困难、为大反攻创造必要物质条件起到了极其重大的作用。

苏北地区的整风学习，1942年5月就开始做准备。1942年7月到1943年8月，是初步整风阶段，1943年8月到1945年8月，是深入整风阶段。在苏北区党委及淮海、盐阜两个地委的领导下，苏北地区的整风学习采用干部在职学习和脱产集中学习两种方式进行。通过学习理论、联系思想实际进行自我检查的方法，提高广大党员、干部的理论水平和党性修养，确立无产阶级世界观，克服思想上、行动上存在的主观主义、宗派主义、党八股和个人主义等不良倾向。这一运动，加强了党的团结，加强了党风建设，提高了党的战斗力。在苏北全体党员和广大干部中产生了深远的影响，对争取抗日战争的胜利和以后革命事业的胜利，做了最重要的思想准备。

自1944年春，苏北地区即转入局部反攻。新四军第三师部队有计划地排除了一些对根据地危害较大的日伪军据点，对于那些仍然进入根据地安据点、修公路的敌人，则及时予以歼灭性的打击。地方武装和民兵也对日伪军广泛开展袭击、伏击，积极打击敌人。主力部队和地方武装主动包围日军占领的部分城市和重要交通线。此外，华中各抗日根据地积极配合作战，1944年3月，苏中部队攻克日军重要据点车桥，毙伤日军460余人，俘虏日军24人，拔除日伪军据点12处，从而打通了苏北、淮北、淮南间的战略联系。1944年下半年，日军为阻止苏北根据地军民的攻势，防止同盟军在苏北沿海登陆，不惜放弃已占领的冀鲁豫十几个县城，纠集兵力向苏北“扫荡”并掩护伪军孙良诚部进入苏北。坚持淮海、盐阜的新四军部队及地方武装，相互配合，展开反“扫荡”斗争，于灌云、阜宁阻击伪军孙良诚部，一举歼灭其1000余人。孙部窜踞阜宁、盐城后，在军事上扩增据点，在政治上编保甲、查户口、镇压抗日群众及抗日军人家属、捕捉干部和民兵，并收罗兵痞流氓、国民党特务为其爪牙。12月，孙良诚率伪军1.6万余人，又向根据地进犯。伪军潘干臣、吴漱泉、徐继泰等部6000余人也分别从淮阴、淮安和响水口出动配合。新四军第三师主力及地方部队和广大人民群众，立即进行反击、破公路、拔据点，奋战十个月，歼伪军2000多人，连克日伪军据点数十个。1945年2月12日、13日，我军又连续对日伪军据点叶圩子进行夜战，毙日军小队长米森以下38人、伪军大队长以下49人，俘日军九人、伪军180余人。

经过一系列战斗，1945年春，苏北日伪军已被分割孤立阜宁、盐城、淮安、淮阴、涟水、沭阳六个县城及新安镇等几个主要据点，苏北战场的主动权已掌握在新四军手中。1945年4月，新四军发动了攻克阜宁城的战役，俘伪师长以下2000余人，毙伤300余人，解放阜宁城及周围据点22处，解放村镇560余处，控制了（南）通（赣）榆公路中段，扩大了苏北根据地。与此同时，苏北根据地放手发动群众，加紧部队和根据地各方面的建设，迎接全面大反攻的到来。

1945年9月2日，日本政府在投降书上签字，抗日民族解放战争终于夺取最后胜利。但蒋介石下令日伪军拒绝向中国共产党领导的人民军队投降。在这种形势下，新四军第三师和地方武装，发起了解放淮阴、淮安的两淮战役，于9月6日和22日，先后解放了苏北这两座重镇。此役总计歼灭淮阴的伪师长潘干臣和淮安的伪旅长吴漱泉以下1.5万人，缴获大量武器弹药和各种物资，创华中新四军歼敌新纪录，给予各孤立据点的日伪军以极大震撼。第三师第十旅及地方武装，于9月18日又对响水口一带伪军徐继泰部发起攻击，攻克响水口、陈家港、大伊山、新安镇等重要市镇，控制了灌河西岸，解放了淮北盐场。伪军孙良诚部的赵云祥一个军，仍固守盐城伍佑一线。新四军第一师及盐阜区地方武装于10月底发起战斗，迅速扫清外围据点，紧紧包围盐城并开展大规模的政治攻势，发挥了内线工作的作用，积极进行争取。在这种形势下，于11月10日，该军军长赵云祥率部起义。至此，苏北抗日根据地即获全部解放。苏北地区的广大农民，经过八年艰苦的抗日斗争，付出了极大的牺牲，终于在这块土地上赶走了日本侵略者，为中华民族的解放事业，做出了不朽的贡献。

（中共江苏省委党史研究室　江苏省档案馆）

★1941年初，李先念（左一）率新四军豫鄂挺进纵队进入鄂中地区

# 鄂豫边区抗日民主根据地

新四军第五师和鄂豫边区，是抗日战争时期中国共产党在华中敌后、武汉外围地区创建发展起来的人民军队和抗日民主根据地。它处于中日正面战场的前沿、日军的近后方，战略地位突出，长期孤悬敌后，在中原敌后抗战中发挥了砥柱中流的重要作用。

## 在日军兵力密集正面战场前沿开创根据地

新四军第五师和鄂豫边区，是1938年10月武汉沦陷、中国抗日战争转入相持阶段的关键时刻崛起于中原敌后的。它诞生伊始，就在中国全民族抗战的战略棋盘上显示出特殊战略地位，做出了重要历史贡献。

武汉沦陷前后，八路军、新四军已在华北和华中先后开辟了晋察冀、晋冀鲁豫、晋绥、山东、苏南和江北六个抗日根据地。为了在此基础上增加新生力量，渡过战争难关，阻滞敌之进攻，准备我之反攻，达到驱逐敌人之目的，中国共产党在六届六中全会上作出了“巩固华北，发展华中”的战略决策，毛泽东于1938年10月在会上所作《论新阶段》的报告，特别强调地指出了相持阶段是战争的枢纽，决定反攻的因素是在相持阶段增加上来的伟大的新生力量，敌后游击战争将暂时变为主要的形式，在广大地区中仍能广泛的发展。

在武汉会战中，日军调集了14个师团、三个独立旅团、五个航空团和140余艘舰艇，兵力计达40余万之众。日军占领武汉后，即在武汉屯以重兵，并以武汉为中心沿着长江、汉水、铁路、公路等交通线辐射展开，在大小城镇安设据点，控制城乡交通要道，进行点、线占领，将武汉外围的沦陷区分割成一块块的小"豆腐块"，并竭力组织伪军及伪政权，实行殖民主义统治。据日本《中国事变陆军作战史》称：截至1940年底，盘踞在武汉地区的日军——中国派遣军第十一军，仍有第三、四、六、十三、三十三、三十四、三十九、四十等八个师团和第十四、十八等两个旅团，共21.8万人。这时，日军曾对其兵力密度做过这样的比较分析：若以华北占据地区的兵力密度为一，武汉地区则为九，长江下游三角地带为3.5，华南为3.9。由此可见，武汉地区是当时侵华日军"兵力密度之最"的地区。

就在这日军"兵力密度之最"的地区，燃起了中共领导的武装抗日烽火。在武汉沦陷前后，豫南、鄂中、鄂东和鄂南各地党的组织，开展了发动抗日游击战争的斗争。1939年1月至10月，根据党的六届六中全会关于发展华中的战略决策和中原局对中原敌后抗战的战略部署，李先念、陈少敏、朱理治和任质斌等先后率部队从河南竹沟南下，大胆地向鄂豫边之敌后挺进，会合中共在武汉沦陷前后组织起来的各路武装，经过1939年4月组建新四军挺进团、1939年6月成立新四军豫鄂独立游击支队（后曾改称新四军豫鄂挺进支队），统一打出新四军的旗帜，使之像"滚雪球"一样越滚越大，终于在1940年1月创建了新四军豫鄂挺进纵队，成为鄂豫边区拥有万人之师的主力游击兵团。同时，建立了新的豫鄂边区党委，并以边区党委和纵队的主要领导干部组成了统一领导全边区党政军民工作的军政委员会，由朱理治任边区军政委员会书记和挺进纵队政治委员（1940年3月朱理治去延安后由任质斌代理），李先念任挺进纵队司令员，陈少敏任边区党委代理书记。

对于新四军豫鄂挺进纵队这支伟大的新生力量的诞生，中共中央及时给予高度评价。1940年2月，中共中央书记处在致胡服（刘少奇）、新四军、朱理治电中指出："武汉附近新四军挺进纵队（有九个团）的创造是一个伟大的成绩，这次经验证明了一切敌后地区，不论在华中或华南，我党均可建立自己的武装部队，并且可以存在和发展。”5月，毛泽东在为中共中央起草的给东南局关于《放手发展抗日力量，抵抗反共顽固派的进攻》的指示中，又列举了李先念等曾强硬地抗议国民党破坏抗日的行为“就是好例”，并对“李先念纵队反对顽固派向鄂中和鄂东进攻的自卫战争”等作了充分肯定，指出其“是绝对必要和绝对正确的”。党中央和毛泽东的这些高度评价，对正在开展鄂豫边区敌后抗日游击战争的军民是一个极大的鼓舞；同时，经中央肯定和传播的新四军豫鄂挺进纵队之新鲜经验，又对作为战争枢纽的阶段促进增加新的力量，发展华中、华南的抗日根据地，产生重要的示范影响。

截至1940年底，中共建成敌后抗日根据地遍布于华北、华中和华南敌占区，其中鄂豫边区开辟了豫南、鄂中根据地和鄂东游击区，建立了九个县的抗日民主政权，新四军豫鄂挺进纵队发展到1.5万人，民兵达10万人，还有14.4万余人参加了抗日群众团体。在开辟这一敌后战场的近两年中，边区新四军高举着抗日大旗，先后对敌作战243次，歼灭伪军（包括毙、伤、俘与争取投诚反正）1.36万余人，树立了新四军的军威，使日本侵略者在其侵华战争最大的正面战场前沿直接受到来自解放区战场的牵制和威胁。

## 在抗击日军残酷“扫荡”中巩固扩大根据地

朱德1945年4月在《论解放区战场》的报告中谈到战略相持阶段时指出：“构成这个阶段的特点，是敌人与解放区之长期反复的最残酷的战争。”“解放区战场抵抗的敌伪力量，到1943年，竟占侵华日军的64%、伪军的95%。”“这就是相持阶段的实际。”

新四军第五师和鄂豫边区也同兄弟部队、兄弟解放区一样，经受了战略相持阶段最残酷的战争考验，在与日军的“扫荡”“清乡”“蚕食”的战斗中，不断巩固地向前发展，成为全国抗击大部分侵华日军和几乎全部伪军的解放区战场不可分割的重要组成部分。

1941年1月皖南事变后，中共中央革命军事委员会发布重建新四军军部的命令，并决定统一整编华中部队为七个师和一个独立旅；其中新四军豫鄂挺进纵队整编为新四军第五师，由李先念任师长兼政治委员，任质斌任政治部主任（1941年7月起代理政治委员），刘少卿任参谋长。新四军第五师于4月5日组建完毕，同鄂豫边区人民一起顽强坚持抗日游击战争，粉碎了敌伪包括1942年12月围攻大小悟山之万人大“扫荡”在内的频繁“扫荡”“清乡”和“蚕食”，并开创了部队、根据地齐发展的局面。在这两年中，五师部队发展到2.35万人；边区根据地除坚持了鄂中、豫南之外，先后发展了鄂东、鄂皖边、襄西和鄂南，总人口达473.5万余人（基本区216.4万余人，游击区257.1万余人）。由于五师和鄂豫边区抗日民主地发展迅猛、战略地位突出，从1942年7月起，中央决定五师及边区由中共中央军委直接指挥。刘少奇在1942年的工作报告中，再次肯定了“关于五师与鄂豫边区党委的工作”。他说：“鄂豫边区的党在完全没有（成连以上建制的红军）基础的条件下，创立了大的武装部队，并建立了相当大的根据地，开辟了广大的游击区，直到汉口近郊，在不断的战斗中打击了敌伪，锻炼了部队的战斗力，胜利坚持了武汉附近的抗战，是一个伟大的成绩。”

在解放区战场的抗日力量进入再上升时期的1943年，李先念于1月正式就任鄂豫边区党委书记，仍兼新四军第五师师长和政治委员，并由他与师副政委兼政治部主任任质斌、边区党委副书记陈少敏等组成领导核心，率领边区党政军民又开创了新的大发展局面。其中特别是开辟了襄南敌后根据地，发展了以洪湖苏区为中心的河湖港汊游击战争，并恢复了襄西（这里在1942年曾变为游击区），还在洞庭湖滨建立了以桃花山为中心的抗日根据地。至此，这一敌后战场胜利地形成了从四面八方对武汉的战略包围。五师部队发展到近四万人，鄂豫边区抗日民主根据地所辖地区扩大到51个县（其中基本区14个县，游击区37个县），总人口猛增到1020余万人（基本区420余万人，游击区600余万人），已在21个县内建立了抗日民主政权，600万以上的人民参加了抗日组织——自卫队、基干队、农救会、妇救会等。

在战略相持阶段的五年里，据延安《解放日报》发表的新华社报道说：鄂境李师五年对敌作战达3300余次。后于1945年5月，陈毅在党的第七次代表大会上作《新四军抗战始末》的发言时，又特别列举了"从1942年春到1943年末"在江南、江北和"在湖北如孝感、黄陂、黄安（今红安）、应山（今广水）、汉川、应城、潜江等地，进行两个整年的'清乡'与反'清乡'的残酷斗争。这些地区的敌我斗争成为华中敌后的最前线及决定胜负的场所，其紧张斗争的场面与敌寇进攻的华北各解放区的残酷达到同等程度。"此时战斗在鄂豫边区的新四军第五师所抗击日军的大体情形，剖析一下1943年8月我党内部通报的《国共两党抗战成绩比较》材料，即可知晓。这份材料中说：截至1943年6月，日军在华北、华中、华南的总兵力有36个师团、60万人，共产党领导的八路军、新四军共抗击了21个师团、35万人，占侵华日军的58%。其中在华中，日军有14个半师团、24万人，新四军抗击了47%。而新四军第五师，则抗击了驻武汉、黄冈、黄陂地区第六师团，和汉川、云梦、潜江地区第五十八团等两个师团的全部；抗击了驻信阳、孝感、随县、礼山地区第三师团的50%；抗击了驻岳阳、通城、大冶、咸宁地区第四十师团，和九江、蕲春沿江地区第六十八师团，以及沔阳、监利、华容、石首地区独立第十七旅团等两个师团、一个旅团的30%；还抗击了驻钟祥、荆门、江陵地区第三十九师团的20%。此外，驻宜昌、沙市、当阳地区的第十三师团，材料中将其全部列为国民党军队所抗击，实际上新四军第五师也抗击了一部分。按照这份材料所列数据及其统一的算法来计算，新四军第五师及其根据地鄂豫边区这时共抗击了日军三个半以上的师团，共约六万人，分别占侵华日军总兵力的10%，占全国解放区战场抗击日军总数的17%，占日军在华中兵力的25%，占武汉地区日军（材料中所列的七个半师团，计12.5万人）的48%。

由此便可充分说明，新四军第五师和鄂豫边区已发展到在华中、在全国解放区战场、在中华民族的全民族抗战中，具有举足轻重的战略地位。1943年底，日军在武汉地区的兵力增至15万人以上，伪军达四万余人。在这年下半年获得新发展的鄂豫边区和新四军第五师，则抗击了更多的日军和几乎全部伪军，发挥的战略作用亦更大。中共中央华中局和新四军军部，当时曾以"发展第一""独立工作第一"的评语，作为对五师及其根据地的嘉奖。

## 积极开展敌后战场，战略上配合正面战场

在相持阶段中，就全国而言，日本侵略者停止了向正面战场的战略性的进攻，因此国民党战场并没有严重的战争。就中原而论，借用日本《中国事变陆军作战史》中的话来说：驻在武汉地区的日军“第十一军和其他各军不同，它是在华日军中唯一负有积极任务的机动野战军。它负有击败周围的重庆中央军、粉碎敌人抗战意志的任务。”日本侵略者在对国民党以政治诱降为主的同时，为急于解决中国问题，施加军事压力，并改善其态势，继续向正面战场发动了若干战役进攻；“负有积极任务”的第十一军则更“积极”了。据统计，整个相持阶段日军在正面战场发动了67次战役，其中就有25次直接发生在武汉邻近地区。

国民党正面战场和敌后解放区战场，是中国抗日战争统一体中互为依存而又相对独立的两个部分，在战略上是相辅相成的。包括新四军第五师和鄂豫边区抗日民主根据地在内的敌后解放区占场，在相持阶段抗击了大部分侵华日军和几乎全部伪军，从战略上最有力地配合、协助了国民党正面战场的抗战。除此之外，鄂豫边区军民还从开辟武汉外围敌后战场起，就把从战役和战斗上积极协同正面战场作战，作为重要的战略任务之一。

1940年五六月间，日军第十一军发动了枣宜会战，攻占了宜昌，并以宜昌为基地，不断向重庆等地实施战略轰炸。这使蒋介石集团进入了抗战以来最感到危机的时刻，也是最动摇的时候。值此严重关头，同八路军在华北发动百团大战相呼应，刚诞生不久的新四军豫鄂挺进纵队挥师西进，于6月下旬一举攻占了伪军据守的鄂中交通枢纽平坝镇，继而在七八月间连续开辟了京山南山、襄西和天（门）西敌后战场，把抗日游击战争的战火烧到了前线敌军的后方。同时，豫鄂挺进纵队和边区党委又发动政治攻势，于8月争取了在武汉西大门汉阳的伪军1500余人反正，更增加了敌人的

后顾之忧。日军一而再、再而三地回抽兵力对付我军。7、9、10月，敌连续三次企图从我手中夺回平坝重镇。为继续切断敌人前后方之间的联系，我军遂三次击退了敌伪3000余人的进攻，取得了“平坝三捷”的战绩。就连当时国民党中最顽固的反共派何应钦，后来也在《八年抗战之经过》一书中谈道：“东南的各方游击队，对突入宜昌之敌，时时予以打击，不但使宜昌之敌在侧背上感受最大威胁，而且使宜昌之敌陷入进退维谷之境。”日军第十一军腹背遭到夹击之后，士气大为低落。日军自己当时也承认：“从最近第十一军作战（指11月25日开始的汉水作战）情况看，其战斗力比去年同期降低2至3成。”由于中国共产党领导的八路军、新四军包括新四军豫鄂挺进纵队和边区各游击队在内的坚决抗战，显示了敌后抗日力量的强大，使蒋介石停止了与日方称之为“桐工作”的谈判。“桐工作”的破产，则标志着日本企图先结束中国战争再南进方针的彻底失败。

尔后，日军每次调集兵力向国民党军队进攻时，新四军第五师和鄂豫边区抗日民主根据地的人民总是主动声援友军，进行战役和战斗的配合。即使在国民党顽固派制造皖南事变的1941年，鄂豫边区军民仍以民族大义为重，多次直接配合正面战场作战。就在当年1月下旬，日军发起了豫南战役。新四军豫鄂挺进纵队立即派主力一部，和地方武装一起，分途到信阳、应山、随县、确山、桐柏、唐河、泌阳等县敌后开展游击战争，李先念和任质斌还亲率主力向豫南敌占区挺进。4月，日军分路向大洪山地区进犯，企图攻占襄樊。刚刚建军的新四军第五师又派主力一部向大洪山敌后挺进，胜利地完成了牵制日军西犯的任务。9月，日军发动了第二次长沙战役。鄂豫边区军民在长江南北进行战略牵制，对敌伪的侧后方造成了相当大的威胁；并在国民党第五战区声称为配合第六战区作战而向鄂豫边区推进之时，我党我军发表宣言表明一贯团结抗战的主张，欢迎一切爱国抗日军队反攻日军，发动群众给予第五战区军队多方面的协助。由于国共两党军队协同作战，使日本侵略者“依靠第十一军主力实施”的预定“在夏秋季节发挥最大威力”的这次长沙战役，又遭到惨败。

陈毅1943年7月在《新四军在华中》一文中，列举新四军第五师部队多次协同正面战场作战的战绩，他说：1942年12月日军发动大别山战役后，新四军自动配合友军作战，“我五师李先念部在黄冈、黄梅及平汉线上发动游击战及破击战，均收效甚宏”。他还说：“今春2月15日，武汉敌寇向长江与汉水间之三角地带进击我国军一二八师王劲哉部，沔阳以西地区失守，我五师即在汉川、天门之线进击敌寇，给友军以支援。迄3月8日，敌寇发动长江南岸攻势，分五处于岳阳、沙市间渡江，进占公安、石首、华容一带，我五师即在敌后发动全面配合对敌之破击战，5月中转战于宜都、安乡、南县诸地，复先后在潜江、沔阳、监利、襄阳等地发动游击战配合。总之，今春敌寇三次进攻我国军正面，我五师即三度在敌后痛击敌人，配合作战。其中以4月21日我五师攻入蕲春城（即县城蕲州），3月10日进攻黄冈（北部）柳子港两役，对敌震憾之力最大，尤为当地绅民所称誉。”

鄂豫边区军民在积极协同正面战场对敌作战的同时，对于国民党一些主要当权者的投降反共阴谋也进行了坚决的斗争。先后配合全国敌后解放区兄弟军民打退了国民党顽固派掀起的三次反共高潮，还击退了国民党第五战区1942年5月至12月对鄂豫边区发动的反共高潮，粉碎了持续八个月之久的空前严重的敌顽夹击，使日本侵略者对蒋介石集团的政治诱降与军事逼降均遭到破产，从而维护了以国共合作为基础的中原地区全民族抗战的局面。新四军第五师和鄂豫边区抗日民主根据地的人民，不愧为中原抗战的中流砥柱。

## 配合了盟国军队在太平洋战场的作战

毛泽东在1938年10月《论新阶段》的报告中就曾指出：“中国已紧密地与世界联成一体，中日战争是世界的一部分。”尤其是太平洋战争爆发后，作为东方反法西斯主战场的中国，与各同盟国并肩作战紧密相关。

新四军第五师和鄂豫边区抗日民主根据地，无论是作为敌后解放区战场的一个独立战略单位坚持抗战，还是配合国民党正面战场的对敌作战，也都与东方乃至世界反法西斯战争紧密相关。

就在1941年12月太平洋战争爆发的时候，新四军第五师于12月7日至

1942年2月4日发动了威逼武汉的侏儒山战役。这一战役，先后对敌伪作战14次，出奇制胜地全歼了伪定国军第一师5000余人，击溃了伪定国军军部及第二师和日军的数次增援，毙伤日军达200余人，开辟了南扼长江、北控汉水、东逼武汉的（汉）川汉（阳）沔（阳）地区，取得了“据险扬威”——控制形胜之地、威慑武汉之敌的战略优势。这一战役的胜利，不仅创造了五师抗战史上以游击性的运动战一举歼灭伪军一个整师的典型战例，扩大了鄂豫边区抗日根据地，而且有力地配合了敌后解放区战场深入开展的反“扫荡”作战，也有力地配合了国民党正面战场第三次保卫长沙的作战，同时还有力地援助了美、英盟军在太平洋战场的作战，具有多方面的战略意义。

1942年4月，从太平洋航空母舰上起飞的美军飞机，轰炸日本东京、神户、名古屋等，返航至中国浙江境内的机场，这是日本自发动侵略战争后，其本土第一次遭到战火轰击。日本大本营遂令侵华日军第十三军约六个师团和第十一军约两个师团，于5月发起浙赣战役，打通浙赣线，破坏沿途机场。这是日军为直接配合太平洋作战，而向中国正面战场发动的一次进攻。为牵制日军第十一军对浙赣的进攻，配合国民党正面战场的作战，新四军第五师立即以主力一部跨越长江天堑，挺进鄂南敌后，创造了从南线战略包围武汉的敌后抗日战场。鄂豫边区的这一战略展开，也直接配合了盟国军队在太平洋战场的作战。

1943年11月，日军以第十一军为主力和第十三军一部，发动了常德战役。日本侵略者在作战指导大纲中，强调了常德作战的目的之一是：“牵制中国军把兵力转用到缅甸方面，以策应南方作战。”正当国民党军队与发动常德战役的日军作战时，转战在襄南的新四军第五师部队立即派出江南挺进支队，跨过长江，向敌人后背出击，在洞庭湖滨擂响了配合友军作战的战鼓，把敌后抗日游击战争的旗帜插上了桃花山，配合了常德战役的正面战场。

1944年4月至1945年2月，日军为了控制一条横亘大陆的交通线，以弥补越来越没有保障的海上通路，挽救其太平洋战场的颓势，又向中国正面战场发动了一次战略性进攻，先后占领了河南、湖南、广西、广东、福建等省的大部和贵州省的一部。乘日军集中力量于太平洋战场和我国正面战场作战，其后方守备力量减弱之际，全国敌后解放区战场发起了局部反攻。在此期间，中共中央华中局为加强鄂豫边区的领导力量，于1943年冬派郑位三以华中局代表的身份到鄂豫边区领导党政军民的工作。1944年，边区在执行“以巩固为中心”方针的情况下，确定五师以部分兵力组成豫南游击兵团。该兵团于1944年7月下旬北上河南敌后，11月改称河南挺进兵团，经过八个多月的战斗，新辟了东起汝南，西至确山竹沟、牛蹄，南起信阳，北达舞阳、叶县，东西70余公里、南北近100公里的敌后抗日根据地。1945年2月，边区确定了以发展为主的方针，五师又派出两个主力团，配合受党中央派遣南下的八路军三五九旅南下支队，南渡长江，挺进湘鄂赣。两支兄弟部队并肩战斗，以鄂南根据地为依托，迅速解放了赣北彭泽以西、湘北岳阳以北、长江以南的大片国土，创立了东西180余公里、南北130余公里、人口200余万的湘鄂赣边区抗日根据地。五师部队投入北上、南下的局部反攻作战，以及1945年四五月间恢复白兆山和扩大湘北、鄂西等抗日阵地，既为对日本法西斯展开战略大反攻做了实际准备，又是对在太平洋和东南亚战场之盟军的有力配合。

鄂豫边区军民，还同在边区成立的日本反战同盟第五支部、朝鲜义勇军联盟的一批国际抗日战士，进行过共同战斗；营救了在对日空战中因飞机失事而跳伞降落的六名美军飞行员；并于1944年12月，与美军第14航空队正式建立了军事情报方面的协作关系。这是反法西斯力量在这里融为一体的生动体现，也是鄂豫边区军民又一方面的重要贡献。

世界反法西斯战争势如破竹，中国抗战终于赢得胜利。新四军第五师和鄂豫边区抗日民主根据地亦赢得抗战的伟大成果。

截至1945年八九月日本天皇裕仁和日本政府正式宣布无条件投降时，鄂豫边区抗日民主根据地已发展到东起安徽的宿松、太湖及江西的彭泽、瑞昌，西达湖北的襄樊、荆门、当阳、宜昌，南起湖南的南县及湖北的通城、通山，北抵河南的叶县、舞阳，跨有鄂、豫、皖、湘、赣五省交界的广阔地区，拥有人口1300余万，连同游击区全边区人口共约2000万。

1945年9月17日和21日，郑位三、李先念向中共中央报告，边区的管辖范围，按原建制县分为三种情况：即大部分为边区政权统治的有19县；一半或一小部分为边区政权统治的有17县；边区的游击区有28县；共64个县。我行政区域建立的抗日民主政权组织，在边区行政公署下，共有七个专员公署，38个县政府，能征收粮赋区域（包括基本区和游击区）的人口有1085万。

日本投降时，鄂豫边区抗日民主根据地拥有第一（鄂东）、第二（鄂中）、第三（襄南）、第四（豫南）、第五（襄北）、第六（淮源）、第七（鄂南）和豫中八个地方委员会、专员公署，12个中心县，66个党政军组织齐全的县级政权。

新四军第五师兼鄂豫皖军区（亦称鄂豫皖湘赣军区或豫鄂皖湘赣军区），拥有七个军分区和豫中军事指挥部，还有第十三旅、特务团、警卫团和抗大十分校等，部队发展到五万多人，民兵达30多万人。据不完全统计，新四军第五师在艰苦而持久的抗日作战中，对敌伪的主要战斗达1260余次，毙伤俘敌伪军和敌伪投诚反正的共4.37万余人；同时为打退国民党顽固派的反共军事进攻，对顽军自卫作战870余次，毙伤俘顽军和顽军起义的共3.27万余人；五师部队在英勇顽强的战斗中，自己伤亡1.32万余人。根据地的民兵和群众，更是付出了重大牺牲。

在中原敌后巍然屹立、受中共中央军委直接指挥的独立战略区鄂豫边区，为赢得中国人民抗日战争和世界反法西斯战争的最后胜利建立了不朽的历史功勋。鄂豫皖湘赣五省广大地区的英雄儿女，抛头颅、洒热血，牺牲奋斗、前仆后继，用鲜血和生命，铸立起了英勇不屈、抵御外辱，夺取中原敌后抗战伟大胜利的历史丰碑！

（李少瑜　何光耀执笔）

★新四军苏浙军区司令部——长兴仰峰岕

# 浙西抗日民主根据地

浙西抗日民主根据地，为苏浙皖边抗日根据地的重要组成部分。它是按照中共中央关于发展东南的战略部署，由新四军主力一部南下浙西后，在抗战前期我党组织和浙西人民已在当地进行过艰苦斗争的基础上，逐步开辟而成的。其地域包括：钱塘江、富春江以北与以西的郎广长、天北、天东、杭嘉湖四个地区之长兴、孝丰、安吉、广南、吴兴、武康、德清、余杭、临安、新登、富阳11个县。它北靠苏南，西连皖南，以天目山为依托，京杭国道横贯全境，是我军拟大举跃进东南和准备反攻收复京沪杭的战略基地。

## 浙西党组织为建立浙西根据地打下基础

新四军十六旅于1943年从苏南进入苏浙皖边区，开辟郎（溪）广（德）长（兴）地区，为新四军一师主力南进，建立了前哨阵地。

早在十六旅南下前，浙西人民就开展了轰轰烈烈的抗日游击活动和抗日救亡运动。1937年底浙西沦陷后，在抗日民族统一战线旗帜下，具有光荣革命传统的浙西人民自发的抗日武装斗争风起云涌。党领导和影响下的抗日游击队也十分活跃。1938年下半年，中共浙江省委利用各种关系和合法渠道，陆续从浙东派了一些党员进入浙西，加上从皖南和上海去的，共30余人。为了统一领导、有计划地开展工作，省委决定成立浙西特委。省委确定浙西特委的工作方针是：依靠郎玉麟部队，团结李泉生部队，争取朱希部队，建立一支强有力的抗日武装，开辟浙西游击根据地。2月，浙西特委在安吉青松乡成立，书记顾玉良，组织部长彭林，宣传部长徐洁身（后邢子陶），妇女部长张之华，军事部长彭林，受省委和东南局双重领导。5月，顾玉良根据省委指示去东南局汇报工作。东南局为了加强浙西工作，派朱辉、黄炎参加浙西特委（朱辉任组织部长，黄炎任青年部长，彭林专任军事部长），还从新四军服务团、教导队抽调一批干部到浙西，在特委领导下，通过政工队等公开合法组织，在各地发展了一批党员，党组织也得到巩固和发展。

党在恢复和发展党组织的同时，领导了浙西的抗日救亡运动，通过政工队广泛开展了抗日救亡宣传。省政工一、三队在路西安吉、长兴、孝丰一带工作；省政工二队从武康深入到桐乡，以吴兴的双林为中心，在路东的德清、吴兴、崇德、桐乡工作。在党的领导和号召下，"青年救国会""店员救国会""妇女救国会""农民救国会""抗日反汪大同盟"等抗日群众团体纷纷成立。1939年3月，中共中央军委副主席周恩来以国民政府军委会政治部副部长的公开身份，视察浙江抗战，并于3月19日到于潜会晤国民党浙江省主席黄绍竑，随后又在西天目山潘庄进行商谈。这使浙西民心为之振奋。但是，国民党五届五中全会制定了一套"溶共""防共""限共""反共"的反动方针，特别是1939年冬至1940年春发动了第一次反共高潮后，国民党顽固派反共活动便更加公开化了。地方抗日武装被逼迫到天目山受训；政工队也被集中受训，后被解散。大批党员和进步青年被迫从这些组织中撤出。

由于局势逆转，1940年10月，中共东南局指示浙西党要根据"长期隐蔽，积蓄力量，等待时机"的方针，将凡是暴露了身份的党员立即撤离；没有暴露且工作需要留下来的，则要想尽办法找到关系隐蔽下来；公开组织（指政工队）里的支部与地方支部要绝对分开，禁止发生横的关系。东南局还决定将浙西特委划归苏皖区党委领导。

浙西特委坚决贯彻了东南局会议精神，及时调整组织，改变活动方式，陆续把已不宜在原地坚持斗争的骨干调往根据地。在国民党顽固派发动的反共高潮中，浙西抗日组织和进步团体均被取缔或解散。浙西北地区由于东路地区反“清乡”主力转移，在太湖地区活动的武装力量划归十六旅建制，锡南、苏西划归太滆地委，原浙西路东海北工委划归上海路南特委。1942年2月，浙西特委、浙西北特委奉命与太滆地委合并，同时又撤出一批领导骨干。但浙西党的活动并未中断，浙西特委留县委负责人刘旦在长兴坚持斗争，浙西北特委留赵金城以浙西特派员身份驻敌占区湖州，继续领导吴兴、嘉兴、崇德（洲泉中心区委）等地的秘密工作。基层党员和进步群众，在严酷的环境下坚持斗争。

太滆地委为准备反敌伪“清乡”，扩大武装回旋余地，并争取为浙西打开新局面创造条件，1942年8月，地委委员顾玉良、秘书贺千秋会同独立二团连长张晖率领的两个排70余人，在吴兴地下党的接应下进入浙西，通过关系，取得了“国民党二十八军第二别动队第二大队第二中队”的合法番号。

1943年2月，赵金城调往苏皖区党委工作，他领导的组织关系移交给太滆地委。同年4月，地委任命罗希明为浙西特派员来浙西负责，除长兴后来由苏南直接领导外，下属组织均改为特派员制，并在敌占区杭州市和海宁长安镇建立一些工作基础。

上述情况表明，抗战初期浙西具有发动抗战的有利形势。但由于浙西的地方党尚未重建和恢复，新四军成立后其主力只能先向苏南敌后挺进。因此，不可能抓住当时的有利时机。而集结在皖南赣东靠近浙西的国民党第三战区主力，在1938年上半年有两个师进入浙西，国民党的党政机关也随之跟进，使众多游击武装，均被国民党收编。抗战进入相持阶段后，国民党顽固派反共活动日益猖獗，党领导的抗日救亡运动接连遭到镇压和摧残。浙西地下党和人民付出了代价，王文林、徐由整、谢勃、史之华、郑至平、熊飞、贺千秋等领导骨干和一批党员群众，为民族解放事业牺牲了生命。

省委和浙西特委提出的开辟浙西游击根据地的目标虽然未能实现，但是，前期斗争的贡献是很大的，党组织的恢复和发展，党的政治影响的广泛深入，党组建武装的尝试和各抗日游击队的活动，党的干部培养和锻炼，这些都为以后浙西抗日根据地的开辟创造了一定的条件。

对于苏浙皖边地区，党中央历来是十分重视的。早在1938年1月21日，毛泽东曾设想建立六个长期抗战的重要战略支点，其中有苏浙皖赣边区。1941年2月1日，党中央和毛泽东又发出了关于华中三个战略地区（包括鄂豫陕边、江南根据地和苏鲁战区）任务的指示。其中规定江南根据地（包括苏南、皖南、浙东和闽浙赣四个方面）的战略任务是准备出天目山，向黄山及赣北发展，创立和恢复芜宁地区和沪杭甬地区及闽浙赣边区根据地。而苏鲁战区，应作为向南发展的策源地。当时由于皖南事变造成的严重损失，华中局同南方几个省委联系中断，华中局曾设想成立江南区党委，以苏中为依托，向江南伸进。但此后华中敌后抗日斗争进入最艰苦阶段，而日寇打通浙赣线的计划又未实施，以致这个指示一时未能付诸行动。1943年下半年，日军为了改变太平洋战争的被动局面，先后在中国正面战场上发动了赣北、粤南、滇西、苏浙皖边和鄂西、湘北等战役进攻。从9月28日开始，日军两万余人，分皖南、苏南、浙西三路进攻苏浙皖边。国民党三战区部队不战而退，三日之内连失溧阳、宣城、广德、郎溪四座县城。继而又失安吉、孝丰、临安等县委。苏浙皖边区重陷于日寇铁蹄之下。

新四军十六旅为了牵制敌人，配合正面战场，收复失地，扩大解放区，于10月初奉命从苏南向苏浙皖边敌后挺进。四十六团进入溧水西南、南漪湖以北地区；四十八团跟踪敌后，向郎溪、广德进军。10月15日即恢复溧阳、溧水原有根据地，旅部回到李佳山一带。11月21日，陈毅等指示：“苏南党应切实保证对江北的战略联系，并有阵地的向南发展。”“广郎及长兴、宣城之一部应划为广泛的游击区，以建立武装，建立地方党为主。”“应帮助当地党掌握武装，特别沿着溧阳山区向天目山地区进行对浙东打通联系的准备。”根据这些指示，王必成于11月1日率四十八团解放了高淳东坝以后，即进入郎广地区。四十八团一边作战，一边宣传抗日，发动群众，建立乡、区、县抗日民主政府。12月，郎溪、广德、溧南三个县的抗日民主政府成立。年底，十六旅旅部和四十八团进驻长兴仰峰岕和温塘村一带。与此同时，江渭清率领四十六团和旅部特务营，于11月下旬攻克新桥、漆桥等伪军据点，击毙日军40余名，生俘伪第三师副师长等160余人；四十七团也在茅山根据地周围进行了竹簣桥、白马庄、宝堰等战斗，歼伪军300余人，有力地配合了四十八团开辟郎广长地区；独立二团在粉碎敌人“扫荡”后，由宜兴南下，与四十八团会合，进驻长兴白岘镇，经三个月连续作战，收复了宣长公路以北广大农村。

1944年1月20日，苏皖区党委召开扩大会议，确定战斗、生产、整风为1944年三大中心任务，以开辟新解放区为工作重点，同时，加强老解放区巩固工作。会后，决定将苏南重新划分为茅山、太滆、溧阳、郎广四个分区，设立四个地委。四分区辖郎溪、广德、溧南、长兴四县，由四十八团政委罗维道兼地委书记。朱辉为代理书记，刘烈人为专员（后为惠浴宇），四十八团团长刘别生兼军分区司令。又派李焕率领民运工作队深入长兴，恢复和发展党组织，2月建立长兴县工委，3月成立了长兴县抗日民主政府，开辟了郎广长根据地。苏皖区党委和苏南行署机关也移至长兴仰峰岕。仰峰岕遂成为苏浙皖边区领导中心所在地。

1944年初，十六旅在茅山、太滆、郎广长等新老解放区开展了反“清乡”、反“扫荡”、反“蚕食”、反伪化和反抢粮斗争。3月中旬，日伪从芜湖调集4000余人，对郎广长地区进行长达一个月的“扫荡”。3月29日，四十八团在杭村打了伏击战，歼日军小林中队大部，毙伤敌伪70余名，缴获日造九二步兵炮一门，粉碎了敌人的“扫荡”。

8月3日，党中央和毛泽东指示：“要使游击战争极广泛地发展到上海周围、杭州周围，京沪线两侧，使沪杭两城及沪杭路完全在我们游击战争紧紧包围之中，以便加紧进行这些大城市工作，并准备夺取这些大城市。”8月26日，华中局、新四军军部也指示十六旅：“第一步先占武康、安吉、吴兴之间地区，第二步再向京杭国道以东，沪杭铁路以北、苏嘉铁路以西发展游击战争。”“建立游击基地以便掩护和支持城市工作。”为了贯彻党中央、华中局和军部的指示精神，十六旅在取得反“扫荡”、反“清乡”胜利后，即主动对敌伪展开攻势。8月23日，十六旅在宜兴、长兴、吴兴一线60余里的战线上发起长兴战役，对日伪展开全线进攻。至

25日，攻克长兴城外围据点13处，摧毁大小碉堡60余座，歼灭伪第一方面军一师主力一、三两团大部，迫使一连伪军投诚，共毙伤敌伪110余人，俘伪军营长以下420余人。从26日起，十六旅在长宜边继续扩大战果，乘胜向太湖沿岸推进，攻克夹浦、环城等敌伪据点，摧毁大小碉堡十余座。在我军胜利推进的威胁下，敌伪被迫放弃长兴境内12个据点。一个多月时间，我军前后解放国土2000多平方公里，人口十余万，整个太湖西南岸为我控制。9月，党中央作出新四军向东南发展的决策，并指示江北新四军一部南下，会合十六旅共同担任南进任务。十六旅为了做好大军南进的准备，在发动群众，巩固长兴、广德前沿阵地的同时，于10月23日开始，在溧阳地区再次发起战役攻势，经一昼夜激战，攻克周城、南渡、社渚等据点，全歼伪军第一方面军二师四团，俘伪团长以下600余人，解放了溧南地区，使郎广长地区和茅山地区连成一片。12月24日，十六旅在大雪弥漫的天气下，又攻打浙皖边境要地长兴泗安镇伪军据点，经过13个小时激战，全歼刚从苏中东台调来的伪第五集团军三十四师一二四团两个营，毙伤俘伪官兵400余人，打开了向东南发展的“流动门”，开拓了主力南进的阵地。

国民党军乘十六旅与敌伪作战之机，积极部署对十六旅堵击“围剿”。1943年10月27日，顾祝同电令：由62师刘勋浩师长任指挥，调集52师、62师各一个团、苏保八团、浙保十一团、忠救军一个支队一个团、浙西自卫两个纵队共七个团的兵力，11月20日发起攻击，妄图在20天内将十六旅消灭于胥河以南、广泗公路以北。29日，顽军向北推进至独山、佐家庄、砖桥、平头岭、青岘岭一线，意欲包围十六旅旅部，而后进入长兴、会师煤山。十六旅被迫自卫。12月2日至4日，四十八团、四十六团和独立二团，在广德牛头山、长兴青岘岭附近激战三天，歼敌800余人，顽军“围剿”计划失败，退回宜长公路以南。

十六旅南下苏浙皖边，在地方党的配合下，积极打击敌伪，反击顽军进攻，仅1944年就作战1242次，攻击敌据点80处，毙俘敌伪6732名，缴获各种炮六门，轻重机枪130挺，步马枪4184支，取得了辉煌的战绩。

# 三次反顽自卫战役胜利

新四军一师主力南下，成立苏浙军区，在打击日伪的同时，取得了三次反顽自卫战役的胜利，建立了浙西抗日根据地。

1944年夏秋，中共中央根据国内外形势的变化，向全党和全军发出关于必须巩固和扩大抗日根据地，迅速抓紧时机做好反攻准备的指示，确定发展东南、华南各省敌后抗战，准备配合盟军在东南沿海登陆和迎接战略反攻；并决定留守延安的八路军三五九旅以一部南下向湘粤发展，在华中的新四军以一部向西向河南发展，一部向南发展东南沿海。9月27日，党中央向华中局发出《关于发展苏浙皖边地区的总方针和部署》，指出："我军为了准备反攻，造成配合盟军的条件，对苏浙皖地区的工作应有新发展的部署，特别是浙江工作，应视为主要发展方向。"华中局接到指示后，于10月9日确定了发展苏浙皖地区的方针与部署，提出："浙东部队应向天台、临海以南发展，与坚持浙南的龙跃部队打通联系；苏南部队除巩固现有地区外，工作中心应放在太湖西南岸，沿京杭国道伸向天目山周围，以便越过钱塘江与浙东打通联系，造成连接苏浙的战略形势。"10月23日，又提出"粟裕南去担任发展浙江任务确较为佳"。11月2日，毛泽东、刘少奇致电张云逸、饶漱石、赖传珠，指出：为配合美军登陆及准备夺取杭州、上海、苏州、南京等大城市，除粟裕带两个团南进外，还应准备再从第一、第二、第三、第四各师抽调五至六个团南进；设立苏浙军区，以粟裕为司令员，谭震林为政治委员，统一指挥苏南及全浙，并从军直及各地抽调大批干部，加以训练后，陆续派往苏浙。11月12日，粟裕奉命到达新四军军部，同军部领导张云逸、赖传珠等商讨，拟定了发展东南的初步计划。20日，华中局将发展东南的具体部署上报中央。26日，党中央同意了华中局关于发展东南的部署，并且指出：新四军在西进、南下两个任务中，应以南下发展苏浙皖地区为主要任务，江北兵力尽可能逐渐抽调南下，一切工作应首先着眼于保证南下任务的完成。12月26日，刘少奇、陈毅又致电张云逸、饶漱石、赖传珠，从战略高度，详细地提出了发展东南的具体部署，指出：新四军的任务是在江南大发展，以便在战略反攻时配合盟军登陆，“破敌、收京、入沪”，“今后一切工作都照顾大举南进和巩固现地的双重任务”。向苏浙敌后发展，是我军向东南发展任务的一个重要组成部分，是党中央为迎接反攻形势到来作出的战略决策。

12月27日，粟裕率一师师部及三旅七团在仪征渡江，经句北下蜀、龙潭间，穿过沪宁路日伪封锁线，于1945年1月6日到达长兴仰峰岕，与十六旅会合。三旅旅长陶勇和刘先胜率特务一、四团由扬州、泰兴地区渡江，经丹北越沪宁路，经茅东南下，到达长兴地区。300余名地方干部也随军渡江到达。

1月13日，新四军军部转发中央军委命令，成立苏浙军区，任命粟裕为司令员，谭震林为政治委员（未到职），刘先胜为参谋长，后又任命钟期光为政治部副主任、主任。2月5日，在长兴槐坎温村召开了庆祝苏浙军区成立大会。同时，对部队进行了整编。十六旅为一纵队，司令员王必成，政委江渭清，参谋长陈铁君，政治部主任刘文学，辖一、二、三支队，共8300余人；浙东纵队为二纵队，司令员何克希，政委谭启龙，参谋长刘亨云，政治部主任张文碧，辖四、五、六支队及所属地方武装，共7000余人；三旅为三纵队，司令员陶勇，政委阮英平，副司令员兼参谋长彭德清，政治部主任韩念龙，辖七、八、九支队，共8000多人。苏浙军区还下辖两个军分区，第一军分区司令员钟国楚，副司令员熊兆仁，政委陈光，辖独立一、三团及江宁等七个地方武装总队；第二军分区副司令员杨洪才，政委陈立平，辖独立二团及太湖、长兴等七个地方武装总队。军区司令部设在长兴仰峰岕，一纵队司令部移驻温塘村，三纵队驻在六都岕一带。

部队整编后，苏浙军区立即确定了南进的部署，第一纵队进至安吉递铺以东，余杭以北，控制莫干山，向东深入杭嘉湖敌后地区，打通和浦东、海北地区的联系，向南进至富春江边，打通与金萧支队的联系；第三纵队以两个支队进至郎溪誓节渡和广德、泗安以南，配合第一纵队行动，以一个支队在广德、泗安公路南北地区掩护后方交通；第二纵队除继续巩固四明山地区外，逐步向西伸展，策应主力南进作战。

按照上述部署，第一纵队于2月10日由长兴槐坎出发，向莫干山挺进，沿途粉碎了安吉、梅溪等日伪军的出扰，控制了武康、三桥埠、递铺一线，开辟了莫干山地区。国民党第三战区获悉苏浙军区主力已南下进入莫干山地区，立即指令其苏浙皖挺进军第62师及忠义救国军、保安团等共五个团，向新四军进攻。14日，顽军由孝丰西北向七支队发起猛烈攻击，企图切断第一纵队后路，进而予以消灭。第七支队奋起自卫反击。16日，第一、三纵队出击，18日战斗结束，共歼顽军1700余人，取得了第一次反顽自卫战役的胜利，占领了孝丰城，控制了天目山北部地区。

第一次反顽自卫战役胜利后，2月24日，中共中央指示华中局，在敌打通浙赣路以前，苏南、浙东、皖南部队应巩固现有阵地深入农村工作，整训、扩大部队，随时反击顽固派可能的进攻，准备将来大举跃进。并着重指出："苏南地区是我军在江南生根立足向南发展与将来反攻夺取大城市的极其重要的阵地，必须深入进行根据地建设工作。"2月28日，毛泽东指示华中局：粟部占领莫干山后应巩固现地，如顽来攻则反击之，勿再主动前进。苏浙军区遵照这些指示，部署了巩固现地、整训部队的工作。然而，国民党顽固派坚持积极反共，趁新四军立足未稳，又指令第三战区苏浙皖挺进军再度纠集192师、52师、62师各一部，及忠效军、第一挺进纵队、浙保三团等共12个团的兵力，于3月3日开始，向我军发起进攻，企图夺取孝丰城，歼灭浙西新四军主力，或驱逐我军于天目山以北地区。苏浙军区以一部在孝丰周围担任运动防御，集中第一、三纵队全力向顽军西南侧主力反击，至27日，再次粉碎了顽军进攻，歼其1700余人，乘胜占领了东、西天目山和临安县城，取得了第二次反顽自卫战役的胜利。

为了适应新的情况，巩固苏浙皖根据地，中共中央于3月11日，令叶飞部南渡。4月7日，叶飞率第一师教导旅三个团和地方干部二三百人，从丹北和靖江地区分两路渡江。4月23日，先头部队到达长兴地区。4月26日，粟裕与叶飞、金明等在孝丰吴家道会合。叶飞被任命为苏浙军区副司令员；所部编为第四纵队，由廖政国任司令员，韦一平为政委，参谋长夏光，政治部主任曾如清，下辖第十、第十一、第十二支队。

国民党顽军在两次进攻受挫后，一面筑堡防御，一面增调援兵，企图卷土重来。苏浙军区利用间隙，部署大部主力整训；并于4月下旬派陶勇率七支队回苏南地区，对日伪抢粮行动予以打击；以八支队挺进杭嘉湖敌后地区。八支队在地下党接应下边打边进，至5月10日控制了德清县城和德清、吴兴、余杭等县所属十余城镇，开辟了杭嘉湖地区的抗日局面。5月19日，又以第四纵队第十一支队东渡富春江，奉调去第二纵队任副司令员的张翼翔等一批干部随同赴浙东，与第二纵队政委谭启龙率领的西进接应部队会师，打通了浙西、浙东的联系。至此，苏浙军区控制了浙西100余平方公里，包括长兴、广南、安吉、孝丰、武康、德清、吴兴、余杭、临安、于潜、新登、富阳等县的广大地区。

1945年5月中旬。日伪出动十个团的兵力，向苏南江宁、茅山地区“扫荡”，又从杭州、湖州等地集结兵力，企图向莫干山、天目山地区进扰。国民党第三战区乘机调集14个主力师，共6.6万余人，企图聚歼苏浙军区主力于天目山地区。5月下旬，顽军以一个师进至富春江以北地区，妄图切断天目山与金萧地区的联系；以一个师向孝丰进扰，杭嘉湖的顽军则向莫干山地区进逼；而顽军主力则分向于潜、宁国集结。

苏浙军区为了打破顽军大举进攻的计划，控制富春江两岸，确保浙东、浙西、苏南的联系，决定乘顽军立足未稳之际，主动出击以自卫。5月29日，苏浙军区调集第一、第七、第十支队的兵力，出击富春江北岸新登地区的顽七十九师。经四昼夜激战，击溃79师，6月2日乘胜攻占新登城。6月3日，又粉碎了顽军突击第一纵队等五个营的反扑。新登之战前后歼顽军2200余人。苏浙军区部队鉴于顽军继续反扑新登，为了保持主动，6月4日撤出新登，北上至临安。顽军紧追不舍，以三个师兵力进逼临安，企图寻苏浙军区主力决战。我军为避免在劣势条件下作战，又于6月8日撤出临安。顽军在占领临安后，组成左、右两个“进剿”兵团，向天目山地区大举进攻，苏浙军区只有三个纵队两万余人，乃决定于6月15日主动撤出天目山区，北上孝丰地区集结，以便诱敌深入，寻求战机。顽军误为新四军北移是无力应战，是“溃退”，于是分兵向孝丰冒进。苏浙军区决定集中优势兵力在运动中各个击破。6月20日夜，以六个支队向孝丰以西左兵团实施攻击，经一昼夜激战，全歼其第52师两个团和第33旅一个营。21日，我主力星夜东调，围歼孝丰东南之顽军右兵团，将装备精良的顽军突击第一、第二纵队及第79师大部歼灭。至23日，第三次反顽自卫战役胜利结束。是役毙伤顽军3500余人，俘顽军官兵2887人，彻底粉碎了国民党顽固派聚歼苏浙军区主力，驱逐新四军出江南的狂妄企图。

在三次反顽自卫作战中，广大指战员表现了可歌可泣的献身精神。我军阵亡504人，伤1600余人。第一支队刘别生支队长在新登前线英勇牺牲。第二支队丁麟章政委在围歼顽52师时光荣殉职。我军付出了重大的代价。

第三次反顽自卫战役后，苏浙军区鉴于我军一个月来连续作战，极需休整，且天目山粮荒严重，苏南也不胜供应军粮的负担，东太湖及宣城、当涂、芜湖敌后地区则尚未开辟等情况，决定采取巩固苏南、开辟敌后、休整主力，避免单纯与顽军作战的方针，暂时不再重占天目山。7月上旬开始分兵：第一纵队返回苏南溧阳、高淳地区休整；第二纵队继续坚持四明山地区的斗争，并向会稽山地区发展；第三纵队进入郎溪、广德地区休整，并向宣城方向发展；第四纵队除主力控制孝丰阵地外，另以第十二支队地方化，分编为吴兴、武德、临余三个支队，以发展杭嘉湖、莫干山敌后地区。

7月下旬，苏浙军区决定四纵再次南下，二渡富春江，与二纵主力会合，扫除浙江中部浙赣铁路两侧敌伪势力，然后大举跃进，联结浙南，以实现党中央打开东南局面的战略意图。8月2日，四纵主力与浙东二纵队一部在富阳大章村附近会师。尔后，四纵主力在金萧支队和地方武装配合下，积极作战，给敌伪以沉重打击。四纵主力南下后，三纵队奉命于8月1日移师孝丰城郊集结待命。第一纵队于8月7日在郎溪、溧阳、高淳境内发起东坝、下坝战役，三个支队分路攻克了梅渚、东坝、狸头桥等13处敌伪据点，歼伪十五旅胡冠军部2000余人。三纵队八支队配合作战，攻占郎溪涛城伪军据点。这一系列胜利，形成了我军对日反攻作战的有利态势。

## 浙西抗日根据地的形成和各项建设

浙西抗日根据地实行党在抗日时期的纲领和政策，在频繁严酷的战争空隙中，进行各项建设，使根据地日益巩固和发展。

为了加强苏浙地区党的领导，华中局决定苏南、浙西分设区党委，将原苏皖区党委改为苏南区党委，辖宣长公路以北各县；浙西区党委辖宣长公路以南各县。1945年5月1日浙西区党委成立，书记金明，委员朱克靖、张彦、顾玉良。下辖天北地委（3月建立），驻地孝丰，辖孝丰、广南、安吉、吴兴、武康五个县委；天东地委，驻地临安，后移孝丰，辖德清、余杭、临安、富阳四个县委，杭嘉湖工委，负责吴兴、德清公路以东杭嘉湖地区的开辟工作。7月，根据浙西区党委决定，天北、天东地委和杭嘉湖工委合并，建立浙西地委。8月初，华中局决定浙西区党委和苏南区党委合并为苏浙区党委。9月1日，苏浙区党委正式成立，书记粟裕，副书记金明，委员吴仲超，叶飞、江渭清。党的领导的加强，是浙西抗日根据地巩固和发展的根据保证。

在加强党的建设的同时，巩固和发展抗日民族统一战线，并进行根据地的政权建设。根据华中局的决定，建立了浙西行政公署，主任朱克靖，下辖天北行政专署，专员朱凡；天东行政专署，专员夏沛然（夏如爱）；杭嘉湖行政专署，专员吕振中。苏浙区党委成立后，浙西行政公署对外仍保留名称，但撤销了三个专署。还先后建立了长兴、孝丰、安吉、广南、吴兴、武康、德清、余抗、临安、新登、富阳11个县抗日民主政府。区乡抗日政权也纷纷建立。浙西区党委和浙西行政公署的建立，标志着浙西抗日根据地正式形成，根据地建设进入新的发展阶段。7月8日，浙西行署在孝丰召开浙西各界联席会议，参加会议代表140余人，会议公举沈鸿为浙西参加全国解放区人民代表会议筹备委员会代表。选出朱克靖、陈扬、骆耕漠、郎玉麟、顾云卿、胡绅、沈子球、蔡公杰、韩×九人，组织浙西人民代表会议筹备委员会。孝丰、武德、余杭等县先后召开士绅、商界人士座谈会，各地的统战工作都收到了不同程度的效果。各种抗日群众团体纷纷建立，“农民抗日救国会”是当时影响较大、具有广泛群众性的组织，在发动群众，征集粮食，动员民工，支援前线等工作中发挥了作用。长兴战役中，长兴即动员600多名民工和120匹骡马，组成运输队配合作战。在第三次反顽自卫战中，据广德、长兴、郎溪、宜兴、金坛五县统计，长期随军民工达6200多人，这还不包括最后一次南运16万斤大米的3000名民工和各县直接派的民工在内。在1945年8月的参军运动中，仅长兴县就有1600多人参加新四军。

地方军事力量方面，成立了浙西军分区（司令员贺敏学，政委周林兼，参谋长廖昌金），并迅速建立和发展了各地自卫武装，有长兴县大队、安吉县大队、广南游击队、武德县大队、余杭县大队、吴兴县警卫营、临安县大队；各区还建立了区中队，乡建立了民兵分队。这些地方武装密切配合主力作战，在浙西形成了主力部队、地方武装和民兵三结合的武装力量体制，形成了群众性的抗日游击战争的局面。

经济、文化教育和新闻事业的建设也取得相当的成绩。在经济方面，实行减租减息政策。浙西行署公布了《减租暂行条例》，决定在根据地实行二五减租。各地农救会依此进行了调查、摸底沿算、造册等准备工作。原规定在秋收时全面开展减租运动，后因部队北撤，除长兴以外，各地实际上未开展。根据地内改革了旧的税收制度，建立了贯彻“合理负担”为原则的税收制度，并颁布了《浙西行政公署三十四年度粮赋征收暂行条例》。抗日政府对生活上贫苦的农民及生产上缺乏资金的农民，进行贷款救济，帮助发展生产；还采取了组织农民粮食供销合作社，开办粮食交易所，开设货币兑换所，由江南银行印发抗币等措施。在即将胜利的前夕，苏浙军区和苏南行署还发布了关于解放区内一律通用抗币的布告，以稳定物价和金融。与此同时，战时所必需的工业也相继兴建。例如：开办兵工厂，厂址设在长兴白岘、砧桥、石臼里一带，在长兴白岘北面的横岭一带设立被服厂；还设立印刷所，开矿挖煤。浙西新四军的广大干部和战士还开展了大生产运动。在文化教育方面；1944年10月，长兴县政府召集全县小学校长教员联席会议，对今后长兴实施新民主主义教育方针作出了决定。1945年1月，苏浙军区在槐坎台斟村创立苏浙公学，粟裕兼校长，江渭清、骆耕漠为副校长。2月正式开学，学员分整风队和学生队两大部分。整风队，即干部轮训班；学生队是通过公开招考录取的，设有军事，政经、文艺三个系。学员最多时达1200人。军区卫生部在长兴白岘茅山村设有后方医院。此外，还在孝丰开办苏浙医务职业学校。军区文工团经常为指战员和驻地群众演出。苏浙军区在战乱之中还十分注意保护民族文化古迹，军区政治部专门发出通告，对宜兴境内的善卷与庚桑二洞名胜古迹"皆须维护与尊重"。新闻事业也有发展，1944年10月10日在十六旅政治部《火线报》的基础上，在长兴白岘庄头村创刊出版《苏南报》，作为苏皖区党委的机关报，欧阳惠琳任社长兼总编辑。1945年9月，《苏南报》改为《苏浙日报》，粟裕兼社长。苏浙军区政治部还出版《前线》等刊物。

浙西根据地的党和各级政府实行了党在抗日时期的纲领和政策，因而团结和教育了广大群众，调动了人民的抗日积极性，在强大敌人进攻面前，在国民党顽固派的反共围攻中间，坚持抗战，使根据地在斗争中日益巩固和发展。

## 在大反攻中抗日根据地发展扩大

1945年8月10日，中共中央发出指示，立即动员一切力量向日伪军进行广泛的进攻，以正规军占领大城市和交通线，以游击队、民兵占领小城市。12日，新四军军部命令苏浙军区控制京、沪、杭交通要道，占领上海，南京、杭州三大城市。同时，新四军代军长陈毅等发布命令，任命黄克诚为江苏省政府主席，罗炳辉为安徽省政府主席，叶飞为浙江省政府主席，粟裕为南京特别市市长，刘长胜为上海特别市市长。苏浙军区奉命以一纵队攻取南京，三纵队进攻无锡、苏州，四纵队配合上海工人起义，接管上海。

8月15日，日本天皇宣布无条件投降。苏浙军区连续发出《对日本驻军通牒》《对伪军伪警及一切伪组织的紧急通告》《关于处理伪军伪组织人员自新公告》，命令京、沪、杭、甬等大城市及江浙地区的一切日伪军及政权机关立即停止抵抗，缴枪投降，违者以武力解决之。苏浙军区城工部还指示原苏南区党委系统在杭州的负责人翁迪民，要求杭州地下党组织准备里应外合，配合苏浙军区部队解放杭州。但是，蒋介石在美国的支持下，疯狂地抢夺胜利果实，令日本派遣军司令冈村宁茨和伪上海市市长周佛海“维持地方治安”，继续抵抗我军，等待国民党军前来接收。日本派遣军总司令部于8月17日发出布告，令所属各部拒绝向八路军、新四军投降。同时，大批伪军摇身一变成为国民党的“先遣军”。日伪顽合流，准备对我作战。鉴于形势急剧变化。党中央于8月21日致电华中局，停止上海起义。8月22日，发出关于改变我军行动方针的指示，决定除个别大城市仍可占领外，一般应以相当实力威胁大城市及交通要道，使敌伪向大城市要道集中，而以必要兵力着重于夺取小城市和广大乡村，扩大并巩固解放区，准备应付新局面，作持久打算。同时，陈毅代军长自延安来电，指示苏浙军区，有计划地分路发动进攻，占领吴兴、长兴、宜兴、溧阳、溧水、郎溪、广德、金坛、句容、高淳诸城镇及太湖西岸各地、浙西敌后各县，创造一整片农村，作为迎接内战，坚持斗争的基础。

苏浙军区根据上述指示，停止向南京、上海等大城市进攻，就地向四周发展，攻打敌理县城和据点。各纵队在军区的统一指挥下，分路出击，全面反攻。第一纵队很快拔除了前马、南渡、天王寺、夹浦等十余个日伪据点。8月15日，一支队在句容、溧水间的白马桥、上沛埠一带围截日伪军，歼敌670余人。18日，发起对金坛县城的进攻，于次日解放了金坛县城。同日，二、三支队合攻溧阳县城，歼伪军两个团和日军一部，19日解放了溧阳城。与此同时，长兴警一三连及主力营在民兵配合下，于19日收复长兴县城。28日，一纵队又解放了高淳县城。各分区独立团和县大队也于19日和23日解放了溧水、句容县城。一纵队三个月反攻作战百余次，解放了金坛、溧阳、长兴、高淳、溧水、句容六座县城，共计歼灭日伪9000余人。

8月14日，三纵队奉命由孝丰地区向溧阳、宜兴方向挺进。九支队进至宜城一线，在地方武装配合下，24日、25日相继解放广德、郎溪县城。八支队经白岘镇攻击前进，21日攻克宜兴张渚镇，歼伪军300余人，俘200余人。区党委从长兴移到这里。接着又攻克川埠镇，全歼伪军一个连。三纵队纵队部率七支队承受八支队前进，23日收复安吉县城；25日攻克丁山、蜀山镇；30日又在和桥杨溪渡设伏，打死打伤日军20余人。9月14日，三纵队七支队解放宜兴县城。15日，九支队又攻克芜湖近郊重镇黄池。三纵队在反攻作战中前后解放了安吉、郎溪、广德、宜兴四座县城和梅溪、张渚、川埠、誓节渡等24个城镇，毙伤俘日军140人，伪军790余人。

大反攻开始时，四纵队正在浙赣路西侧作战。8月13日按军区指示，迅速集结部队，兼程北返。14、15日两天先后回渡富春江，然后越临安县境，到达武康以北、湖州西南待命。9月10日，十支队攻克德清新市镇；11日、12日，十一支队先后攻克吴兴北部的大钱、织里等据点。13日，四纵队纵队部率十支队，在十一支队的配合下，发起双林战斗，于15日攻克双林，歼灭伪34师大部，计俘伪师参谋长以下官兵1200余人。

与此同时，吴兴支队、武德支队和临余支队，在军分区的指挥下，积极投入反攻作战。8月中旬攻克三桥埠等日伪据点。吴兴支队和吴兴警卫营在天目山伏击伪一师三团，生俘伪团长以下官兵700余人。在攻克外围据点之后，根据军区"相机占领湖州城"的指示，军分区组织吴兴支队和吴兴、武康、德清、安吉等县地方武装攻打湖州城，以迫敌投降，但由于敌众我寡，迫降未成功，乃撤出战斗。

苏浙军区各部在浙西和苏南的反攻作战，解放了十座县城，拔除了据点100余处，使北起京沪铁路，南至安吉、孝丰，或起太湖，西迄宣芜公路的广大地区连成一片，苏浙皖解放区人口达到370多万。

在党的领导下，苏浙军区主力部队在各战略区的积极支援和策应下，在地方党和广大人民群众的支持和配合下，开辟了浙西抗日根据地。贯彻执行了党中央赋予的发展东南的战略任务，为配合盟军作战，进行战略反攻，建立了前哨阵地。浙西新四军主力部队此时已进一步加强，党政军组织和领导齐全，根据地建设初具规模，开始了游击区向解放区的转变。但因时间较短，环境较差，所以根据地具有明显的流动性和初创性。由于处在抗战反攻胜利的前夜，国民党正准备摘"桃子"，所以根据地在开辟和巩固中，遭到了日伪顽的夹击，特别是反共顽军的多次大规模围攻，斗争呈现出全国罕见的艰苦性、曲折性和复杂性。我军在大规模的三次自卫反顽战役中，锻炼了部队，改善了装备，提前实现了从分散游击战向大兵团运动战的战略转变，为以后组成华中野战军，完成更大规模的战略战役任务打下了坚实基础。

浙西抗日根据地的军民对抗日战争做出了重大的贡献和牺牲，为军史、党史和中华民族抗日斗争的历史谱写了光辉的篇章。

（杨福茂执笔）

★余姚梁弄横坎头——中共浙东区委员会旧址

# 浙东抗日民主根据地

浙东抗日民主根据地，包括四明、会稽、三北（指余姚、慈溪、镇海三县姚江以北地区）和浦东四个地区，位于杭州湾两岸，沪、杭、甬之间，东濒东海，南迄东阳至宁波的公路，西跨浙赣路金（华）萧（山）线两侧，北达黄浦江两岸地区，是个战略要地，为抗日战争时期全国19块根据地之一。

## 建立抗日武装，初创三北抗日游击根据地

1937年冬，上海、浦东各县和浙西杭、嘉湖地区先后沦陷。日寇对沦陷区大肆烧杀淫掠，人民生命财产遭到空前浩劫。国民党省政府南迁金华和永康方岩。在浙江省政府主席黄绍竑对抗战采取比较开明态度的有利条件下，浙江地方党抽调干部分赴各县开展抗日救亡工作。在很短的时间内，党组织有了很大的恢复和发展，抗日救亡运动也在全省各地蓬蓬勃勃地开展起来。1938年10月，武汉失守，全国形势开始逆转。浙江的国民党顽固派也在集中力量打击共产党。1939年春，中共中央革命军事委员会副主席周恩来，以国民政府军委会政治部副部长的公开身份到浙江视察抗战。周恩来在浙期间，召集浙江省委负责同志就如何加强党的工作，加强沦陷区工作，坚持持久抗战等问题作了重要指示，并与黄绍竑等国民党军政人员晤谈，巩固浙江的抗

日民族统一战线。

1941年4月，日寇发动了宁绍战役，连陷绍兴、镇海、宁波、慈溪、余姚等城。日寇仅用半个多月时间，即占领了杭甬线两侧、杭州湾以南整个地区。当时驻守在宁绍一线的国民党正规军和杂牌部队不下十几万人，在日寇入侵面前一触即溃。

为了挽救民族的危亡，浙江地下党领导人民开展了敌后抗日游击战争。早在1939年6月，定海沦陷后，中共定海县工委负责人王起等即在东区农村组织了吴谢乡自卫队、东区警察队，开展游击战争，开辟了定海东区游击区。镇海沦陷后，县工委在江南组织了王博平、林勃领导的王贺乡抗日自卫队（后改称江南独立中队）。余姚沦陷后，中共余姚县特派员张光，指派原余姚中心县委委员王益生（赵树屏）到国民党34师残部孙彦龙连去工作，并把孙部与缉私营合编为宁绍游击大队。朱之光、赵继尧等也积极组织和发展武装，建立了四明游击指挥部独立大队。抗日救亡运动的掀起和敌后抗日游击战争的开展，为浙东敌后抗日根据地的开辟做了必要的准备。

皖南事变发生后，1941年2月1日，党中央和毛泽东对新四军在华中作战的战略部署作了新的安排，明确指出：华中指导中心应着重三个基本战略地区，即鄂豫陕边地区，江南根据地（包括苏南、皖南、浙东及闽浙赣边）、苏鲁战区。并且指出："关于浙东方面，即沪杭甬三角地区，我们力量素来薄弱，总指挥部应增辟这一战略基地，经过上海党在该区域创立游击根据地（以松江等处原有少数武装作基础），中原局应注意指导上海党。"这是党中央一个新的战略决策。华中局为了贯彻这一指示，决定将开辟浙东、浙西两地工作的任务，暂归苏南区党委书记谭震林负责。同时，又派谭启龙在上海组织闽浙皖赣四省联络站，负责打通同这四个省委的联系。浙江地方党在浙东发动敌后游击战争后，中共中央根据浙、闽沿海的新形势，又指示华中局增派干部开展浙、闽沿海的游击战争，准备成立一个战略单位。苏南区党委随即指示中共路南特委，要浦东工作委员会组织力量向浙东敌后挺进。浦委认真研究了新形势，根据上级党指示的精神，作出了一方面坚持浦东，进行反"清乡"斗争；一方面把能够掌握的大部分武装力量，有准备地渡海到三北敌后，协同当地党组织，创立新的游击根据地的决定。

当时，中共浦东工作委员会领导的有两支武装：一支是坚持浦东抗日斗争的“第三战区淞沪游击队第五支队”（以下简称淞沪五支队），一支是在伪军13师25旅50团中由我党控制的一部分力量。根据党的决定，从1941年5月开始，浦东武装在蔡群帆、林有璋、朱人俊、方晓、姜文光等率领下分批南渡杭州湾到浙东。通过统战关系，先后取得了国民党“宗德指挥部第三大队”（简称“宗德三大”），淞沪五支队第四大队（简称“五支四大”）、和“苏鲁战区淞沪游击队暂编第三纵队”（简称“暂三纵”）的番号。浦东部队到三北地区共约900余人。这支部队，成为后来新四军浙东游击纵队建制的基础。

浦东武装南渡到浙东后，先后与绍（兴）属特派员杨思一和宁（波）属特派员王文祥等建立了横的联系，并立即开展了抗日游击战争。6月18日、25日，“五支四大”在“宗德三大”配合下，于相公殿伏击日寇，打死、打伤日寇16名，两战两捷。接着游击队各部转战三北，互相配合，互相呼应，又在长溪岭、施公山等战斗中连歼日寇。10月10日，三纵在登州街之西袭击了周巷出扰之日寇，激战一个多小时，迫使敌人逃回据点。10月22日，“崇德三大”在横河与日寇血战一个半小时，大队长姜文光和大队副姚镜人等29人光荣牺牲。11月，我军在梅园丘与日寇遭遇，经激战后，敌逃回五夫据点，但大队长陆阳等16人英勇牺牲，我军的英勇抗战，极大地鼓舞浙东人民的抗日斗志。

1941年10月，由吕炳奎、王仲良（即王耀中）、蔡群帆组成浙东军分会，以吕炳奎为书记，统一领导三北地区的抗日斗争。并在“暂三纵”和“五支三大”分别组织党的工作委员会。同时，与在三北的国民党薛天白、顾小汀等部队和地方开明士绅，建立了统战关系。随着敌后人民武装的建立和军事上的不断取得胜利，“五支四大”在地方党的支持下，设立了总办事处，并在慈北、镇北先后建立了古窑浦、海甸戎家、龙头场、蟹浦觉渡寺、沈师桥等办事处。“暂三纵”也在姚北先后设立了道路头、长河市、临山等办事处。办事处和武装部队一起，宣传抗日，组织与武装群众，发展抗日力量，征收抗日捐税，解决部队给养。办事处开始部分地执行政权机关的任务，成为后来抗日民主政权的雏形。这时，我军已在三北地区初步站住了脚跟，开辟了三北抗日游击根据地。并由蔡群帆、黄明分别率领部队进入慈（溪）南山区和（余）姚南山区活动。

1942年5月，华中局和新四军军部根据党中央、毛泽东的历次指示，和浙赣战役爆发后浙东地区的形势，确定了进一步发展浙东敌后地区的方针：争取有利时机，扩大与发展武装，大刀阔斧地进行工作，创造敌后根据地，广泛开展统一战线的工作，采用多种形式与工作方法达到发展的目的。5月31日，陈毅、曾山电令谭启龙“立即去浦东转浙东主持”工作。

浙赣战役是日寇于1942年5月中旬发动的。当时敌人以12万余兵力，不到两个月的时间，连陷诸暨、义乌、金华、衢县、江山，直趋上饶，又一度占领永康、丽水、温州等地，先后侵占20多个县城。驻守在浙赣路沿线的国民党军队中的爱国将领和广大士兵，作了英勇抗击。后在国民政府为确保大后方安全，不惜放弃浙赣路沿线的指令下，30多万军队纷纷撤出防地。不甘做亡国奴的浙江人民，在我党领导下纷纷在当地建立游击队实行武装自卫。诸暨沦陷后，在中共诸暨县特派员朱学勉领导下，6月中旬，由地下党员何文隆组织了泌湖乡抗日自卫队，9月扩大为八乡抗日自卫大队。义乌沦陷后，在金萧地区特派员陈雨笠和义乌县特派员江征帆等领导下，在金东义西组织了一些游击小组。7月，通过关系，取得了钱南军别动队第一支队第八大队的番号（简称“八大队”，群众称为“吴山民部队”）。此时，陈流等在建德组织了一支抗日武装，名为“建德部队”或称“严州部队”。为了广泛开展敌后抗日游击战争，牵制日寇南进，并发展会稽地区武装斗争，我军200余人组成南进支队，在蔡群帆等率领下，于6月6日从余姚游源出发，挺进会稽。中旬，与中共绍属特派员杨思一会合。下旬，在杨思一、蔡群帆主持下，在诸暨枫桥江下村召开了会议，决定以枫桥为中心建立会稽山游击根据地。会后，南进支队即进驻枫桥，并在枫桥设立了会稽地区的第一个办事处。南进支队转战诸暨、义乌、东阳、浦江、嵊县等地，英勇抗击敌人。8月20日，与出扰龙山、凤山之日寇激战，毙伤敌尉官柳泽春夫以下30余名。浙东各县的抗日自卫武装也更加活跃。1942年5月，在“淞沪三支”的支持下，镇北建立了以戚铭渠为队长、杜生甫为指导员的龙山自卫队。在鄞县县委领导下，组建了林一新抗日武装。7月，嵊东在张平山领导下成立了“侠义部队独立中队”，9月，正式成立了“嵊东抗日自卫独立大队”。

1942年6月，谭启龙和中共路南特委书记顾德欢、淞沪五支队支队长连柏生等到浙东。谭启龙到三北后，成立了中共浙东行动委员会，谭启龙为书记，统一领导浙东部队的党组织和地方党组织。同时，在三北地区成立中共三北工委，王仲良任书记。7月18日在慈北宓家埭召开了浙东敌后第一次干部扩大会议。会上，谭启龙作了《目前国内外形势与我党发展浙江敌后游击战争建立根据地的方针》的报告。传达了党中央和毛泽东关于开展敌后游击战争，建立巩固的敌后抗日根据地的一系列重要指示，传达了华中局对浙江敌后游击区工作的基本方针的决定，分析了发展浙江敌后游击战争，建立抗日根据地的主要基础和条件，规定了发展浙江敌后工作的各项具体政策。接着，华中局和新四军军部及一师师部所派的何克希、张文碧、刘亨云、罗白桦、张季伦、张浪、余旭、戈扬等一批干部到达浙东。早在7月8日，华中局已决定成立浙东区党委，由谭启龙任书记，何克希任军事部长。7月28日，华中局决定浙东区党委由谭启龙、何克希、杨思一、顾德欢四人组成，谭启龙任书记，何克希兼军事，杨思一任组织，顾德欢任宣传。12月2日，经中央批准，区党委改组，谭启龙、何克希、张文碧三人为委员，谭启龙任书记。1943年9月30日，华中局又同意增补杨思一为区党委委员。浙东区党委的成立，使浙东人民的抗日斗争有了坚强的领导核心，为浙东抗日根据地的建立、巩固和发展，并取得抗战最后胜利，提供了根本保证。

根据华中局的指示和浙东的实际情况，浙东区党委确定了“独立自主地放手发动群众，发展敌后游击战争，建立抗日根据地，打击日寇，争取抗战最后胜利”的总方针，并规定了实行总方针的各项基本政策。这就是：第一，要广泛地团结各党派、各团体、各阶层人民，巩固和扩大抗日民族统一战线。第二，要大力发展党领导的武装，加强和扩大现有的武装力量，培养有战斗力的坚强部队，广泛组织地方人民武装，这是建立抗日根据地的基本前提。第三，要执行中央关于党在抗日时期的土地政策的决定：一方面实行减租减息；另一方面要交租交息。第四，要加强党的建设，巩固党的团结。此外，还规定了财政经济、文化教育、锄奸等政策。浙东区党委关于发展敌后游击战争，建立抗日根据地的总方针和各项基本政策的规定，为浙东抗日根据地的开辟和坚持指出了明确的方向。

1942年8月19日，经华中局批准，成立了浙东军政委员会，由何克希、张文碧、刘亨云、连柏生组成，何克希任书记，对浙东部队实行统一领导。同月，在慈北鸣鹤场成立了第三战区三北游击司令部，由何克希（更名何静）为司令，连柏生为副司令，谭启龙（化名胡志萍）为政委，刘亨云（更名刘云）为参谋长，张文碧为政治部主任。司令部成立后，统一整编浙东的主力部队为三、四、五支队（简称“三五支队”）。此外，还有南进支队、特务大队、新国民兵团、海防中队、教导队和特务连。共计1510人（包括各办事处人员）。有轻重机枪36挺、长短枪878支。这支部队是巩固三北和发展四明山、会稽山的基本力量。另外，又派朱亚民等12人组成一支精干的短枪队，回浦东地区继续坚持斗争，以保持党在上海外围的抗战阵地。

为加强党的领导，区党委对宁绍地区党作了调整，分别建立了四个地区级的工委，即三北工委、四明工委、三东（包括鄞县、奉化、镇海三县东部地区和定海县）工委和会稽工委，还继续领导浦东工委。不久，各工（特）委改成地委。区党委还组织了敌军工作委员会、海上工作委员会。区党委将以前各部队的办事处转为地方政权，正式成立“三北总办事处”。

## 在反“扫荡”和反顽战斗中创建浙东抗日根据地

当时敌伪在浙东的主要兵力有：宁波敌警备司令资源平三郎和宪兵司令对田部约千余人，奉化敌警备司令山根和宪兵队长岛营部约千余人，定海敌警备司令河之互之辅部300余人，慈溪有300余敌寇；还有地方杂牌伪军姚华康、霍中柱、关天圩、周侯伯、潘文钧等部。1942年8月初，日寇增调谢文达的伪10师分驻慈、宁、奉一带；丁锡山的伪13师也调来绍兴一带，向诸暨、嵊县推进，以加强浙东的守备力量，并在宁波、绍兴、三北地区恢复与增设据点。汪精卫还要员沈尔乔到宁波建立伪浙东行政专员公署和各级伪政权。这时日寇对国民党加紧诱降，对三五支队发动“扫荡”，国民党顽固派也乘机加紧搞磨擦。9月5日，华中局和新四军军部对浙东斗争方针问题作了指示，指出：日寇退守金华、兰溪后，浙东游击区仍然存在着发展的可能，但不宜抱奢望，我军应坚持向敌后发展的方针，在沿海、山区打下长期坚持游击战的基础。要利用各种矛盾，多交朋友，一切组织工作要注意保持地方性、群众性，埋头苦干，采用隐蔽方式，力求保存与发展自己，达到在浙东保持战略支点的目的。浙东区党委根据华中局和新四军军部指示的精神，作出了《关于长期坚持浙东斗争的决定》。区党委还具体分析了三北和四明地区的情况，制定了“坚持三北，开辟四明，在四明山完全占领后，再争取控制会稽山”的工作方针。华中局批准了这个方针，并强调：“应迅速取得四明山、会稽山为主要阵地，这是长期坚持的基点。”随后，由谭启龙、何克希、张文碧率司政机关、四支队及教导队，挺进四明，控制了姚南、慈南的一部分地区；由刘亨云率五支队坚持三北；由林有璋率特务大队和新国民兵团，开辟慈东、慈西地区。

10月间，日寇动员上千兵力分三路对三北地区进行“扫荡”，遍设据点，到处骚扰，反复搜索，企图消灭三北抗日武装。国民党顽军也配合日寇行动，趁机袭击三北根据地的我军政机关。我军经过蜀山渡、杨葛殿、竹山岙三战三捷，毙伤敌伪百余名，重挫日寇气焰，11月中旬，五支队及新国民兵团、特务大队于慈北的宓家埭，伏击了由慈城出扰的伪10师一个营，将其全部歼灭，俘伪营长以下200余人。日寇对三北根据地的“扫荡”被我军彻底粉碎。这时，国民党“忠义救国军”1900多人，并纠集金山、平湖两县的自卫总队和土匪武装王八妹部等，共计3000左右兵力，由艾庆璋指挥，于10月下旬自金山及平湖、乍浦一带南渡杭州湾，分别在临山、段头湾等地登陆，向我慈（溪）北、镇（海）北进犯，妄图将我军消灭在三北沿海狭小地区，气焰十分嚣张。11月中旬，我通过统战工作，争取了三北的顾小汀、魏显庭和孙云达等部队保持中立。我党为了自卫，决定集中全部军事力量，争取给艾顽以歼灭性打击。

第一次反顽自卫战争自11月28日开始，至12月15日止，我军在地方党和广大群众支持配合下，经周家路、登州街、黄家埠、谢家塘、小越等大小29次战斗，歼灭顽军大部，取得了完全胜利。

第一次反顽自卫战争的胜利，保卫了三北根据地，锻炼了部队，发展了武装，鼓舞了浙东广大军民，打开了三北局面，使我军进可以攻，退可以守，南进四明山无后顾之忧了。根据形势发展的需要，华中局、新四军军部和一师师部又派黄知真、陆慕云、陈洪、王胜、邱相田、钟发宗、魏善成、谢飞、徐放、江岚、丁公量、唐炎、黄源、于岩等一批干部，先后到达浙东，加强了党政军各方面的领导。

反“扫荡”战斗和第一次反顽自卫战争胜利结束后，我军主力按原定工作方针，于1943年初再度挺进四明。为了配合三北地区的反“清乡”斗争，打开四明局面，三支队和特务大队、教导大队，于4月22日夜，从晓岭出发，分三路奔袭梁弄。翌晨拂晓发起进攻，经17个小时激战，拔除了梁弄伪军据点。毙伤守敌伪10师37团一营官兵40余人，俘伪上尉医官、中尉排长以下40余人，缴获轻机枪一挺、步枪50余支、驳壳枪九支，军用品30余担。梁弄战斗的胜利，对于开辟浙东抗日根据地具有重大意义。梁弄是四明山的心脏，是向南发展的重要门户，战略位置非常重要。攻克了梁弄，就控制了整个四明山区。梁弄的攻克，迅速地推动了姚江两岸和四明山地区的政权建设，成立了四明山总办事处。浙东区党委和三北游击司令部也先后进驻梁弄和横坎头。四明山根据地初步建立。梁弄成为浙东抗日根据地的指挥中心。

1943年春，日伪调集2000余兵力，对三北地区进行大规模的“清乡”。我五支队充分发动和依靠群众，大力开展了反“清乡”斗争，不断主动出击，先后在黄沙湖、郑巷、天元市、三灶等地连战皆捷，取得了反“清乡”斗争的胜利。

在会稽地区，自南进支队和诸北八乡抗日自卫大队奉调到三北参加反顽自卫战争后，马青率领十几个伤病员发动群众，重建武装，开展游击战争。1943年四五月间，诸北抗日武装又发展到六七十人。12月，建立了诸北办事处，初步开辟了会稽山抗日根据地。后来又开辟了寿松涛、张子敬等领导的路西游击根据地。

在金萧地区，原来在金（华）东、义（乌）西进行抗日游击战争的八大队，在成立后一年左右的时间里，在陈雨笠、江征帆、王平夷、李一群等领导下，发展到500多人。1942年10月建立义西乡镇联防办事处，不久，改为金东义西联防办事处。1943年6月，成立了金义浦抗日自卫委员会办事处。开辟了以义乌西乡吴店为中心的金（华）义（乌）浦（江）游击根据地。后来，发展到兰溪北乡，金义浦办事处改称为金义浦兰总办事处，根据地也扩大为金义浦兰游击根据地。1943年9月，陈雨笠派陈福明率短枪组到义东北活动。9月，江征帆、楼觉率八大队进入诸义东边区，成立了坚勇大队，发展到200余人，次年3月，成立了诸义东办事处，开辟了以义乌北乡为中心的诸（暨）义（乌）东（阳）游击根据地。

在浦东地区，浦东游击队在反"清乡"斗争中，采取隐蔽、坚持的方针，以灵活的游击战术，机敏地打击日寇，保存和发展了自己。

自浙东区党委成立以后，广大农民经过艰苦奋斗，在和日伪顽的三角斗争中取得了一系列胜利，不仅坚持了三北游击根据地，保存了浦东原有阵地，还开辟了四明、会稽和金萧三块新根据地，初步建立了以四明山为中心的浙东敌后抗日根据地。

浙东抗日根据地的建立，引起了日伪顽的极端仇恨与恐惧，于是他们就互相勾结，加紧对浙东根据地的进攻。

1943年10月，国民党第三战区司令长官顾祝同，调集两万余兵力，勾结日伪企图消灭浙东抗日武装，形势十分紧张。

在国民党顽固派调兵遣将，积极部署反共战争的紧张局势下，由我党掌握和领导的国民党鄞县郭清白部第六大队，于9月5日，在林一新、李明等率领下，粉碎了郭清白企图将"林大队"缴械的阴谋，把部队拉出来与我三支队会合。10月5日，定海"五大"和在东区公开活动的党员干部，也粉碎了顽方企图消灭"五大"的阴谋，在钱铭岐、陈子方等率领下，渡海经三北抵达四明山，与主力会合。这时，区党委又决定成立三北、四明两个自卫总队。

浙东区党委和三北游击司令部接连发出三次通电，呼吁制止内战、团结抗日，冀挽危局。可是，国民党顽固派置若罔闻，疯狂地向我进犯。我军被迫奋起自卫。浙东第二次反顽自卫战争，从1943年11月19日的蜻蜓岗战斗开始，经历了大俞、东西岙、章家埠、前方、后杜桥等大小91次战斗，持续了八个月之久。这个时期，是浙东抗日根据地最艰难困苦的时期。四明地委书记陈洪、鄞江区委书记李敏（女）和樟蜜区的徐婴等英雄儿女，都牺牲在顽军的刀枪下。

1943年12月至1944年夏，日寇也乘机向我浙东抗日根据地进攻。区党委领导军民开展了反“扫荡”、反“蚕食”的斗争。在敌人的正面，组织联防，趁敌人尚未站稳脚时，给以有力的打击。敌人深入根据地内设下据点时，主力部队、地方武装和民兵互相配合，困扰敌人乘机奇袭。还派出武工队深入敌占区，在我埋伏人员的配合下进行活动。在四明方面：日寇先后于1943年12月初和1944年5月底，发动两次千人以上的冬季和春季大“扫荡”，火烧了夏家岭头和南黄村，一度侵占梁弄、上虞县城等地。在我军民的英勇奋战下，日伪军被迫撤退。在三北方面：日伪增筑据点，采取“蚕食”政策。1944年3月19日，我三支队一部及警卫大队，在镇北筋竹岙全歼伪中警团2营4连四个班。4月14日，三支队又在慈北宓家埭重创伪中警团2营。6月7日，三支队一四中队，奇袭镇海虹桥伪“舟山警备司令部第四总队部”，全俘敌伪官兵28人，日寇少佐顾问吉永久寿秀和伪舟山警备司令部第四总队上校总队长卫文达均俯首就擒。6月25日，三支队一四中队在慈东马家桥歼伪10师3营52名。6月，五支队一大一中和海防大队一个排，组织了“海北支队”，在张季伦等率领下，北渡杭州湾去海北，在海北工委配合下，积极打击日伪，牵制敌人增兵三北。不久，返回三北。8月25日，海防大队一中队，在岱山以西大鱼山岛，突遭日寇海军陆战队200多人，伪军300多人和两架飞机的海陆空联合进攻。经七小时血战，毙伤敌八九十人，我42名勇士壮烈殉国。由于三北军民的英勇抗战，日寇“蚕食”阴谋并未得逞。在金萧方面：1943年12月18日，在义乌大畈成立了金萧地委，同月21日，金萧支队在诸暨王家店成立。1944年3月23日，党控制的国民党义乌县抗日自卫独立大队，在彭林的率领下，全体指战员300余人脱离了国民党，与金萧支队会合。5月27日，我金萧支队在诸暨墨城湖附近毙伤伪蔡廉部官兵100多人。但大队长朱学勉英勇牺牲。在浦东方面：浦东支队攻克奉贤分水墩日伪据点，歼敌一个中队。1944年3月28日，日寇集结数百人，向奉贤北宋偷袭。浦东支队转战于敌人的四个据点之间，又歼敌50余名。8月22日，浦东支队在南汇朱家店伏击了出扰的47名日寇，当即击毙敌寇23名，余敌慌忙逃窜，在追击中又击毙11名。浦东支队在斗争中不断壮大，11月，浦东支队改名为淞沪支队，主力发展到300余人。1945年1月，陈伟达、顾复生到浦东加强领导。部队活动的范围从川沙、南汇、奉贤一直向南到金山。后来，淞沪支队又到浦西，以青浦观音堂为中心，积极向昆山、嘉定、苏州、松江等方向发展。

浙东军民，在区党委领导下，粉碎了敌、伪、顽的进攻，保存了有生力量，坚持了浙东阵地。

第二次反顽自卫战争开始后，为了公开竖立中国共产党的旗帜，坚持敌后抗战，新四军军部于1943年12月22日命令浙东抗日游击武装正式编为“新四军浙东游击纵队”，并任命何克希为司令员，谭启龙为政治委员，刘亨云为参谋长，张文碧为政治部主任。下辖三支队、五支队、金萧支队、浦东支队（后改为淞沪支队）、三北自卫总队、四明自卫总队，和直属教导大队、警卫大队、海防大队等。浙东游击纵队是浙东敌后抗日根据地的主力部队，是开辟、巩固和发展浙东抗日根据地的强大支柱。区党委为了团结浙东敌后各阶层人士、各党派、各团体，抗击日伪，反对内战，巩固和扩大抗日根据地，逐步改造旧有的基层政权机构，于1944年1月15日，在四明山茭湖村成立了浙东敌后临时行政委员会，作为浙东抗日根据地的最高行政机关，连柏生任主席。同时制定和颁布了《浙东敌后临时行政委员会施政纲领》（草案）。浙东敌后临时行委会的成立及其施政纲领的颁布，标志着浙东敌后根据地开始了各方面的有计划的建设，标志着根据地的日益巩固。

日寇在军事上遭到打击之后，对浙东根据地进一步实行经济封锁，并进行野蛮的经济掠夺，以达到其“以战养战”的目的。特别是1944年6月以后，抢掠更为疯狂。为了粉碎敌伪的经济掠夺，区党委决定：以武装保卫秋收，反对敌伪抢粮：减轻人民负担，实行二五减租；动员和组织党政军民，有计划地、积极地、主动地开展对敌斗争。军民们在“不让一粒粮食给敌人抢走”的口号下，紧密团结，在军事上积极打击敌人的同时，采取了快割、快收、快运、快藏，坚壁清野，使日伪抢不到粮食。反抢粮斗争取得了胜利。

## 浙东抗日根据地的各项建设

1944年到1945年初，世界反法西斯战争迅速发展，德国在欧洲的失败已成定局，日寇在太平洋战争中也处于崩溃之中。中共中央根据国际国内形势的变化，向全党和全军发出了关于必须巩固和扩大抗日根据地，迅速地抓紧时机和积极地加紧反攻准备的指示。9月27日，党中央重申了发展东南的战略方针，决定以新四军主力一部渡江南下，首先发展苏浙皖边和浙江沿海，尔后视敌人的进攻情况，争取全面控制苏、浙、皖、闽、赣诸省，使八路军和新四军在举行战略反攻时，处于有利地位，占领南京、上海、杭州、芜湖各大城市。

区党委为了贯彻党中央的指示，在思想上、组织上做好准备，以迎接反攻和大发展的形势，于1944年9月25日，在慈北洪魏召开了浙东首届军政会议。大会总结了1943年2月区党委扩大会议以后一年半的军政工作，特别是浙东第二次反顽自卫战争的经验教训，并对当时国际、国内形势及对敌斗争方针、任务进行了讨论，作出了相应的决定。会议后来移到四明山袁马继续举行，直到11月5日结束。

为了把浙东首届军政会议上提出的新任务深入地贯彻到浙东人民群众中去，广泛动员全区人民坚持抗战，争取抗战的最后胜利，1945年1月21日至31日，在梁弄召开了浙东敌后各界临时人民代表会议。在会上，谭启龙、何克希、连柏生分别作了政治、军事和行政报告。会议讨论并通过了谭启龙代表区党委提出的施政纲领。大会正式选举了浙东行政委员会，以连柏生、吴山民、何克希、张文碧、郭静唐、王仲良、罗白桦、朱人俊、黄源为委员；产生了浙东参议会，谭启龙为议长，郭静唐、何燮侯为副议长。大会最后通过了《向毛主席致敬电》等八个通电。会后浙东行政公署正式成立，以连柏生为主任，吴山民为副主任（9月增选王仲良为副主任），罗白桦为四明分区行政专员，王仲良为三北地区特派员，杨思一为会稽地区特派员，顾复生为淞沪地区专员。为了健全各级政权机构，浙东行政公署对各县区的行政组织和干部，进行了新的调整和充实，还分别任命了四明、三北、会稽、浦东四地区的各县县长。1944年9月，党中央给华中局关于发展苏浙皖地区总方针和部署的指示中指出，我军为了准备反攻，造成配合盟军的条件，对苏浙皖地区应有新发展的部署，特别是浙江的工作，应视为发展的主要方向；并指示苏南部队除巩固现有地区外，中心工作应放在太湖西南岸，沿京杭国道深入天目山，造成过钱塘江与浙东打通的战略态势。同时，华中局、新四军军部和一师师部，又增派涂峰、徐端、钱刚、周毅、邱子华、汪志华、周瑞球、朱光等一批干部，到浙东工作。同年11月，党中央又指示华中局和新四军应以南下发展苏浙皖地区为主要任务。毛泽东也于11月24日亲自电示浙东纵队，要发展武装部队，扩大解放区，配合盟军驱逐日寇。12月，在我党工作下，四明山“著匪”王鼎山、单孝升部300余人，被争取过来，改编为新四军浙东游击纵队嵊新奉抗日别动总队，后编入四支队。同月，中共嵊新奉县委掌握的原国民党新昌行动大队，在吴泽英率领下，脱离国民党，后到达四明山，被编为四明山自卫总队新昌大队。1944年12月27日，粟裕根据新四军军部关于江北部队分批南下的部署，率一师三旅陶勇部南下，于次年1月6日与王必成部会合于长江槐坎仰峰岕地区，形成了与浙东根据地打通联系的战略态势。王必成部系新四军一师十六旅。1943年秋，该部在王必成、江渭清率领下，自苏南挺进浙西敌后，开辟了以长兴、广德为中心的游击根据地。1945年1月13日，华中局奉中央军委电令，决定成立新四军苏浙军区。2月5日，苏浙军区在长兴仰峰岕召开了成立大会。粟裕为司令员，谭震林为政委（未到职，由粟裕兼政委），叶飞为副司令员，刘先胜为参谋长，钟期光为政治部主任。下辖三个纵队，一纵队由王必成为司令员，江渭清为政委；二纵队由浙东游击纵队改编，何克希为司令员，谭启龙为政委；三纵队由第三旅改编，陶勇为司令员，阮英平为政委。4月上旬，叶飞率教导旅自苏中继续南下苏浙边，该部改编为四纵队，廖政国为司令员，韦一平为政委。苏浙军区的成立，加强了对苏南、浙西、浙东地区抗日战争的统一领导。

为贯彻向东南发展的方针，邱清华、周丕振领导的浙南永嘉、乐清地区的“永乐人民抗日自卫游击总队”，准备北进，建立以括苍山为中心的抗日游击基地。后因形势变化，这个目标没有实现。1945年初，区党委派余龙贵去加强领导，担任总队长。

3月下旬，苏浙军区曾多次派部队至富阳、新登地区侦察，预作南渡富春江的准备。5月10日，为配合浙西新四军主力南下，谭启龙等率三支队一部西进。5月20日，在富阳中埠，与胜利渡过富春江的苏浙军区四纵队十一支队会师。新派到浙东任纵队副司令员的张翼翔等也同时过江会合。不久苏浙军区对各纵队的任务作了新的部署。四纵队十一支队返回浙西。谭启龙、张翼翔即率所属部队日夜兼程赶回四明山。

浙东区党委领导根据地军民，在频繁的战争空隙中和艰苦的斗争岁月里，实行党的各项政策，进行了可能和必要的各项建设。根据中共中央和华中局的指示，区党委从1943年开始，特别是在1944年、1945年，领导浙东地区的各级党组织和部队开展了整风运动。由于浙东地区斗争环境恶劣，战斗频繁，不可能采用集中整风的方法，因而采用分散学习为主、集中训练为辅的整风学习方法。先在军队营一级、地方县一级以上干部中进行，然后由上而下地全面开展，1945年还开办了党训班。通过整风，大大提高了党员的思想水平，使浙东地区的各级党组织更坚强了，为领导浙东敌后军民坚持抗战并夺取胜利奠定了坚实的思想基础。这个时期，区党委遵照党中央和毛泽东关于“自己动手、丰衣足食”的指示，领导根据地军民开展了大生产运动。促进了根据地生产的发展，克服了经济上、财政上的困难，减轻了人民的负担，改善了农民的生活，密切了干部和群众及党政军民关系。除区党委敌伪工作委员会（后改为城市工作委员会）做了卓有成效的工作外，根据党中央抗日民族统一战线政策，广泛开展了对国民党军政人员的工作，收到了明显的效果，同时团结了地方上的开明士绅郭静唐、吴山民、何燮侯等抗日爱国人士都积极支持共产党的各项政策，浙东的抗战得到了各阶层人士的热情支持和拥护。当时的浙东抗日根据地人才济济。

区党委按“三三制”原则，先后在根据地建立起各级抗日民主政权，在浙东行政公署下，四个地区设立行政专员公署或特派员办事处。十个县设立民主县政府，并建立了六个县级办事处。县以下分设若干区署。区以下为基层的乡保行政机构。各地实行普选，成立区乡各界人民代表会，以确保人民民主权利的实现。各地普遍组织了工会、农会和妇女会，还成立了浙东总工会筹备会、浙东妇女联合会筹备会、浙东青年联合会筹备会。在经济方面，实行减租减息政策。在根据地内，放手发动群众，实行二五减租。1943年三北基本区就有105个乡减了租，约占全部141个乡的75%。同时又规定交租交息，既承认地主的地权，又承认农民的佃权；并正确调节劳资关系，实行劳动政策，既保证工人和雇工的生活改善，又使资方有利可图，保护工商业。首先重视农业生产的发展，同时注意发展工业生产，推广合作事业。还实行了按财产和收入多少征税的合理税收制度，废除了国民党政府的各种苛捐杂税。规定抗日政府的收入为粮赋、货物税。坚持一物一税的统一税制。1945年4月，还创办了浙东银行，发行抗币。各根据地还办了不少榴弹所、修械所、被服厂、印刷所、后方医院。在军事方面，在“抗日保家乡”的口号下，组织了民众抗日自卫队、冬防队等民兵组织。许多县区普遍建立起游击小组，紧密地配合主力部队作战，在浙东地区建立了主力部队、地方武装和民兵三结合的武装力量体制，形成了群众性抗日游击战争的局面。在文化教育方面，切实实施新民主主义的教育方针，实行抗战与民主的普及教育，实施社会教育重于学校教育，成人教育重于儿童教育，干部教育重于群众教育的方针，着重激发民族意识，增强抗战胜利信心，培养和训练干部。在横坎头还开办了浙东区党委党校、浙东抗日军政干部学校、鲁迅学院浙东分院和各种训练班。并积极开展冬学运动。提倡以普及为中心的新文艺运动，改造民间艺人，改革“的笃戏”，实行男女合演，演出革命现代戏；建立行署社教队、浙东鲁迅文艺工作团、战斗剧团、政治部施工队，演出革命歌舞戏剧。新闻事业也有了很大发展。自1942年7月创办《时事简讯》后，于1943年5月，由《时事简讯》社试行铅印《浙东报》。同时还成立了新华通讯社浙东分社。1944年4月13

日，区党委的机关报《新浙东报》创刊。浙东游击纵队政治部创办了《战斗报》。日本反战同盟浙东支部也办了一份日文版的《解放周报》。此外，1945年三四月间，浙东文化界人士成立了“东南文化社”、韬奋书店（即浙东书店），筹备出版综合性的文化月刊《东南文化》，8月23日还出版了面向人民大众的通俗报纸《大众报》。

浙东敌后抗日根据地的各级民主政府，实行了党在抗日时期的纲领和政策，因而团结和教育了广大群众，在强大敌人进攻面前和国民党顽固派的反共磨擦中间坚持抗战，使浙东抗日根据地在斗争中日益发展壮大，屹立于东海之滨。

## 浙东抗日根据地的局部反攻和大反攻

国民党顽固派在抗战即将胜利的前夕，阴谋掠夺人民抗战的胜利果实，密令顽军进一步向敌后抗日根据地“进剿”，限制根据地的扩大。顾祝同阴谋对我根据地再次发动第三次大规模的进攻。此时，驻浙东的国民党田岫山部第三次公开投敌。田部原是国民党杂牌军暂编第30师所属88团，曾先后两次投敌、两次“反正”。浙东游击纵队决定发起讨田战役。5月29日，拔除了田部第泗门据点，揭开了讨田战役的序幕。6月7日至22日，取得攻打田岫山老巢许岙的胜利，6月30日，浙东纵队乘胜解放了上虞城（丰惠镇）。在我军攻打田岫山的同时，国民党三十二集团军副总司令陈沛和王云沛，调集约十个团的兵力向北推进，妄图与日伪遥相呼应，南北夹击，消灭抗日武装。浙东游击纵队奋起自卫还击，进占章家埠，西渡曹娥江。6月30日，追击部队进入会稽地区，在西谢、下岙一带将顽军全部击溃，取得了第三次反顽自卫战争的胜利。

讨田反顽战争的胜利和上虞城的解放，使四明、三北、会稽三块根据地基本连成一片。不久，浙东区党委和浙东游击纵队司令部自横坎头进驻上虞城。上虞成了浙东抗日根据地后期的指挥中心。

在党的抗日民族统一战线政策的感召下，在新四军不断取得巨大胜利的影响下，国民党挺进五纵队由张俊升率领于7月11日投向我军。7月13日，新四军军部命令张部改编为浙东游击纵队第二旅，任命张俊升为纵队副司令兼二旅旅长，王仲良为二旅政委，张景南为副旅长，徐学道为参谋长，朱人俊为政治部主任，原三、四、五支队编为第一旅，纵队副司令员张翼翔兼第一旅旅长，纵队副参谋长谢忠良兼一旅参谋长。

苏浙军区在取得浙西第三次反顽自卫战争胜利后，决定四纵队乘胜前进，再渡富春江与二纵队主力会合，准备扫除浙江中部浙赣线两侧敌伪势力，然后大举跃进，联结浙南，以实现打开东南局面的战略意图。8月2日，蔡群帆率领的浙东纵队三支队一大队和彭林率领的金萧支队一部等接应部队，在富阳大章村附近，与再渡富春江四纵队主力会师。不久，蔡群帆率三支一大和苏浙军区派来的汪大铭、谢忠良等干部返回四明山。四纵队主力在金萧支队和地方武装的配合下，积极作战，给敌伪以沉重打击。日军投降后，四纵队主力奉命北返。

讨田战役和浙东第三次反顽自卫战争取得胜利的时候，国内外形势起了很大的变化，抗日战争进入了最后大反攻的阶段。

1945年8月12日，浙东纵队根据延安总部朱德总司令的命令，向附近城镇日伪军及伪政权发出最后通牒。8月15日，日本天皇正式宣布无条件投降。这时，新四军、苏浙军区连续发出了《对日本驻军通牒》和《对伪军伪警及一切伪组织紧急通告》，命令沪、杭、甬等大城市及江浙地区的一切日伪军及政权机关立即停止抵抗，交枪投降，违者则以武力解决之。浙东区党委为了迅速缴下敌人武器，于8月15日成立了以谭启龙兼主任的“动员委员会”，动员浙东解放区一切军民力量，为坚决消灭顽抗的日伪而斗争。

8月17日，浙东纵队开始对浙东敌伪发起大反攻。三五支队分头横扫三北的日伪据点，接连收复周苍、庵东、观海卫、浒山、胜山、五夫、坎墩、掌起桥等。

浙东纵队一旅一部与二旅向鄞西日伪进攻。17日，奉化萧山庙伪保安队一个中队全部反正。接着，我军连克鄞江桥、集士港、黄古林、凤岙市、布政市、蜃蛟弄、东新、栎社、庄市等日伪据点，直逼宁波城郊，攻克距城仅三里的西城桥据点。

淞沪支队于16日攻占上海市郊之北新泾日伪据点。接着攻占南汇县城、新场、祝家桥、六灶、黄渡等市镇。

金萧支队在诸北、诸义东、鑫义浦兰和路西等地区也向敌伪展开攻击，攻占孝顺、三江口等伪据点。

在不到半个月的时期内，浙东纵队在广大民兵的配合下，除几个主要城市外，基本上消灭了盘踞在四明、三北、金萧、淞沪地区顽抗的日伪军，使浙东广大地区的人民获得解放。

正当我浙东纵队各部在大反攻中对日伪作战取得一连串胜利的时候，国民党军队在鄞西、浦江等地向我发起进攻。国民党三十二集团军副总司令陈沛率领88军，则从天台日夜兼程赶来浙东内战前线。及至9月下旬，国民党正规军好几个师分别向四明、三北和金萧地区的浙东纵队各部进逼。浙东的内战危机十分严重。

1945年8月28日至10月10日，中国共产党与国民党在重庆举行和平谈判。为了有利于击破国民党真内战、假和谈的阴谋，取得国内外广大人士的同情，中国共产党在谈判中作了必要的让步，主动撤出广东、浙江、苏南、皖南、皖中、湖南、湖北、河南（豫北不在内）等八个解放区。

9月30日，根据中央指示，浙东纵队和党政机关及地方工作人员约15000人，从古窑浦到临山的沿海各港口分路分批渡杭州湾北撤。并散发了《忍痛告别浙东父老兄弟姐妹书》。北撤部队经历了溆浦、南丰等多次激战，击破了国民党军队的阻拦、堵击，在苏中新四军和沿途党组织和军民的接应下，渡过长江，进入苏北解放区，至11月中旬，胜利完成了北撤任务。

浙东敌后抗日根据地，是华中八大战略区之一，是华中抗日的东南前哨阵地，拥有400万人口，一万余人的抗日武装。在中国共产党的领导下，依靠广大军民的团结战斗，在为打败日本帝国主义的斗争中，谱写了无数曲胜利凯歌。浙东游击纵队在抗战中取得了辉煌的战绩，根据不完全的统计，从1941年5月到1945年8月底，大小战斗643次，克复县城南汇、上虞两座，攻克大小据点110余个，解放同胞400万（四明、三北200万，浦东100

万，金萧100万）；毙伤敌官兵610名，俘敌顾问军曹以下21名，毙伤伪旅附、团长以下官兵3062名，俘伪团长、支队长以下5504人；并缴获了敌人大量的武器和其他军用物资。浙东军民的抗战，为中华民族抗日战争的历史，增添了光辉的一页。

（杨福茂执笔）

★东江抗日游击纵队在牛王爷岭伏击敌人

# 东江抗日民主根据地

东江抗日民主根据地是抗日战争时期中国共产党领导的全国19块敌后抗日根据地之一。在党的领导下，东江人民抗日武装紧紧依靠人民群众，在祖国南疆高举团结抗日的旗帜，英勇抗击日本侵略者，先后发展成立了广东人民抗日游击总队、广东人民抗日游击队东江纵队，在与日本侵略者进行艰苦卓绝的斗争中，使东江抗日根据地不断发展壮大，有力地牵制和打击了日本侵略者，对中国抗战和世界反法西斯战争的胜利做出了不可磨灭的贡献。叶剑英曾这样高度评价敌后抗日根据地的作用，他指出："没有民主的抗日根据地的建立，这样残酷、严重与广大的敌后战场是不可能坚持的。"

## 东江抗日根据地的形成、发展和东江纵队的成立

东江地区，地处粤东，位于珠江江口、广（州）九（龙）铁路两侧，包括东莞、惠阳、宝安、增城、博罗等县。这里面向大海，背靠广州，是日军进攻广州、侵犯华南的交通要道，具有重要的战略地位。早在大革命时期，中共广东地方组织就在这里发动反帝反封建的革命运动，国民党右派发动四一二反革命政变之后，中共广东地方组织曾在这里率领工农武装举行起义，并

坚持开展反对国民党新军阀统治的斗争。日本帝国主义大举侵华、侵粤之后，中共广东地方组织又曾经在这片土地上领导人民群众对凶残的日本法西斯展开英勇的奋战，凭借着特殊的地理环境和扎实的群众基础，成立了人民抗日武装队伍，创立了东江抗日根据地。东江抗日根据地的形成和发展经历了三个阶段。

1938年10月至1941年12月为东江抗日根据地初步创立阶段。1938年10月12日，日军在广东惠阳大亚湾登陆，惠阳、广州相继沦陷。中共中央指示中共广东省委，组织游击队开展敌后抗日游击战争，建立抗日根据地。12月2日，惠（阳）宝（安）人民抗日游击总队成立，曾生任总队长。1939年1月，东（莞）宝（安）惠（阳）边人民抗日游击大队成立，王作尧任大队长。从1939年夏天开始，惠宝人民抗日游击总队在惠阳、宝安沿海地区的大小梅沙、葵涌、横岗一带，积极开展敌后游击战争，与敌人作战30多次，取得了较大的胜利。12月，总队曾在广九线横岗鸡心石伏击日军一个大队，毙伤敌30多人。11月间，王作尧率领宝惠边人民抗日游击大队挺进南头外围，对宝安县城实行包围封锁，并以各种方式袭扰驻宝安的敌人，迫使日军从海上逃窜。12月1日，游击大队分兵两路进入南头。这是广东抗战以来，第一次收复县城的胜利。总之，这两支抗日武装分别在惠阳县和宝安县建立了抗日游击根据地，初步打开了东江敌后抗日游击战争的局面。1939年底，两支部队发展到近700人。1940年，由于国民党顽军的围攻，曾、王部在东移海陆丰期间严重受挫。在危急关头，中共中央书记处致电广东省委，指示曾、王两部仍应回到东（莞）、宝（安）、惠（阳）敌后地区，坚持抗战，史称中央“五八指示”。这个指示，对挽救曾、王两部，指导东江地区的抗日游击战争，反对国民党顽固派的斗争，具有十分重要的意义。1940年9月中旬，中共前东特委在宝安县布吉乡上下坪村召开这两支部队干部会议（简称“上下坪会议”），传达和贯彻中央“五八指示”，总结东移的教训，决定在东、宝、惠敌后坚持开展独立自主的游击战争，建立敌后游击根据地，领导中心设在东莞。上下坪会议对部队进行了整编，曾生、王作尧两部原来的番号分别改为广东人民抗日游击队第三大队和第五大队。第三大队大队长曾生、第五大队大队长王作尧，中共东江特委、前东特委书记尹林平兼任这两个大队的政治委员，梁鸿钧任军事指挥。这是东江抗日根据地形成和发展的重要转折点。会后，第三大队挺进东莞县的大岭山地区，创建了大岭山抗日根据地；第五大队留在宝安县，创建了阳台山抗日根据地。当第三大队挺进大岭山之后，日军、伪军立即进犯，图谋趁广东人民抗日游击队立足未稳而一举消灭。1940年11月初，日军200余人奔袭大岭山，第三大队主动迎敌，在黄潭村与敌激战四个小时，给日军重大杀伤。这次战斗是广东人民抗日游击队重返东、宝后的第一仗，第三大队以劣势兵力打败强敌，毙伤日军数十人，创造了以少胜多的广东地区抗战范例，增强了军民抗战胜利的信心和决心。第五大队进入阳台山之后，面对日伪顽军的进犯，积极行动，远道奔袭清溪苦草洞顽军武器仓库，全歼守卫仓库的顽军，缴获轻重机枪六挺，步枪数十支。这次战斗为开辟和巩固以阳台山为中心的抗日根据地打下了基础。此后第五大队发展到300多人，下辖八个自卫队，共600多人的。1941年6月10日至12日，第三大队和抗日自卫队以少胜多、以弱制强，坚决打退了多次来犯百花洞的日军。此战，共毙伤日军大队长长濑以下官兵50余人，缴获武器弹药一批，沉重地打击了日军的侵略气焰，扩大了中国共产党和广东人民抗日游击队的政治影响，推动了敌后游击战争的胜利发展。1941年春以后，广东人民抗日游击队又开辟了广州外围的增城县油麻山抗日游击基地，恢复了坪山抗日游击基地。至此，东江敌后抗日根据地初步形成，位于广州至九龙的广九铁路中段两侧，是一个纵深只有60华里左右的狭长地带，处于日伪顽军的分割包围之中。

1941年12月至1944年8月为东江抗日根据地艰难中逐步发展的阶段。1941年12月8日，日军偷袭珍珠港，太平洋战争爆发。同日，日军向九龙发起进攻。25日，香港沦陷。当日军进攻香港时，广东人民抗日游击队马上进入港九地区进行抗日活动，坚决发动群众，打击日伪，铲除汉奸，很快在新界、九龙地区开辟了一个新的敌后游击基地。在元朗、西贡消灭土匪60余人，并收集了英军溃逃时丢弃的武器弹药一批，共计有轻重机枪30多挺，步枪数百支，以及一大批军用物资。随后，开辟三条交通运输线，建立了香港通向内地的交通联络网。当时，一大批文化界和爱国民主人士被困在香港，情况十分危急。中共中央、南方局书记周恩来分别电示八路军驻香港办事处主任廖承志，迅速将这批人士抢救出来，经澳门、广州湾或东江转入大后方。营救工作在周恩来指挥下，由八路军驻港办事处、中共广东地方党组织和广东人民抗日游击队具体实施。接到指示后，广东人民抗日游击队立即派出武工队员、交通员进入港九地区。从1942年1月开始，经过六个多月的紧张工作，克服重重困难，终于将茅盾、邹韬奋、戈宝权等文化界名人和民主人士及其家属共800余人抢救出来，安全送回大后方。此外，还抢救了国民党官员和家眷等十余人，国际友人近百人。这一秘密大营救，在国内外产生了深远的影响。

1942年1月，南方工委副书记张文彬从香港到宝安阳台山调研，并召开了白石龙会议，决定成立广东人民抗日游击总队。白石龙会议是东江抗日游击战争发展史上一次重要会议。此次会议对于进一步巩固抗日根据地具有重要意义，也为粉碎日、伪军和顽军的军事进攻打下基础。此后，广东人民抗日游击总队坚持艰苦的游击战争，新开辟了梧桐山、增（城）博（罗）边、九龙新界、稔平半岛等几个游击根据地和游击基地。

为适应斗争需要，遵照中共中央的指示，1943年12月2日广东人民抗日游击队东江纵队在惠阳坪山成立。曾生任司令员，尹林平任政治委员，王作尧任副司令员兼参谋长，杨康华任政治部主任。东江纵队宣告成立后，发表了《东江纵队成立宣言》，宣告东江纵队是中国共产党领导下的部队，是中国人民自己的队伍，“除中华民族与中国人民的利益之外，并没有其他利益”。东江纵队成立时下辖一个主力大队、五个地方大队和一个护航大队，共3000余人：独立第二大队，大队长阮海天、政治委员李葰峰；第三大队，大队长邬强、政治委员卢伟如；第五大队，大队长彭沃、政治委员卢伟良；惠阳大队，大队长高健、政治委员李东明；宝安大队，大队长曾鸿文、政治委员何鼎华；护航大队，大队长刘培、政治委员曾源；港九大队，大队长蔡国梁、政治委员陈达明。成立后的纵队没有第一大队和第四大队番号。纵队领导机关有司令部和政治部。纵队成立后，大力加强部队建设，司、政、后机关得到进一步完善和加强，建立和健全了各种工作和生活制度，广泛开展杀敌竞赛和扩军竞赛，不断向日伪军发动进攻。东江纵队的成立，推动了抗日游击战争和抗日根据地的发展，对广东各地抗日武装给予了极大的鼓舞和推动，在国内外产生了重大的政治影响，大大提高了中国共产党和人民抗日军队的威望。东江纵队从无到有，从小到大，其开辟的华南敌后战场成为“敌后三大战场”之一。1945年，朱德总司令在党的七大军事报告《论解放区战场》中将东江纵队、琼崖纵队与八路军、新四军并称为“中国抗战的中流砥柱”。随着东江纵队的成立，东江抗日根据地得到了进一步的发展壮大，据外国记者当年在延安采访得到的数据，至1944年7月，东江抗日根据地和游击区人口达400多万。东江纵队成立后，取得了多场对日斗争的胜利。1944年5月8日，东江纵队第三大队、第五大队和东莞大队在梅塘龙见田村马山高地展开激烈战斗，至下午1时许，第三大队占据马山，在第五大队和东莞大队的配合下，对日军形成半月形包围。激战至黄昏，毙伤日军近百人，日军不得不撤回樟木头。经此一战，日军士气严重受挫，大队长加藤等十余人自杀。日军指挥哀叹：“真不幸，我那个队的人员差不多完了”，“我到华南以来是第一次败仗”。梅塘战斗粉碎了日军确保了广九铁路畅通的计划，激发了部队杀敌立功的战斗热情。5月间，东莞大队先后三次袭击东莞厚街的敌人，共毙伤俘敌330余人。

1944年9月至1945年8月抗战结束为东江抗日根据地扩大发展阶段。1944年8月，为贯彻中共中央关于开展广东敌后游击战争的指示，中共广东省临委和军政委员会在大鹏半岛的土洋村召开联席会议，作出了向东、向西、向北发展，全面开展广东抗日游击战争的决定。这是东江抗日根据地发展的又一重要转折点。1944年秋，根据广东省临委和军政委员会联席会议精神，东江纵队派部队北上，开辟了博罗罗浮山为中心的江北根据地。东江纵队北上抗日先遣队多次在对日军的战斗中取胜，1944年11月，先遣队和独立第二大队夜袭日军重要物资供应点新塘火车站，歼灭伪军一个连，俘获日军站长阿南中佐及伪军副连长以下官兵30余人，毙伤伪军20余人，缴获短枪30余支，烧毁仓库一座。1945年5月，广东临委和东江纵队领导机关及直属队进入罗浮山抗日根据地。此时，东江纵队已发展到一万多人，活动范围从东江流域扩展到北江地区、广州市郊几十个县市和香港、九龙地区，还先后开辟了清（远）英（德）边、始兴、东江上游三个游击基地以及广九路东西两侧、惠东宝地区的路东、路西根据地，并向东发展，建立了惠东、海丰根据地，此时的抗日根据地，已经跨越十几个县，大大超出了原东江地区的范围。但这些由东江纵队创建的根据地，历史上统称东江抗日根据地。至1945年夏，东江抗日根据地的面积和人口比1944年7月扩大了1/3。它东连东江流域，连接莲花山脉；南临大海，靠近香港；西邻广州近郊，贯穿广九铁路；北依五岭山脉，连接粤汉铁路南段。至抗战后期，东江抗日根据地共建立了五个县级抗日民主政权，根据地和游击区人口接近450万。

## 东江抗日根据地的建设

游击战争和根据地是互相依存的，没有根据地的巩固和发展，游击战争也就不可能长期坚持。因此中共广东省临委和军政委员会、东江纵队在发展敌后游击战争的过程中，始终高度重视根据地和游击区的建设。中共中央也十分关注东江抗日根据地的政权建设。1944年1月31日，中共中央书记处作出《东江游击区建立抗日民主政权问题》的指示，提出了建政基本原则和方法。

按照中央关于建立民主政权的这一指示精神，东江抗日根据地大力开展政权建设，积极建立各级抗日民主政权。这些民主政权在坚持新民主主义、“三三制”和民主集中制的基本原则下，没有照抄华中根据地和陕甘宁边区的建政办法，而是因地制宜，根据本地实际情况，采取了不同的建政形式。它跟陕甘宁边区的施政纲领相比，有着不同程度的差别，但基本原则是一致的。对于各级政权，有条件的辖区，按照“三三制”原则，通过召开代表会选举产生，或通过召开参议会、国事座谈会协商产生；流动性较大且经常被日伪军占领的地区，则由东江纵队直接委任主要干部，统一军政工作。此外，在一些游击区、根据地的边缘区以及英属殖民区，通过统一战线工作，建立了一些“白皮红心”的两面政权。至抗战胜利前，东江解放区总共建立了东宝行政督导处、路东行政委员会等六个县级民主政权。这些具有鲜明地方特色的建政方法和建政形式，适应了根据地分割和跨地区的情况，有利于抗日游击队在敌后战场转移作战和敌后游击战争的发展。

为了发展生产、活跃经济、增加收入、支援抗战，东江各级抗日民主政权制定了一系列财经政策。

第一，实行减租减息运动。日本全面侵华后，中共中央提出抗战时期十大土地政策。减租减息作为解决农村土地问题的基本政策，在各抗日根据地推展开来。东江根据地1944年春在广九路西开展减租减息的试点工作。同年7月召开路西地区党、政、军联席会议，总结试点工作经验。很快，减租减息运动就在东江抗日根据地各县、区、乡开展起来。1944年12月，省临委和东江纵队政治部发出《关于开展减租减息运动的指示》，颁布东江地区《减租减息暂行条例》，4月颁布《东江解放区土地租佃条例》和《东江解放区退租退息实施条例》。东江根据地在减租减息上主要采取了以下几项措施：部队和群众商讨成立农抗会，推动落实减租减息政策；部队组织政工人员宣传减租减息政策；逐步完善减租减息政策条例；部队建立根据地政权，使减租减息政策有地方政府的支持。东江抗日根据地开展的减租减息运动，大大提高了农民的经济收益，使军民关系更加密切，为中共赢得了民心，为解放战争时期中共广东地方组织和粤赣边湘纵队在东江开展减租减息运动提供了经验。

第二，建立税站，以正常的税收保证供给。1943年12月，东江纵队成立后，逐步完善了税收制度，同时对税务机构作了调整。抗日战争胜利前夕，东江抗日根据地共设有路西、路东和惠东三个税务总站和一支海上收税队，各税总站都设有支站、分站的下属机构，每一个税收总站拥有二三百人以上的税收队伍，在抗日根据地各圩场和交通要道、边沿地区等处负责税收工作。财政税收政策施行后，部队再没有遇到经济上的困扰，从而能进行抗日斗争。

第三，征收抗日公粮，支持抗战。抗日战争后期，东江抗日根据地以大部分的精力投入抗日公粮的征收。《东江纵队征收抗日公粮条例》总则

第一条是："抗战已经踏上第八个年头，当兹国内外形势对我进行反攻大为有利的时候，凡我抗日军民必须精诚团结，一致奋起，军队有保国卫民之责，民众有捐粟输将之义务，军民合作准备反攻，方能杀敌致胜，收复失地，建立独立自由幸福的新中国。"当时征收抗日公粮的目的很明确，就是为了抗日，这是中国人民的共同事业。抗日公粮的征收工作复杂而烦琐，涉及面广、工作量大，进行过程有许多困难，如土地的调查极为不易、人手不足等等。但是，在军政民的互相配合下，克服多重困难，取得抗日公粮征收的重大胜利。征收抗日公粮，有力地打击了反动地主阻碍征收的行为，支持了抗战，也为政府开展经济工作留下了宝贵的经验。

第四，发展地方经济，改善人民生活。为了进一步克服困难，保障部队供给，改善民生，广东省临委和东江军政委员会还制定了发展抗日根据地经济工作的具体方针：（一）改善民生，供应部队，防止封建经济抬头，封锁敌人，发展公营生产；（二）力求自给自足，减少人民10%经济负担；（三）发展私人经济，普遍成立生产消费合作社，实行公私兼顾、军民兼顾的发展方针；（四）以农业为主，开展水利建设，改良耕作，大力发展手工业，以适应部队及人民需要，同时发展海产和沙业；（五）发展金融事业、发行生产建设公债券；（六）发展合作社，每村、每乡设分社，每区设联合社。东江抗日根据地各级民主政府根据广东省临委和东江军政委员会制定的方针，还成立生产建设总会，负责领导群众发展生产，成立生产救济会和生产基金会。东莞连平乡大横村出动70余人，两天开荒14亩，并向各地提出挑战，很快在抗日根据地中掀起了开荒扩种的热潮。1945年初，为解决根据地的经济困难，东江抗日根据地的党政军民响应毛泽东发出的"自己动手，丰衣足食"的号召，迅速掀起了大规模的生产运动。东江纵队还在全军开展生产竞赛活动，以大队和连队为单位，进行一次评比，评选出生产模范大队和生产模范连队和生产模范者、生产英雄。

总之，东江抗日根据地的各项经济发展措施打破了日军对游击区的经济封锁，保障了军队的给养，稳定了根据地形势，加强了全民抗日的实力，为争取敌后抗日游击战争的胜利奠定了物质基础。

东江抗日根据地的教育事业，是随着根据地的巩固发展而发展的。东江人民抗日武装创建初期就重视军政干部的培训。1939年9月，中共中央和中共广东省委派人到坪山创办游击训练班，为东江地区的抗日部队培养了近100名军事骨干。1941年至1943年，东江抗日根据地进入严重困难时期，为加强干部教育培训，广东人民抗日游击总队一直把培养干部放在首要地位，于1942年三四月间，先后举办了“华南队”（后改为青年干部训练班）和“布吉队”训练班，培训排以上干部，每期10至20人。中共南方工委副书记张文彬和著名文化界人士邹韬奋均曾到训练班为学员授课。1943年11月，广东人民抗日游击总队拟在东莞县双岗村举办军政训练班，原定有数十人参加，但由于战斗紧张，仅有主力大队四人（均为班长、政治战士）前来报到。虽然如此，但军政训练班仍然按原计划开课后，总队政治部主任杨康华讲授了《中国革命史》《中国革命与中国共产党》等，宝安大队政训室主任陈坤讲授了党的建设和连队政治工作。此次军政训练班为期一个月，学员结业后仍返回原部队工作。东江纵队成立后，中共中央随之就教育和干部培训工作即作出专项指示：“第一，要大批培养干部，准备更大规模的发展。在广泛开展群众性的游击战的同时，集中进行政治整军和军事训练，……东纵准备成立抗日军政大学第七分校。第二，要开展大练兵运动，象华北、华东地区抗日队伍一样开展‘三大技术’（射击、刺杀、投弹）的练兵”。遵照中央的指示，东江纵队于1944年7月在大鹏城建立东江抗日军政干部学校，王作尧兼任校长，李东明任政治委员，林鹗任教育长，饶卫华任秘书长，并决定待条件成熟后，再改为抗日军政大学第七分校。王作尧等领导常去授课。政治课主要学习军队政治工作和建党工作的论著、文件以及毛泽东的《论持久战》《论新阶段》《中国革命与中国共产党》等著作。同时对学员进行整风学习，要求学员不断改造思想意识，克服不良作风。继创办东江抗日军政干部学校后，东江纵队政治部于1944年8月在大鹏城又开办了青年干部训练班，黄文俞、张江明先后任主任。该班规模较大，自8月起至次年8月，共举办七期，地址也由大鹏城移至罗浮山，每期100至200余人。在一年的培训过程中，青年干部训练班共培训学员近1000人，这些学员经过短期训练后，统一分配到各基层部队，有的从事军政领导工作，有的从事机要和电台工作，还有的从事民运和文艺宣传工作，大大缓解了东江纵队干部缺乏的情况。

东江根据地的文化建设主要有报刊宣传和文艺宣传等方面。中共广东地方组织和东江人民抗日武装建立之初，就对报刊宣传工作高度重视。1941年1月，广东人民抗日游击队第三大队，就在大岭山根据地创办了《大家团结》周报。1941年七八月，东江抗日游击队将《大家团结》周报和《新百姓》合并，报名仍为《新百姓》，后来邹韬奋建议《新百姓》报名改为《东江民报》。1942年初，随着广东人民抗日游击队总队成立，《东江民报》进一步改为《前进报》。1945年3月，《前进报》社随东江纵队司令部进驻罗浮山，报刊规模进一步完善扩大，工作人员达四五十人。《前进报》在华南地区有相当的影响，刊载了大量中共广东党组织和东江纵队领导人文章、讲话，发表了100多篇社论，及时报道了东江抗日根据地的新闻，宣传了中共的抗日主张，指导了东江抗日根据地乃至广东地区的抗日斗争。东江地方党组织和东江人民抗日武装还十分重视发展东江抗日根据地的文艺宣传工作。1943年初，广东人民抗日游击队总队再次成立“东江流动歌剧团”。1944年10月，东江纵队在大鹏湾建立了以“拖拉机”为代号的政工宣传队，这些宣传队快速地宣传了中共的抗日主张，鼓舞了根据地军民的抗日士气。

东江抗日根据地的文化教育工作是根据地建设的重要组成部分，它对宣传中共的政治主张和各项方针政策，对于团结和教育根据地军民以及坚持抗战，打击敌人，进而巩固抗日根据地，起到了无法估量的作用。

## 东江纵队迎接抗战的胜利和东江抗日根据地的伟大贡献

1945年，世界反法西斯战争迅速向胜利的方向发展。在中国战场上，日本法西斯也是穷途末路，加速走向覆灭。8月9日，毛泽东发表了《对日寇的最后一战》的声明，号召中国人民的一切力量应举行大规模的反攻。10日，朱德总司令发布关于接受受降和对日展开全面反攻的七道命令。根据中共中央和延安总部的指示和命令，曾生、尹林平、王作尧、杨康华于8月

11日，向东江纵队各部队发布紧急命令，要求“各部队长应立即动员全体军民，开入附近敌占据点，解除日伪武装，维持治安，镇压土匪特务破坏活动……不得稍有疏忽。”同时，要防止蒋介石抢夺人民的胜利果实。8月14日，广东区党委发出《对目前时局的紧急指示》，要求广东人民抗日武装包围敌占据点，解除敌伪武装和收缴其物资。

东江纵队各支队、大队遵照广东区党委和纵队司令部的命令，立即进行紧急动员，集结主力，全线出击，向东江两岸、广九铁路、广汕公路两侧和沿海的敌伪据点推进，逼迫日伪军投降，歼灭拒不投降的敌人。8月12日，东江纵队首先攻击官涌坳的伪军，全歼伪军一个连，揭开了路西抗日军民受降斗争的序幕。紧接着，第一支队乘胜进攻厚街，厚街的一个连的伪军很快缴械投降，厚街宣告解放。至此，东江纵队收复莞太公路沿线各乡村，为解放东宝地区创造了条件。8月20日，广九铁路重镇深圳解放，23日，收复沙头角。港九大队先后接受500多名日伪军投降，其中日军300多名，伪军200多名；9月10日，第七支队解放稔平半岛，俘获护国军支队长罗华及其所部180余人。据不完全统计，东江纵队在向日伪军进攻中，共歼灭伪军一个营、三个连和一个排，日军一个小队；伪军一个营，七个连，日军171人被迫投降。解放了宝安、始兴县城和深圳、沙头角、西乡、松岗、宵边、厚街、大朗、寮步、平湖、塘厦、横沥、龙岗等圩镇及惠东宝、港九及海丰的广大农村，使路东、路西、惠东、海丰解放区连成一片。延安的《解放日报》以《华南抗日游击队的功绩》为题，报道了东江纵队迫使日军投降的消息。

东江抗日根据地是抗日战争时期具有重要战略地位的全国19个抗日根据地之一，为抗日战争的胜利做出了非凡的贡献。其一，东江抗日根据地处于香港、广州两个大城市中间，横贯广九铁路，靠近粤汉铁路南段，具有重要的战略价值，因而在抗日战争和太平洋战争中，成为敌我双方争夺的战略要地。美国《美亚杂志》1944年7月刊登的《东江游击纵队与盟国在太平洋的战略》一文中，论述了东江敌后地区在太平洋的战略意义，并指出东江抗日根据地对于盟军将来在中国海岸登陆，取得“进攻日本的胜利，已具有头等重要性了”。其二，东江抗日根据地和东江纵队成为华南敌后战场的中流砥柱。东江抗日根据地和东江纵队不仅在军事斗争方面占有举足轻重的地位，而且在政权建设、领导干部的培养方面成为华南地区的重心，中共广东省委机关曾设东江，其主要负责人兼任东江抗日根据地和东江纵队领导人。东江抗日根据地的政权建设为东江敌后的武装部队提供了物质与精神上的保证，解决了东江武装部队的后顾之忧。对东江抗日革命根据地和东江纵队在抗日战争中的地位和作用，党中央和中央军委也给予了高度的评价和充分肯定，指出："你们全体指战员在华南沦陷区组织和发展了敌后抗战的人民军队和民主政权，至今已成为广东人民解放的旗帜，使我党在华南政治影响和作用日益提高，并成为敌后三大战场之一。"其三，东江抗日根据地为促进中国抗日民族统一战线与世界反法西斯统一战线的巩固和发展做出了贡献。根据地军民不仅成功地将大批中国文化界爱国人士和民主人士、国际友人以及英国官兵、还有一些作战失事的美军飞行员，从日军虎口中胜利营救出来，得到了国内外各界人士一致赞扬，而且积极与盟军进行真诚合作，为盟军提供重要而准确的军事情报，为世界反法西斯战争胜利做出了特殊贡献，在国际上赢得了很好的声誉。

（陈雷刚执笔）

★琼崖独立游击纵队中的女战士

# 琼崖抗日民主根据地

自1939年2月日军侵琼，中共琼崖特委领导琼崖人民在反对日本侵略者的斗争中，建立和发展了琼崖抗日民主根据地，对琼崖抗日战争、中国人民抗日战争和世界反法西斯战争，做出了不可磨灭的贡献。

## 云龙改编，琼崖国共两党实现合作抗日

1937年7月卢沟桥事变后，中共琼崖特委（以下简称特委）根据中共中央的抗日民族统一战线方针政策和南委指示，就琼崖国共两党团结抗日问题向全琼人民公开发表了《团结抗日，保卫琼崖》的告同胞书。同时，主动给琼崖国民党当局写信，提出以民族利益为重，停止内战，团结抗日的主张，建议双方派出代表进行谈判。

琼崖国民党当局在中共琼崖特委和群众抗日救亡运动的压力下，不得不同意谈判。8月，国共两党代表开始谈判。在谈判中，由于国民党当局缺乏诚意，坚持先把红军拉出来点验的顽固立场，三轮谈判毫无进展。就在谈判陷入僵局的时候又发生意外，10月间，中共琼崖特委书记冯白驹及其夫人在塔市乡演村一户农民家里突然遭到琼崖国民党当局逮捕。试图以此要挟中共琼崖特委在谈判桌上让步。冯白驹夫妇被捕后，中共琼崖特委一方面向国民党当局交涉，严正要求立即无条

件释放冯白驹夫妇；另一方面将冯白驹被捕情况向上级报告，要求设法营救。同时通过各种报纸刊物，将国民党当局非法逮捕冯白驹的真相公之于众，揭露琼崖国民党当局置民族大义于不顾，破坏国共团结抗日谈判的行径。中共南方局书记周恩来得知后，亲自向国民党当局提出抗议，并指示中共南委向广东省国民党当局提出交涉。叶剑英写信给广东省国民党军政当局，要求其顾全大局，无条件释放冯白驹。琼崖各阶层人民对国民党的行径异常愤怒，海口、府城地区的工人、农民、学生举行游行示威，强烈抗议。海口市进步人士、海外琼侨、港澳琼胞纷纷写信、打电报或发表谈话，公开谴责琼崖当局不顾民族大义的无耻行径，要求立即释放冯白驹和一切政治犯，恢复谈判。在巨大的压力下，蒋介石被迫于12月命令琼崖当局无条件释放冯白驹。1938年1月，琼崖特委派冯白驹为全权代表，与琼崖当局重开谈判。

10月22日，琼崖国共两党终于达成合作抗日的协议，主要内容有：（一）琼崖红军取消番号后，编为“广东民众抗日自卫团第十四区独立队”，在政治上组织上保持独立自主；（二）独立队为一个大队建制，下辖三个中队，冯白驹任独立队队长，独立队和三个中队的队副职由国民党选派，但须经共产党同意；（三）国民党当局按一个营的编制每月发给独立队军饷8000元。琼崖国共两党在新的历史条件下实现了第二次合作。

1938年12月5日，琼崖各地红军集中在琼山县云龙墟举行改编暨誓师大会。改编后的部队番号为“广东民众抗日自卫团第十四区独立队”，冯白驹为独立队队长，马白山为队副。大队下辖三个中队，300人枪。琼崖特委选择琼（山）文（昌）公路干线的云龙墟及其附近乡村作为独立队驻地。红军改编暨抗日誓师大会当天，云龙墟锣鼓喧天，洋溢着节日的喜庆气氛。来自各地的上万名群众和各界爱国人士带着慰劳品、锦旗前来祝贺。国民党琼崖守备司令、第九区行政督察专员、保安司令王毅，副司令杨永仁和琼山县县长云振中参加了大会。冯白驹代表独立队全体指战员讲话，表示决不辜负琼岛同胞的期望和重托，誓死抗日，保卫琼崖。

# 独立队首战潭口打响琼崖抗日第一枪

1939年2月10日凌晨，日军“台湾混成旅团”数千人在其海军第五舰队30余艘舰艇和50余架飞机掩护下在海口附近强行登陆。当天日军占领海口和府城。2月14日拂晓，日军第五舰队运载佐世保海军陆战队2500余人，在三亚港登陆。当天占领了三亚、榆林、崖城。3月20日，日本宣布占领西沙群岛和南沙群岛。

驻守各地的国民党保安部队和壮丁常备队的爱国官兵奋起抗击入侵日军，但终因装备较差、战斗力弱，无法抵挡日军的进攻。国民党军政机关人员及其眷属，先退至嘉积，紧接着又撤入定安县岭口、翰林一带山区。面对日军的猖狂入侵，国民党军政指挥系统一时陷于紊乱，国民党各县党务废弛。中小市镇社会人心惶惶，稍有资财的商民争相购买黄金外汇出逃。日军短时间内便占领了海口市和13个县城以及交通要道、沿海港口。侵琼日军铁蹄所到之处，刀光血影。

日军占领海口、府城后，冯白驹判断日军必定渡过南渡江东进，当即下令独立队第一中队于2月10日上午赶到潭口渡口东岸阻击敌人。不久，日军果然从海口向潭口开来，遭到第一中队顽强阻击。第一中队一直坚持到黄昏，才奉命撤出阵地。除班长李文启牺牲外，全部转移回云龙。独立队在潭口有效阻击侵琼日军，打击了日军长驱直入的嚣张气焰，掩护了从海口、府城逃离出来的群众转移。潭口阻击战鼓舞了广大人民群众的抗日情绪，提高了独立队的威望，扩大了党的政治影响。此战后，独立队转入敌后农村开展游击战争。

为了动员群众，建立群众抗日武装，扩大抗日队伍，全面开展抗日游击战争，冯白驹亲自赶赴定安县翰林琼崖守备司令部与王毅会谈，提出扩编独立队的要求，建议成立琼崖统一的政治机关。出于琼崖抗日形势的需要，王毅同意独立队扩编和建立琼崖统一的战时政治机关——琼崖战时党政处。王毅兼任该处处长，副处长由国民党琼崖党部书记长曾三省担任，中共琼崖特委派王业熹、王均、刘秋菊、韩庆华等到党政处工作。3月，独立队正式扩编为独立总队，下辖三个大队和一个特务中队，冯白驹任总队长，马白山、符振中任总队副。独立总队由300多人发展到1000多人，成为当时中国共产党领导的华南地区人数最多的一支人民抗日武装。

扩编后的独立总队，按照中共琼崖特委的部署，第一、二大队在琼文地区开展游击战争，打击敌人。第三大队在琼西地区开展游击战争，与琼文地区的抗日斗争互相配合，打开了全琼抗战的局面。

日本侵略者相继占领琼崖各重要城镇、重要港口及交通要道后，马上着手修筑碉堡、码头、港口，拓宽公路，开始在南渡江上架设铁桥，加速对琼崖物资的掠夺和对琼崖的控制。为此，日军把兵力部署到各县城、乡镇、港口及交通要道上去驻防，加上一部分日军被调走进攻广东南路，日军在琼兵力出现不足，这为琼崖敌后抗日游击战争发展创造了有利条件。琼崖特委立即要求独立总队及各地党组织领导下的群众武装，破坏公路、桥梁和电话线，抓住战机，主动出击，广泛开展敌后游击战争。

1939年3月7日，活动在琼文公路干线地带的独立总队第一大队第一、三中队，在罗牛桥伏击敌人，歼灭日军大佐指挥官以下20多人，缴获三八式步枪五支、子弹几百发。3月，独立总队第一大队派一个中队，配合国民党保安十一团一营及文昌壮丁常备队和文昌南阳乡游击队李良中队，进攻文昌县城日军，这是琼崖国共合作抗日的第一战，政治影响颇大。4月，日军江波中队60余人进犯崖县罗浩、落马村一带，落马村黎族首领唐天祥率领黎族青壮年30多人携带粉枪、弓箭等埋伏在日军经过的吊鼓岭，当场击毙日军两人，击伤多人。5月，独立总队第三大队由大队长马白山率领，在儋县国民党游击队和当地群众配合下，在黑岭伏击日军军车，打死、打伤日军十多人。9月2日，独立总队第一大队大队长黄大猷率第一大队和第二大队五中队，在琼山罗板铺伏击日军运水车，全歼日军11人，焚毁了敌人的运水车，缴获琼崖军民抗战以来的第一挺机枪及各类长短枪和子弹一批。蒋介石闻报下令对战斗部队进行嘉奖，并发给独立总队一批枪支弹药。9月23日，独立总队第二大队第四中队长林天德带领短枪班八名战士，化装混杂在赶集农民中进入日军控制的琼山县永兴墟，迅速击毙日军哨兵，消灭留在据点的敌人，夺取轻机枪一挺、掷弹筒一具、步枪五支。

特别是围攻那大战斗的胜利，极大地鼓舞了全琼人民的抗战信心，并为特委和总队西迁创造了条件。10月21日，独立总队第三大队在2000多名群众武装及国民党部分游击部队的配合下，采取白天包围、夜间袭扰的围困战术，使驻守那大镇的200余名日伪军陷入供给断绝、疲惫不堪的境地。那大镇附近的日军慑于中途被伏击，也不敢前来增援。11月5日深夜，独立总队突击队攻进镇内，日军丢下据点夺路突围，乘夜仓皇向新州方向逃窜。没来得及逃跑的一个伪军中队80余人，放下武器投降。从那大潜逃的日军，在东城、长坡遭到当地抗日游击队和群众伏击，弃下十余具尸体，落荒而逃。此战，击毙日军指挥官一名，毙伤日军多名，俘伪军中队长以下80多人，缴获枪支60余支、子弹几千发和军用物资一批。

从日军入侵琼崖至1939年底的十个月时间，琼崖特委和独立总队领导根据地军民英勇抗击入侵之敌，积极开展敌后游击战争，先后对日作战70多次，消灭日军800余人，缴获轻机枪、掷弹筒、长短枪和军用物资一批，壮大了抗日队伍，扩大了抗日游击区，建立和发展了中共琼崖特委领导下的第一块抗日游击根据地——琼（山）、文（昌）敌后抗日游击根据地。

## 爱国华侨回乡抗战

日军侵占琼崖后，琼籍海外华侨纷纷成立各种抗日救国团体，通过各种渠道募捐了大批资金、物资和药品，用来支援琼崖抗日斗争。同时，不少爱国青年琼侨冒险穿过日军封锁线渡海返琼，参加抗战，救济难胞。设在香港的琼崖华侨联合总会决定香港琼侨回乡服务团分批返琼。1939年4月16日，由符思之带领的第一批团员32人，冲破日军严密封锁的琼州海峡，在琼北成功登陆，成为服务团的“渡海先锋”。第二、第三批团员共100人沿着同样的路线相继返回战火纷飞的家乡。南洋各琼侨社团纷纷仿照香港琼侨回乡服务团的做法，发动琼侨青年组成服务团回乡参战。越南琼侨救国总会组织琼侨回乡服务团43人，在团长符克的带领下，于7月渡海返琼。星洲琼侨救乡总会等也都组建琼侨回乡服务团返琼参战。据统计，共有252名爱国华侨青年参加服务团，其中七人在渡海时牺牲，其余245名团员回到家乡，同全岛抗日军民并肩战斗。

为加强对回乡服务团的领导，1940年6月19日，琼崖华侨联合总会回乡服务团总团在琼山树德乡成立，符克任总团长，陈琴、梁文墀任副总团长。服务团里有20名共产党员，琼崖特委在团里组建由符思之担任书记的特别支部。

琼崖华侨回乡服务团的一项重要工作就是开展抗日救国宣传。他们首先在文昌、琼山，随后逐步深入到万宁、乐会、琼东、定安、澄迈开展工作。他们发动民众抗日救国，沟通琼崖和海外琼侨之间的联系，向海外介绍琼崖抗战情况并揭露日本侵略者在琼崖的暴行。服务团还创办团刊、壁报等进行抗日宣传。回乡服务团的另一项重要工作是医疗服务。1939年至1940年，服务团携带医疗器械和药品，先后在文昌、琼山、琼东、乐会、万宁等县开设医务所，救死扶伤，分文不收。服务团医疗队把抗日战场救护作为重点，在琼文地区和美合地区，派出随军医疗队。服务团还为独立总队举办了三期医务人员培训班，培训了90多名紧缺的医务人员。抗日战争进入相持阶段，国民党顽固派实行“溶共”“防共”“限共”的政策，回乡服务团也受到国民党顽固派的种种限制、干扰、破坏和迫害。国民党顽固派先是对服务团引诱、欺骗，企图把服务团变成他们“反共灭独”的工具。当服务团晓以抗日民族大义时，他们又进行种种限制、破坏，甚至制造事端，无理逮捕、枪杀服务团成员，暗杀服务团领导人。1940年8月12日，服务团总团长符克与国民党琼山县参议、琼山县三区区长韦义光（中共地下党员）到定安县翰林墟会见广东省第九行政区督察专员兼保安司令吴道南和琼崖守备司令王毅，商谈慰劳孤岛抗战物资分配和加强琼崖国共合作避免内战等问题，吴道南对符克、韦义光提出加强国共合作抗日的意见强烈不满，于8月15日将符克、韦义光扣押，枪杀于附近的草岭。这就是琼崖国民党顽固派制造反共磨擦的前奏，轰动海内外的“符韦血案”。

1941年底，太平洋战争爆发，国际形势发生重大变化，琼崖同海外联系中断，侨援也随之断绝。1942年春，中共琼崖特委和服务团商讨，决定保留该团名称，服务团成员则根据各人志愿和工作需要，分配到新的工作岗位，继续为琼崖抗日战争贡献自己的青春和才智。

## 国民党顽固派制造美合事变

1940年1月26日，中共中央指示："冯白驹与琼崖特委应以全岛为对象广泛发展党，发展武装，发展民运，设法争取各县政权，不顾国民党的任何阻碍，坚决组织全岛人民的抗日战争。""要把琼岛创造为争取九百万南洋华侨的中心根据地；创造为党在南方发展扩大影响的根据地；创造为培养干部的根据地。"根据中共中央的指示和中共琼崖特委四届八次扩大会议决议，冯白驹率领特委和独立总队领导机关向西转移。几经周折，队伍于2月中旬来到琼山、澄迈、临高三县交界的美合山区。这时，日军已重新占领那大镇，在那大附近的纱帽岭山区建立根据地已不可能，况且国民党琼崖党政机关、部分武装力量和几个县的县政府及其游击队都集中在五指山腹地及其周围，继续向西南山区前进困难不少。在与当地党组织联系后，特委对美合地区进行调查研究，决定先在美合山区建立美合抗日根据地，伺机向五指山区发展。美合山区接近五指山区的白沙县边缘，山林茂密，村庄错落其间，近一万居民中大部分是客家人和黎、苗族同胞。这一地区粮食丰富，周围没有日、伪、顽的军事据点，敌人势力薄弱，有中共澄迈县委领导的党组织活动。琼崖特委和独立总队部进入美合后，抽调一批干部组成工作队深入美合及其周围地区，宣传共产党团结抗日的主张和抗日政策，发动与组织群众清匪反霸，安定民心。同时，独立总队特务大队进驻美合外围的南坤墟，开展南坤地区的群众工作。为加强西路部队的领导，成立琼崖独立总队西路指挥部，马白山为指挥，符荣鼎为政治委员，统一指挥第三大队和新成立的第五大队的行动，以策应美合根据地的建立。为加强美合抗日根据地的党组织建设，特委成立以谢志德为书记的中共美合特区委员会。在美合特区的外围和那大周边成立了以符志行为书记的中共大南区委，开展美合根据地的外围工作。经过近半年的艰苦工作。美合境内和周围各乡组织了农救会、青抗会、妇救会等抗日民众团体。遵照中共中央关于“应作长期坚持计划”，“丝毫也不要依赖国民党发饷，依靠人民筹给，可求助于华侨，中央不能拨款”，“一切要自力更生”的指示，特委非常重视根据地的经济建设，自己动手，发展农副业生产；推行“三七”减租的土地政策，发挥佃农积极性；开办牛市、消费合作社、军械厂，繁荣经济生活；从外地请来专家，介绍和传授种植、饲养的先进技术和经验，改变当地群众生产技术落后的状况；生产农用工具，支援群众农业生产，打破了日军的经济封锁。

1939年6月，国民党派吴道南到琼担任广东省第九行政区行政督察专员兼保安司令、守备副司令，开始推行国民党的反共政策。8月，吴道南撤销了琼崖战时党政处，解散各种抗日团体，撤销了中共派出的干部的职务，并在各机关、部队中甄别共产党员。同时下命令要独立总队缩编为游击大队，逐步停发了独立总队的月饷，还叫嚷要“先倒共后抗日”。中共琼崖特委从国家民族利益出发，敦促琼崖国民党当局立即停止反共分裂行径，以维持团结抗战的局面。但是国民党顽固派却在反共分裂的道路上越走越远，频繁逮捕、杀害中共抗日武装人员和地方干部，甚至杀害了数名琼崖华侨回乡服务团成员，并策划了震惊琼崖的“美合事变”。

早在1940年八九月间，琼崖国民党顽固派即策划了一个“反共灭独”的计划：首先集中优势兵力进攻西路美合根据地，一举歼灭琼崖特委、独立总队首脑机关和西路主力；然后回军东路，围攻第一支队，摧毁琼文抗日根据地，以控制他们从定安县翰林、琼山县新兴通往文昌县锦山的海上补给线。10月9日，国民党保七团副团长林荟材到美合根据就“关于建立西路联防”问题进行谈判，拿出守备司令部给独立总队的“调防命令”，要求独立总队撤出美合，调到琼文一带，由国民党叶丹青部接管美合地区。冯白驹当即予以反驳，并表明寸土不让的态度。10月21日，吴道南、王毅作出向美合根据地发起进攻的决定。11月2日，林荟材率领两个主力营抢占美合根据地外围重镇南坤墟。接着，李春农率部占领仁兴、中兴、岭仑、西昌、榕树铺、松涛等乡镇，对美合根据地形成包围态势。12月15日凌晨，李春农率顽军3000余人向美合根据地发动突然袭击。巡哨的独立总队作战科长覃威察觉后立即调集第二大队和特务大队占领前沿阵地顽强抵抗，庄田副总队长赶到阵地亲自指挥作战。在特委、总队部等机关单位安全撤离后，独立总队撤出战斗。次日，顽军占领美合村。

美合保卫战的失利，使中共琼崖特委向中西部山区发展的战略受到挫折。美合事变后，特委和总队部向东转移回琼文根据地，与第一支队会合。顽军按照既定计划，扑向琼文抗日根据地。日本侵略军也加强了对琼文抗日根据地的“扫荡”，造成了日、顽夹击的严峻局面。

## 击退反共逆流

1941年2月15日，中共琼崖特委在琼山县树德乡召开第三次执委会议，作出了集中力量，打退国民党反共逆流，坚持团结抗战的决议。中共琼崖特委一面耐心地向琼崖国民党当局做团结工作，一面做好军事斗争的准备。3月12日，独立总队在罗蓬坡设伏，攻击尾随而至的顽军，全歼顽军第八连。打击顽军的同时，独立总队还主动攻击日军。4月，独立总队在翁田据点、龙马桥和冯凤至锦山公路三战日军，均取得胜利，消灭日军50多名。7月，独立总队第一、二支队在文昌县大昌乡美德村与文昌县潭牛和琼山县大致坡三个日军据点之间运用“围城打援”结合“引蛇出洞”战术，歼灭日军60余人。

针对琼崖国民党顽固派，中共琼崖特委在采取“人不犯我，我不犯人，人若犯我，我必犯人”方针的同时，坚持以民族利益为重，再次向国民党当局及全体官兵发出公开信，呼吁国民党人捐弃前嫌，重开谈判，恢复团结，共同抗日。7月，中共琼崖特委主动派出代表与琼崖守备副司令李春农商谈。李春农竟然杀害了谈判代表联络员，破坏谈判。10月，琼崖特委又向吴道南、王毅发出公开信，提出解决两党争端的意见，遭到拒绝。

1941年底，国民党顽固派集结保安第六、七两个团的主力向琼文抗日根据地进犯，大有主力决战之势。总队部侦悉顽军意图，命令第一、二支队在顽军必经之路斗门村附近设下埋伏。次日，顽军遭到伏击，向潭文、甲子方向且战且退，独立总队将顽军死死围困在树德乡大水村，顽军凭借优势火力作困兽斗。第一、二支队围攻大水五天四夜，仍无法解决战斗。1942年1月28日，国民党调集3000余人驰援，使其被围之部乘机突围。第一、二支队随即穷追猛打，两部顽军被打得溃不成军夺路逃窜。

斗门、大水战斗是独立总队与顽军的一次主力决战。独立总队虽未能全歼顽军主力，却击毙其少将副司令李春农，消灭顽军官兵近千人，令顽军元气大伤。从此，顽固派再也没有能力向独立总队发起大的攻势，反共逆流被彻底击退。

## 琼崖敌后抗日根据地的壮大

自琼崖抗日战争爆发以来，中共琼崖特委遵照中共中央制定的建立坚持持久抗战的中心根据地的方针，在各地党政军民的不懈努力下，开辟和发展了琼文、琼南、琼西等抗日游击根据地。同时积极地、有计划地向五指山区发展，为创立五指山中心根据地做准备。

1941年夏，琼崖独立总队第三支队奉命东调，9月，在乐东县黑眉岭打破1000多名日军的五路围攻后继续向东转移，1942年初到达万宁县六连岭抗日根据地。第三支队转移半年多，途经八个县，行程1000多公里，扩大了党和独立总队在琼南地区特别是少数民族地区的影响，为巩固扩大南区的抗日根据地打下了基础。

为把抗日战争推向全琼，恢复向琼西发展的战略布局，大水战斗后，琼崖特委在澄迈、临高、儋县西部地区组建了马白山为支队长、符荣鼎为政委的第四支队。第四支队在西路灵活主动地开展抗日反顽斗争，初步建立了儋县东成、洛基、清平，临高大南、木排等几块小型抗日游击根据地，为向西发展创造了有利条件。

在琼东北，独立总队抗日反顽斗争取得一系列胜利，琼东北地区的抗日根据地和游击区不断得到扩大。第一支队击溃顽军的进犯，巩固与发展了琼山二区、儒万山一带的抗日根据地，并向澄迈县第三区推进。第一、二支队相互配合，把游击区扩展到整个文昌东北平原及琼山北部的沿海地区。第三支队以六连岭根据地为中心逐渐扩展到乐万的红砖岭、白石岭山区，并派出部队在陵（水）、崖（县）、保（亭）三县交界处的吊罗山区开展少数民族工作。

抗战初期，为广泛团结各阶层爱国人士共同抗日，中共琼崖特委对国民党地方政权采取派出党员干部担任区、乡长或扶持和支持其工作的办法。随着顽固派反共面目的暴露，琼崖缺乏中共政权组织的问题凸显出来。中共琼崖特委根据形势的变化和中共中央关于“琼崖有党有军队，但缺政权”以及“必须在一切可能地区立即建立独立自主的抗日民主政权”的指示，参照中共中央在《抗日根据地的政权问题》中规定的“三三制”等原则，加快政权建设步伐。1940年4月，特委在琼文根据地建立演丰乡、金堆乡、云龙乡抗日民主政府。11月16日，中共文昌县委在宝芳乡召开了有六七千人参加的群众大会，选举成立了以共产党员詹镛为县长的文昌县抗日民主政府。这是华南敌后建立的第一个县级抗日民主政权，为各地成立民主政权作出了榜样。1941年11月10日，琼崖东北区人民代表大会在琼山县树德乡下昌村召开。参加大会的有各县抗日民主政权的代表、各抗日民众团体、各阶层爱国华侨和独立总队代表，以及西区、南区尚未成立抗日民主政权各县的代表。大会按照“三三制”原则进行协商，选举冯白驹、黄魂、史丹等为委员，冯白驹为政府主席。琼崖东北区抗日民主政府实际上是中共琼崖抗日根据地最高的政权机关。它的成立标志着琼崖抗日斗争进入了一个新的阶段。

琼崖各级民主政府为克服根据地的财政经济困难，在缺少外援的情况下，发动组织群众，自力更生，发展经济，开源节流，努力保障军民供给，支持长期抗战。1941年至1942年，琼崖特委和各级抗日民主政府分别发出关于“奖励生产，发展手工业”“成立生产委员会，领导和推动群众发展敌后生产”的决定。在工业方面，主要是发展军需民用工业，创办了军械修理厂、枪榴弹厂、印刷厂、造纸厂、农机修造厂、榨油厂、竹笠厂、炼盐厂等。在手工业方面，通过减免税鼓励私营手工业的发展，以生产农民急需的生活和生产用品。在农业方面，特委和抗日民主政府响应毛泽东关于“自己动手，丰衣足食”的号召，领导干部亲自带领干部战士开荒种稻、种菜、养猪，组织农民发展农副业生产。商业方面，制定“保护商人自由商业，发展琼崖东北区商业”“奖励农工商”政策，通过兴办合作社，开设商店，发展岛内外贸易，开设农贸市场、盐市等办法，打破经济封锁，活跃根据地经济生活。财税方面，特委根据中共中央的指示和琼崖的斗争实际，制定了琼崖战时财政经济政策，征收公粮、军粮、税赋，打没汉奸、奸商的财物，发行代用券，开展各种献捐运动，尽可能地克服根据地财政困难。

文化教育事业方面，大力开展宣传教育工作。1939年春，中共琼崖特委机关报《抗日新闻》创刊，至1945年9月坚持办了六年半，成为特委在琼崖最重要的舆论阵地。独立总队主办的《战斗生活》和《军政杂志》、特委宣传部主办的《琼崖时报》、琼崖东北区抗日民主政府机关报《新琼崖报》等报刊先后印发。在群众性的抗日宣传方面，中共琼崖各级组织和抗日民主政府，通过在农村、墟镇组织召开群众大会、座谈会、编演抗日戏剧、印发传单、出版壁报、漫画、写标语等多种方式向群众宣传抗日救国道理，控诉日本侵略者的暴行。在抗日宣传中，文昌抗日话剧团、琼侨服务团歌剧队等发挥了重要作用。在文化教育方面，抗战初期，教育事业受到战争极大摧残，十余所中学完全停办，高级、初级小学，开课率也不足十分之一。特委和抗日民主政府大力恢复学校教育。至1942年9月，仅琼山县就有学校200余间（所），学生3000余人。在群众教育方面，为了普及文化、扫除文盲，琼崖各级民主政府先后在各地建立了平民学（夜）校、阅报社、识字班、时事讨论会等，采取多种灵活的形式，对民众进行文化教育、时事教育。据1942年9月的统计，识字学校已有100余间，学生3000余人。1940年7月，以延安的抗大为楷模，在美合根据地创办了琼崖抗日公学，学习内容为政治、军事两大类，以政治课为主。培养对象是部队的战斗骨干、党群干部和各地抗日青年。琼崖抗日公学办了两期，培养了600余名学员。不少学员毕业后，在各个岗位上成为各方面的骨干，其中一些人为抗日救国献出了宝贵的生命。

军事建设方面，自特委第三次执委会成立琼崖特委军事委员会后，对部队的建设采取了一系列重大措施，加强党对军队的领导。1942年春，党组织在部队内由秘密转为公开，按照“支部建在连上”精神，建立、健全各级党组织机构。开办军事学校方面，美合事变后，琼崖抗日公学停办。但是，冯白驹、李振亚认为：“培养干部人才是我党我军一项长期的战略任务。形势越紧张，斗争越艰巨，就越需要更多更强有力的各种干部和人才去加强对各种组织与工作的领导，就越需要保证不断地培训和补充干部，决不能中断。”于是琼崖特委1941年6月在六连岭创办了一所抗大式的“琼崖抗日军事政治干部学校”，培养学员600多人，为琼崖抗日战争输送了大批骨干人才。在军事力量建设方面，形成了在党领导下的县基干队、区常备队、独立总队三级武装队伍，为军事斗争打下了坚实的基础。

## 艰苦卓绝的抗日反顽斗争

1941年12月太平洋战争爆发，世界反法西斯战争进入新的阶段。琼崖日军受此影响，一面加快对战略资源的掠夺，一面调集了6000多人兵力，在飞机、坦克的配合下，于1942年5月起，从琼文开始，然后分东、西、南三路向琼文、临儋、乐万等抗日根据地进行了规模空前的“蚕食”和“扫荡”。叫嚣要在“三个月内消灭海南岛上的抗日力量”。日军野蛮摧毁敌后抗日根据地军民的一切生存条件。据不完全统计，在日军的“蚕食”和“扫荡”中，琼崖群众被杀害者达十多万人，被焚毁屋宇五万余间。

国民党顽固派消极抗日、积极反共的策略仍未改变。1941年12月，丘岳宋来琼接替吴道南任行政专员职务，继续执行反共的政策，继续进攻敌后抗日根据地。

在这样严峻的局面下，中共琼崖特委全面动员根据地军民，采取破袭、伏击战术主动出击：无数个破击小组在海口至文昌、文昌至嘉积的纵横1000多公里的公路上，分段砍倒电线杆，剪断电线，破坏公路、桥涵。第一、二支队多次伏击修筑公路、碉堡、通讯线路的日军，大量歼灭深入根据地的顽军，并攻陷文昌县锦山墟、潭牛墟，缴获大批布匹、药品和物资。

第二支队还在竹桥伏击日军，全歼日军一个中队。独立总队的主动出击完全打乱了日军的战略意图，挫败了日军"蚕食""扫荡"计划。随后，琼岛各抗日根据地、游击区的军民振奋精神，对日军展开了更积极、更广泛的游击战争。

异常活跃的抗日活动令日军大为震惊，从1942年11月1日开始，日军实施"丫七作战"计划，调集精锐部队5000人组成"讨伐军"，在近万伪军的配合下，对琼文地区发动更加凶狠的"蚕食"和"扫荡"。日军烧杀抢掠，"芳草见火、石头过刀"，肆意摧毁抗日政权和组织，建立其据点及伪组织。根据地的中心地区被划为无人区，疯狂地实行惨绝人寰的烧光、杀光、抢光的"三光"政策。国民党顽军主力与国民党县游击队，乘机进行侧击，企图钳制独立总队。

对此，独立总队主力根据敌人的行动规律，组织精干的游击小组，采取破击、伏击、袭击等游击战术，同日军进行英勇无畏的斗争。这些游击小组独立展开战斗，飘忽不定、神出鬼没，搞得敌人疲于奔命。12月，第二支队第一大队在坡头尾村的战斗中，击落一架日军飞机。从1942年10月至1943年1月，第一、二支队在琼文根据地的艰苦斗争中，共毙伤日伪军和顽军1200多人。日军寻找独立总队主力作战的企图始终没有得逞。

抗日根据地的基层党组织和广大人民群众是军队最坚强的后盾。琼文抗日根据地的琼山、文昌两县的区乡干部，在几个月的反"蚕食"斗争中牺牲了400多人，没有一个人当叛徒。琼山县道崇乡抗日民主政府七任乡长先后被敌人杀害，一个倒下去，又一个接上来，抗日民主政权从未被摧毁过。残酷的斗争中，涌现出来一大批英雄的基层党员干部、堡垒户、革命母亲。文昌县冯凤乡山塥村堡垒户郭冠英的家，经常住有乡抗日民主政府干部和军需工作人员。一天，突然遭敌人包围，她机智地让同志们及时转移到附近山上，自己和不足岁的女儿留下对付敌人，落入了敌手。敌人对她严刑拷打，惨无人道地抢去她怀中的女儿，摔在地上用刺刀捅死。她坚贞不屈，最后英勇献出了生命。龙马乡新村的云四婆，把独立总队两名伤员隐蔽在她家中地洞里，日敌进行搜查毒打她，逼她交出，她忍痛同敌人斗争，保护了伤员的安全。她多次受刑不屈，不顾自己的安危救护革命同志，把所有革命同志都当成自己亲生儿女看待，被誉为“革命母亲”。

由于日军实行长时间的惨无人道的“三光”政策，恣意烧杀蹂躏，根据地群众遭受了重大的牺牲。琼文交界的几个乡已经成了“无人区”，党组织的活动、群众的生活都遇到了极其严重的困难。特委改变斗争策略，在根据地内以“白皮红心”、惩恶肃奸方式开展对敌斗争。同时制定了“坚持内线，挺出外线”的作战方针，对独立总队力量重新部署：一部分向琼山县西部和澄迈县挺进、一部分向琼东、定安县挺进，以巩固与扩大琼西抗日根据地和琼东南抗日根据地，另一部分留在琼文，坚持内线斗争。特委领导机关转移到文昌县昌洒乡，总队部和琼崖东北区抗日民主政府机关转移到琼山县演丰乡。

进入儒万山建立抗日根据地的第一支队，以一部分兵力突出外围，绕到敌后开展斗争，内线部队化整为零，与敌周旋，在根据地周围建立了十多个乡的抗日民主政权。第一支队在儒万山站稳脚跟后，派出第三大队向六芹山开进，冯白驹率领琼崖党政军领导机关西迁进入六芹山后，即派出第二支队向昌感、白沙边区挺进，为创建白沙抗日根据地做准备。日军受转移的独立总队第一、二支队吸引，扑向西区和东区继续进行“蚕食”“扫荡”。特委则以“坚持内战，挺出外线”的方针应对，在各地与日军展开了艰苦卓绝的斗争。

琼崖特委、东北区抗日民主政府、独立总队部转移到琼西南后，日军调集兵力对琼西地区进行“蚕食”和“扫荡”。西路的第四支队对支队所属大队进行安排，第三大队坚持内线斗争；第一大队、第二大队和猛进大队挺出外线打击敌人，开辟新区，在反“蚕食”斗争中不仅保卫了和民、和祥等根据地，还把儋白边区扩大成为抗日游击区，并建立了以大星山为中心的根据地。

南路的第三支队除留下第一大队支持内线斗争，坚守六连岭抗日根据地外，还派出第二、三大队挺出外线，在陵水、保亭、崖县等县边界少数民族地区开辟新的游击根据地。第三大队还派出干部到吊罗山指导苗族人民开展武装斗争，成立苗族人民抗日后备队，先后建立了五弓等七个乡抗日民主政府。当地黎、苗族同胞在战斗中对共产党和独立总队有了了解，并与党和军队建立起鱼水之情。

1943年冬天，中共琼崖特委决定成立东区、西区、南区三个地区的军政委员会，代表特委、琼崖东北区抗日民主政府和独立总队对各地区实行党政军一元化领导。同时，独立总队对各支队防区和建制也作了调整。各个游击区从东往北，由西绕南形成对五指山区的大包围圈。但各个支队所建立的游击区又被周围日、伪、顽军据点及其所属部队包围。这样便形成了一个错综复杂、犬牙交错的局面。在各地党政的紧密配合和全力支持下，各个支队通过斗争都得到了发展，活动地区也不断扩大。

在1942年5月底至1944年春的反“蚕食”、反“扫荡”斗争中，抗日根据地军民抗击着日军至少五个警备队共一万多人和伪军5000多人的进攻，并抵挡着国民党顽军四个团及16个县反共游击队的进攻。尽管处于敌强我弱的不利形势下，但是各根据地军民主动出击，积小胜为大胜，不但打败了敌人的军事进攻、经济封锁，保卫了原有的琼文、六连岭、琼西等抗日根据地，还发展和开辟了一批六芹山、儒万山、仲田岭等新的抗日游击根据地，出现了敌人越残酷“扫荡”，党的力量越壮大的逆势发展局面。两年中，琼崖特委领导的抗日军民与日军作战1000多次，在较大的101次战斗中歼灭日、伪军1200多人，缴获机枪27挺、步枪350多支及一批军用物资。

## 白沙起义与创建白沙抗日根据地

日军占领琼崖后，国民党顽固派为保存实力，从定安县退到五指山山区。当时仅白沙县就聚集国民党琼崖守备司令部、琼崖专员公署以及儋县、临高等八个国民党县政府。他们对黎、苗族同胞进行残暴的统治的压迫，烧杀掳掠，无恶不作，苛捐杂税多如牛毛。更是制造了屠杀1900多名苗族同胞的“中平惨案”。1943年8月12日，白沙地区的黎苗族同胞因不堪国民党残酷压榨，在黎族领袖王国兴的带领下揭竿而起，向当地国民党政府、军队发动进攻，参加起义的群众达两万多人次，历时半个月打死打伤国民党军政人员300多人。驻在白沙县境内的国民党军政机关和部队，几乎被全部赶出白沙县境，起义取得了初步的胜利。然而一个多月后，国民党顽固派集中兵力疯狂反扑，并惨无人道地肆意屠杀无辜群众，全县约有一万人被杀害，黎、苗同胞的鲜血染红了村寨。王国兴等起义首领率领起义群众撤到鹦哥岭和什寒山坚持斗争。

在最困难的时刻，起义首领和群众派出代表寻找共产党。历尽挫折，终于找到中共儋临联县委和县抗日民主政府，要求接受党的领导。1944年初，冯白驹在六芹山与王国兴的代表会见。

1944年初秋，冯白驹与王国兴按照黎族的习俗歃血为盟，坚决支持他们寻求解放的正义事业，并迅速派出干部和武工队到白沙，为反击顽固派作准备。从此，五指山地区的黎、苗同胞在中国共产党的领导下，翻开了自觉争取民族解放斗争的新的一页。

1944年初，第四支队和第二支队分两路向白沙发展。同年秋，独立总队改编为广东省琼崖游击队独立纵队，下辖四个支队5000余人。独立纵队明确以建立白沙抗日根据地为中心任务，发展全琼的抗日斗争，并作出部署：第四支队、第二支队继续向白沙发展；第三支队从万宁向陵保崖地区推进，支援白沙抗日根据地的创建。第一支队巩固琼（山）、澄（迈）、临（高）根据地，同时少数部队在琼文根据地坚持斗争。

1944年12月，王国兴任团长的白（沙）保（亭）乐（东）人民解放团成立。解放团潜入白沙一、二区开展群众工作，打击奸细，为主力部队进入白沙腹地，扫除国民党顽固派创造条件。

1945年1月，特委、独立纵队和东北区抗日民主政府，从澄迈六芹山迁到白沙县阜龙乡文头山。一支队、二支队和四支队各一个重点大队组成挺进支队，向白沙腹地进发。挺进支队在合口消灭顽军守备二团教导队后，即分兵二路向水港、罗任、南挽挺进，击溃顽军守备二团的抵抗，直捣红毛、毛阳、毛栈、毛贵和顽固派的后方基地文堂，将国民党驻白沙县的一切党政机关和军队全部赶走，白沙全境解放。随后，中共琼崖特委和纵队机关从阜龙迁入白沙县城牙叉。8月初，白沙县抗日民主政府成立，县长詹力之，副县长王国兴、王茂松；并成立了詹力之为书记的中共白沙县特别支部委员会。白沙县抗日民主政府的成立，标志着白沙抗日根据地的建成。

## 夺取抗日战争的胜利

1944年春，中国抗日战争进入全面反攻阶段。在琼崖，各根据地军民不但胜利粉碎了日军的“扫荡”“蚕食”，还扩大了抗日根据地，形成对敌反包围的战略态势。1945年，活跃在琼文地区的第一支队，解放了琼山、文昌、澄迈三个县的一半以上地区，部分军队还经常进入府城和海口市郊区活动。第二支队解放了昌感地区的大片土地。第三支队向陵水、保亭、崖县挺进，解放了这些县2/3的地区。第四支队在临高、儋县积极打击日伪军，扩大解放区。独立纵队四面出击，使日军四面楚歌，厌战反战情绪滋长，士气低落。

至此，全岛除保亭和乐东外，其余14个县建立了中共县委组织和县级抗日民主政府，中共党员达5000多人，琼崖独立纵队发展到7700多人，县、区抗日民主政府基干队2000多人，还有不脱产的反攻预备队9000多人，解放区人口达100多万。

8月23日，挺进支队在什统黑击溃顽军保六团的战斗中，从缴获顽军文件中发现日本已于8月15日宣布无条件投降。在没有接到中共中央指示的情况下，琼崖特委立即召开会议，紧急指示立即开展军事行动，在命令驻岛各地日军无条件投降的同时，摧毁一切伪组织，建立民主政府，急速扩大琼崖纵队，扩大解放区，各支队开始向那大、榆林、北黎、海口前进，相机占领这些城市。

部队接到特委指示后，立即开出外线，向已陷于绝境而不愿放下武器的日军发动进攻，很快解放了儋县、昌感两座县城和170余个村镇，包围了不肯放下武器的那大、金江和北黎三个日军据点，并曾一度进攻府海地区不肯投降的日军，迫使驻琼山县伪军一个中队向第一支队投降。

9月2日，日本代表在投降书上签字。至此，中国的抗日战争胜利结束。琼崖抗日战争的胜利，是琼崖各族人民经过极其艰苦的斗争，付出了巨大的代价换来的。据不完全统计，战争中琼崖军民伤亡人数达40万以上，仅琼崖独立纵队指战员就牺牲了5600余人，财物、房屋和自然资源遭受的破坏和掠夺更是无法统计。整个抗战中，琼崖独立纵队对敌伪作战2200余次，毙伤俘日伪军5800余人。琼崖抗日军民不仅把日本侵略者赶出海南岛，而且还收回了被日本侵占的西沙群岛和和南沙群岛，取得了反侵略战争的重大胜利。

在七年琼崖抗日战争中，中共琼崖特委及其领导的抗日武装，从琼崖抗战的实际出发，倡导并高举抗日民族统一战线的旗帜，坚决执行中共中央提出的全面抗战路线和持久战的方针，维护琼崖各族人民的利益，成为团结抗战的中流砥柱，是琼崖抗战胜利的决定性力量。

（林夏　钱堃执笔）

# 后　记

本书能在抗日战争胜利70周年出版，得益于20世纪80年代开展的中共党史资料征集工作。党的十一届三中全会后，党中央和老一辈革命家对党史资料征集十分重视，专门成立了中央党史资料征集委员会。为了立准、立好党史资料，对党的重大事件、重要活动、重要会议、重要任务等列出专题进行征集。并以中国共产党历史资料丛书形式编辑出版。这套丛书的编纂体例包括综述、文献资料、回忆录、大事记、图表、参考资料（敌方资料）、组织沿革等部分。抗日民主根据地是党史资料征集的一个重要专题，在中央党史资料征集委员会和各省党史部门的努力下，征集了大量珍贵史料，以丛书形式出版了11本。丛书中的综述部分是在对文献资料、回忆录、参考资料充分研究的基础上，归纳整理、分析提炼而成，就是现在来看也是史料充实、叙述清晰、精炼概括之篇。现将已出版的抗日民主根据地历史资料丛书中综述部分和新撰写的九个抗日民主根据地的综述结集成书，以纪念抗日战争胜利70周年。

需要说明的是，因为湘鄂抗日根据地存在时间较短，史料较少，没能成文，留有遗憾，另对原已出版的综述做了必要的修改。在编辑过程中，河北、山西、江苏、浙江、山东、河南、湖北、广东、海南、安徽等省委党史研究室给予了支持和帮助，一并表示感谢。

编　者

2015年8月